华审增值系列

# 增值
## 集团公司内部审计实务与技巧

梁雄 ◎ 编著

立信会计出版社
LIXIN ACCOUNTING PUBLISHING HOUSE

图书在版编目(CIP)数据

增值：集团公司内部审计实务与技巧 / 梁雄编著.
上海：立信会计出版社，2025.8. -- ISBN 978-7-5429-7273-6

Ⅰ.F239.45

中国国家版本馆 CIP 数据核字第 2025L41Q76 号

策划编辑　　张巧玲
责任编辑　　胡　越　张翠芳
美术编辑　　北京任燕飞工作室

## 增值：集团公司内部审计实务与技巧
ZENGZHI JITUAN GONGSI NEIBU SHENJI SHIWU YU JIQIAO

| | |
|---|---|
| 出版发行 | 立信会计出版社 |
| 地　　址 | 上海市中山西路 2230 号　邮政编码　200235 |
| 电　　话 | (021)64411389　传　真　(021)64411325 |
| 网　　址 | www.lixinaph.com　电子邮箱　lixinaph2019@126.com |
| 网上书店 | http://lixin.jd.com　http://lxkjcbs.tmall.com |
| 经　　销 | 各地新华书店 |
| 印　　刷 | 浙江天地海印刷有限公司 |
| 开　　本 | 787 毫米×1092 毫米　1/16 |
| 印　　张 | 27.75 |
| 字　　数 | 360 千字 |
| 版　　次 | 2025 年 8 月第 1 版 |
| 印　　次 | 2025 年 8 月第 1 次 |
| 书　　号 | ISBN 978-7-5429-7273-6/F |
| 定　　价 | 89.00 元 |

如有印订差错，请与本社联系调换

# 序　言

全球不确定、难预测、不可控的因素增加了各国政治、经济管理中的不稳定性，特别是经济领域受到的影响最大，给企业管理带来巨大挑战。内部审计如何在一个全新时期发挥为本组织降本增效、保驾护航的作用，是一个值得深思的问题。

内部审计作为组织的管理工具，一直以维护企业的良好发展、为企业保驾护航为终极目标。新形势与新环境对内部审计提出了更高且更复杂的要求。面对不确定的事项与风险，企业需重构风险评估方法与应对策略，并基于充分严谨的分析完成综合评估和判定。

内部审计是企业管理的修正仪，是企业的第三道防洪堤，其重要性毋庸置疑，唯一令人困惑的是如何才能让这颗"金子"闪闪发光。这一年以来，我一直在思考：本行业发展最需要的是什么？在这个唯快不破的时代，时间是最宝贵的财产，希望我的书不会浪费大家的"财产"。写有价值的书，帮助更多的人和组织增值，这是我的目标与初心。

随着中国经济的高速发展，中国的企业得到了长足的发展，大量的公司发展演变成集团公司或大企业集团、上市公司等，这对企业运营管理提出了更高的要求。但是快速发展的企业，由于政策和文化差异、人情干扰、经验依赖等各种原因，管理水平往往跟不上企业的发展速度，在企业管理中存在许多问题与漏洞。内部审计工作者，作为隐形的管理者，作为管理层的左右手，应该静下心来对以下问题进行思考和实地访谈调查。

（1）每笔收入含有多少水分？

（2）每笔支出藏着多少猫腻？

（3）每个流程存在多少隐患？

（4）每项制度存在多少漏洞？

（5）每个决策存在多少偏差？

（6）每个环节存在多少风险？

……

我们通过研究几百个案例发现：上述每一个问题都有很多让我们触目惊心的舞弊案例，每个案例都事关企业内控缺陷或操作失控，我们平常看到的表象只是冰山一角，平静的冰山之下隐藏多少风险，谁也无法窥视。不可预知的风险，才是最大的风险。如果置内部控制、风险管理于不顾，而只关注表面现象与数据，那么，集团公司的管控是缺失的，内部审计机构是无能的，企业的失败也将在所难免。针对上述问题，内部审计部门应建立常态化监测机制，并及时汇总汇报给管理者，推动管理者及时调整管理策略，避免集团公司的经营运转偏离目标。

内部审计就是内部审计人员通过一系列规范化的程序与方法，对企业风险管理、控制及治理过程进行综合评价，提出合理化的建议，从而提高企业的效率，帮助企业实现目标的一系列活动。我们分解这个概念：内部审计就是通过一定的方法，对企业进行评估，提出建议，帮助企业实现目标。通俗地说，内部审计就是企业的所有者（老板）为了了解企业情况，洞悉内部管理真相，需要在企业内部设立具有监督、评价权力的"钦差大臣"。而充当"钦差大臣"这个角色的就是内审人员。

若想内部审计工作游刃有余，达到临事不惑、胸有成竹的境界，必须具备以下三点。

一是合理预判。内部审计人员要掌握一套内部审计先进理念和方法、流程与技巧，深思熟虑、大胆设想、小心求证、严谨评估、细致分析，不断揭示企业运营的漏洞，并提出可行的整治方案，且对潜在的运营风险进行提示，有预见性地提出防范措施，使企业在平稳中发展，在发展中壮大。

二是业精于专。内部审计人员要结合企业实际,深入基层,了解操作情况,熟悉现场管理,对工作流程、操作规程、制度规定、人员心态作深入分析与研究,以有针对性地提出合理的建议。否则,管理建议脱离实际,偏离管理原则,整个方案缺乏可操作性,内部审计的作用与效果会大打折扣。

三是与时俱进。世界上唯一不变的就是变化,内部审计人员应紧跟时代发展步伐,不断学习先进经验,总结实战技巧,以全局的思维与眼光,高度的责任心与品格,持续推行内审工作。

书籍是知识、智慧存储的重要依据,内部审计的发展历程也应有书为证。"授人以鱼,不如授人以渔",希望本书的归纳与总结能帮助你在较短时间内掌握一套内部审计的流程、方法与技巧,在业务实践中举一反三,从而让服务的企业实现高效增值。同时,希望本书让你迅速成为内审专家,从而提升职业竞争力,实现个人与组织的双重增值目标。

华审增值系列包括《增值:集团公司内部审计实务与技巧》《增值:内部审计实战经典案例》《增值:内部审计且行且思》,能够让读者快速熟悉掌握"实务+理论+案例"的思维架构。

《增值:集团公司内部审计实务与技巧》详细介绍内部审计全过程,系统总结实战经验,能解决我们在内部审计工作中的两大难题:一是审什么,二是如何审。

《增值:内部审计实战经典案例》是汇聚全国一线审计总监在内部审计实战中精华的经典之作,该书集合了总监们的经验总结,以全新的查案模式,达到举一反三之效果。

《增值:内部审计且行且思》是作者二十多年作为一线实践者的思考总结,有思有悟有术。

"道虽迩,不行不至;事虽小,不为不成。"内部审计人员既要有纵观天下之眼界,分析判断国际竞争风险;又要有明察集团公司内部"秋毫"之眼光,建立健全风险防控体系;还要有天下大事必作于细之决心,认识到集团公司与风险的"博弈"是攻坚战、持久战。唯有如此,内部审计才能严守各类风险底线,保障企业稳健发展和安全增值。

  本书的编写得益于华审增值团队的支持,感谢朋友和同事们的帮助!本书存在的不足与需要完善之处,望同仁斧正!

  最后,愿华审增值系列陪你渡过职业难关,踏上胜利之途,迈向成功之巅!

  衷心感谢过去、现在、未来帮助我、关爱我的人。

  恭候你的来信:LX92188@126.com。

你的朋友:梁雄<br>2025 年 3 月 22 日

# 目　录

## 第一章　内部审计导论 ········································ 1
- 第一节　内部审计的产生与发展 ························· 1
- 第二节　内部审计的概念 ··································· 6
- 第三节　内部审计方式转变 ······························· 10
- 第四节　内部审计的作用 ································· 12
- 本章精粹 ······················································· 14

## 第二章　内部审计范畴 ········································ 16
- 第一节　内部审计定位 ····································· 16
- 第二节　内部审计特性 ····································· 20
- 第三节　内部审计流程 ····································· 23
- 第四节　内部审计对象 ····································· 25
- 本章精粹 ······················································· 28

## 第三章　内部审计过程 ········································ 30
- 第一节　全面风险分析 ····································· 30
- 第二节　选择审计对象 ····································· 38
- 第三节　制订审计方案 ····································· 49
- 第四节　实施审计作业 ····································· 61
- 第五节　编写审计工作底稿 ······························· 70
- 第六节　编制审计报告 ····································· 74

第七节　后续跟踪审计 …………………………………………… 89
第八节　评估审计结果 …………………………………………… 93
本章精粹 …………………………………………………………… 94

## 第四章　内部审计实务精要 …………………………………… 96

第一节　采购审计操作方案 ……………………………………… 98
第二节　销售审计操作方案 ……………………………………… 114
第三节　工程审计操作方案 ……………………………………… 122
第四节　技改维修审计操作方案 ………………………………… 132
第五节　物流审计操作方案 ……………………………………… 139
第六节　财务审计操作方案 ……………………………………… 147
第七节　会计审计操作方案 ……………………………………… 155
第八节　会计基础工作审计操作方案 …………………………… 162
第九节　预算审计操作方案 ……………………………………… 169
第十节　增值税审计操作方案 …………………………………… 174
第十一节　生产循环审计操作方案 ……………………………… 180
第十二节　材料仓库审计操作方案 ……………………………… 186
第十三节　辅助材料审计操作方案 ……………………………… 192
第十四节　固定资产审计操作方案 ……………………………… 197
第十五节　不良资产审计操作方案 ……………………………… 202
第十六节　合同审计操作方案 …………………………………… 207
第十七节　信息系统审计操作方案 ……………………………… 213
第十八节　内部控制审计操作方案 ……………………………… 226
第十九节　舞弊专项审计操作方案 ……………………………… 237
第二十节　贪污审计操作方案 …………………………………… 245
第二十一节　战略审计操作方案 ………………………………… 252
第二十二节　人力资源审计操作方案 …………………………… 258
第二十三节　经理离任审计操作方案 …………………………… 265

第二十四节　机构设置与岗位分析审计操作方案……………… 272
　　本章精粹……………………………………………………………… 277

## 第五章　常用审计方法……………………………………………… 283
　　第一节　审核法……………………………………………………… 284
　　第二节　分析法……………………………………………………… 287
　　第三节　访谈法……………………………………………………… 292
　　第四节　复算法……………………………………………………… 296
　　第五节　观察法……………………………………………………… 297
　　第六节　盘存法……………………………………………………… 301
　　第七节　函证法……………………………………………………… 304
　　第八节　穿行测试法………………………………………………… 306
　　第九节　顺查法……………………………………………………… 307
　　第十节　逆查法……………………………………………………… 310
　　本章精粹……………………………………………………………… 313

## 第六章　审计常用分析方法………………………………………… 316
　　第一节　流程分析法………………………………………………… 316
　　第二节　分析性复核法……………………………………………… 320
　　第三节　审计抽样法………………………………………………… 323
　　第四节　风险评估法………………………………………………… 331
　　第五节　内控自评法………………………………………………… 337
　　第六节　问卷调查法………………………………………………… 342
　　本章精粹……………………………………………………………… 348

## 第七章　内部审计实战技巧………………………………………… 351
　　第一节　审计线索查找技巧………………………………………… 352
　　第二节　访谈提问技巧……………………………………………… 356

| | | |
|---|---|---|
| 第三节 | 现金盘点技巧 | 360 |
| 第四节 | 审计证据分析技巧 | 362 |
| 第五节 | 审计重点与目标确定技巧 | 364 |
| 第六节 | 审计程序编写技巧 | 367 |
| 第七节 | 工作底稿编写技巧 | 372 |
| 第八节 | 审计报告大纲编写技巧 | 375 |
| 第九节 | 审计报告编写技巧 | 377 |
| 第十节 | 审计资源整合技巧 | 379 |
| 第十一节 | 审计效率提高技巧 | 382 |
| 第十二节 | 审计质量控制技巧 | 386 |
| 本章精粹 | | 389 |

| | | |
|---|---|---|
| 附录1 | 集团公司内部审计管理流程及操作细则 | 390 |
| 附录2 | 集团公司年度内部审计计划表 | 393 |
| 附录3 | 内部审计各级岗位职责表 | 394 |
| 附录4 | 集团公司内部审计章程 | 396 |
| 附录5 | 现场监督岗位操作手册 | 403 |
| 附录6 | 企业风险点及审计证据来源速查手册 | 407 |

参考文献 ········· 431

后记 ········· 433

# 第一章 内部审计导论

**本章主要内容**

内部审计是新时代企业组织的新型管理工具。

内控、监督、监察是每个经济组织不可或缺的管理工具。纵观中国历史,早在西周时期,就有了具备监督审计功能的官职,名叫宰夫;而"审计"一词第一次正式出现则是在宋代。本书所述内部审计发源于美国,国际内部审计师协会(Institute of Internal Auditors,IIA)成立于1941年,内部审计之所以取得长足发展,与它极强的适应性和顽强的生命力息息相关:它能为组织提供不可或缺的积极作用,从而让它在全球企业组织中得到极大发展。

诸多案例证实:企业越庞大,越复杂,就越需要真正的内部审计。

## 第一节 内部审计的产生与发展

在21世纪,世界经济出现了新的形势,并购与重组层出不穷,集团公司、跨国集团不断涌现。集团公司不断扩增的经营范围已经超出了管理层监控的能力,超量的业务已经不能满足企业所有者了解经营情况的要求。因此,就需要一个专业的机构对集团所有业务进行确认与咨询评价,根据经营中发现的问题与漏洞,提出有利于企业提高效率、增加效益的建议,并及时汇报给高层管理者,为管理层作出决策提供有效、准确的依据,具备这样职能的部门,就是内部审计部门。内部审计是随着企业集团管理体制变革及经营需求升级而持续发展的职业,也是现代企业管理中不可或缺的职能部门。

企业内部审计于20世纪80年代由外国企业带入中国,国内集团公司的内部审计部门也在不断发展。集团公司的不断扩张与发展,迫切需要配备内审部门及人员,而专业的内部审计人才现阶段是非常少的,专业精英人才更是稀缺,特别是持有审计相关职业证书并有实际操作经验的内审人员更是一将难求,更不用说内部审计高级管理人员了。那么,什么是内部审计呢?它的作用是什么?其发展如何?以下分别作简要的阐述。

一、国外内部审计的产生与发展

(一)内部审计的产生

内部审计职业的产生有其背后的缘由。我们看看美国的发展史,自南北战争后,美国经济进入全速发展时期。19世纪末,美国赶上了德国和英国,成为世界头号工业大国。随着资本和生产急剧集中,自由资本主义发展为垄断资本主义。

例如,1901年,美国钢铁公司的钢产量占全国钢产量的一半以上,庞大的经营规模、复杂的业务和分散的经营节点给高层管理者带来了极大的管理难度。委托经营、分权管理和多级控制成为大型企业的管理方式之一,而有效的运营管理离不开制度与流程的建立,此外,也需要专门的部门对执行的结果进行分析、审查与评价,并作出相应的反馈。至此,一个与业务并列相对独立的部门——内部审计诞生。

(二)美国内部审计的发展

1940年之前,美国内部审计只是外部会计公司的一个助手。

1941年,Victor Z. Brink 完成了他在纽约大学的博士学位论文,该论文勾画了关于内部审计的突破性研究成果,他指出内部审计师应该作为公司管理层的服务者,而不是作为外部审计的助手。Brink凭借这篇论文成为美国内部审计的"开山鼻祖",并促成了IIA于1941年下半年正式成立,总部设在纽约。IIA就是当时在Brink的这篇博士学位论文的影响下成立的。

1972年,IIA总部从纽约搬迁到佛罗里达州。

1974年,IIA第一次开始举行国际注册内部审计师(CIA)考试。此后CIA考试就在每年5月和11月的第三个星期三和星期四举行。考试时间迄今一直保持不变,均为3.5个小时。

1978年,IIA正式颁布了"内部审计准则"的雏形——《内部审计实务标准》,后来IIA将其称为红皮书。

2001年6月,IIA重新修订并颁布了《内部审计实务标准》,这一标准被认为是美国内部审计历史发展过程中第三个"历史性转折点",可为以下三个类型。

(1)属性标准。它也叫道德准则,就是红皮书中1系列,如1000—独立性与客观性,合计4条。

(2)业绩标准。它也叫工作标准,就是红皮书中2系列,如2000—管理内审活动,合计7条。

(3)实施标准。它具体说明实际操作过程中的执行标准,如实务公告等,读者可以查看《内部审计实务标准》解读资料。

如果用一句话来概括过去50年美国内部审计的发展过程,让读者把握现在美国内部审计的核心内容,这句话就是:美国内部审计已经从原来的"以控制为基础"的内部审计变成现在的"以风险为基础"的内部审计。

目前在内部审计这一领域,美国内部审计的科学性是全世界公认的,其理论和标准都成为世界各国学习和模仿的"范例",而内部审计在世界500强的大公司中一直发挥着重要作用。

当然,对于国外先进的理论与标准,我们可以学习,但由于我们的国情或企业管控模式不同,在实际操作过程中也存在标准和理论不适应的情况,因此,我们要以取其精华、去其糟粕的心态去体会。

## 二、国内内部审计的产生与发展

据史书记载,距今3 000年前的西周时期,中国出现了带有审计职能的官职——宰夫。宰夫,官名。《周礼》谓为天官属官,位小(少)宰之下,掌朝堂仪式,考核百官治绩,报上级以奖惩。宰夫的出现,代表了国家审计的萌芽。

秦汉时期,实行"上计"制度,对经济活动的监督有所加强。

隋唐时期,刑部下设"比部",相当于比较独立的审计机构。

"审计"一词正式出现在公元992年:宋代时期设立审计院,是中国审计机构定名之始。

元、明、清三代均未设立专门的审计机构,大部分审计职能并入御史监察机构。

1911年辛亥革命以后,北洋政府和南京国民政府也先后设立审计院,颁布相关审计法律。

1927—1937年第二次国内革命战争时期,中国共产党领导下的革命根据地也实行了审计监督制度。1932年,在中央革命根据地成立了中华苏维埃中央审计委员会。1934年颁布的《中华苏维埃共和国中央政府执行委员会审计条例》明确规定了审计机关的职权、审计程序、审计规则等。

1949年10月至1983年8月,我国一直未设立独立的政府审计机关,对国家财政收支的监督工作主要由财政部门内部的监察机构完成。

1982年12月4日颁布实施的《中华人民共和国宪法》规定了我国实行独立的审计监督制度。

1983年9月,中华人民共和国审计署成立,其是国务院的组成部门。县级以上的地方各级人民政府也相继设立审计机关,审计工作在全国范围内逐步开展。

1994年8月31日,《中华人民共和国审计法》正式颁布,自1995年1月1日起施行。

1997年10月21日,国务院颁布了《中华人民共和国审计法实施条例》。

2013年,中国内部审计协会发布新修订的《中国内部审计准则》。

2018年3月1日,新修订的《审计署关于内部审计工作的规定》正式施行。

2018年5月23日,习近平总书记在中央审计委员会第一次会议上指出:"要坚持科技强审,加强审计信息化建设。"

2023年5月,二十届中央审计委员会第一次会议指出:做好新时代新征程审计工作,总的要求是构建集中统一、全面覆盖、权威高效的审计监督体系。

经过几十年的发展,内部审计在中国取得了长足的发展。它伴随着我国经济体制改革的历史进程,先后经历了三个发展阶段:

20世纪80年代末至20世纪90年代初为第一阶段,内部审计以开展财务合规性审计为主。

20世纪90年代初至20世纪90年代末为第二阶段,内部审计在坚持以财务合规性审计为主的基础上,逐步开展了效益审计。

从21世纪初至今为第三阶段,内部审计由财务审计为主逐步向以管理效益审计为主转变。这一时期,审计作为受托责任系统中的一种重要控制机制,已经成为公司治理各相关方赖以生存与发展的极具价值的方式。因此,当前推进内部审计由财务审计为主逐步向以内部控制和风险管理审计为主转变,这既是我国内部审计发展的结果,更是受托责任关系发展变化的体现。

总而言之,内部审计通过一定方法确认与评价企业运营过程,以改进企业内部控制、风险管理及公司治理,形成了一个内部审计驱动的企业治理体系,详见图1-1。

```
                    ┌ 1. 风险管理机构与承受度
                    │ 2. 识别公司内外部风险和潜在风险
           ┌ 风险管理┤ 3. 风险处理应对、应急方案、恢复计划、危机管理机制
           │        └ 4. 风险控制的四种方式
           │
内部    方法 确认 改进│        ┌ 1. 企业所有活动离不开内部控制
审计─────┼───┼──────┤        │ 2. 内部控制的五要素
         评价│        ├ 内部控制┤ 3. 内部控制的七种方式
           │        │ 4. 内控与业务的冲突与平衡
           │        └ 5. 内部控制两大目标：制度和流程
           │
           │        ┌ 1. 董事会独立性与有效性
           │        │ 2. 股东权益的完整性和可执行性
           └ 公司治理┤ 3. 信息披露的完整、透明和及时
                    │ 4. 企业治理文化、经营理念
                    └ 5. 关注环保、社会责任、社会公益
```

图 1-1　内部审计驱动的企业治理体系

## 第二节　内部审计的概念

内部审计是什么？我们可以从概念上进行分析了解。

2003 年 6 月，中国内部审计协会颁布的《内部审计基本准则》中对内部审计的概念作出定义：内部审计是指组织内部的一种独立客观的监督和评价活动，它通过审查和评价经营活动及内部控制的适当性、合法性和有效性来促进组织目标的实现。

2011 年，IIA 在《国际内部审计专业实务框架》中对内部审计的定义为：内部审计是一种独立、客观的保证和咨询活动。其目的在于为组织增加价值和提高组织的运作效率。它通过系统化和规范化的方法，评价和改进风险管理、控制和治理程序的效果，帮助组织实现其目

标。这个定义我们可以理解为：内部审计是通过一定的方法评价组织运营效果，提高组织运行效率，最终实现组织目标的保证和咨询工作。所以，内部审计的工作就是一项保证和咨询工作。

一、内部审计的地位：独立和客观

实务中我们经常发现内部审计部门挂靠于财务部、总裁办等职能部门之下，这种机构设置无疑让内部审计难以施展拳脚。许多企业的内部审计工作开展起来总是处处碰壁，业务部门也不配合。这些现象之所以发生，归根结底还是因为内部审计的地位不高，缺乏独立性。此外，部分内部审计人员在审计工作中不够客观，以偏概全，以点带面，以少数审计发现代替总体结论，急于求成，影响了审计效率。

所谓内部审计"独立"，是指内部审计活动应该在决定内部审计范围、开展工作以及汇报成果时不受任何组织和个人的干涉。

独立是相对审计活动而言；客观是相对审计师个人而言。

内部审计要有作为，必须保持较高的自由度，不受管理层和管理部门的影响，较高的独立性和客观性将保证审计结果不被歪曲。

二、内部审计的职能：保证和咨询

内部审计的职能决定了它的工作方式。内部审计主要承担保证和咨询工作，不涉及业务、不越位、不跨界，这一原则始终指导内审人员的工作方式和方法。对于企业中的任何事情，我们只是保证，只需确认；是与否、对与错，只作其是否符合相关的标准与规定的评价；只作建议，至于建议是否被采纳或提出的问题是否需要进行整改，由管理层定夺。

(一) 保证

保证即确保、证实，确认是关键；所谓保证服务，就是一种为了对机构的风险管理、控制或治理过程进行独立评价而客观地审查证据的行为。我们要先了解我们内部审计对象或审计内容，也就是说，我们审计的范畴是什么？

(1) 从企业内部来分析：人财物产供销和制度流程与决策是内审的主要内容。

(2) 从会计角度来分析：任何可量化且可验证的信息都可成为审计的对象。

(3) 从现在企业管理模式及所有权性质来分析：只要存在委托关系，就有内部审计存在的可能。

综上所述，与企业有关的所有业务均在内部审计的范畴之内。因此，我们可以确定的是，企业的所有业务，内审都可以参与。但具体而言，确认事项分别是什么呢？

确认事项主要包括以下几个方面。

(1) 各种数据的真实性与准确性，如会计信息、生产报告、分析数据等。

(2) 各项业务是否遵循规章制度，如报销制度、出差规定、车辆管理、销售价格等。

(3) 各种作业是否遵循流程操作标准，如生产过程、用料标准、付款流程、采购业务等。

(4) 执行是否遵循会议决议或规定，如政策变更、新业务及新产品策略、人事决定、授权代理。

(5) 各项业务是否遵纪守法，如会计政策、质量标准、安全要求、劳资关系等。

(6) 其他管理需要确认的事项，如舞弊事项、违规业务等。

(二) 咨询

企业实务工作除保证业务，多为咨询服务。咨询服务是一种客户服务活动，这种服务的性质和范围通过与客户确定，目的是增加价值并提高机构的运作效率。咨询服务既包括正式的咨询小组和委员会；也包括一些特殊的咨询业务，如参与收购、兼并项目或检查灾难恢复活动时，可能需要偏离常规或规定的程序开展咨询服务。

具体而言，咨询事项主要包括以下几个方面。

(1) 专项审计。即各式专项内容,包括舞弊等。

(2) 并购业务。收购、兼并等。

(3) 采购选择。供应商调查、价格咨询、决议分析等。

(4) 销售策略。独立的市场调查、客户分析等。

(5) 其他事项。法规或上级交办的其他事项。

### 三、内部审计的目的:增值和高效

内部审计的目的决定了它的工作方式和工作方法。增加价值是任何组织都离不开的目标,而达到目标所耗费的成本(包括时间成本)决定了组织的存在价值。内部审计的最终目的是实现组织增值和高效发展。

高效即提高效率,而提高效率也相当于降低成本(时间成本),从而增加企业价值。提高效率的方式有:减少不必要的流程,清除冗余和低效的环节,引进新的工具和方法,利用自动化和数字化业务流程,提高生产效率和工作效率。

### 四、内部审计的宗旨:实现企业目标

内部审计的宗旨决定了它的工作方向。内部审计的宗旨是帮助组织实现目标。就实务而言,内部审计就是通过一系列规范化的分析与评价,最终使企业实现降本增效。

### 五、内部审计的作业方式:控制与治理评估

内部审计如此重要,它通过什么方式进行作业?主要作业方向和内容又是什么?我们通过概念可以了解到,内部审计的主要作业方式是控制与治理评估。不管是内部控制,还是风险管理,目的都是实现管理范畴中的控制。内部审计的作业方式还包括对公司治理进行评估,即公司内部审计的高阶审计,包括董事会有效性审计、集团战略审计等。

按照国内资料,内部审计也有了比较明确的定义。《审计署关于内

部审计工作的规定》中对内部审计的定义是:"内部审计是指对本单位及所属单位财政财务收支、经济活动、内部控制、风险管理实施独立、客观的监督、评价和建议,以促进单位完善治理、实现目标的活动。"

我们不必在乎概念的形式,只要知道其主要范围及作用,以使我们能更好地工作。概念只是一个文字说明而已。

## 第三节　内部审计方式转变

内部审计与其他行业相比,还是一个非常年轻的行业,在中国生根发芽壮大,充其量也就是几十年的时间,但是其发展迅猛,速度绝不亚于当年的"深圳速度"。IIA的座右铭是"经验分享、共同进步",其战略目标是在全世界范围内提高内部审计的形象。

《IIA2012—2016年全球战略规划》明确提出:提升内部审计职业及其在全球范围内的价值是IIA的核心目的;协作、勇气、多样性、全球视角和创新、诚信、优质服务是IIA的核心价值;内部审计在全球范围内被认为是有效治理、风险管理和内部控制不可或缺的一部分,是IIA在未来可预期的10~15年的大目标。

我们从其发展的历史年轮上分析发现,在内部审计发展的前60年,审计方式每10年均发生一次大的改变,近十年则发生了翻天覆地的变化,其审计方式及主要内容的演变如表1-1所示。

表1-1　内部审计的演变

| 序号 | 时间 | 审计方式 | 主要内容 | 例子 |
| --- | --- | --- | --- | --- |
| 1 | 1950年 | 检查会计记录 | 以财务会计为主,确定记录是否准确,差错率是关键指标 | 金额差错、分录错误 |
| 2 | 1960年 | 评估是否合规 | 主要关注基本程序、工作流程 | 现金库存不准确 |

(续表)

| 序号 | 时间 | 审计方式 | 主要内容 | 例子 |
|---|---|---|---|---|
| 3 | 1970年 | 程序检查 | 错误可能与流程有关,从程序和操作指南上查找原因 | 分析并完善工作流程 |
| 4 | 1980年 | 控制检查 | 审计扩展到动态的控制领域,并对不同的控制方法提出建议 | 检查控制方式与方法不能达成经营目标或部门目标 |
| 5 | 1990年 | 内部控制系统报告 | 对各种管理系统的控制汇总分析,并提出自己的观点 | 预算系统控制不严格、不科学 |
| 6 | 2000年 | 评估风险管理 | 进行事前的风险评估,防止出现对组织不利的影响 | 防止公司丑闻 |
| 7 | 2001年 | 有利于进行风险管理 | 按既定的目标、流程进行风险评估,并对存在的风险进行管理 | 制定企业风险预警系统与管理计划书 |
| 8 | 2002年 | 风险报告与控制 | 按照风险管理模式对审计结果进行报告,提出合理化的控制建议 | 从风险的角度,分析说明存在的问题 |
| 9 | 2003年 | 增加组织价值 | 实现组织的目标,以组织最高愿景为基点,致力于使组织保值增值 | 高效低耗,用最小的成本,创造最大的价值 |
| 10 | 2012—2016年 | 价值转型 | 公司治理检查、战略审计、职业道德和可持续性审计等 | 董事会决策过程 |
| 11 | 2024年 | 反舞弊与合规 | 舞弊调查与防控、合规评估,维护组织生态圈平衡与可持续发展 | 舞弊案件调查、IT审计、合规审计 |

从表1-1我们可以看出,在过去的几十年里,内部审计的方式、工作态度和价值观发生了很大的变化:从较低层次的会计数量检查到高层次的保证和咨询服务,从审计数量金额到审计战略的风险,无一不显示出内部审计自身发生的巨大变化。

反观我们企业组织的现状,选择哪一种审计方式才是最好的呢?从1987年中国加入IIA开始,至今只有30多年时间,要用这么短的时间,去学习消化去走完西方国家几十年甚至几百年的路,其中的复杂性与艰辛可想而知,但是不学习、不跟上,就会永远落后,永远都没有机会。联系到现阶段内部审计存在的各种问题,结合工作的实际情况,我们认为,不论是会计检查的低级层次还是风险管理为主、增值为主的高级层次,最终目标就是使组织和机构增值。所以,不管哪种方式与哪个层次,都要遵守一个原则,那就是:只要适合组织的,就是最好的。

未来,内部审计将要向哪里延伸?有何新的思想与思维?我们可以用开放的心态,对内部审计的方向作出大胆的猜想:内部审计未来将以全球企业为依托,更多关注环境、责任与生存,关注人与自然的协调共存,以服务全人类为最终目标。

## 第四节　内部审计的作用

内部审计有什么作用?许多人还不了解,特别是其他行业的人员更是不理解。有人说它是企业老板或股东的"管家婆",是企业的经济"巡逻警",是管理层的"过滤网",是董事会的"回音壁"。其实,内部审计更像是企业的保健医生。内审人员实施的企业战略审计就像医院的脑CT检查,战略就像一个人的脑袋,是核心,更是决策指挥中心;企业财务审计就像做血液检查,现金流动不畅就像人的血液有问题,企业没有现金就像人没有血一样。而物流审计就像腿脚检查,采购审计就像口腔检查,生产审计就像肠胃检查,系统审计就像神经检查,中层审计就像颈椎检查……具体而言,内部审计在企业管理中主要起着监督制约、保证鉴证、咨询、防护、参谋、威慑等作用。

### 一、监督制约作用

作为董事会(企业所有者)的左右手,内部审计在企业运营中担负了监督与制约作用,通过对公司治理、风险管理和内部控制进行监督,揭示与查处存在的问题,制约并促使企业内部各单位、各部门依法经营,加强管理,堵塞漏洞,提高效益,为企业实现经营目标服务。其作用包括：监督企业各项活动，制止违规违纪现象，保护国家财产和企业利益；披露经济活动资料中存在的错误和舞弊行为，保证会计信息资料真实、正确、及时、合理合法地反映事实；纠正经济活动中的不正之风。事实上，不少单位的信息资料不仅存在错误，而且存在着具有造假性质的"账外账"和"两本账"及私设"小金库"的现象，因此，有必要强化内部审计监督，查错防弊，提高会计和审计人员的业务素质。

## 二、保证鉴证作用

保证鉴证即保证企业各项事务按既定的目标运行，并对相关的依据资料进行鉴证，确保企业运行不偏离目标与愿景。内部审计通过对公司治理、风险管理和内部控制进行审计评价，表明相关方面的成就、绩效、制度建设，检查任务完成情况，反映存在的问题，提出措施建议，为各方面提供参考和依据。

## 三、咨询作用

内部审计为企业服务，是企业的幕后管理者。在实际工作中，由于内部审计具有整体性和全局性，通过它可以熟悉企业情况、了解政策法规，为被审单位提供咨询服务，并提出可操作的合理化建议，从而减少企业运行差错、降低运营风险。

## 四、防护作用

"防"即预防或防止，"护"即维护、保护。内部审计像江边的防护堤，坚韧而有效地把各种风险之潮阻拦于企业之外。对企业运营中存在的缺陷和漏洞、产生的偏差和失误、损害公司利益的行为，内部审计可以及时地予以纠正、制止和查处。此外，内部审计可对有损于公司目标的人或事进行总结分析，提出风险预警、制定风险管理方案、灾难维护计划等。内部审计可在第一时间把风险扼杀在摇篮里，维护公司的胜利果实，有利于公司深化改革、降本增效。

## 五、参谋作用

"参"即参加、参与和参考,"谋"即计谋、谋略与计策。一方面,作为幕后军师和企业运行与管理的流程分析师,内部审计在对公司治理、风险管理和内部控制进行分析与审计的过程中,对存在的问题进行审计调查,依据有关政策、法规和经验,向领导和有关方面提出相应的审计建议。另一方面,内部审计参与企业重大、特殊事件,如重组、兼并、上市等,并对这些事件进行详尽的调查,提出决策意见和有关的管理建议。

## 六、威慑作用

"威"即威武、威严,"慑"即震慑。管理企业与治理国家道理类似,国家权力机关可严惩不法分子,起到威慑犯罪分子的作用。企业内部审计机构可肃清歪风、弘扬正气,树立内审组织的威信,并对全体人员起到威慑作用。

内部审计所有作用目的可汇集成四个字:降本增效。

内部审计要做到事前预防、事中监督、事后检查,把集团公司的免疫系统、效益防护栏往前移,内部审计人员工作往前移,站在风险管理的第一线,为集团增加效益、降低成本、保值增值作出重大的贡献。

经济越发展,内审越重要。

**本章精粹**

(1) 内部审计是一种独立、客观的保证和咨询活动。其目的在于为组织增加价值和提高组织的运作效率。它通过系统化和规范化的方法,评价和改进风险管理、控制和治理程序的效果,帮助组织实现目标。

(2) 内部审计的作用包括以下 6 项:①监督制约;②保证鉴证;

③咨询作用;④防护作用;⑤参谋作用;⑥威慑作用。

(3) 经济越发展,内审越重要。内审精英,一将难求。

(4) 内部审计经历阶段如图1-2所示。

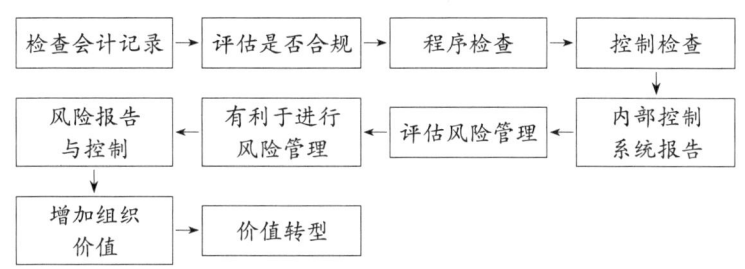

图1-2 内部审计经历阶段

(5) 内部审计发展方向预测：内部审计将以全球企业为依托,更多关注环境、责任与生存,关注人与自然的协调共存,以服务全人类为最终目标。

# 第二章　内部审计范畴

**本章主要内容**

内部审计在组织中的定位与审计边界一直困扰着广大审计人员,它不但影响了内部审计工作的全面开展,还影响了审计业绩的实现和审计价值的彰显。本章从环境定位、管理定位、企业定位三个层次介绍了内部审计的定位,让内审人员及时了解内部审计在企业中所处的位置,并从企业实际出发阐明了内部审计的作业边界,明确了内部审计的作业范围。本章还阐述了内部审计的特性、内部审计与类似职业的区别与联系等,重点介绍了内部审计的审计流程与审计对象,基本解决了内部审计人员不懂"怎么审""审什么"的难题。

## 第一节　内部审计定位

内部审计正在不断地被认识、被理解、被重视,在企业管理中占有重要一席。

内部审计在全球范围内得到广泛使用,得益于它的明显效果及强大功能。在现阶段之中国,可以明显看到政府、企业和其他机构发挥了重要作用。但凡管理规范、稳健发展的企业,我们都可以看出其有一个强有力的管控机构或部门,有一个可发挥警察和医生双重作用的组织在运作。具有内部审计功能的部门或团队在为企业保驾护航。如果从微观上分析,我们还可以发现内部审计部门做得比较好的公司,对内部审计的地位和定位非常准确,这些公司非常明确内部审计能做什么、不能做什么,以及审计边界在哪里。

因此,内部审计的定位非常重要。

## 一、内部审计的三重定位

### (一) 环境定位

我国审计可划分为三大类:国家审计、社会审计和内部审计,三者区别如表2-1所示。

表2-1 国家审计、社会审计与内部审计的区别

| 序号 | 区别 | 国家审计 | 社会审计 | 内部审计 |
| --- | --- | --- | --- | --- |
| 1 | 审计主体 | 国家机关和审计人员 | 社会中介机构及通过国家专业考试并注册的造价工程师、会计师 | 单位内部审计部门及人员 |
| 2 | 审计对象 | 财政收支 | 委托的审计事项或经济活动 | 本单位人财物、委托事项等所有经营活动 |
| 3 | 审计依据及目标 | 根据国家法律法规,保护国家资金安全、完整、使用合理合法 | 依据国家和行业法律法规满足委托方的审计目的,要求做到公平、公正 | 依据国家审计法规、内部审计条例和本单位规定。要求降本增效以达到企业管理目标 |
| 4 | 审计标准 | 国家审计标准 | 法律法规框架下的行业标准 | 内部审计标准、企业制度流程 |

国家审计(政府审计)即由专门设立的政府审计机关依法对公共资金运用进行审计。国家审计具有强制性、法定性,其目的是对依法接受审计的财政收支、财务收支的真实性、合法性和效益性进行审计监督,维护国家财政经济秩序,提高资金使用效益,促进廉政建设,保障国民经济和社会健康发展。

社会审计(外部审计)则指注册会计师依法接受委托,独立、客观、公正、有偿地为社会提供专业服务,其目的是维护市场经济秩序和保护公共利益。

内部审计只是三大类审计之一,它与外部审计相对称,是现代审计中的一大特色。内部审计主要为企业和社会机构服务,它遵守国家相关法律法规和审计制度。

内部审计立足于企业内部,旨在维护企业效益,兼为多方权益相关者服务。

### (二) 管理定位

内部审计是三大审计之一,为企业提供确认与咨询服务。有人把内部审计比喻为经济警察、医生等,那内部审计在企业管理中处于什么位置? 定好位,才好定战略。

我们再回顾一下企业管理过程。一般而言,职能部门制定制度、划定流程,对所有人员和业务(事务)进行管理。而制度与流程的完善与否及执行是否到位就会涉及控制的问题。此时,内控部门会按照一定的方法对执行情况进行评估。当发现风险时,内部部门就会汇报给内审部门;相关部门会进一步调查问题产生的原因、根源,评估损失,作出整改方案,提出防范措施,以防后患。而作为独立第三方部门的内审部门,会对以上环节进行不断梳理与评价,列出评估意见呈现给管理层。管理层据此对不同的业务或部门提出相应的管理建议,要求完善管理,而业务部门作出实施方案,从而使得企业管理不断完善。

由此可见,内部审计作为站在管理层后面的一个隐形管理者,可不断地为管理层提供管理建议。它是企业管理闭环中的一环。

管理定位给内审人员划定了工作范围与职责。内部审计是一个评估部门,其实务工作不涉及具体业务内容,不对具体业务签署意见,不对具体业务负责,不是业务附属品,也不被业务部门捆绑,企业管理闭环如图 2-1 所示。

### (三) 企业定位

内部审计产生的效果有时与人体的免疫系统类似,也与物种进化过程中的自我修复调节功能类似。没有内审或类似的部门,任何企业都不可能做大;即便能把企业做大,肯定也做不强;就算暂时能把企业做强,肯定也做不长久。

内部审计的作用大小取决于它的定位,定好位能构建坚实的地位。

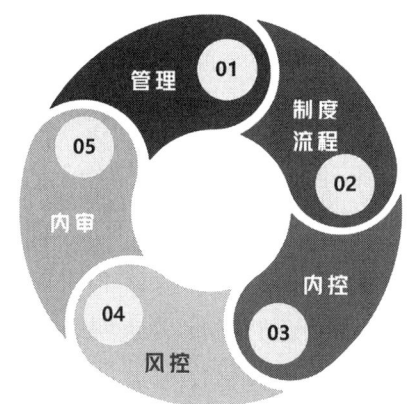

图 2-1 企业管理闭环

具体而言,就是要搞清楚企业或权益所有者要求内审做什么,要达到什么目的,把内审部门放在什么位置。有位才有为,摆在哪个位置,就应该做与该位置相对应的工作。如果把内审部门定位在财务部门之下,财务也是审计重点检查的对象,能保证独立性吗?一般而言,权力越大、监督越小,则风险越高。诸多的高管舞弊案给了内审一个重要启示:任何权力都要监督,否则后果将非常严重。

内审作为评估机构,其位置越高越独立,越独立则越公正,越客观则越公平。其汇报的领导级别越高,内审的威慑力就越大。所以,公司不要把内审挂在某个经理或某个部门之下,如果真是那样,那就无法发挥应有的作用。

## 二、内部审计边界

内部审计定位明确了它的地位及角色,但内部审计的工作范围和作业边界一直困惑着内审工作者。长久以来,内部审计工作方式由原来的财务检查到流程程序的审计,发展到效果效率的评价,再到参与企业高层决策。内审工作越来越多,范围越来越广,涉及的内容也越来越多。那么,内审有没有边界呢?如果有,内部审计的边界又在哪里?

边界,有边疆、界域、界限、范围的意思。企业的内部审计边界即确定可以审计的范围与界限。具体深入分析，应该理解为企业可以审计的范畴、可以涉足的领域、可以怀疑的空间与事物、可以调查的层级及人员。

在不同的治理环境和管控模式中，以及在不同的经营时期，企业对审计的边界可能有不同的定义。但不管企业处在什么阶段，它都应该包括企业中可审计的最大范围，以及延伸业务等。如采购业务审计，在对供应商调查的过程中，不仅应该在企业内部审查资质等纸质资料，还应走进市场，走进网络，走进供应商现场考察。这样才能做到真正意义上的调查。

具体地说，企业内审的边界应该包括企业所有业务、所有系统、所有分支机构、所有流程、所有作业运作范围及一切活动决策，即企业运转及涉及的业务范畴均应包括在内。对于企业而言，企业内审对象包含生产、销售、采购、人员、财务、经营决策、委托业务等。而对于人员管理评价的延伸空间，具体则看内部审计为谁服务，向谁汇报，这决定了内审的地位与高度。如果内部审计服务于公司总裁，则其独立性仅限于公司内部；如果内部审计服务于审计委员会，则独立边界范畴扩展到整个集团；如果内部审计服务于股东股民，则内部审计的边界扩大到服务于更广泛的大众。

企业内部审计的边界扩展，会涉及企业的决策层、运行评价、评估等方面，从内部业务延伸到外部业务，拓宽内部审计边界，不仅仅是对企业现有业务的审核，更包括所有单位的业务确认与评价。

内部审计边界要重新定义，从企业实际业务出发，拓宽内审人员视野；要发挥想象空间，打破思维与规则的界限；要突破内审只做内部业务的观念，不断扩大内部审计的边界。

## 第二节　内部审计特性

内部审计作为公司治理机构，受命于企业所有者，根植于企业运营过程。它通过独立于经营业务的监督管理方式,增加了企业的评价功能,能够产生极大的经济效益,发挥极大的治理作用,从而为企业的发展壮大保驾护航。内部审计这个职能部门与其他部门职能如何区分,如何理解它们之间的关系?只有理解其中的关联,才能更好地开展工作,为本组织服务。

### 一、内部审计与外部审计的区别

内部审计是指内部组织通过一定的方法评价组织运营效果、提高组织运行效率,最终实现组织目标的一系列保证和咨询工作。外部审计包括政府审计和社会审计,本书中的外部审计是指社会审计中的注册会计师审计,是独立的外部机构以第三方身份提供以财务信息为主要内控点的鉴证活动,具有较大的独立性,审计结果对公众负责。内部审计与外部审计的区别如下。

(1) 审计目标不同。内部审计的目的是提高组织的运作效率,为管理服务;外部审计则是为了对组织的财务信息的合法、公允、一贯性提供合理的保证。

(2) 审计范围不同。内部审计的工作范围涵盖本组织所有流程的方方面面;而外部审计则只集中在财务流程及与财务信息有关的内部控制方面。同时内部审计工作可以接触到企业的"商业机密",外部审计则是远远不能满足这种需要的。

(3) 审计方法不同。内部审计可以采用多种多样的审计方法,可以打各种审计组合拳,也可以使出十八般武艺;外部审计则多为采用报表、科目审计程序等。

(4) 服务对象不同。内部审计的结果对管理决策起作用,只对组织所有者(负责人)负责;而外部审计的结果则对投资者、债权人和社会公众负责,具有鉴定作用。

在实际工作中,内部审计要与外审工作相互协调,因为内部审计与外部审计的内容、范围、标准、依据、程序、方法,有很多相通和相近之处。内部审计可以利用外部审计提供的相关资料,提高审计效率。

此外,内部审计还可以委托社会审计协助完成内部审计工作任务,特别是专业性较强的工作,如工程审计等。其甚至可以与有实力、信誉好的社会审计机构结成战略合作联盟,进一步加大对单位内部的审计监督力度,提高审计效率。

## 二、内部审计与会计的关联

内部审计产生于会计,而后独立于会计,并对会计进行监督。

内部审计产生于1941年的美国,经过几十年的快速发展,这门学科得到长足的发展。但是,它产生的原因是美国的公司不满足于会计核算,管理者为了检查会计的准确性而产生了一项外购的会计服务。内部审计是从会计行业中分离出来的,其根源是会计。

随着经济的发展,内部审计的内涵也发生了较大的变化,从审核会计业务发展到对企业内部所有的业务都进行确认与鉴证,这就决定了它的作业性质与作业特点。内部审计作业范围的不断提升,产生了极大的企业效益,使其地位得到极大的提高,成为决策者不可或缺的职业助手。管理者所涉及的业务中逐渐出现内部审计人员的踪迹。当然,会计工作的操作与运营离不开上层管理人员的监督,内部审计工作也同样参与了对会计工作的监督与评估。

## 三、内部控制、风险管理与内部审计的关系

内部控制、风险管理与内部审计是相互依存、相互联系的,三者关系如图2-2所示。

首先,内部控制是内部审计的根,它为风险管理提供控制机制,为内部审计提供审计对象;企业内部控制是否完整,是否有效,直接反映了企业的管理水平,管理过程中风险的大小,也取决于内部控制的机制有效与否。内部控制的关键节点也常常被当作审计对象,因为内部控制的重点就是内部审计关注的重点。

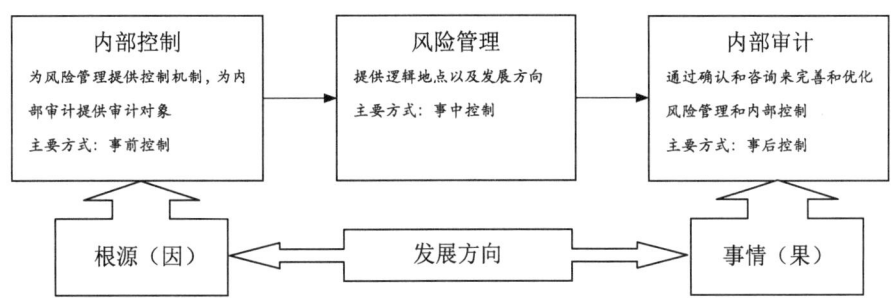

图 2-2 内部控制、风险管理与内部审计的关系

其次,风险管理是内部审计的依据,它为内部审计作业提供发展方向;风险管理通过分析管理过程中存在的问题及各项风险,为内部审计目标提供依据,减少审计目标和审计重点的分析与界定,直接指明审计方向与审计重点。

最后,内部审计是通过确认和咨询来完善和优化风险管理和内部控制。我们分析整个内部审计过程,可以发现:内部审计就是对企业内控和风险工作的进一步确认,以此作为管理咨询依据,对企业管理提供相应的建议。

从控制方式来看:内部控制就是事前控制,风险管理是事中控制,内部审计则是事后控制。

从因果或关联上分析:内部控制是因,是根;风险管理是过程;内部审计是果,即确认结果。

根据 IIA 的定义,内部审计作为独立第三方,要对公司内部控制、风险管理和公司治理进行评估。

## 第三节 内部审计流程

内部审计要懂流程,审计作业更要规范流程。

面对偌大的组织或集团公司及千丝万缕的关系,内审人员应思考如何开展审计工作,如何设置高效的作业流程,如何确保审计过程的合规、独立、高效执行,以及如何确定审计内容、方法与步骤。

说到流程,自然会涉及如何运用统筹的方法,通过制度来规范整个审计作业过程。流程是了解整个过程、规范整个作业的最好方式。

内部审计流程是内部审计工作过程的简明指导,它能为内审人员明确工作步骤,说明工作过程与重点。那么,内审工作流程是如何规划的呢?按照一般的思维,可分为三步:第一步是审计准备,第二步是实施审计,第三步是审计结束。某些审计书籍就是按这三个程序进行编排,但其缺点是过于简略,缺乏参考和指导作用。国外许多内部审计资料及书籍显示,内部审计大多分为9个步骤,如IIA考试指定用书《内部审计原理与技术》中就分为9个步骤,包括:选择被审者、制定审计计划、初步调查经营活动、描述和分析内部控制、扩大内部控制测试范围、形成审计发现和审计建议、报告、后续审计、审计评价。

还有些书籍将内部审计流程分为10个步骤,甚至有的资料将其分为12个步骤。所以,内部审计流程没有一个统一的分步标准。作者不同、国别不同、企业不同、环境不同,分步的标准也不同,我们只要认可存在不同的作业方式,达到审计目标就好。我们从中国现有的情况分析,结合企业实际的业务需要,认为审计作业过程至少应分为7个步骤。其主要的操作步骤如下。

第一步:全面风险分析。这个步骤相当于渔夫捕鱼过程中的全面撒网,即对整个水面(基本面)进行全面覆盖,争取捕住所有的鱼,不分大小。这也相当于收集企业的所有风险,确定可能存在的问题。

第二步:选择审计对象。这个步骤相当于对鱼进行分类,按照一定标准,将一些鱼留存于网内,暂时放弃不合格的鱼。这就相当于分析风险(问题)的重要程度,确定哪些是重点审计对象(目标)。

第三步:制订审计方案。即根据上一步骤,针对留在网内的鱼产品,制定合适的捕捞计划,如鱼该如何捉,虾要如何捞等。这就相当于确定审计重点目标后,根据目标重点制定具体审计内容和步骤。这个步骤非常关键,决定了审计的成败。

第四步:实施审计作业。这个步骤即根据上一步制定的捕捞方案,实施捕捞鱼虾的过程。这就相当于内审人员根据制定的审计方案,进行完整的内部审计过程。

第五步:编制审计报告。这个步骤是汇总捕捞鱼虾结果的环节,也是盘点作业成果的过程。具体包括内审人员完成工作底稿及反馈,形成审计报告,汇报审计结果。

第六步:后续跟踪审计。即根据审计报告建议,跟踪落实被审单位整改措施。此环节是为了防止出现被审单位屡审屡犯,不改进、不跟踪的情况,同时也是改进审计结果的过程。

第七步:评估审计结果。这个步骤用于总结作业过程、分析成败得失。这就相当于内审人员总结审计过程,盘点实战成败原因,总结审计经验。

## 第四节　内部审计对象

内审审计对象是谁?审什么?这是个复杂的大问题。

在一定范围内,审计对象等同于审计目标。审计对象可以是组织、企业、人员、数字、流程、政策、法规等。实务中,影响内审人员选择审计对象的因素有许多,包括时期、环境、政策、行业、管理风格、企业发展阶段、管理人员、文化、模式等,这就需要内审人员根据不同的作业现状,选出合理的审计对象。

### 一、选择审计对象的建议

确定审计对象是实施审计作业的前提条件。从先后顺序上分析,首先要确定大的审计主体,如什么组织单位、哪个集团,哪个事业部或业务系统,下属哪个分公司等,这些都是需要优先考虑的因素。

根据 IIA 的规定,审计对象包括以下 10 个方面。

(1) 政策、流程和操作。

(2) 成本中心、利润中心和投资中心。

(3) 总账。

(4) 信息系统(手工或电脑化的)。

(5) 主要的合同及方案。

(6) 部门单位,如产品生产或服务部。

(7) 职能,如电子数据处理、采购、营销、生产、财务、会计和人力。

(8) 业务活动系统,如销售、收款、采购、付款、成本会计与资本性资产。

(9) 财务报表。

(10) 法律和法规。

《蒙哥马利审计学》一书作者认为:有委托就有审计。内部审计是监督与管理机构,有委托、有授权、有管理的地方,就有可以审计的内容与项目。如国家制定法律法规,委托地方政府执行,企业也要遵守和执行,这个过程可作为审计对象;董事会委托总经理经营企业,则总经理的经营业绩可作为审计对象。总经理制定目标、政策与流程,委托部门经理执行,则部门经理及相关的过程可作为审计对象。

只要是企业可以量化并且可以验证的数据就可以被审计。

从集团企业管理体制上分析,审计的对象可包括企业的生产、供应(采购)、销售,人员、财务、物品,还可包括战略、决策、环境、文化等,甚至还可能涉及董事会,如西方国家对董事会工作进行评估,对董事长业务进行考核等。相反在中国,极少有对董事长进行业务考核的情况。随着经济的发展和管理的进化,审计必将成为管理中不可或缺的工作。

## 二、集团可审对象与项目

从实际审计工作项目上分析,一般的集团公司内部审计可审计的对象(项目)包括但不限于以下类别:财务审计,会计审计,生产审计,采购审计,销售审计,物流审计,计算机审计,固定资产审计,仓库(产品、物资)审计,人力资源审计,经理离任审计,合同审计,经济效益审计,各税种审计,建设项目审计,预算审计,战略审计,环境审计,舞弊审计,改制、重组及并购审计,专项审计,等等。

每个项目还可以细分,如会计审计可分为每个科目的审计,采购审计又可分为原材料审计、辅助材料审计、固定资产采购审计等。一个大型集团公司通过排列组合的方式,可以生成成千上万个审计项目,极大解决有些内审人员无项目可审的问题。

根据对审计业务的统计分析,我们可以得出各业务内容的分布情况,经营审计占75%,舞弊审计占11%,财务审计占9%,系统审计占5%(图2-3)。从各项审计业务所占比例我们可以得出结论:审计业务重点已经由财务审计转向经营审计,未来内审的方向仍是以经营为主,以提高企业效率和效益为最终目标。

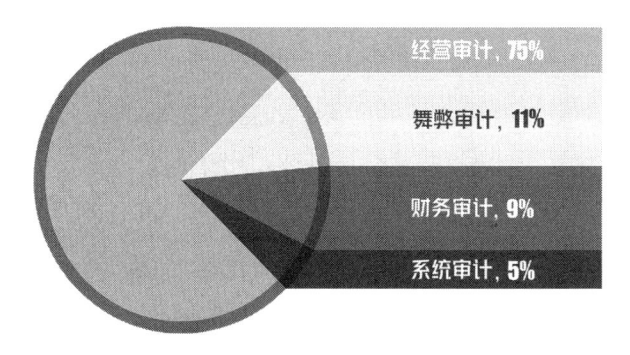

图2-3 审计业务内容分布

## 三、选择审计对象应考虑的因素

审计师在选择被审对象时,会比较不同业务活动的相关风险,考虑以下因素。

(1) 被审单位内部控制系统的质量。

(2) 管理人员的能力。

(3) 管理人员的正直程度。

(4) 单位的规模(按收入、资产计)。

(5) 会计系统的近期变动。

(6) 经营业务的复杂程度。

(7) 要职人员的近期变动。

(8) 资产的流动性。

(9) 单位经济环境是否恶化。

(10) 业务快速增长。

(11) 单位的办公自动化程度。

(12) 距上次审计的时间间隔。

(13) 管理人员对目标的压力。

(14) 政府法规的范围。

(15) 员工的士气状况。

(16) 独立审计师的审计计划。

(17) 对大众的公开程度。

(18) 离总部的距离。

内审人员可以根据公司的实际情况制定不同的评价标准，以选择合适的审计对象。例如，集团中某个公司由于离总部最远，且一直没有对其进行审计，内审就有理由选择该公司作为被审对象。当然，在实务中还有其他需要考虑的因素，可以对所有问题(风险)进行打分并排序，以分数高低作为选择依据也是一种不错的选择。

### 本章精粹

(1) 有委托就有审计。

（2）企业可以量化并且可以验证的数据就可以审计。

（3）企业可审计的项目不计其数。一般而言，现阶段企业实施的审计项目大约有以下类别（包括但不限于）：财务审计，会计审计，生产审计，采购审计，销售审计，物流审计，计算机审计，固定资产审计，仓库（产品、物资）审计，人力资源审计，经理离任审计，合同审计，经济效益审计，各税种审计，建设项目审计，预算审计，战略审计，环境审计，舞弊审计，改制、重组及并购审计，专项审计，等等。

（4）内部审计作为公司治理机构，受命于企业所有者，根植于企业运营过程。

（5）内部控制是因，是根；风险管理是过程；内部审计是果。

（6）内部控制就是事前控制，风险管理是事中控制，内部审计则是事后控制。

（7）内部审计工作流程及步骤如下：①全面风险分析；②选择审计对象；③制订审计方案；④实施审计作业；⑤编制审计报告；⑥后续跟踪审计；⑦评估审计结果。

# 第三章 内部审计过程

**本章主要内容**

选择了审计对象、确定了审计目标(重点)之后,下一步就是要确定怎么审。如果说审什么是战略(目标)的话,怎么审就是战术,即如何实施整个战略的过程。本章根据审计"七步法"(网友称为"梁氏七步法",也有学员称为"七剑下天山"),分七个步骤来阐述集团公司内部审计的全过程,详细地介绍整个内部审计流程。在每个重要节点,本章均有例子进行说明,让读者阅后即懂,拿来即用。此外,我们注明了每个审计步骤的操作过程、实施细则、注意事项、相关表格样式等内容。主要步骤如下。

第一步:进行全面的风险分析,确定可能存在的问题。

第二步:按照问题重要情况,确定审计对象(目标)。

第三步:根据审计目标,制订具体审计方案。

第四步:根据审计方案,实施完整的审计作业。

第五步:根据工作底稿及反馈,完成并汇报审计结果。

第六步:根据审计建议,跟踪落实被审单位的整改措施。

第七步:总结审计实战过程,评估审计结果。

## 第一节 全面风险分析

风险无处不在,无时不有。风险的不可预知是企业组织最大的风险。

本节内容主要分析集团公司存在问题及风险,为确定审计组织及审计重点(目标)做准备;通过一系列的方法与技巧,竭尽所能地分析出应有风险,全力以赴地查找管理漏洞。

同时,本节阐述的内容也属于"审什么"的范畴,即在第二章内部审计对象的基础上,进一步分析总结内部审计的目标与审计重点。

一、风险的概念

关于风险从哪里来,业界有两种说法。一种是祈祷说。远古时代的渔民深深体会到"风"会给他们带来无法预测的危险,他们认识到,在出海捕鱼的过程中,"风"即意味着"险"。另一种是舶来说。风险(risk)一词是舶来品,比较权威的说法是其来源于意大利语的"risqué"一词。风险是一个古老而又时髦的概念。

什么是风险?一般而言,风险与不确定有关,若某一事件的发生存在两种或两种以上的可能性,即可认为该事件存在风险。比如,出门忘带钱包和手机就是风险。

美国反虚假财务报告委员会下属发起人委员会(COSO)对风险的定义为:事项发生并给目标实现带来负面影响的可能性。

IIA将风险定义为:对目标的实现产生影响的事情发生的不确定性。对集团公司而言,其目标就是获取利润,风险也就是对利润的实现可能产生的不确定事件。再通俗一点,风险可以理解为可能出现的问题,我们平常所说的存在风险,就是说可能存在或产生的问题。具体而言,指企业经营过程中不确定的事件,包括外部环境、商业政策的变化,及内部业务流程、操作方式、管理模式等的变化,都有可能对企业目标产生影响,所以说风险无处不在,无时不有。但在所有的风险序列中,无知的风险才是最大的风险。对于企业管理而言,先要能发现风险(问题)产生的可能性,才会采取相应的风险管理策略,进而通过规避、转嫁等方式降低或减少风险带来影响。

风险的衡量标准是后果与可能性,后果的严重性与发生的可能性

(概率)是决定风险损失的两大因素,其损失的金额可以表示为可能的损失额乘以发生的概率,用数学式表示为:

$$R = Pr(E) \tag{3-1}$$

式(3-1)中,$R$ 代表风险,$E$ 代表用货币表示的潜在损失,$Pr$ 代表由于内控无效造成损失的可能性。(可能性即概率,一般用百分比表示。)

在企业管理中,在一定范畴内,风险等同于问题;大多数的管理工作就是管理问题。

## 二、风险来源

风险来源于事项的不确定性,按照美国阿瑟·安德林公司的商务风险分析框架,不确定性的事项的来源框架可分为环境风险、过程风险和信息风险三大类(图3-1)。

**不确定性来源**

1. **环境风险** —— 影响经营模式变动的不确定性
2. **过程风险** —— 影响经营模式实施的不确定性
3. **信息风险** —— 影响企业作出决策所需信息的可信度和可靠性的风险

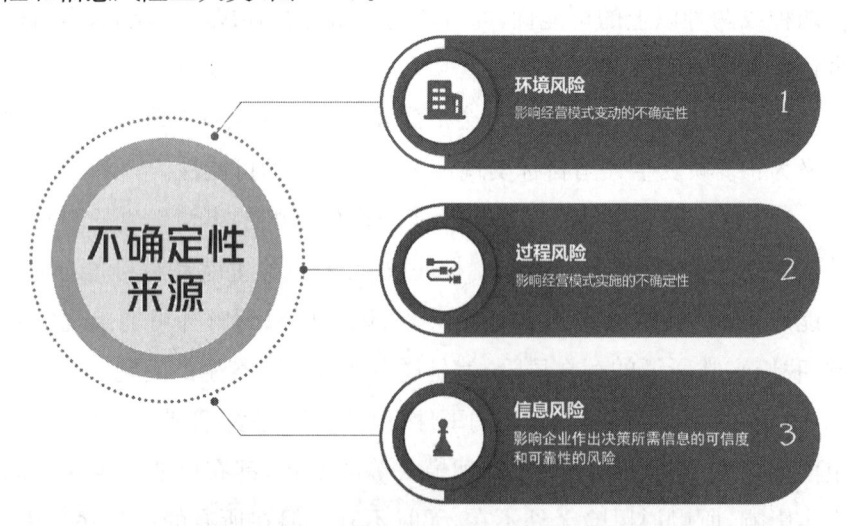

图3-1 阿瑟·安德林公司商务风险分析框架

(1)环境风险,即影响经营模式变动的不确定性,属于外部风险。外部因素影响到企业业绩或企业运营、客户和供应商关系、组织机构、融资策略时,都有可能出现外部风险。这些外在因素包括监管部门行为、竞争对手行为、价格变动、技术创新等。具体的外部风险包括但不限于：政治风险、政策风险、战争风险、疫情风险、自然风险等不可抗力的风险。

（2）过程风险，即影响经营模式实施的不确定性，属于内部风险。企业业务过程存在的偏离预定目标的行为，就产生了业务过程风险。如业务过程未能满足经营目标实现，运行效率低下，成本高，不能满足客户需求，企业无法保值增值等，均属于业务过程风险。过程风险包括但不限于：战略风险、运营风险、操作风险、道德风险和声誉风险等。

战略风险包括：战略管理风险（战略规划风险、战略实施风险、战略调整风险）、宏观经济风险、公司治理风险、产业结构风险、社会责任风险、投资风险、并购重组风险等。

运营风险包括：生产风险、采购风险、销售风险、人资风险、利率风险、期货风险、技术风险、市场风险、系统风险等。

操作风险包括：事故、灾难、项目风险、产品风险、储存风险、运输风险、税务风险、外包风险、贪污舞弊和HSE风险（健康、安全与环境风险）。

道德风险和声誉风险属于企业文化风险范畴。道德风险即从事经济活动的人在最大限度地增进自身效用的同时做出不利于他人的行为，或者当签约一方不完全承担风险后果时所采取的使自身效用最大化的自私行为。声誉风险是指由企业在经营、管理及其他行为或外部事件导致利益相关方对企业负面评价的风险，包括投诉、诉讼、犯罪行为、市场传言等。

（3）信息风险，即影响企业作出决策所需信息的可信度与可靠性的风险。企业决策时所收集的信息不及时、不充分、不正确，或信息与决策制定过程不相关时，就产生了信息风险。信息风险在企业实务中主要表现为：专业性信息提供不准确，如工程造价信息的选择、机械设备技术指标等。

通过以上框架分类，内审人员可以对企业业务进行全面分析（包括宏观和微观的层面），尽可能识别企业所有风险，并进行分类、评估，确定风险的优先级，为内部审计的确认与鉴证工作提供方向，为选择被审计对象提供依据(表 3-1)。

表 3-1 风险列表

| 风险类型 | | 风险表现 |
|---|---|---|
| 直接损失风险 | 无法控制和无法预测的损失 | 1. 电力中断：雷电、火灾及各种损坏<br>2. 物体下落：飞机失事、树、建筑材料脱落<br>3. 地壳运动：火山、地震、滑坡<br>4. 声音及震动波：飞机、震动<br>5. 战争、暴力、武装冲突、恐怖活动<br>6. 水损：洪灾、水位提高、管道破裂等<br>7. 冰、雪损害<br>8. 风暴：台风、飓风、龙卷风、冰雹<br>9. 土地下沉、倒塌、腐蚀 |
| | 可控制和可预测的损失 | 1. 玻璃或其他易碎物品的破裂<br>2. 毁坏：工厂设施的毁坏<br>3. 起始或降落时的碰撞：飞机碰撞、船舶碰撞<br>4. 污染：液体、固体、气体、放射污染<br>5. 腐蚀<br>6. 雇员疏忽或大意<br>7. 爆炸事故<br>8. 环境控制失败所致损失：气候、温度、气压<br>9. 咬伤：昆虫等动物<br>10. 火损<br>11. 建筑物损坏：倒塌<br>12. 国际性事件造成的毁坏<br>13. 航海风险<br>14. 物体变化所致损失：收缩、蒸汽变色、变质、膨胀<br>15. 油箱或管道破裂<br>16. 烟损、污点<br>17. 物体溢出、漏出<br>18. 电梯升降事故<br>19. 交通事故：翻车、碰撞<br>20. 无意识过错<br>21. 故意破坏与恶作剧<br>22. 欺骗、伪造、偷窃、抢劫 |
| | 与财务有关的主要损失 | 1. 雇员不诚实：伪造、贪污<br>2. 没收：国有化、逮捕、充公<br>3. 欺诈、偷窃、抢劫<br>4. 事实、专利、版权、公证的无效<br>5. 库存短缺：无故消失、乱放丢失<br>6. 作废 |

(续表)

| 风险类型 | 风险表现 |
| --- | --- |
| 间接损失或因果损失风险 | 1. 所有直接损失的影响：供给、顾客财产、人身或财产转移、雇员<br>2. 附加费用增加<br>3. 资产集中损失<br>4. 样式、品味和需求的变化<br>5. 破产<br>6. 营业中断损失<br>7. 经济波动<br>8. 疾病、流行病、瘟疫<br>9. 技术革命：折旧费增加<br>10. 版权侵权<br>11. 管理失误：市场、价格、产品投资等 |
| 责任损失风险 | 1. 航空损失<br>2. 运动责任<br>3. 出版商责任<br>4. 汽车责任<br>5. 契约责任<br>6. 雇主责任<br>7. 产品责任<br>8. 职业责任 |

### 三、风险识别

风险管理是一个系统全面的管理过程，这里主要讲企业风险的识别方法，以便帮助我们确定审计风险和重点。具体的风险评估及风险管理将在后文详述。

风险识别是指利用一系列的方法，辨别可能出现的各种风险及风险产生的潜在原因。它是风险管理的第一步，而对内部审计而言，只有很好地识别企业组织运营业务所面临的风险，才能更好地进行鉴证，主动提出适当、有效的风险处理方案。

#### （一）风险识别方法

内部审计人员在对企业风险进行分析与归集时，采用的方法有多种多样，以下是常见的 8 种识别方法，现简述如下。

(1) 生产流程分析法：即对集团公司整个生产过程进行全面分析，找出关键控制点，分析各个环节可能存在的风险，找出各项潜在的风险的方法。关键控制点是流程作业过程中的重要节点。例如，付款的审批签字、生产过程中物料投放标准和产品检测、采购业务招投标环节、销售业务的价格确定等。通过对流程关键控制点的掌握，可识别可能存在的风险。

(2) 风险列举法：可以理解为经验法，它是指企业管理部门结合自身特点，列举收集各个环节的风险的方法。这种方法要求作业者对企业部门熟悉，对企业各个环节了解深入，熟知企业各个环节的管理历史，确认曾经发生的风险案例。如果本企业没有设置相关的风险管理部门，则可由内部审计部门进行收集整理。

(3) 流程图法：即根据流程图，对整个生产或管理过程按各个环节、系统及顺序进行分析，以发现操作过程中存在的各项风险的方法。流程图法是内部审计风险确定中常用的一种审计分析方法，特别是在对新公司和新业务进行审计时用得最多，效果也最好。

(4) 财务报表分析法：即指根据企业各种财务表格，通过分析比较、比对方式，从而识别和发现各项潜在的风险的方法。财务报表分析法多采用分析性复核方法，发现财务报表数据上的异常、存在的差异，从而发现问题。这是内部审计工作中最常用的一种审计方法。

(5) 保险调查法：即指直接透过保险种类一览表查找并分析风险的重要性，从而按顺序发现风险大小的一种方法。该方法可以委托保险经纪人及相关机构研究评估企业的风险，是一种最方便、最快、最强的方法。

(6) 分析性复核法：即内部审计人员对财务和非财务信息资料中的一些关系或比率进行分析和比较，以确定审计重点、获取审计证据的一种审计方法。

(7) 穿行测试法：即指内部审计人员重新执行被审计单位某一控制过程的方法。它通常包括程序性穿行测试和文件性穿行测试。

两种测试方法在实务中相辅相成、交叉使用,现场一般以实施程序性穿行测试为主。穿行测试法的具体操作方法、作用及步骤详见第五章第八节。

(8) 德尔菲法:它是一种不确定性分析方法,主要利用专家的主观判断,并通过各种资讯的沟通与数次反复回馈,使预测意见趋于一致,接近实际目标。在实务中,经验丰富的专业人才能慧眼识人,快速识别问题所在。

在对风险进行识别时,企业或内审人员要有一个框架来归集、分类、优化所有风险。

(二) 企业风险分析过程

企业风险分析过程是通过一系列规范、有效的分析方法,对组织的战略、管理、环境、制度、流程和数据进行分析与评价,从而查找问题的过程。但问题应该从组织(企业)哪里找呢?其实,任何组织(企业)都离不开管理,而管理要从内部控制开始,问题要从内部控制查找。内部控制包括什么?内部控制又控什么?内部控制就是控制度与控流程,制度管人,流程管事。管好人和事,企业基本没事。制度包括章程、公司制度、部门规章、操作手册、工艺标准等,流程则包括管理流程、作业流程、工艺流程等。内审人员要认真学习研究规定与要求,找出关键控制点、关键节点、重要作业要求,与组织现有的制度和规定进行比照。在实务中,内审人员应以内控为基调,以现状为依据作出评估和评判,重点对制度与流程进行分析。

(三) 风险识别需研究和回答的问题

风险识别过程中,需要研究和回答以下问题。

(1) 现在和潜在的风险有哪些?

(2) 哪些风险应予以研究?

(3) 引起风险事件的原因是什么?

(4) 这些风险所引起的后果如何?

(5) 识别风险的各项管理措施是否到位?

### (四) 风险的处理方式

风险处理方式涉及企业治理风格和风险承受度的问题,是风险控制的一种方法,而风险控制是内部审计最关心,也是最常用的手段之一。所谓风险控制,是指风险管理者采取各种措施和方法,减少或消灭风险事件发生的各种可能性,或者降低风险事件发生时造成的损失。风险的处理方式主要有以下四种。

(1) 回避(规避)风险。如退出生产线,出让资产或业务。

(2) 转移(改变)风险。如以保险、期货、业务外包等形式转移风险。

(3) 预防(降低)风险。预防风险涉及无数日常决策,包括企业决策、内部审计、日常经营分析、内部控制等。

(4) 接受(自留)风险。即不采取任何行动,将风险保持在现有水平。

## 第二节  选择审计对象

如果说本章第一节所说的全面风险分析是确定"谁最值得审"的重要问题,那么,这一节主要是确定解决"审谁"的问题。

### 一、审计对象分类

谁将可能成为被审对象呢?对一个审计师而言,审什么(谁)是作业的第一大难题。从我们的经验上看,不管体制内企业还是非公企业,均存在相同的问题。从策略上来分析,首先要确定一个选择标准方案,评估其风险的严重程度及排序;其次要识别潜在的被审对象;再次就是按风险高低对被审对象进行排序;最后是根据排序结果从高至低选择并确定被审对象。从方法上分析,可以从金额大小、内控程度、业务或流程的繁简、地理位置、职能部门、业务过程、决策机制进行分析与观察。从业务上分析,每一项审计业务都以选择被审对象作为起点,被审对象在组织内可能是一个公司,也可能是一个系统,也可能是一个部门,还有可能是一个过程。对于集团公司而言,被审对象主要涉及的范畴有两方面:一是审哪个公司(系统或事业部);二是选定公司后,审哪些内容重点(审计目标)。

**(一) 目标公司的选择**

影响选择审计目标公司的因素很多,企业不同,阶段不同,环境不同,选择结果也不同。一般来说,选择被审单位包括以下三种方法:

第一种方法是根据管理层或董事会的指示来选择被审单位。管理层或董事会承担着管理企业的职能。他们了解企业现存的问题和风险,分析问题精准高效。因此,直接采纳管理层或董事会的指示是最快确定审计对象的方法之一。

第二种是根据制定的年度审计计划来选择被审单位。年度内部审计计划对公司进行了全面的风险分析,并按风险严重性及重要次序确定了被选择组织,且作了时间上的安排。如果公司已经做好年度计划,则照年度审计计划执行即可,这与药剂师在药房拿药的原理类似。这种方法适用于审计比较完善的集团公司。这些公司每年均做好详细的审计计划,甚至细化到月度等周期,这种情况下内审人员不必考虑太多,照计划执行即可。

第三种是根据被审单位的要求来确定。有些被审组织的管理人员认为本公司或部门中存在一些问题,自己无法解决或不便解决,需要请内部审计部门进行协助,查清问题的来龙去脉,分析问题的原因及经过,以加强部门内部控制,规范操作流程,加强内部管理。实际业务中,只有集团领导高度认识到审计的作用,才会自己提出审计的要求,所以此类业务一般并不多。

其实,在实务中选择被审单位时,还有许多因素需要考虑。根据IIA制定的《内部审计实务标准》,在选择被审单位时,应考虑以下7个因素。

(1) 上一次审计的日期和结果。

(2) 涉及的金额。

(3) 潜在的损失和风险。

(4) 管理层的要求。

(5) 经营方案、制度和控制的重大变化。

(6) 获得经营效益的机会。

(7) 审计员工的变动及能力。

(二) 审计重点的选择

确定审计对象后,具体审公司的哪个部门或什么内容呢?例如,内审人员确认了审计对象是华审集团,华审集团子(分)公司众多,每个(子)分公司又分为内审咨询事业部、舞弊调查事业部、工程咨询事业部、软件开发事业部等,还有独立的财务部、研发部、广告发行部等。那么,内审人员究竟审什么内容?如果没有系统培训和学习过,作出选择的确不容易。

从理论上讲,审计重点均应从组织内部进行选定,只要与组织内部业务相关联的业务内容或事项,均有可能成为审计重点。审计重点可分为以下三大类。

(1) 人财物产供销,制度、流程与决策。整个公司所有的组成要素均可成为审计对象,如企业组成要素中的人员、财产(资金)、物资(固定资产)、生产过程、产量合理性、采购、销售、物流,还有各项管理制度、流程、各项决议决策等。这类审计项目包括销售审计、财务审计、采购审计等。

(2) 有委托关系就可能成为被审对象。如第一章所述,有委托就有审计对象,总经理与中层管理人员,中层与执行层、基层之间,集团总部与各分公司、办事处之间,采购与供应商,服务与被服务之间等,均存在委托与被委托的关系,那么对所有下一级管理或操作者均可以进行审计。一个集团存在太多的委托关系,也就是说存在很多可以审计的组织或对象。实务中常用的审计对象或项目是经理离任审计、某分公司利润审计等。

（3）有风险就可能成为审计对象。内部控制薄弱、人员素质低下、远离管控中心的地区（所谓"山高皇帝远，猴子当大王"），均可作为审计对象。具体而言，可审的对象可以是集团总部各部门，可以是下属公司的经营情况，可以是法规制度，可以是会议决议、决定与流程，也可以是战略、人事、文化等。从创新组合的角度，各种因素交叉改变后，可审计的对象与项目成百上千，不可估算。

孙子说，兵无常势，水无常形。没有哪个行业、哪个公司是处于静态中的，不断变化的经营业务，使企业在每个阶段、每个层面、每个时期的风险都不尽相同，都可能存在风险。我们认为，只要存在风险，就可能成为审计对象。

## 二、选择审计重点的方法

审计重点就是靶心，找不到靶心的审计作业都是无用功。

审计重点就是对所审计业务事项能够提供合理保证的关键点、控制点、转折点和节点。实务中审计重点代表所需评价的总体业务的核心部分，有时是业务集中点，有时是异常事项、不正常业务等，所以，确定审计重点要求内审人员从多角度进行分析提炼，需要内审人员不断积累和沉淀。

**1. 不同组织的审计重点不同**

政府审计主要针对各级政府部门、国有金融机构等进行审计。国企是国家主要的经济力量，发挥着服务国计民生的重要作用，其审计重点与政府审计存在差异。私企一般以利润为目标，审计重点与前两者也截然不同。

**2. 不同行业的审计重点不同**

企业作为国家安全的经济防线，稳健发展是大局。保证各行各业的企业的安全是审计的重点。不同行业的审计重点会有所不同，如制造业的审计重点是人财物、产供销；银行业的审计重点是尽职调查、贷后管理、流动性风险;工程建设的审计重点则是机、工、料等。各行业前10种最主要的风险因素如表3-2所示。

表3-2 各行业前10种最主要的风险因素

| 次序 | 银行和保险业 | 制造业 | 其他行业 |
|---|---|---|---|
| 1 | 内部控制的质量 | 内部控制的质量 | 内部控制的质量 |
| 2 | 管理人员的能力 | 管理人员的能力 | 管理人员的能力 |
| 3 | 管理人员的正直程度 | 管理人员的正直程度 | 管理人员的正直程度 |
| 4 | 会计系统的近期变动 | 单位的规模 | 会计系统的近期变动 |
| 5 | 单位的规模 | 经济环境的恶化 | 业务的复杂性 |
| 6 | 资产的流动性 | 业务的复杂性 | 资产的流动性 |
| 7 | 重要人员的变动 | 重要人员的变动 | 单位的规模 |
| 8 | 业务的复杂性 | 会计系统的近期变动 | 经济环境的恶化 |
| 9 | 快速的增长 | 快速的增长 | 重要人员的变动 |
| 10 | 政策法规 | 管理人员对完成目标的压力 | 快速的增长 |

资料来源:《评价内部审计风险的框架》第25号研究报告。

### 3. 企业所处不同阶段审计的重点不同

一般而言,企业的发展会经过人治、法治(规范)到无为而治的阶段。内审人员要根据企业所处不同的发展阶段,确定不同的审计重点。

在人治阶段,制度一般较为缺失,审计的重点就是评估业务、分析流程,并要求从上至下推行。

在法治阶段,制度、流程和规则都较为齐全,这时的审计重点就是查看执行过程,通过穿行测试和其他方式评估业务。此外,还应分析事件的原因,分清是内控缺陷还是执行缺陷,并提出完善的方案。

在无为而治阶段,由于制度、流程比较完善,管理水平不断提高,审计重点应从企业运行的效益上发力(包括机器、设备的运行效率,各项指标的完成情况,企业运行的效果总结),并从公司治理和战略策略上进行评估,为企业战略决策提出风险建议。

**4. 不同视角的审计重点不同**

对于同一个业务事项,内审人员站在不同的角度,审计的重点也不尽同。比如,同样的工程项目,站在甲方的角度和站在乙方的角度所看到的审计重点(风险点)是不一样的,可能甲方的内审人员认为要以工程成本、工期、安全为重点;而乙方(施工方)的内审人员则认为工程量、工程签证、工程造价结算是重点。

此外,不同的审计模式、不同的企业文化关注的审计重点也不一样。

实际工作中,我们可以通过以下几种方法来确定。

(1) 流程分析法,即根据流程对相关业务进行分析,查出流程关键控制点、收集风险点的一种分析方法。

(2) 分析性复核法,即通过分析性复核,发现业务或内部控制中出现异常、企业经营出现变化、经营业务发生改革等问题的一种分析方法。管理层或董事会通过分析判断,认为重要的、风险高的、必须关注处理的问题,应交由内审人员进行核实。

(3) 否定法,即直接对业务环节、控制点、事项进行否定,并将否定意见直接作为审计重点的一种方法。如采购过程中要对供应商进行三家比较,内审人员可直接用否定意见作为审计重点,即"采购部没有按规定对三家供应商进行比价"。

此外,选择审计重点的方法还有问卷调查法、访谈法、穿行测试法、经验法、专家判断法、头脑风暴法、风险列举法、因果法、保险法和鱼骨图法等。

## 三、确定审计重点的策略原则

内审人员收集审计风险点以后,如何确定哪些才是最重要的?哪一个的风险最高?我们总结了以下 6 个重要原则,以协助内审人员快速确定审计重点。

**1. 系统问题优先原则**

每个集团公司都会有各式各样的操作系统,甚至有些超过100个。由于规划、建模、运营、操作等方面的原因,每个系统都可能存在不同的风险,加上系统的连续性和表现形式的隐藏性,无形中可能给企业带来非常大的损失。

例如,某公司是物流运输企业,运输费用与油价联动,也就是说以一定的价格作为基础价,如果联动的油价上(下)调5%,则运输费用价格相应上(下)调1%。经查,2020年6月某周,油价已下降5%,但由于操作部门没有及时下调运费,系统仍按原来的价格计算支付,造成公司多付运费684 900元。所以,在所有风险因子中,对系统问题要优先安排审计。

**2. 流程问题优先原则**

我们知道,制度管人,流程管事。如果流程出现问题,则意味着企业管理过程中有可能出事。流程问题具体表现为:流程变更、流程不畅、流程中断、流程缺失。如果一个流程发生变更,偏离原来的运行轨道,则会存在较大的风险。

公司经过十几年或几十年建立起来的流程与制度,不要随便去打破和更改,如确实存在问题,要经过相关部门的审核与批准。实务中,如果发现与原来流程不符的事项,内审人员一定要分析过程,追究根源,查找深层次的原因。

很多流程变更的背后都隐藏着舞弊贪污事件,切记!

**3. 内控缺失优先原则**

内部控制是企业管理最基本的手段,内控缺失意味着管理失控。

内控缺失说明企业在管理上存在极大的漏洞与盲点,管理层或主管部门没有意识到或关注到问题。概括为一句话:管理死角会给企业造成一定的损失。在实务中,内控缺失经常出现在以下几个方面:非关键部门,如职工食堂、公司工会等;非主流业务,如副产品(废品)销售、某部门下一个有处罚权的小组等;非关键岗位,如验收人员、驻外管理员、质量检测员等。

以上部门、业务和岗位中极有可能存在不正常的事项,如企业职工食堂每个月有齐全的收支记录,但在这样一个很小的服务部门,每年也可能有几十万元利润被贪污或挪用。因此,内审人员如发现公司内存在管理缺失问题,要优先安排审计。

**4. 金额数量优先原则**

金额数量大小决定了风险的大小,这个很容易理解。做审计的人都知道,金额越大,说明事项越重要。企业业务主要包括如下几个方面:

采购业务:A类物资、大额交易供应商(如交易金额前十的供应商)。

工程项目:重要设备、工程款项。

往来账项:金额较大的应收账款、应付账款、其他应收款、其他应付款、预收账款、预付账款等。

销售业务:大客户、折扣高的金额、损失大的金额、奖励大户、广告大户等。

其他业务:兼并、合资、转让、收购等。

以上业务涉及份额、金额比例较大者,审计师均要进行优先审计。

**5. 高频发生优先原则**

这里所指的高频发生的事项,是指企业经营过程中经常发生、未规范管理的重要事项,如经常要给领导审批的相同的事务、经常发生的特殊事项等。我们分析,这些事项经常发生,但是没有相应规范的流程与制度,都是通过一事一议的方式,经权限领导审批。其从合规或权限上来讲都没有问题,主要风险在于它的真实性、严谨性存疑,且没有经过相关部门审批,有可能存在风险。因此,此类事项应优先安排审计。

**6. "变、快、新"优先原则**

变化是企业永远不变的主题。变化、快速与创新是企业发展和扩张的主要方式。内审人员可将政策变化、经营变化、公司变化、高层变换等"变"的事务作为优先审计项目;可将流程快、决策快等"快"的事务作为优先审计项目;可根据企业的实际情况,对于新制度、新系统、新项目、新设备等"新"的事务进行评估,作为优先审计项目。企业"变、快、新"细目如图3-2所示。

"变、快、新"事项是**风险聚集地和高发区**

| | 变 |
|---|---|
| 政策变化　经营变化 | |
| 公司变化　高层变化 | |
| 人员变化　操作变化 | |

| | 快 |
|---|---|
| 流程快　决策快 | |
| 业务快　紧　急 | |
| 超　常　逾　越 | |

| | 新 |
|---|---|
| 新制度　新系统 | |
| 新项目　新设备 | |
| 新流程　新产品 | |

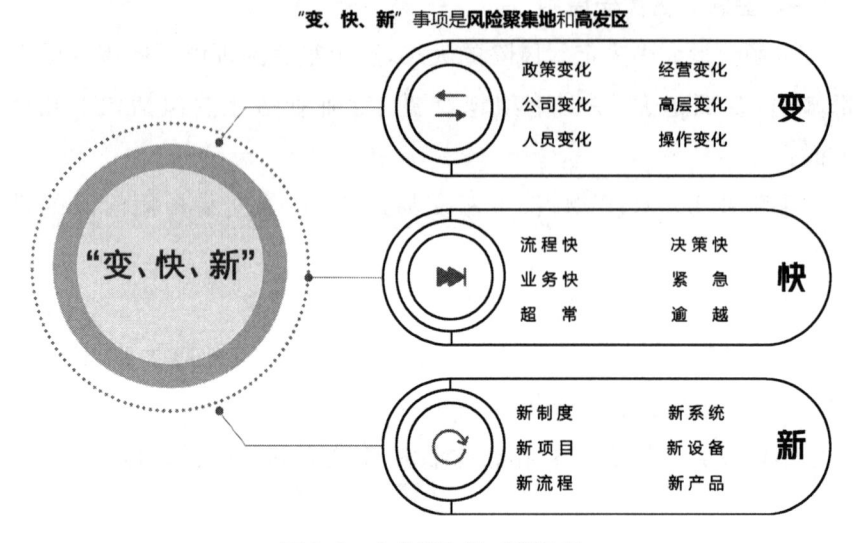

图 3-2　企业"变、快、新"细目

## 四、集团公司最容易出现问题的环节

作为公司内部审计人员,要在工作中不断观察与总结,对内部控制、关键控制点多加关注,找出存在风险之处,这对于审计判断及审计工作都非常有用。【例3-1】为在审计过程中总结发现的、实际工作中经常出现问题的环节。

【例3-1】 实践中的问题点

1. 权力过于集中的部门或人员

集团公司整体运营过程中,如某些部门或人员权力过于集中,均可能存在较大的风险。如销售、采购、工程、招聘等业务部门的人员,往往权力较为集中;或由于业务人员过少,内控缺失,权限集中,加上制度不完善,监督管理不到位,导致经办人员业务量集中、权力过大等。

2. 沟通不畅

集团公司,特别是跨国企业,往往存在多种语言、文化交汇的情况,往往出现如上级讲外语、下级讲中文等问题。员工在处理相关文件时有意欺瞒上级,以达到不可告人之目的;利用领导信任,通过误导性语句篡改文件内容使其通过审批,进而内外勾结牟取私利,最终损害公司利益;提交的请示文件中附件不齐全或私自更改附件;在文件的文字中隐藏其他内容,用小字体另外注明请示内容,欺骗领导;等等。对于这些问题,内审应予以重视。

3. 公司兼并、合资、合作交接

风险产生于变化中,变化越大,风险越大。特别是在公司兼并、合资、合作时,风险最大。曾经有过这样的一个案例,某公司在合资时存在1亿多元的预付款,在没有施工、无验收、无相关依据结算的情况下,会计预付账款无收货、无实物,仅凭一纸无签章证明就转账入固定资产账目。此项业务存在侵占公司资产、内外勾结私吞资产的可能,风险很大。

4. 单个项目、设备、系统最昂贵的部分

根据以往经验,单个项目、设备、系统最昂贵的部分最容易出现问题。在审计实务中,审计师经常发现项目和设备中要么是厂家不对,要么是数量不对、材质不对、规格不符等。整个系统中最昂贵的部分,如设备中的核心金属等,如果存在问题,最容易造成资产的损失。

5. 长期亏损或者稍有微利的组织单位

集团下属各分公司、机构、办事处、仓库中有一些长期亏损或利润微薄的单位,这些单位会因为管理层对其疏于管理,转移利润,将高利润转为低利润,将有利润转为无利润,甚至伪造成年年亏损或微利状态,以达到个人非法目的。这些情况值得重点关注。

6. 业务操作交接处

环环相扣的地方,如一个操作结束、另一个操作开始的地方,部门与部门之间、车间与车间之间等。这些地方有时会存在责任不清、衔接不畅的问题。又如产品交接点、物品调配处等，均是风险较高、容易出现问题的地方。

7. 更改容易且技术性强的业务

易于采取纠正行动的地方，也是实践中容易出现问题的环节。如更改系统数据，通过权限设置又能将其及时改回原状。

8. 长期没有关注的地方或环节

如企业工会、饭堂、副产品、福利费开支等，因为涉及员工利益，一般人无法查验，认为无须进行检查与核对。此外，饭堂物料的采购、领用都有时效性，就算是次日核查，也已时过境迁，故无法了解当时发生的事实。当事人有时间可以更改物资数据，从而给舞弊留下操作空间。

9. 残次品处理

一项任务完成或纠正错误活动完成之后，有些人在处理遗留问题的过程中也会想办法创收：如销售旧物资、次产品时，通过内外勾结更换标的物，从而以次充好，低价出售。

10. 资源、资产的责任关系发生变化

在设备交接过程和物资转移过程中，均有可能出现问题。

11. 变化就有风险

如制度跟不上、培训不充分、流程未完善、内控未健全、管理不到位，均会产生风险。记住：只要有变化，就有可能存在风险。

12. 责任方交接点

在并购业务和跨国合作业务中，责任方较多；在各公司大门口、货物交接点，责任方也很多。任何作业，有变化，有交接，有变更，就有风险。

以上是我们在审计工作中总结的容易发生错漏、舞弊的问题点，内审人员应给予高度关注。内审人员可根据公司的实际情况不断观察和总结，归纳出公司更多的风险点，以更好地提示和防范风险，确保公司的财产不受损失。

一句话,除了"任何可量化且可验证的信息都可成为审计的对象",各项可确认、可鉴定的管理过程,也均可成为审计对象。

## 第三节　制订审计方案

审计方案是指为了使审计人员能够顺利完成项目审计业务,达到预期审计目的,在执行审计程序之前编制的具体审计项目工作计划。

一句话,审计方案就是告诉你:什么人用什么方法在多长时间内要做什么事情。

审计方案就像航海员手中的航海图、驾驶员手中的交通图一样意义重大。一份严谨、周全而又良好的审计方案犹如一张清晰明确的道路图,标明了审计的工作方向和工作步骤,为内部审计人员有效地进行检查和评价提供行动指南,方便内审人员在错综复杂的组织内部和浩如烟海的资料文件中,查找和收集充分可靠、真实有效、与一个或多个审计目标相关的审计证据。

制订审计方案包括记录审计基础信息、确定审计目标与重点、设计审计程序、分配审计资源、编制及审批审计方案等。

内部审计经理(负责人)对审计工作计划与审计方案进行审核,对计划方案的可行性负责,并由上级主管领导进行审批。以下从审计方案的每个步骤进行阐述。

### 一、记录审计基础信息

审计基础信息就是该项目的整体情况概述,其可让方案使用者一目了然地了解整个项目的大概情况。需要记录的审计基础信息主要包括:审计项目名称,如××业务流程审计方案;项目编号,即本项目编排的顺序号,如 NS08 号;编制日期;被审计单位或部门;方案编制人;方案审核人;方案审批人;审计方式;审计分项时间安排和项目总体时间安排;审计的范围、内容、目的等。

## 二、确定审计目标与重点

### (一) 审前调查

毛主席曾说过:"没有调查就没有发言权。"这句话说明了调查了解的重要性。内部审计的审前调查,是内部审计人员不可缺少的一个步骤,其具体工作内容包括以下5个方面。

(1) 现场查看。审计人员主要查看经营场所、活动性质、工作环境、工作流程、实体资产,还可以与被审部门/单位的员工进行会谈等。实际上,对于业务比较固定的公司单位或部门,不是每次审计前都要到现场进行查看,因为相同的经营模式与业务,风险基本变化不大。除非经营环境、设备发生重大变化,才每次必查。

(2) 召开会议。审计人员与被审单位进行面对面的交流,了解具体的运营信息,确定操作流程,发现存在的问题及需求事项,并做好相关的记录。

(3) 研究、收集资料。审计人员对相关资料进行综合研究,包括相关的决策文件、组织政策、工作说明书、定期报表等,确定资料的完整性。

(4) 书面描述。书面描述主要用来反映被审单位的基本情况,包括流程图、平面图、内外部经营文件等。审计人员应进行综合描述及概括,确保收集资料无差错、涉及范围全面。

(5) 分析性程序。审计人员通过比较与分析各种财务及经营报表,找出差异,确定重点。具体比较方法包括:实际与预算比较,每年同期比较、多期数据的趋势分析、账户间关系分析、行业比率的分析比较。上述分析可便于内审人员了解情况,更有利于设计恰当的审计程序。

与外部审计不同,内部审计的对象基本上是集团各部门和下属各分公司,因此,其对审计单位或部门的相关环境比较熟悉,审前调查这个步骤的关键是对新增业务或内容有关资料加以归集。如果是新的审计项目,则一定要做详细的审前调查。以上资料归集后应作为相关的审计附件或依据,以满足实际审计调查与取证的需要,并归档留存。不管在什么情况下,撰写内部审计方案必备以下多项准备资料:组织(包括企业或部门,下同)工作流程图;以前年度的内部审计报告及审计方案;董事会审批资料及相关会议纪要资料;组织经营的长期、短期目标及工作手册;组织权限(力)、职责及考核指标文档;组织的经营情况与报表资料;管理层(人员)关注问题及已发生的事件。

**(二) 确定具体的审计目标与重点**

什么是精准? 精准就是精确和准确。同样,审计的目标与重点相当于射击训练中的靶心,一定要精准,最好每枪都能达到10环。只有找到精准的靶心,才能目标准确,为设计审计程序指明方向。通俗地说,就是排查风险因子,确定风险高的审计重点。

内审人员通过对审前调查资料的整理总结,结合企业风险分析结果,汇总以前年度审计中发现的问题及提出的改正措施、审计方案的执行细节及存在的问题,比对组织操作规程及相关流程图的分析,识别出组织运营目标、现状并确认潜在的风险。在此基础上,对照现行的控制制度,确定哪些是重要风险,哪些是次要风险并将其按风险的高低程度排列,最后确定主要的风险,也就是我们常说的审计目标。在内部审计方案中常用"风险点(审计内容)"列示审计目标与重点。

每个公司、企业组织都有不同的审计目标与重点,服务公司可能关注服务标准、规范性、投诉率、最佳方法等;银行业可能会关注贷款、流动性、产品线、监管机构等;制造企业可能会关注原材料、工艺技术、产品质量、生产安全、资金政策等。

内部审计重点就是所有风险点(审计内容)的集结,是整套方案的总风险。审计重点可以有一个或多个,一般情况下均有多个风险。否则就不需要进行审计了。

**【例 3-2】 采购审计目标与重点**

我们通过对采购操作流程图的分析,结合审前调查了解的实际操作情况,归集以下审计目标与审计重点。

(1) 采购部没有制定相关的管理制度与操作流程。

(2) 没有招标、投标相应资料,没有谈判记录。

(3) 报价单、比价单不按流程规定报批。

(4) 没有建立价格监测系统,大宗商品没有进行市场询价。

(5) 预算系统管理存在漏洞,超预算采购时常存在。

(6) 定点供应商、价格系统没有经过领导审批。

(7) 没有对供应商进行年度评审。

(8) 没有对采购物品进行跟踪核对。

(9) 采购员没有进行定期轮岗。

(10) 部门之间沟通不畅、汇报不及时等。

类似采购业务中存在的风险或存在的问题可以罗列出四五十个,我们将以上风险列为重点。

关于审计目标与重点的提炼,除了对风险的分析、总结与提炼外,建议读者多阅读风险分析、风险管理方面的书刊,结合实际工作中出现的问题加以应用。

## 三、设计审计程序

如果说审计重点是靶心,那么审计程序就是告诉你如何打中目标,这一步骤很关键,也很重要。

审计程序也叫审计步骤,它是审计人员为实现审计目标而采取的一系列方法与步骤的总和,是审计方案的核心内容。审计程序可以分为标准化的审计程序和差别化的审计程序,在确定了审计范围和审计目标之后,内部审计人员应该继而确定具体的审计步骤,包括应采用的审计方法,以说明如何收集证据、评价证据,完成审计工作。审计步骤应该适合特定的审计目标并覆盖整个已经确定的审计范围与审计目标。要有效地完成现场审计工作,保证所收集的信息能够充分、准确地支持审计结论,达到审计目标。通俗一点,其实也就是一个证明的过程,即通过一系列论证检查审核测试等操作步骤,以证明审计目标的准确性。

**【例3-3】 审计程序设计步骤**

如审计目标是为了确定某在册领工资人员是否为公司真正的员工,可以对其设计相对应的审计程序:查阅此人在人事部的资料,是否有入职审批资料,是否签订了录用合同;核对此人某月的工时卡或考勤记录;核对此人最近3~6个月的工资签署单据,确定其连续性。

通过设定一定的操作方法与步骤,求证与确定其目标的准确性。每个审计程序均按一定的作业过程、关键节点设计审计过程,最终实现审计目标。

我们在设计与确定审计程序时,要注意三个事项。

(1)精确。设计审计程序一定要一刀见血、具体明确,不能模棱两可,与审计目标无关或关系不大的审计程序应全部删除。一定要用最简洁的、精准的语言来说明。

如抽查20××年5月的100份销售通知单,应用简单的句子说明审计对象采用的方法,抽查样本的时间、范围、内容与数量。

(2)简要。审计程序能准确描述操作过程、具体数量与步骤即可,不可啰唆重复。审计步骤可分为几点,并分别用数字符号标明。

(3)可行。有些方法可能理论上是可行的,但在实际中难以操作,不方便内审人员执行。在设计审计程序时,可行、可操作才是关键。

**【例3-4】 设计审计程序时的注意事项**

对A公司本年度所有采购物品价格进行调查,确定其采购价格的合理性,这个审计程序你认为可行吗?生产型的企业或大公司,主材、辅助材料、固定资产和零星物品那么多,规格型号那么多,审计人员无法对它们全部进行调查。所以,我们既要达到审计目标,也要考虑内部审计人员的力量,以尽量少的资源达到尽可能好的效果。

注意,每个项目在进行新的审计时,均需要对原有审计程序进行更新。

**【例 3-5】 根据审计目标设计审计程序**

已知审计目标为:B 产品实际使用数量的损耗超出正常范围。为了达到这个审计目标,怎样设计它的审计步骤及详细的操作过程呢?具体抽样的数量及时间怎么确定呢?通过分析,我们可以设计出如下审计程序。

(1) 首先,查看集团对生产能耗指标制定的相关规定(找到标准或实施的规章制度、决策资料等);其次,向技术部门的专业人员询问了解核实 B 产品的正常损耗率。

(2) 抽查所属公司 20××年 1～12 月份 B 产品的购进数量,并汇总数量。

(3) 抽查全年实际使用量,累加相应的数量。

(4) 分析比较其差异量,计算其损耗率,与相关的文件比对,查找其差异数量并分析产生的原因。

## 四、分配审计资源

审计资源多种多样,但是这里我们主要介绍制订审计方案时的审计资源分配,主要包括审计时间分配、审计步骤分配与审计内容及人员安排。

首先,要进行审计时间安排,按照计划计算合理可支配的工作时间(扣除车船往返时间),最好把可使用的审计时间化解为小时计算,也可以按天或半天计算。如每人每天按 8 个小时计算,则全部可执行时间计算为:

$$审计执行总时间 = 审计天数 \times 审计人员 \times 8 小时/天 \quad (3-2)$$

其次,按照计算出来的审计可执行时间,统计需用审计的工作步骤,预算各审计步骤所花费的时间,合理安排分配各审计步骤。在实际安排时间时,要依照"前紧后松,预多不预少"的原则,即在审计前期尽量多安排项目,后期预备多些时间,以防止审计执行过程中出现其他事情而拖延审计时间,从而影响总体的审计工作安排。

最后,关于审计内容及人员的安排,除了出差、交通、天气等要考虑的因素,还要根据审计内容的多少,审计程序操作的难易程度,审计人员的经验、能力与整体审计人员的水平等,匹配安排相应的审计内容及人员。比如,可安排财务专业人员查账,安排管理专业或有一定经验的审计人员从事经营管理审计工作,安排外向的审计人员从事咨询、沟通、访谈等方面的工作,安排思维敏捷、洞察能力强、办事谨慎稳重的人从事专案审计工作等。

还有一个原则,即注意老少结合,新旧结合,男女结合,多安排专家带新人,做好传帮带工作,还要注意专业上的搭配,做到生活上互助、工作上协调、人际上和谐。

在分配相应的审计资源时,建议配合审计方案,以表格形式显示,既方便内审人员查核时间,又便于项目主管复核监督内部审计工作的进度。

**五、编制及审批审计方案**

审计工作是一项组织、策划、实施与反馈工作,它需要进行周密的安排。从宏观上讲,还包括审阅文件和资料等,如果是专项审计,还应该包括各领导及部门转交的相关资料,比如投诉资料等。我们一般所说的审计方案,是指纯粹的审计执行方案,主要包括以下7个要素:审计目标(重点)、审计范围、审计过程、审计程序、拟收集的材料证据、时间安排和人员分工。

方案是针对具体问题提出的解决方法和行动流程。审计方案就是告知:什么人用什么方法在多久的时间内做什么事。内审人员在撰写方案时应主要达到上述目标,应准确阐述人、方法、时间及程序四个问题,贯穿逻辑思维,完善相应的基础资料及审批手续,以使审计方案更为完整。

关于审计方案,不同的公司有不同的模式、不同的风格,也有自己通用的审计方案格式。一般而言,审计方案还可以细分为格式化审计方案和专项审计方案。

(一) 格式化审计方案

所谓格式化审计方案,是指审计部门为了满足公司审计需要,用规范、详尽、科学的固定格式制定的一套书面指令方案。其一般由公司审计部门自行设计,审计人员自己使用,如集团公司编著的内部审计方案(表3-3)或指南类小册子。

表3-3 内部审计方案

××项目审计方案(格式)

项目编号: 编制日期: 年 月 日

| 被审计单位或部门 | | 审核人 | |
|---|---|---|---|
| 编制人 | | 审批人 | |
| 审计方式 | | | |
| 计划工作时间 | 审前调查阶段　天合计　小时<br>实施审计阶段　天合计　小时,具体时间安排为: 月 日～ 月 日<br>报告阶段安排　天　小时<br>该项目计划工作时间共　天 | | |
| 审计范围 | | | |
| 审计目的 | | | |
| 审计重点:<br>1.<br>2.<br>3.<br>4.<br>5. | | | |

(续表)

| 审计目标、程序、步骤及人员、时间安排 | | | | |
|---|---|---|---|---|
| 程序内容 | 负责人 | 工作时间（H） | 执行结果简摘 | 内审人员 |
| 一、(重点或内容) | | | | |
| A 目标 | | | | |
| ① 明确目标 | | | | |
| ② | | | | |
| ③ | | | | |
| … | | | | |
| B 内审程序与步骤 | | | | |
| ① 具体审计程序 | | | | |
| ② | | | | |
| ③ | | | | |
| … | | | | |
| 二…… | | | | |

我们通过研究各类相关的审计方案，总结出一套可用于审计、监督、检查的多功能审计方案。所谓多功能方案，即对内审工作具有规划、指导、控制等作用的审计方案。它除了一般审计方案所应有的时间、地点、人物、重点、审计程序步骤与内容，还具有年度项目序号统一化、工作步骤程序化、执行时间小时化等功能。

**1. 多功能审计方案的作用**

首先，多功能审计方案便于内部审计人员记录实时审计信息，以便于查找工作疏漏；其次，便于督导人员（组长）监督内审人员审计工作；最后，便于审计主管（经理）检查和复核审计工作的具体内容。

**2. 多功能审计方案包括的要素**

整个审计方案除了名称外，还包括诸多细节因素。方案名称一般定为：××公司(部门)××业务流程(事项)的审计方案；项目编号,如NS08号；编制日期：××年×月×日；被审计单位或部门；编制人；审核人；审批人；审计方式；计划工作时间；审计范围；审计目的；审计重点；审计目标；审计具体程序；审计执行步骤简要；每个执行步骤时间（天或小时）；内审人员安排。

虽然设计方案内容比较齐全,但也不一定适合所有公司使用,具体还要根据自己所属公司的经营模式和需要来设计。

(二) 专项审计方案

专项审计方案是专门对于特殊的审计项目而制定不同的书面指令方案。它多用于非常规审计项目,如临时核查、投诉审计、舞弊审计等。近年来,由于经济的迅速发展,各种大公司、大集团不断出现,职业经理人素质参差不齐,加上管理不到位,造成企业经营管理中出现不同程度的漏洞,造成了舞弊事件的发生。

根据国内外调查资料显示,各种各样营私舞弊的案件越来越多,由原来普通员工舞弊上升到管理人员串通作案,由一般白领人员舞弊上升到管理高层犯罪,无一不显示出公司内部控制、治理结构的重要性,作为治理结构四大基石之一的内部审计,勇敢地承担起内部管理的重任,对各种损害公司利益的行为进行秋风扫落叶式的清理,确保组织机构在前进的路途上轻装上阵,不被害群之马所左右。公司要求内部审计首先核查舞弊事件。内部审计人员一定要对相关业务多做研究,以满足公司越来越高的审计要求。

所谓专项审计,就是内部审计人员对公司经营管理中出现的某个问题进行全面调查与评估的过程,包括常规专项审计与突发事件专项审计。专项审计具有审计方向明确、审计目标集中、审计重点突出等特点,在企业管理中尤为重要。专项审计具有及时收集信息、分析追查原因、分清各种责任、提供决策依据等功能。

如果说常规审计是传统武术的话,那么专项审计就是散打,讲究的是"快、准、狠"。

具体而言,专项审计项目具有内容专一、范围宽广、时间紧迫、调查迅速等特点。

(1)内容专一。某一项细节问题、单独一类的事项、专项计划、管理层指示,均可作为专项审计的目标。但是它很单一,只涉及一个方面的问题。

(2)范围宽广。专项审计的内容可谓涵盖方方面面,既包括财务、销售、采购方面的专项审计,也可以包括人事、生产、效益专项审计,特别是并购审计、舞弊调查等。

(3)时间紧迫。某一重要事项如果不及时处理,影响就会扩大,给公司造成不必要的损失。为防止事态进一步扩大,必须做到三个"第一":第一时间作出审计决定;第一时间派内审人员进驻现场;第一时间汇报审计调查结果。

(4)调查迅速。领导需要查找决策依据,等待内部审计人员的调查结果。如果对问题不迅速调查清楚,就会影响管理层的决策。因此,内审人员要快速地进行调查分析与判断,及时给管理人员提供准确信息,以便于其作出正确决策。反之,如果内审人员不能及时作出判断,将会对公司运营造成严重的后果。

总之,专项审计的作用可概括为一句话:第一时间将事实真相及建议反馈给决策层。

专项审计方案的形式可以是文档形式,也可以是口头形式,有时可能就是一个电话。如果你有幸在出差途中接到老总的专项审计电话,而且时间又急,那你可以试一下口头形式的审计方案了。

那么,专项审计方案该怎么写呢?写作思路是怎么样呢?写审计程序,要考虑的因素有哪些呢?

**1. 审计重点**

专项审计包括两个部分:一部分根据公司年度审计计划制定,属于常规的专项审计项目。它可以是公司运营中的每个环节,如产品产量的合理性专项审计、采购原材料的质量专项审计、销售费用的合理性专项审计等。此类审计的重点由制定年度计划时依据风险进行排列而得,比较容易把握。而另一部分是根据突发事件或临时工作安排进行审计,如舞弊事件专项审计、举报信(电话)专项审计等。此类审计方案的重点在于分析事件发生的经过或对举报信(电话)的内容进行总结、梳理,最后整理、归纳其有关的内容,确定审计重点。

### 2. 审计目标

应根据年度审计计划或归纳整理出来的审计重点,将总审计目标层层分解。如产品产量的合理性专项审计,就要将合理性分解到具体明细项目,如总体产量合理性分析、材料质量影响分析、生产工艺分析和生产指标分析等。首先,从总体上将行业或本公司今年的产量与往年进行比较,从总体上分析其合理性;其次,再分析采购材料质量;最后,分析生产工艺和生产过程。

如果是投诉举报内容,则应该对其中的内容重点分别进行分类分项并设定目标。如为了鉴定或证明某人舞弊的真实性,其审计思路如下:

首先,从整体或流程上分析其发生营私舞弊的可能性,如果发现与控制不符的指标,则说明其发生舞弊的可能性极大,必须进行深入的调查与审计。

其次,从举报内容材料及人员入手,直截了当地向举报人或相关人员问询,进一步了解事件的真实性,并挖掘新的线索,加强审计资料的收集。

最后,从相关方面进行外围访谈、抽查及复核,得出相关的论据,以验证其舞弊的可能性。

通过以上"三步法"的审计思路,我们从可能性到实质性进行分析,再从外围入手,掌握大量可能的证据,从而达到我们的审计要求。

### 3. 审计程序

审计程序可分为标准化的审计程序和差别化的审计程序两种。

标准化的审计程序即正常业务所设计的审计程序,是指根据相应的审计目标,分别写出审计步骤与实施程序。它是对审计目标的一个求证的过程,具有规划、指导与监督作用,是审计方案执行中的关键点。

差别化的审计程序主要针对的是专项审计业务,专项审计具有专、快的特点,所以要特事特办,不要制定太多的相关程序,只对重点目标进行着重核实即可。在差别化的审计程序中,要拓宽调查面的广度,点面结合,查出真实情况,从而为合理提出审计建议打下坚实的基础。

### 4. 人员安排

应依据内审人员的不同特点,作出合适的工作安排:对协调和沟通能力较好的内审人员,可安排访谈工作;对账务调查经验丰富的内审人员,可安排做资料查询、核对与收集工作。

注意:在一些特殊性或敏感性的程序中,要实行"双人在场"原则,防止审计过程发生变化,同时应现场取得相关书面证据(扫描资料或拍照),确保证据的真实性,这有利于巩固和确认证据,谨防事后书面证据被置换或更改。应同步推进时间性较强的审计步骤,如同时安排内审人员盘点公司的现金或实物等。

### (三) 方案审批

"奉旨行事"是内审的一条重要原则,不符合流程、没有经过权限领导批准的事情我们坚决不做。审计工作方案需经部门经理审核,再呈送上级主管审批;未获上级主管领导或权限领导批准的,则重新修改,直到获得批准才能实施。特殊情况可以通过电话、邮件确认、事后补批的方式进行处理。

## 第四节 实施审计作业

审计人员在实施作业时,应该时刻保持警惕,关注违法、违规、乱纪、差错、浪费、行为不当、利益冲突等情况。

## 一、审前准备工作

### (一) 草拟审计通知书

审计通知书是审计部门告知被审计单位接受审计的一种文书,是审计人员执行审计的依据。通知作为文书的一种,有一定的规格与写法,但一般包括三个方面的内容:一是标题;二是正文;三是尾部落款等,见表3-4。

**表3-4 审计通知书**

对××业务进行审计的通知文号:ZNS[20××]08

呈送:×××总裁

抄送:×××副总裁、×××部、会计部、财务部

| 批示 |
|---|
| 领导批示: |
| 内容 |
| 　　根据内审工作计划,为了帮助相关部门更好地做好管理工作,内审部将于20××年××月××日起对总部××部业务操作流程进行审计,必要时可追溯到以前年度事项,请××部、会计部、财务部等有关部门给予积极协助与配合。<br>　　并提请××人员提供以下资料:①×××;②×××;③×××。<br>　　妥否,请批示。<br>　　审计人员名单:×××项目经理<br>　　　　　　　　×××(项目组长)<br>　　　　　　　　×××(男)<br>　　　　　　　　×××(女)<br><br>　　　　　　　　　　　　　　　　　　　　内审部:×××<br>　　　　　　　　　　　　　　　　　　　　20××年×月×日 |

（1）标题。一般写"关于对×××公司×××审计的通知"，文本加上公司标识，文号遵循审计顺序，被审单位另起行顶格书写。

（2）正文。正文包括审计依据、审计事项、审计人员及其他。审计依据包括实施审计的法规依据或公司相关制度；审计事项则包括审计时间、审计范围、审计方式或延伸事项等；审计组成人员包括组长、主审人员等；其他事项包括提供资料清单、联系方式等。

（3）落款。落款包括权限审批签章、时间等。

关于审计通知书，不同公司的具体要求与格式存在差异，编写时只需确保核心内容表述清晰，此处不作赘述。在实施审计前，内部审计人员应通知被审单位，告知审计的时间、项目内容、审计目标、审计范围等，以及审计所需支持的部门人员、需准备的资料清单。此外，应注明内审人员名单，以便接待、联系等。

另外，应注意审计通知书书写的言辞，让被审单位明白审计的目的是帮助其完善管理制度，加强运营管理，防止运营偏差，防患于未然。应请被审单位各相关部门或人员给予支持与配合。在审计过程中，应注意相互协调与沟通，防止出现对立的情况。

当然，审计通知书和其他文书一样，必须经过权限领导的审批。

**(二) 下发审计通知**

内部审计部门将草拟好的审计通知书，根据工作计划向直接主管领导作实施审计的请示，经主管领导批准后，交由相关部门行文下发检查审计通知。通知的形式可以是传真、电邮、邮寄等。

但是特殊的审计项目通知书，如舞弊专项审计，则不用提前下发。如果提前下发审计通知书，会使当事人提前做好反审计工作（如销毁证据或伪造证据），直接影响审计效果。我们建议由审计人员直接将审计通知书送达被审计单位，当面交给被审单位的领导或当事人，这样做有利于专项审计工作的顺利开展。例如，突击盘点库存现金，查封相应的资产，舞弊者个人等，均为比较特别的通知方式。

如果公司高层领导（总经理、总裁、董事会）指示对某个项目进行专项检查，内审部门则将批文转交相关部门（或集团公司办公室）下发审计通知，请被审计单位给予协助与配合。

需要注意的是，内审部门应要求被审计单位确认收到通知书，确认方式包括电话、电子邮箱等。

## 二、实施审计程序

### （一）审前会议

经过前期多方面的准备，内审人员终于可以进驻基地参加战斗了。但是别急，在这之前还要多争取些支持部队才行。这就是我们常说的审前会议，通过召开审前管理层会议，可争取被审单位高层的支持，以便更好地配合内部审计工作。

第一，要由项目经理或审计组长组织召开审前会议，会议人员包括被审单位领导、部门人员及内审人员，会议主要内容是向被审单位领导说明审计重点及目标、所需的资源及配合的工作人员，目的是争取被审单位领导的理解与支持，最好能当场确定相关的联系人员及负责人。

第二，审前会议也是我们尊敬领导、加强沟通与交流的好方式。领导都支持内审工作，还怕中层以下的人员不配合吗？所以，这个步骤不能少，它既是满足审计实际的需要，也是审计过程中的技巧与方法。从实际的工作经验上看，其效果很明显。

### （二）实施审计

接下来，内审人员就要进入真正的实战阶段了。按照原先设定好的审计步骤及审计程序，对应的审计人员各就各位，根据方案的内容和时间安排，对接相关的部门及人员，收集相应的资料依据。内审人员分别对需审计的事项进行了解、访谈、整理、汇总、核对、测试、观察、录像、录音等，严格依照审计方案，进行内部控制分析，按要求进行抽样。在审计过程中，审计组长应统筹兼顾，整合审计资源，实行信息共享，根据具体情况确定是按标准化审计程序实施还是按差别化审计程序实施，以加速审计进程（表3-5）。

表 3-5  标准化与差别化审计程序实施情况比较

| 标准化审计程序 | 差别化审计程序 |
| --- | --- |
| 1. 经验较少人员可执行 | 1. 需要经验丰富的人员执行 |
| 2. 不需要对营运环境作深入了解以设计程序 | 2. 需要对运营环境作深入调查以设计程序 |
| 3. 程序的设计不需要花太多时间与精力 | 3. 设计要花相当多的时间和精力 |
| 4. 适合用于较少变动的营运环境 | 4. 适合复杂或变动快速的运营环境 |
| 5. 适合用于作业相似,不同地点公司或部门 | 5. 不能用于地点作业、作业相同公司或部门 |
| 6. 不适合复杂或快速变动的营运环境 | 6. 进行单独、非例行性审计时较有用处 |
|  | 7. 不适合简单、较少变动的营运环境 |

### (三) 审计发现

内审人员在抽查资料的过程中若发现与国家法规及公司政策、制度、决议、流程不符,或事实与标准不一致、违反操作规程等现象,应该进行标识(贴标或者标记),调查取证、确认事实,并复印有关文件、资料、凭证,注明来源,用贴标说明存在或待核定的问题或事实。

对于审计发现的问题,需要收集复印资料,用固定格式的审计摘录表的形式给予固定,这就是我们所说的固定证据。

审计摘录(表 3-6)主要整理罗列出检查中发现的不符合项,详细说明不合理项目或错误数据,由被审计部门经办人、负责人签字确认,相关的方案、材料、流程图、文档等应作为相应的附件。内审人员应在现场与被审单位人员进行沟通,探讨如何避免和防范不符合事项的再次发生。

审计发现分为无关发现、次要发现、重要发现,有时我们把重要发现说成缺陷(有问题)发现。所谓的缺陷发现,就是在企业运营中不该出现的情况或行为,包括未达目标的制度、不恰当的行动、对预期标准产生的偏离。

表 3-6 审计摘录

| 被审单位名称 | | | 被审事项所属年度 | |
|---|---|---|---|---|
| 资料名称 | 日期 | 来源 | 编号或文号 | |
| | | | | |

| 事项说明 | |
|---|---|
| 摘录或复制内容： | |

审计人员：

年　月　日

被审单位意见：

被审单位签章：

主要负责人签章：

年　月　日

一般地,缺陷的审计发现通常被认为应该包含事件的标准、情况、原因、效果及建议5个要素。《索耶内部审计:现代内部审计实务》认为,它应该包括背景等合计6个要素,结合现阶段中国内部审计的实际情况,可以有选择地按5个要素整理资料。

(1) 标准(应该是什么)。即内审人员在进行评价或核证时应用的标准、措施或期望值,如公司制定的制度流程、用料标准、会议决定、预计利润等。

(2) 情况(实际/现状是什么)。即内审人员在检查过程中发现的事实证据,现状及存在的事实。

(3) 原因(为什么会出现这种情况)。对于预期目标和实际情况之间存在差异的原因,内审人员应顺藤摸瓜,追溯其产生的源头,查找其产生差异的经过,从而找出问题症结,为建议采取控制措施做好准备。

(4) 效果(引起什么后果,包括经济和声誉形象)。对于由于不一致产生的差异及对组织或运营产生的影响,最好能算出具体的金额,这样更有说服力。

(5) 建议(应该采取什么措施)。关于审计建议的有效性,我们在对问题提出审计建议时,可以纠正发现的问题或采取改进措施。有效的审计建议应该遵循以下原则:

一是解决主要问题。就事论事,必要时扩展追踪到其根源,能切切实实地解决问题。

二是建议切实可行。切不可下笔千言,离题万里,建议应符合实际情况。

三是符合成本原则。任何决策决议都要考虑成本,建议也一样。应在充分分析可行性的基础上,重点关注其成本效益原则,如果成本大于效益,则此建议不可行。

四是考虑备选方案。任何方案均要考虑有一套备选方案。

注意:不要在确认表中表述你的任何观点及分析经过。否则,被审计单位经办人员可能会拒绝签字。

### (四) 有效证据

纵观整个审计过程,它是审计人员不断收集证据、鉴证证据、最终作出审计判断的过程。但是作为审计人员,如何收集、分析、评价和记录足够的、有说服力的资料和证据呢?其中还有一个比较重要的问题,就是如何确定证据的种类及证明力。在所有的资料中,哪些可以作为证据?哪些证据又是最有力的证明呢?如果一个内部审计人员像复印机一样,复印一大堆无用的资料回来,那么可以肯定他对证据的掌握与判断是不够的。那么,审计判断对证据的要求是什么呢?从来源上可分为多少种?从法律上又可以分为多少种?

审计判断对证据的基本要求是:充分、有力、相关、有用。

充分的审计证据是指证据充分适当且有说服力,任何谨慎的人能根据该证据得出与审计人员相同的结论。

有力的审计证据是指运用适当的审计技术取得的最好、最可靠的证据。

相关的审计证据是指取得的证据能支持审计发现、审计意见、审计建议,并与审计目标相一致。

有用的审计证据是指取得的审计证据有助于实现审计目标。

按证据来源分析,可以分为内部证据、内—外证据、外—内证据和外部证据4种,其中外部证据证明力最强,它从外部直接获得,无法修改,如提货单、机票等。

从证据特征来分,证据可分为实物证据、证明证据、文件证据、分析证据。其中,实物证据即人、财、物和事件,可通过直接观察和审查获得(如盘点)。证明证据可分为口头和书面两种。文件证据包括支票、发票、运输记录、验收报告和采购订单。分析证据即分析数据关系、内部控制、特殊政策及数据构成。

如果从法律的视角分类,审计证据可分为8种,依次为:

(1) 直接证据,即可直接取得、最有证明力的一种证据。

(2) 旁证,即为了证明尚待证实的事情的真相而提供的一种声明,一般不被接纳。

（3）最优证据，即最有说服力的证据，典型的最优证据是文件证据。

（4）次要证据，由原始复印件或口头证据形成。

（5）意见证据，意见证据有偏见，一般不算作证明，但可通过意见证据来了解范围和大致情况，专家意见除外。

（6）附属证据，其从首要证据推断出来，属于间接证据。

（7）确证证据，同直接证据。间接证据不是确证证据。

（8）佐证证据，即支持其他证据的证据，其越多则说服力越强。

内部审计人员在审计证据整理时，应重点注意以下三个问题：

第一，审计证据的取舍。内审审计师不必也不可能把审计证据所反映的内容全部都反映到审计发现和审计结论中。在编写报告之前，审计师必须对不同内容的证据做适当的取舍，舍弃那些无关紧要的，只选择那些具有代表性的、典型的审计证据加以反映。证据的取舍标准大体有金额的大小、问题的严重程度。

第二，分清事件的表象与本质。某些审计证据所反映的可能是一种假象，审计师必须对其进行认真地分析研究、透过表象找出它所反映的事物的本质，而不能被事物表面的假象所迷惑。

第三，排除伪证。所谓伪证，是审计证据的提供者出于某种动机而伪造的证据，或者是有关方面基于主观或客观原因而提供的假证。这些证据或因精心炮制而貌似真证据，或者与被审计事实之间存在某种巧合，如果不认真排除，往往就会鱼目混珠、以假乱真。

**（五）审后会议**

审后会议也叫审计退出会议。即审计结束以后，应该召开被审单位有关管理层人员参加的总结会议，进行审计结果的沟通，感谢被审单位的支持与配合，对做得好的工作给予肯定与表扬，对存在的问题进行友好商讨，分析其对组织运营存在的风险，可能产生的损失或后果，并鼓励他们进一步改进。同时，通过审计退出会议，能加强审计与被审单位之间交流沟通，增进互信互通，改善内部审计人员与被审单位的关系,树立内部审计的形象。

应与审计单位达成共识,确认审计发现,提出整改措施。

如果受到条件限制,不能召开审计结束会议,那么,内部审计人员至少也要和被审单位的领导或主管进行简单的交流与沟通,重点表示感谢并确保人际关系的畅通和审计结果的及时反馈。

## 第五节　编写审计工作底稿

审计工作底稿是编写审计报告的重要依据。

取得审计证据后,内审人员应该都跃跃欲试,准备写报告了。但是,所取得的证据只是一个初步的资料,还要我们进行整理、汇总、分析,得出相应的概括性结论或审计建议。我们要在写报告之前进行最后的冲刺,那就是编写审计工作底稿。

### 一、审计工作底稿的主要作用

审计工作底稿作为审计过程中形成的与审计事项有关的工作记录,应当做到内容完整、真实可靠、重点突出、一事一稿。审计人员对已审但未发现不合规的事实,也应根据实际情况进行记录,并由项目经理复核,作为内审人员工作考核的依据。审计组长应及时组织审计组成员进行讨论分析,对主要问题、审计评价形成初步意见,并由专人记录。对于持有不同意见的内容,也要在工作底稿上反映。为什么这么重视工作底稿的编写呢?因为它有极为重要的作用。工作底稿的主要作用包括以下4点。

(1) 编写审计报告的基础,形成审计结论的依据。审计工作底稿包括审计程序、审计依据、审计分析、审计评价与审计结论等,可以快速地帮助审计人员确定审计意见、审计建议与审计结论。

(2) 控制审计质量的依据。项目经理或组长可能通过检查审计底稿来监督审计人员是否按审计方案进行工作,是否按审计程序和抽样要求执行审计过程,从而达到控制内部审计实施质量的目的。

(3)考核审计人员的依据。工作底稿是审计人员工作的成果体现,它能反映审计人员的工作情况,包括工作能力和业务水平。

(4)复查或诉讼的依据。当被审单位对有关的审计结论持有不同的意见时,可作为事实的依据进行查核,如涉及司法程序,则可作为佐证资料进行列举。

## 二、审计工作底稿的格式

审计工作底稿的格式如表3-7所示。每一份工作底稿在格式上包括被审计单位名称、审计事项、日期或时期、问题摘要及依据。审计工作底稿记录的数据应注明来源,并注明报告和记录是否一致。工作底稿应包括审计师签字,并注明日期。

表3-7 审计工作底稿

| 被审计单位名称 | | | |
|---|---|---|---|
| 审计事项 | | | |
| 审计期间或者截止日期 | | | |
| 审计人员 | | 编制日期 | |
| 审计结论或者审计查出问题摘要及其依据 | | | |
| 复核意见 | | | |
| 复核人员 | | 复核日期 | |

共 页 第 页(附件 页)

在编写审计工作底稿时,虽然各种审计底稿要求有所不同,但总的要求是基本相同的,下面是根据工作底稿的特点和需要总结的工作底稿写作48字箴言:

- 注意格式,外观统一;
- 重要优先,一事一稿;
- 逻辑排列,详略得当;
- 简洁完整,易读易懂;
- 计算准确,分析到位;
- 结论正确,依据齐全。

### 三、审计工作底稿的主要内容

审计工作底稿的主要内容包括目标、程序、事实、结论和建议,具体包括审计计划、目标;执行的审计程序,审计发现的事实;汇总分析的结论;审计的管理建议。下面举一个例子来说明这个过程。

**【例3-6】 关于审计销售业务的工作底稿**

(目标)为了检查20××年销售部在销售产品的过程中,是否按公司规定的销售价格进行销售。(程序)审计人员按照预定的审计方案,抽查了20××年双月份×至×月份每月50份,合计300份的销售单,核对了对应的销售价格审批表。(事实)在核查的过程中,我们发现有1088号、1099号等合计30份销售单的销售价格没有达到公司批准的价格,也就是说销售价格比公司规定的价格要低。

(分析)销售部的主要目标之一是按公司规定的价格完成本年度的销售任务,销售部在销售过程中没有按照公司的销售制度和流程进行操作,违反公司关于在销售产品前对价格进行核对的规定。经核算,(后果)由于销售价格的原因造成经济损失180 000元。

建议:①对违反相关规定的销售人员酌情给予处罚,以达到警示的目的。②相关人员对文件传递流程进行重新梳理,确保销售价格文件的传达能按时到达,并要签字确认,明确责任。③对销售人员进行定期轮岗,防止员工长期在某一固定工作岗位工作。

以上是编写审计工作底稿时需要写明的主要内容,当然,具体审计工作中的审计工作底稿各式各样,各不相同,很难说哪个是最好的,还是那句话:合适的就是最好的。

### 四、审计工作底稿的审核

如果审计工作底稿写得好,在编写审计报告时直接拷贝过去再加以提炼与修饰,一篇精彩的审计报告就出来了。由于审计工作底稿十分重要,一般情况下,项目经理或审计组长都要对其进行严格的审核,审核的主要内容包括以下8个方面。

(1) 审计过程是否按计划或指令执行。

(2) 审计证据是否支持审计结论。

(3) 证据是否充分,是否有足够的证明力。

(4) 工作底稿是否按要求编制。

(5) 审计结果是否与被审计单位达成共识,并签字确认。

(6) 计算是否准确,分析是否透彻。

(7) 工作底稿是否反映了工作过程。

(8) 审计结论是否合理。

审核完成后,由审核人签字并签署审核意见。

### 五、审计工作底稿的资料范畴

审计工作底稿的资料包括以下16个方面。

(1) 内控调查表、流程图、核对清单和记事。

(2) 审计调查记录和备忘录。

(3) 组织机构图和工作流程图。

(4) 重要合同、协议的复印件。

(5) 有关经营和财务政策的资料。

(6) 对内部控制系统的评价意见。

(7) 确认和陈述的信件,如应收款函证。

(8) 有争议的交易事项及其处理意见。

(9) 对账户余额的检查、分析。

(10) 实施的分析性审计程序。

(11) 审计报告及管理层意见。

(12) 审计结论及被审单位的反馈意见。

(13) 重大事项的概要及结果。

(14) 重大事项的往来信件(包括电子邮件)。

(15) 相片、录音整理资料等。

(16) 其他与审计结论相关的资料。

## 第六节  编制审计报告

### 一、审计报告格式

审计报告没有固定的格式,适用于阅读者的格式就是最好的格式。

审计报告可以是正式的,也可以是非正式的,包括口头报告、中期报告、汇总报告和最终审计报告。

口头报告用于补充和支持书面的审计报告,一般用于审计人员与听众或被审单位人员进行讨论。

中期报告是过程报告的一种,一般在需要采取快速行动时使用,主要用于报告审计期长、特殊的或敏感的审计业务进程,便于管理层采取相应的管理措施。

汇总报告通常也叫报告摘要,是将审计报告的不合规事项进行高度概括,力求言简意赅,清晰、准确地表述审计事项。汇总报告主要汇报给高层管理人员或董事会,因为他们没有时间看详细的审计报告。

最终正式审计报告必须严格按照相关的标准进行编制,而且经过权限领导的检查、批准和审批后,才能签发。

在世界范围内,审计人员认为行之有效的、根据实务和经验总结出来的《内部审计实务标准》430号的7项细则,也许对我们审计报告过程有一定的帮助。

**430号　通报审计结果**

内审人员应报告他们审计工作的结果。

(1) 审计检查完成后,应提交有署名的书面报告。中期报告可是书面的或口头的,既可正式报送,又可非正式报送。

(2) 在发出最终书面报告以前,内审人员必须在适当的管理层次中征求对审计结论与建议的意见。

(3) 报告必须客观、清晰、简明、富有建议性和及时性。

(4) 报告应说明审计的目的、范围和审计结论,应适当地表明审计人员的意见。

(5) 报告可以包括可能采取的改进建议,以及令人满意的执行情况和纠正行动。

(6) 被审单位对审计结论和建议的看法,可以包括在审计中。

(7) 在最终审计报告发出前,内部审计经理或被指定人应检查和审批报告,并决定报告的发送对象。

我们在编写审计报告前,首先,要有一个写作框架、一个格式,明确先写什么,再写什么,最后写什么;其次,要确定一个写作的风格与原则,包括标题的提炼、内容的先后顺序、报告的格式等;最后,注意写作技巧及修饰措辞、润色。

二、审计报告撰写

在国内最普遍、最常用的审计报告框架包括报告题目、前言或引言、审计范围和目标、审计发现及整改、审计结论等内容。

**(一) 报告题目**

这个容易理解,主要说明被审计单位的名称、审计内容及时间,力求言简意赅,要以最少的字数说明审计的性质。通常可以这样写:关于对某某集团××公司20××年度某项业务流程进行检查的审计报告。

缩写后其格式为：关于对×××的审计报告。

(二) 前言或引言

这个部分可以独立一段,也可以和审计范围与目标合并为一段,主要看领导对被审单位的熟悉及了解程度。具体内容包括介绍此次审计的来龙去脉、被审单位的基本情况、审计的起止时间、审计的主要内容、审计重点及审计方式等。

(三) 审计范围和目标

审计范围和目标一般与前言或引言合并。

(四) 审计发现及整改

这是报告的核心部分,主要是对审计检查结果进行分析、总结,然后根据收集到的资料编写检查报告。如详细说明违反规章制度或工作流程的事项、原因和责任人；分析违反程序可能产生的风险；提出改进建议等。实际工作过程中,只要写好审计工作底稿,基本上已包括上述分析内容,直接复制即可。

根据笔者在工作中不断摸索出的经验,在写报告时,要注意以下5个"要"。

**1. 条理要清晰**

撰写内审报告时,应做到重要事项优先,正常业务遵循流程。高层不会关注一些小问题,或者说是风险不大的问题。如在采购审计中,除了重大发现外,其他发现应按"预算—招标—开标—议标—合同—验收—付款"的流程来撰写内审报告。

在写作中,应说明为了查明什么,已经抽查了多少数量或资料；经过汇总、核对与分析发现了什么问题,事情的严重性及其产生的影响；最好能说明金额及统计数量,并指出此举违反了什么法规、制度、决定及工作程序。此外,写作中也要说明当事人及主管领导的解释,现在的管理与控制状况,及内审人员就此事所提出的管理建议。

**2. 归类要合理**

同类问题统一归纳，撰写时按工作流程顺序书写。由于审计项目历时较长、审计人员较多、发现的问题较多且复杂，在写作报告时容易产生以下问题。

（1）报告不按问题重要性或工作流程顺序进行写作。在写作审计报告时，一般按工作流程顺序书写。例如，撰写采购的内审报告时，可以按采购部门工作流程顺序书写，即按"采购申请单—采购比质比价—领导审批—发出订购单—物资验收单—财会付款"等顺序报告。

（2）报告问题没有分类，各类问题常常交叉罗列，整篇文章读起来杂乱无章，无法掌握重点及类别。例如，第一点讲系统软件出现的问题，第二点讲工作流程的问题……第五点又讲关于系统软件的问题，这样简单的罗列无法集中深入地揭示问题并剖析问题形成的原因，自然也就无法提出好的对策和建议，报告使用者也难以归纳问题的要点和重点，不利于汇报工作，不便于执行相关的管理措施。当然，这些是写作基础和常识问题，多注意即可。

**3. 分析要详尽**

审计要用事实与数据说话，还原事实真相。通过对发现问题的汇总与分析揭示问题，以寻找原因、界定事实。

（1）收集数据要具体。注明抽查的数量及发现问题多少件（单）、汇总金额是多少等，数据越具体，对后期的分析和对比就越容易，结论就越准确。

（2）分析思路要开阔。分析思路不能局限于项目之内、公司之间，要把项目审计取得的数据放在更广的范畴进行分析。如市内数据要放到全市、全省乃至全国范围来看；市场信息要与网上信息进行比较。通过多方、多维度的对比分析，情况就会逐渐明朗。此思路对分析价格和经营状况的变化等适用。

（3）了解原因要深入。管理层主要是针对发现的问题而采取必要的管理措施，而查找事件发生的原因是内审工作必不可少的步骤。对事情了解深入,就能得出一个比较合理的原因并给出合理的解释。

切不可让表象蒙蔽双眼。我们所见的只是冰山一角,要多问几个为什么:原因是什么、根源是什么、源头在哪里,等等;要分析是制度原因还是流程问题,是个别现象还是普遍情况,只有找到根,才能连根拔起,标本兼治。

**4. 表达要简明**

俗话说:一表(图)抵万言。

内审报告写作时尽可能多用图形或表格,它们能把复杂的数据及文字一目了然地展示给报告的使用者,【例3-7】和【例3-8】做了直观展示。

【例3-7】 工程预算与实地验收数据比较表

通过比较工程预算与实地验收测量数据,发现工程量相差较大,如表3-8所示。

表3-8 工程预算与实地验收数据比较表　　金额单位:元

| 序号 | 项目名称 | 计量单位 | 预算数量 | 单价 | 预算金额(A) | 实际数量 | 实际金额(B) | 多计金额(A-B) |
|---|---|---|---|---|---|---|---|---|
| 二、 | 换衣间 | | | | | | | |
| 2. | 隔离区矮柜 | m | 12 | 1 650 | 19 800.00 | 6.4 | 10 560.00 | +9 240.00 |
| 三、 | 洗水消毒室 | | | | | | | |
| 11. | 洁净吸顶灯 | 套 | 5 | 250 | 1 250.00 | 3 | 750.00 | +500.00 |
| 四、 | 工作间 | | | | | | | |
| 15. | 防爆灯 | 组 | 6 | 250 | 1 500.00 | 3 | 750.00 | +750.00 |
| | 合 计 | | | | 22 550.00 | | 12 060.00 | +10 490.00 |

从抽查数字上分析:××公司抽检预算数总额为22 550.00元,误差为10 490.00元,误差(多计)率达到46.52%。装修项目工程量与现场实际测量不符。

【例3-8】 用量比较图

例如,散点图(图3-3)可用于比较各分公司材料用量,其效果比文字更好。

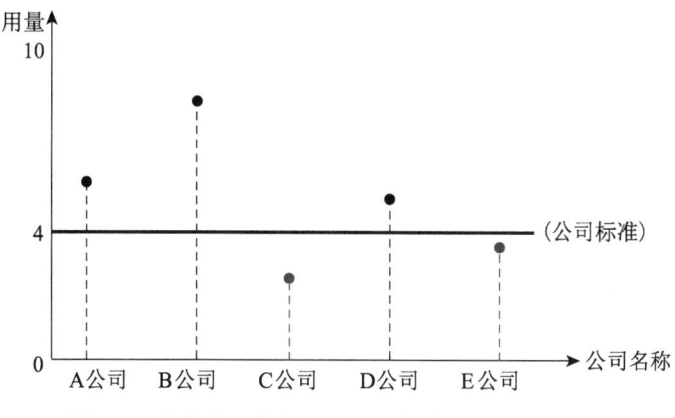

**图 3-3  某集团 5 家公司 20××年辅助材料用量比较**

从图 3-3 可看出,在 20××,该集团 5 家公司中有 3 家用量超过公司制定的标准,分别为 A 公司、B 公司和 D 公司;用量最少的为 C 公司。

以上两个案例充分说明了图表汇报的简明性。一目了然的图表有助于报告阅读者理解报告内容,比文字表达的效果更好。

**5. 建议要可行**

内审报告应提出合理、可行的建议措施。通过上述审计发现步骤,内审报告已初具雏形,现在只剩下管理建议了。如果说审计是为了发现问题,那么管理建议就是为解决问题而出谋划策,建议方案的水平直接影响到管理层对问题的解决速度与决策效果。撰写管理建议时最常见的问题就是针对性不强,泛泛而论,没有明确的方案与做法,不具备操作性;分析问题部分与管理建议之间缺乏相关性,如"建议加强《中华人民共和国会计法》《中华人民共和国民法典》的学习,提高自觉遵守国家法律法规的意识""建议进一步完善公司管理制度,加强内控管理"等。

《内部审计原理与技术》认为审计师提出审计建议时必须考虑如下因素。

（1）审计建议能否解决问题？能否降低成本？

（2）被审者是否有执行审计建议的能力，是否有必需的专门人员？是否有必需的有效的技术？

（3）审计建议是否适合被审者的经营活动？

（4）审计建议是否考虑成本效益？例如，建议的收益是否超过建议的成本？

（5）审计建议是解决长期问题还是短期问题？或仅是权宜之计？

下面的例子有一定的针对性，还是关于工程验收的问题。工程预算（总包价）与实际验收时数据相差较大，原因是验收人员责任心不强、验收流于形式等。由此，我们针对发现的问题提出【例3-9】管理建议。

**【例3-9】 管理建议**

（1）财务部按重新核准的装修工程款及相关审批手续，调整工程项目费用，对于未付的工程款，在支付时予以扣除；对于已付完工程款的项目，建议在质保金中扣除10 490元工程款。

（2）建议集团总部制定或修改验收制度，对所属公司在进行工程验收时实行交叉验收制度，即A公司的验收人员对B公司完工项目进行验收，B公司的验收人员对A公司完工项目进行验收。

（3）对工作失职的验收人员给予相应的处分。

上述第一点针对具体单位具体问题有针对性地提出建议，提醒财务部在支付款项时，要扣除超出实际金额的工程款。第二点则是对整个集团或个别公司存在的管理漏洞提出解决方案，防止以后出现类似的情况。这两个建议都可行且有针对性，一个建议治标另一个建议则治本，这种有针对性的建议对于完善公司的管理制度非常有利。第三点则是对违规人员作出的相应处理，对今后的工作可起到警示作用，也提醒相关人员引以为戒，不再违规操作。

注意：内审人员提出审计建议时，应避免使用独断式或含蓄语句，如必须、一定等。

审计建议至少要遵守以下原则（包含但不限于）：成本效益原则；可执行原则；标本兼治原则。

（五）审计结论

内审人员应根据审计发现与分析，得出不偏不倚的审计结论。

至此，内部审计报告全文草稿完成，进入检查与自我复核阶段。内审人员应再一次对报告进行结构审视，确定框架是否明晰，是否遵循重点在前原则，标题是否明白，语句是否通顺、简练，能否使用短句代替长句，语法是否有错，数字的大小写是否准确，标点符号运用是否正确，是否有错别字，等等。

一篇报告至少要通过"隔天二人三审"的审核过程才能呈报。具体而言，"隔天"就是今天完成报告，觉得检查一遍没问题，那么，等到明天再重新审核一次，这时往往会发现许多需要修改和完善的地方，这就是隔一天复查的效果。"二人"就是交叉检查，可让项目主管全面审查一遍，其不同的思维与视角会拓宽审计发现的广度，还能从语法、词汇与结构上提出建议，从而使审计报告的内容更丰富；三审就是三级审核，报告书写本人一级审核、复查者二级审核、经理三级审核，最后基本定稿。

审计结论或审计报告遵守以上审核原则，才能减少差错，及时修正偏差。

审计结论参考【例3-10】。

**【例3-10】 区别代加工产品与自产产品的利润情况的审计结论**

根据某公司财务科提供的《产品成本表（累计）》，代加工产品单位成本为3 281.72元/吨，合计销售成本为56 885 085.10元[3 281.72×(17 068.474+265.45)]。销售收入为80 787 356.32元，因此考虑内部损益抵销因素，集团公司对外销售代加工产品的平均销售毛利率为

29.59%[(80 787 356.32－56 885 085.10)/80 787 356.32],即代加工产品的毛利率为29.59%。

根据该公司提供的《产品成本表(累计)》,自产主要产品累计销售收入810 648 077.75元(含运费),累计销售成本为569 780 668.57元,因此自产产品平均销售毛利率为29.71%[(810 648 077.75－569 780 668.57)/ 810 648 077.75],即自产产品的毛利率为29.71%。

根据以上计算结果,我们认为:该公司代加工产品的毛利率为29.59%,自产产品的毛利率为29.71%,代加工产品受收发、运输、税金等诸多因素的影响,且运营环节增多,风险较大。两者相比较,代加工产品不具备明显优势。

三、审计报告定稿

在审计报告定稿以前,还有一项工作要做,那就是将审计报告送达被审计单位的相关人员,请他们提交反馈意见,即审计报告反馈。审计报告定稿的主要目的是让被审单位对报告内容的真实性和正确性进行最终确认,如有不同的见解也给被审单位一个解释的机会,被审单位可以及时将解释和确认的信息反馈给审计部门,以便审计部门对报告进行终审。

审计反馈具体操作步骤如下。

第一步:撰写审计报告意见反馈表(表3-9),内附相关的审计报告,并注明被审计单位反馈的时限。由审计经理签字后发送至被审单位,并要有签收记录。

第二步:追踪被检查单位在规定的期限内是否将反馈意见和改进建议送交内审部门。

第三步:了解被审计单位采取措施改进工作。必要时从第三方对整改措施的落实情况进行核实。

第四步:汇总反馈意见并跟踪改进结果,编制正式的审计报告。

表3-9　××审计报告意见反馈表

（征求意见稿）

内审征字〔20　〕第　号

| |
|---|
| 被审计单位： |
| 对被审计报告的意见：<br>1.<br>2.<br>3.<br>4.<br>5.<br>……<br><br><br><br><br>　　　　　　　　　　　　　　单位和负责人签字盖章：<br>　　　　　　　　　　　　　　　　　年　月　日 |
| 一、请将本征询单连同审计报告（征求意见稿）于　年　月　日交回总部内审部。<br>二、征询意见栏不够用可另附纸。 |

发单时间：20　年　月　日

内审人员应对被审单位按时反馈的意见表，以及作出的整改措施加以整理，经梳理总结后将其加入审计报告相应的部分。为了方便阅读，区分报告主体内容和被审计单位的反馈意见、整改措施，笔者建议不同内容采用不同的字体或文字等表示，这样可以使审计报告更立体、形象。

内审人员在整理审计报告文档时，可套入公司的报告模板，如有些公司会套入公司标志、限制阅读对象、注明保密级别等。一般报告均为保密，但是舞弊审计、中高层人员审计及领导层认为重要的报告为绝密。

编辑审计报告序号，一般情况下是按年度计划编号，也可按审计项目统一编号,方便查阅与归档;注明呈送、抄送人员名单,通常情况下报告会送达被审单位的主管单位,就是被审单位的上一级,一般会发到经理级管理人员手中,当然,被审单位的主管高层领导和董事会是必不可少的。

撰写审计报告应特别注意以下几个方面。

(1) 高管和董事会一般只看汇总报告(摘要)。高管和董事会成员时间有限,不可能花费太多时间在阅读审计报告上。一般情况下,超过10页的审计报告或者同类的公司审计报告也应另写汇总报告(审计简报或报告摘要),并将明细审计报告或分公司报告附后备查,因为不排除领导查看明细审计发现的可能。在报送审计报告时,应将汇总报告和详细报告一并送给相关领导。

(2) 平衡审计意见。对于审计报告而言,撰写时要平衡各方面的审计意见,不要以点概面,要客观评述每个审计发现。没有任何一个企业的内控是十全十美的,但总体良好是大势,因此,应从总体上进行评价。

(3) 被审单位反馈意见可不写入报告。对于审计单位的反馈意见,一般情况下内审人员都会全部写入报告。但《国际内部审计实务标准》指出,审计报告反馈意见可不写入审计报告,目的是营造一种合作的气氛。实务中内审人员可能会摘录一部分有代表性的意见,或者对所有反馈意见进行总结陈述。

**【例3-11】 内部审计报告**

**关于对华审集团第二有限公司**
**20××年物资收发存业务执行情况的审计报告(保密)**

ZNS[20××]02

根据20××年内审工作计划,内审部于20××年3月15日至26日对华审集团第二有限公司材料仓物资收发存业务执行情况进行审计。审计范围是20××年1月至20××年3月仓库物资的出入库手续、不合格品的处理程序及废旧、积压物资的保管等。本次审计的重点包括：物资的入库、出库手续是否齐全与完整；物资的验收程序是否符合业务流程的要求；对不合格物资的处理是否及时、是否按合同约定的方式处理；废旧物资的销售是否进行审批与监督；每年编制预算前是否盘点库存物资，是否造成物资积压及浪费等。本次审计得到了该公司有关领导及员工的支持与配合，使本次审计工作得以顺利完成。现将审计结果报告如下。

一、仓库物资存在已出库未领用（假出库）情况

为了核对仓库物资材料的正确性与真实性，内审人员对第二有限公司的材料仓、设备仓的库存物资进行了抽查。在抽查核对的过程中，内审人员发现仓库现存的三角带、截止阀、筛网、不锈钢无缝管、米黄地板漆等大批量物资材料设备与账本不相符，也就是库存的物资材料账本上无记录，只是注明了"已出库"字样。

经内审人员实地察看，各仓库均有部分注明"已出库"的物资材料，而且数量较多。据不完全统计，仓库现存已出库未领用的物资材料金额合计2 800 818.57元，其中大部分物资材料存放的时间为前两个年度，少量库存物资属更早以前年度。

材料科科长解释："使用部门为了控制年度预算，确保预算在本年度发生，所以按计划采购后入库并办理相关的领用手续。但由于没有及时使用或车间存放不便等原因，领用的材料有一部分暂存于仓库，实际使用时再由车间工段审批领用。"

通过以上分析，我们可以知道，使用部门为了尽可能地使用年度预算，按计划购进了足够的物资材料并及时办理了出库手续，但没有领用（其实是假出库）。由此所造成的后果是：第一，由于使用部门不领用或少量领用，仓库暂存物资堆积越来越多，占用大量仓库空间；第二，仓库账上无记录，也没有备查账本，车间人员和仓库保管员对暂存物资均没有一个明确的库存物资数量，在请购物资材料时有可能会造

成重复采购,甚至会造成暂存物资材料的丢失或挪作他用,若干年后这批物资有相当一部分将成为积压物资;第三,按照相关的会计制度规定,领用物资材料必将计入相关的成本费用,此批已出库未领用的物资也必然进入生产成本,对以前年度损益产生影响。

我们再对工作流程进行追溯分析发现,如果要采购过多的物资材料,按照公司现有管理与控制制度,未经审批的预算从根本上来讲是不可能发生的。因此,预算才是根源,任何不经论证与审核或审核不严格的计划,都可能导致预算不准确,从而使多采购相关的物资材料成为可能,最终造成使用部门没有领用的物资积压。

总而言之,采用以上的领用物资材料方法,虽能简化仓库管理出库手续,但未能真正对材料实行按需领用原则,不利于仓库对物资材料的管理,也不利于财会成本核算。

内审建议:(1)确定合理库存。针对现状,应该对仓库已出库未领用的暂存物资材料进行重新盘点造册登记,清算核对暂存的物资材料;结合相关部门实际情况,确定其库存数量及可用性,并商定其处置方式与会计处理方案。

(2)精确合理预算。预算管理是公司管理的重要方式,没有准确的预算,就没有生产的正常运转及成本的节约。使用部门在做预算时,应尽可能地细化,避免造成物资材料的浪费,并经权限领导严格审批。另外,年度预算也不一定要在本年度用完,公司应倡导并奖励预算节约部门。

(3)按需领用。使用部门所采购的物资材料等,应按工作岗位按需领用,不能在办理领用出库手续后暂存于仓库或车间。

材料仓管反馈:根据历年来集团采购程序及到货情况,各工段在新年度开始就根据预算情况进行年度生产期和年度维修期的材料请购,以保证生产和维修用料的及时供应。除了有一个工段拆迁改造暂停维修工作外,其余已出库材料各工段已全部领用,到目前为止,仓库现存已出库材料尚余154 202.98元。

## 二、积压物资没有及时处理

为了核实材料仓库存物资的真实情况,内审人员对第二有限公司的材料科材料仓、设备仓的库存物资进行了抽查,在抽查核对的过程中,发现有部分仓库物资材料已陈旧不堪,有生锈、破烂、包装不齐全等情况,有些设备标签上注明"积压"字样,有些物资材料已找不到相关的信息资料。

经查阅仓库有关资料,发现材料仓库曾于20××年11月对积压物资材料进行请求处理的请示,并经董事会审批,但没有对该批物资进行处理。截至审计日止,仓库再一次对该批已批准处置的积压物资进行归集汇总,累计总额达到1 235 138.22元(有处置价值部分)。

经对该批材料资料进行分析与了解发现,该批物资材料购进时间较长,有些已达15年之久,已不适合工厂的生产需要,而且长期占用仓库存放空间,造成库存保管及维护成本的增加。

内审建议:(1) 组织相关部门对公司积压物资材料进行造册分类,归集后再对外进行招标销售,而对无利用价值的材料进行销毁,以清空仓库,盘活公司流动资产。

(2) 尽快完善废旧物资管理制度,对大的备件或回收价值较高的材料实行以旧换新,并进行备簿管理,纳入物资台账管理范围。在废旧物资的处理方面,应该加强各主管部门间的协调与沟通,保证物资处理的及时性。

## 三、批准领用材料数量与实际领用数量不符

为了解第二有限公司材料仓入库、领(退)料实际操作运行情况,内审人员抽查了20××年5月、6月、10月和12月共计4个月的入库、领(退)料单,进行审核分析,发现存在的问题如下:

(1) 某些审批单所审批领取的材料规格型号、数量等内容与领(退)料单不一致。如20××年10月9日,单号为0027365的领(退)料单,其内容显示领料人所领取的自动喷漆数量为5瓶,但与其相对应的领料审批单显示的数量仅为4瓶,也就是说实际领取的材料数量比审

批的材料数量要多。类似现象还有领料单0027329号、0027323号等，均存在审批数量与领用数量不符的情况。

（2）某些审批单所审批领取的材料计量单位与领（退）料单不一致。如20××年10月15日领（退）料单内容显示压榨工段领取了米黄油漆57千克，但其审批单所审批的油漆数为19千克和2桶，实际上一桶油漆重量约为19千克，只是在审批单上没有标注说明或进行单位换算，容易让人误解为领料审批单数量与领（退）料单数量不一致。

材料科科长解释：①工段实际领用是5瓶自动喷漆，领料审批单上的数量工段未改。②工段在领料审批单上以'桶'为单位，实际出库单位为'千克'。针对以上情况，仓库在日后工作中，将更加注重领料审批单的审核及纠正。

内审建议：（1）应严格按领料审批单的数量、规格型号领取材料物资，避免材料物资未经审批而出库，给公司带来不必要的损失。

（2）审批单所审批领取的材料计量单位与领（退）料单应保持一致，以免产生误解。

材料仓管反馈：日后加强工作上的核查，以避免同样失误事件的发生。

四、部分材料领用手续不齐全

内审人员抽查了20××年5月、6月、10月、12月共计4个月的入库、领（退）料单，进行审核分析，发现存在的问题如下：

（1）经查看所有抽查的《材料入库单》，发现所有入库单据上"审核人"一栏均为空白，即尽管入库单上有"审核人"一栏，但并未见有相关权限人的签章。

（2）一些领（退）料单据签章手续不齐全，如20××年12月4日，单据号为0000116的领（退）料单，"批准人"和"领料人"一栏均为空白，即无相关权限人的签章。

材料科科长解释："1.现使用的入库单仍为老版本，但实际操作中已不需审核人签章。2. 前后两张领料单重叠在一起,工段没有仔细检查,误认为一张,所以只签了前面那份,而后面的没签。针对以上情况,仓库在日后工作中,将更加注重领料审批单的审核及纠正。"

建议:

(1) 如在实际操作中不需"审核人"的签章,就应考虑将该审核权限去掉,避免相关权限签章规定与实际操作不符。

(2) 应完善各项签批手续,确保领料环节签章手续的完整性和准确性。

材料仓管反馈:在日后工作中根据实际情况,不断地进行完善。

内审部

二〇××年×月×日

呈送:××董事长

抄送:公司生产总经理、行政部

## 第七节　后续跟踪审计

没有后续跟踪的审计是残缺的审计。

任何成功事件都离不开事中监督和事后跟踪。

整改措施比审计发现更重要,没有整改的审计发现比没有发现更可怕。

后续跟踪审计是内部审计发现的延伸,作为审计闭环的最后一环,起着至关重要的作用。它不仅能落实审计建议的执行情况,而且能树立内审威信。如果没有后续审计,没有相关的后续评价与监督措施,审计发现未得到整改,建议未得到采纳,内审的作用就无法体现,会产生屡审屡犯、屡教不改的情况。

如果没有后续跟踪审计,内部审计就会失去其权威性,对管理而言,"管"的目的无法达到,"理"的内涵也会失去。比较规范、稳健的集团公司都很重视内审部门的发现,把审计发现作为修正企业目标的关键事项。发现问题一定要有控制措施,有控制措施一定要有监督及后续跟踪审计。

在公司现行操作中,后续跟踪审计一般可由三个层面的人员进行:①由管理层进行落实,负责跟踪实施相关的整改措施;②由被审单位进行自我整改,针对审计发现的问题,提出有关的改正措施;③由内审人员进行监督落实,一般在实施相关审计业务时一并进行跟踪审计。在时间、人员等资源充足的条件下,建议进行专门的后续跟踪审计工作。

部分内审人员错误地以为后续跟踪审计是额外附带的审计工作,在实施操作中多存在轻视的现象,不认真细致地执行跟踪审计步骤,不落实有关措施,导致后续审计流于形式。长此以往,会造成被审单位对审计执行或整改不力等后果,影响整个内审工作的开展。

后续跟踪审计的重点是由于控制目标未能实现而产生的风险,如审计人员认为下级管理人员有迷惑高级管理层、有意降低评估风险的行为,则一定要实施后续跟踪审计。

后续跟踪审计的方式可以是专项后续审计,也可以附带式的后续审计。专项后续审计就是针对某一个问题进行后续跟踪审计;附带式的后续审计就是在进行其他审计项目时,针对本次审计发现及反馈的书面报告,抽查相关的整改措施,确保被审单位已采取了措施并已取得有效的风险控制。

在实际业务中,后续跟踪审计可以按以下的基本步骤进行。

(1) 审阅被审单位反馈的书面报告,分析报告存在的问题,包括与审计报告的细节对比,确定分析判断回复的条款内容是否有错漏,是否采取了相关的措施。

(2) 通过与被审单位主管沟通,确定被审单位对报告中不明确、不清楚的事项,包括未进行整改和改正的事项。

(3) 对重要审计发现和整改措施进行现场确认。通过观察现场、查阅凭证等方式进行确认,有必要时要对其整改业务实行穿行测试验证。

(4) 进行沟通、交流和现场确认后,重新评估存在的风险。

(5) 报告后续审计发现。总结评估审计发现,重新提出审计建议,评价整改现状;汇报给主管领导并督促其落实整改措施,将后续审计的报告或复印件发放给原送达报告的管理人员。

后续跟踪审计的时间根据审计发现问题的严重性及整改时间来确认。如果事态严重,必须立即进行后续跟踪审计或管理层进行的督办检查;应根据被审计单位的反馈意见,明确整改时间后,在整改时间结束后进行审计。

我们在进行相关的后续跟踪审计时,要注意遵守以下五项基本原则及六项注意事项。

## 一、五项基本原则

(1) 全面原则。在实施审计阶段,应同时尽可能对更多的审计发现事项实施后续跟踪审计,以增强内审的权威性与严肃性。

(2) 依据原则。根据被审单位的整改依据,在后续跟踪审计前,先审查是否有书面回复意见,无整改方案的要查实并追究相关责任。

(3) 差别原则。对于不重要的审计发现,只审查有关纠正措施的文档记录,不必分配太多时间进行核对。

(4) 重点原则。对于重要的审计事项进行后续跟踪审计,如违反流程、金额较大的事项。对无关紧要的审计事项则不进行后续跟踪审计。

(5) 测试原则。对于较重要、风险较高的控制点和值得注意的具体问题进行后续跟踪审计测试。

## 二、六项注意事项

（1）内审只是对事不对人,不要给被审单位人员内审是找茬的感觉。

（2）不要把个人喜好与意愿强加给管理层,内审人员只有建议权,没有决策权。切记!

（3）审计人员应集中关注控制的目标、控制的原则,并允许管理层选择可行的方法去实现控制。

（4）审计人员应避免对纠正措施负责,我们的工作责任是评价与监督。怎么纠正、如何整改是管理部门的事情,我们只是提可行性的建议。

（5）审计人员应避免对非重要事项作过多地说明与关注。

（6）审计人员应查找并分析整改后控制目标是否存在风险,并作出合适的报告。

虽然后续跟踪审计如此重要,但在实际工作中,还是有许多单位并不重视,认为审计结束,工作也结束了。其实重要的就是后续评价与管理,它对企业运营管理起着关键作用。

理想的操作方式是：审计发现问题后,高管牵头组成一个督查小组,负责对后续整改措施事务进行监督与检查。在实施审计的过程中,特别是在后续跟踪审计时,要重点考虑如表3-10所示的因素。

表3-10 内部审计工作感悟之"五要""五不要"

| 内部审计"五要" | 内部审计"五不要" |
| --- | --- |
| 1. 人际关系比审计方法重要 | 1. 问题找不到根源不要停 |
| 2. 发现问题比解决问题重要 | 2. 不能确定责任人不要停 |
| 3. 整改措施比处理处罚重要 | 3. 责任人没受处理不要停 |
| 4. 系统操作比手工业务重要 | 4. 没有解决问题方案不要停 |
| 5. 内控建议比大案要案重要 | 5. 整改措施没有落实不要停 |

## 第八节 评估审计结果

实践是检验真理的唯一标准。

经验在总结中升华,没有总结就没有提升。

通过评估审计结果发现问题,可分析产生问题的原因并提出纠正方案,以达到改进审计工作、修正审计方法与技能、改进审计业务、提升业务素质的目的。

评估审计结果,就是审计业务总结。审计工作和人的发展一样,不但要会做事情,而且还要学会不断总结,不断评估审计过程,修正审计过程。通过评估审计结果,能对审计时间控制、有(无)审计程序、特别或异常的问题进行总结;能对审计人员的工作进行评价;能改进审计程序,并对提高审计工作质量具有重要作用。

通常情况下,评估审计结果工作由审计组长、项目经理和审计经理执行,并召开部门总结会议。

评估审计结果、总结审计经验的方法多种多样,常用的评估方法有以下两种。

(1) 表格评审法。审计开始前由项目经理或组长按时间、技能、审计程序、异常事项设计一张表格,发送到每位审计人员的手中;在实施审计的过程中,审计人员进行分析、汇总与记录;在审计结束后,由审计组长负责收集汇总,统一评估审计结果,并对审计的变更及对后续工作有指导和借鉴意义的事项予以重点关注。

(2) 会议研讨法。审计结束时召开一个评价会议,由审计组长讨论审计的全面性,内容包括:审计方案、审计目标、审计程序、审计时间、审计预算、审计人员、审计技术、审计异常、审计证据、审计发现、审计报告及审计的经验教训。通过总结评估,发现审计风险,揭露审计业务过程中的缺陷,披露执行过程出现的问题,总结审计案例,梳理审计流程,提炼审计经验。相关总结将归档保存。

此外,评估审计结果的同时也要对内审人员进行业绩的评估,主要评估指标包括:审计成果与质量、审计过程中的沟通能力、完成审计程序的情况、以前评价的改正情况、各种能力(计划能力、计算机应用能力、查找资料的方法等)、持续教育的需求。

最后,对审计有关资料进行归类归档保存,具体的操作过程及相关的装订顺序详见后面的论述。

至此,整个内部审计过程全部结束。

### 本章精粹

(1) 风险可定义为发生损失的不确定性。

(2) 风险识别的方法:生产流程分析法、风险列举法、流程图法、财务报表分析法、保险调查法、分析性复核、穿行测试法、德尔菲法。

(3) 审前调查的五个程序:现场查看,召开会议,研究、收集资料,书面描述,分析性程序。

(4) 设计审计程序应精确、简要、可行。

(5) 审计方案可分为:格式化审计方案和专项审计方案。

(6) 审计发现包括5个要素:标准;情况;原因;效果;建议。

(7) 审计工作底稿的作用:编写审计报告的基础,形成审计结论的依据;控制审计质量的依据;考核审计人员的依据;复查或诉讼的依据。

(8) 审计工作底稿书写48字箴言:注意格式,外观统一;重要优先,一事一稿;逻辑排列,详略得当;简洁完整,易读易懂;计算准确,分析到位;结论正确,依据齐全。

(9) 审计报告可以是正式的,也可以是非正式的,包括口头报告、中期报告,汇总报告和最终审计报告四种。

(10) 书写审计报告"五要":条理要清晰;归类要合理;分析要详

尽;表达要简明;建议要可行。

(11) 后续跟踪审计的五项基本原则:全面原则;依据原则;差别原则;重点原则;测试原则。

(12) 审计评价的两种方法:表格评审法和会议研讨法。

# 第四章　内部审计实务精要

**本章主要内容**

如果说第三章是告诉你如何捕鱼的话,那么本章将直接带你去池塘捕鱼。

本章分为24小节,精选公司常用的24个审计项目方案。每一小节论述一个方面的审计主题,框架范围包括:审计的目的和意义、审计的思路与路径、主要存在的问题与漏洞、审计重点与目标、具体的审计方案等。审计方案包括分项重点、审计程序及具体的作业步骤,作业步骤则说明如何使用审计方法核对或抽查数量。本章还有总结精粹供参考。

理论是旗　实务是枪

理论是方向,理论是引导,理论是目标。

实务是枪,实务是弹,实务是炮。

理论指向哪里,实务就打到哪里。

实务是冲锋陷阵的过程,是对理论的实践与验证。

理论是归纳总结的过程,是对实务的提高与升华。

唯有业绩,方有发言权;审计不是吹,不是捧,审计就是让数字与事实说话。

实务是枪,实务是炮,快速攻克阵地,就是我们的目标。

兵贵胜,不贵久,集中所有力量与资源,彻底地、完全地、及时地一举拿下阵地——审计目标,做到逢战必胜,逢攻必克。

步步为营是我们的战略,每项审计业务完成后,须确保整改到位、防控有力,以保证各系统业务的准确性与可信度。

这是我在博客上写的一篇文章,是对内部审计实务与理论的一点感慨,对于理论与实务,有人认为先有理论,再有实务,也有人认为先有实务(工作)才有理论。理论也好,实务也罢,如果理论不联系实际,那就是空谈;实际不结合理论,那是蛮干。从集团公司的角度分析,利润最大化是企业经营的目标,不可能让一个企业的因子(内审人员)长期处于无创收、无增值状态,也就是说不可能让你的工作仅止于理论研究。对企业组织而言,工作和实务才是根本。基于此,笔者把本章安排在全书的前半部分。只有聚焦实务,才能产生业绩,才有话语权;只有聚焦实务,才能让企业持续运营,资产不断增值。所以我要把最重要、最需要、最有实战性的章节安排在前面,让读者快速进入实战状态,达到看了本章就会做审计,能够拿来即用的最佳效果。

本章撰写的审计方案参照或模拟的公司框架及背景如下:

某集团公司是一家大型制造企业,包括生产、销售、物流等业务,全部员工超过10 000人,年均产值超过100亿元,下属有10个全资公司、5家参股公司,在全国各地均设有销售网点。

该集团公司的管理控制模式:设立集团总部对各分公司进行管理,并对财务、采购、销售、物流、人事等进行集中管理。在总部进行全面审批与管理,对人事、生产、物流实行分级管理,即总部的人事在总部管理,分公司的人事权在所在地。

总部机构设有审计部、财务部、会计部、销售部、物流部、人力资源部、行政部、信息管理部、总裁办公室、生产办公室、技术部、公关部等部门。

下辖各公司设有监督组(隶属审计部)、生产部、财会科、储存运输科、人事办公室、技术中心、信息管理组等部门。

审计内部机构设置情况：董事会下设审计委员会，审计委员会下设审计部，即审计部直接向审计委员会汇报工作，同时向总裁汇报。

参考采用以下方案说明。

(1) 方案所涉及的抽查数量根据公司规模、管理模式不同而不同。

(2) 审计步骤中查找资料、数据存放部门或地点因公司设置的不同而不同，可以根据不同的情况作相应的调整。

(3) 以下审计操作方案按生产制造销售集团公司结构进行设置，如果只是中间商或其他类型的公司，则抽取部分审计项目，加上本公司特有的风险，重新设计审计方案。

(4) 本方案适用于制度较齐全的企业。如果所在公司制度流程不完善，则可以建议先建章立制。无法可依是管理企业之大忌。

(5) 所有方案的每个审计目标（重点）均与审计步骤相对应，即每个审计目标都有详细、可执行的审计步骤与之相对应，确保每个问题都有一个解决作业程序。

(6) 本方案仅作为参考。

## 第一节  采购审计操作方案

### 一、采购审计的目的与意义

"能产生效益的只有采购与销售"，虽然这个结论说得有点过，但是也从另一个方面充分说明了采购和销售在公司管理中的重要性。实际上，集团公司的规模与经营性质不同，每年采购物资金额从几千万元到几百亿元不等，如果通过审计评估，按能降低成本达到总金额的5％计算，即按一亿元的5％计算，就是节约500万元；如果公司每年有10亿元、100亿元的采购量呢？可以计算出这将是一笔非常可观的管理收益。如果能按这个思路或方案内容进行评估,并规范采购业务管理,可以直接或间接地为公司节约几百万元至几千万元的成本。由此也就不难理解为什么采购和工程是每年必审计的项目了。

采购审计是指审计人员根据有关法规及公司制度,按照一定的程序和方法,对采购部门各流程和控制环节的合规性、合理性与有效性进行监督、检查和评估的活动。

采购审计的目的主要是规范公司采购业务行为,预防与堵塞管理漏洞,减少采购成本,降低公司费用,增加公司效益。

采购审计能评估采购执行情况,梳理采购业务操作流程,明确相关人员责任,威慑违法乱纪人员,为采购业务决策提供管理建议。

采购审计路径为:

(1) 制度—流程—抽样—核实。

(2) 评选—合同—验收—付款。

## 二、采购存在的主要问题与漏洞

采购存在的主要问题与漏洞如下。

(1) 公司没有评审定点供应商名录。采购员随便确定供应商,采购低质高价物品。

(2) 公司没有制定相应的管理制度与操作细则,作业方式不统一,无监督无审查。

(3) 供应商报价不规范、项目不齐全、手续不完备。

(4) 《供应商报价比较表》不合格,没有三家以上供应商报价。

(5) 没有谈判过程或谈判过程不记录、不公开。

(6) "报价单"价格低于"比价单"价格,人为增加采购成本。

(7) 合同执行过程中价格及条款的变更依据不足。

(8) 采购价格比市场价格高,没有价格信息调查过程。

(9) 不从厂家进货,直接通过中间商采购。

(10) 合同签订金额超过相关人员权限。

(11) 采购物品未经仓库及使用部门审核确认。

(12) 采购物资与合同约定的生产商、质量、型号不符。

(13) 预付款不按合同执行或没有后续核对与监管。

(14) 合同或订单实际执行时间与约定不相符。

(15) 采购员工泄露公司采购预算或采购底价。

### 三、采购审计的重点

采购审计的重点如下。

(1) 组织制定管理制度和操作流程。

(2) 招标、投标、开标流程的公开、公正、公平。

(3) 供应商的选择、评审的及时性与合理性。

(4) 采购价格的合理性及价格监控系统。

(5) 采购实施过程的跟踪与监督。

(6) 变更合同价格及条款的评审过程。

(7) 预算的控制过程及变更手续。

(8) 采购验收方法和商品变更、退货流程。

(9) 对采购岗位进行定期的考核与轮换。

(10) 部门的信息沟通与举报渠道。

### 四、采购审计的程序与步骤

作为企业管理的参谋与幕后管理者的内审部门,应利用对公司各部门业务熟悉的优势,对采购部门的操作过程进行风险分析,梳理操作业务流程,进行风险的重新排列,分析存在的问题,找出部门管理漏洞,提出合理化的防控建议,力争把采购风险降到最低。以下是根据上述风险与存在的问题编写的审计方案。

#### (一) 选择供应商与审批手续

**1. 审计重点(风险点)**

(1) 采购部门没有制定相关的管理制度与操作流程。

（2）筛选供应商不遵循公司制度，未经权限领导的审批。

（3）供应商与预选供应商名单单一，没有及时评选更新。

（4）物资采购价格的确定依据不充分、不合理。

（5）请购物资相关单据提交与审批不及时。

（6）采购部没有建立市场价格信息收集系统。

（7）合同项目或价格与供应商报价表不相符。

（8）供应商的评审不公开，评分表项目比重分配不合理。

（9）采购部没有实行定点供应商审批制度，材料价格没有进行审批。

（10）采购招投标过程存在不公开、不公平、不合理的情况。

**2. 审计程序与步骤（建议但不限于）**

第一步：（1）查阅公司体系（ISO）部门留存资料或咨询采购部门，了解采购部门是否制定了相应的管理制度、工作流程和操作细则，包括是否制定了供应商、内部汇报、权限审批、操作、员工管理相关的制度。

（2）查阅、收集和打印相关的资料，进行认真分析与了解，进行流程及制度的分析，确认操作细节或流程是否存在风险，对存在风险的地方进行标注，以查核论证是否存在风险。

（3）现场查看采购人员的操作过程，确定是否与制度流程的规定相符合。如不相符，则记录过程并向经办人或主管了解原因，分析其不按制度操作存在的风险。

第二步：（1）抽查固定资产、土建工程、原材料、辅助材料等每类供应商订单（合同）50份，合计约200份合同或订单，记录每个供应商的名称。如有系统，则直接从系统中抽取相应数据资料。

（2）查阅所有经过领导审批的、采购部存档的供应商名单，将其与抽查的供应商名称核对，确定名单在经领导或委员会批准的范围内，如不符，则记录并复印相应资料。

（3）如发现有名单不符的情况，则应加大抽查力度，并选取业务量多的时段的资料,对相关的业务或供应商的采购数量进行统计;由经办人核实后说明原因并签字。

第三步:(1)根据以上第二步抽查的合同或订单,查看、比较历年供应商名单的变化,特别是重要物资的供应商变化情况,确定是否存在供应商名单较少、比较单一的情况。

(2)向经办人员查询,是否进行年度供应商的考核与评审,是否及时更新、引进新的供应商,新开发的供应商是否按流程进行资质审核,名单是否及时更新并经领导审批。

第四步:(1)抽查每位采购员本年度3月、6月、9月、10月、11月、12月所有的采购合同或订单,对其所附依据资料(报价单、比较表、资质等)进行查阅。

(2)查阅合同或订单附件是否齐全,报价单是否达到3家或以上,报价单是否为原件,报价日期是否与要求相符,供应商是否签字盖章,比价单(三家价格汇总表)内容是否与报价单一致,是否存在两家报价都中标的情况,是否签署了相关人员的意见。虚假报价单主要从原件、日期、签章等方面进行审核。

(3)对未达到公司要求的资料或有差错的附件进行标记,了解、分析其产生的原因及经过,整理成表格请经办人确认并签署意见。

第五步:(1)检查下属公司本年度240份(每月20份)《物资采购申请表》,并记录其申请采购物资的日期。

(2)核查对应请购单、订购单的开具审批日期,考证请购单的提交与审批的及时性。

第六步:(1)询问采购部有关人员,了解他们对市场价格信息的收集、分析与判断过程,了解他们是否对市场信息进行定期或不定期的调查收集,以掌握当期市场动态。

(2)是否建立供应商价格信息档案,对当期供应商的报价和变更价格进行比较分析,是否有充分的书面依据对供应商报价的合理性给予判断。

(3) 如果没有建立价格信息系统及档案,详细了解其原因,并与相关人员讨论其重要性与可行性,以掌握第一手资料。建议采购部健全物资价格信息系统。

第七步:(1) 根据第二步抽查的 200 份合同或订单,查阅与其对应的附件依据及审批资料。

(2) 比照签订合同或订单的依据附件,确定报价单的项目内容、价格与对应的合同或订单是否相符,如有不符则记录并作相应的标识。

第八步:(1) 收集采购部近两年来的所有供应商的评定与审核表,包括下属公司的评审资料。

(2) 检查评审表的内容是否充分,项目是否齐全,评分项目比重系数是否合理,审批手续是否齐全,是否存在有偏向某些供应商的可能;并对每项目的评分依据进行分析,确定其评分的依据是否合理、是否科学。

(3) 重点关注辅助材料供应商、设备供应商、基建承包商的评审资料。核对评定资料分数,累加分数是否准确,确定是否存在无任何依据更改评审表数据的情况。

第九步:(1) 收集并检查最近两年的采购会议纪要或相关审批文件。

(2) 浏览相关的会议记录,确定是否有定点供应商审批表,审批手续是否齐全。

(3) 对审定的供应商进行价格目标检查,确定其评定《材料价格目录表》是否经过审批,价格的变更是否经过审批等。

第十步:(1) 根据采购部工作流程,了解公司采购的招标、投标与开标流程。

(2) 随机抽查 100 份合同或订单,查看其相关的资料,了解公司所有的采购是否公开招标、是否有招标记录、投标资料是否密封、开标是否经第三方见证、是否公开公平、谈判是否有记录等。

(3) 检查采购经办人是否编制比价表,比价表数量与金额是否与报价表相符,是否有领导审批等。

内审人员在以上各操作步骤中应及时复印审计发现的资料。

(二) 签订订单(合同)与条款的合理性

**1. 审计重点(风险点)**

(1) 订单(合同)的签订没有经过审批或审批超权限。

(2) 签订的合同条款缺乏公平、公正,公司处于被动的地位。

(3) 合同或订单上采购材料的数量大于请购部门的请购数量。

(4) 采购物资没有直接从生产厂家采购。

(5) 签订合同或订单的条款与谈判内容不一致。

(6) 供应商报价与当时的市场价相差较大。

(7) 签订合同的供应商超出定点供应商的范围。

(8) 材料采购价格超过供应商报价。

**2. 审计程序与步骤(建议但不限于)**

第一步:(1) 抽查20××年全年200份订单(合同)(内审人员应根据公司规模及重要性程度确定抽查份数,一般而言,抽样不能超过5 000份,下同),其中包括设备合同50份、工程合同50份、材料合同50份、订单50份(每小类订单10份)。

(2) 查阅与合同相对应的审批资料,确定是否经过有权限领导的审批,是否按规定办理。重点抽查公司设备的审批经过、合同审批权限是否超越。

(3) 重点关注领导授权的业务,是否存在一份合同分拆签订,以满足公司对权限金额的要求,达到某些目的。

第二步:(1) 根据第一步抽查的材料、工程、设备采购合同,了解合同条款是否对公司不利,违约罚款是否太轻。

(2) 追查与供应商就签订合同商谈的详细内容记录,了解合同起草的过程,有否对所列条款进行研究、审定,是否经过合同审核或咨询公司法律顾问。

第三步:(1) 检查20××年公司车间预算明细项目——辅助材料

数量(重点检查包装物——车间配件)明细,记录请购辅助材料数量。

(2) 与材料员做的请购单、总部采购部签批的订单(合同)数量进行核对,确保订单(合同)的辅助材料数量等于工厂的预算、请购数量。

第四步:(1) 抽查20××年1~12月的合同目录表,快速浏览供应商名单,查找所有通过中间商采购的合同或订单,作为工作摘录表收集归档资料。

(2) 询问采购经办人不直接向制造商购货的原因,如果供应商为代理单位,则查询其与制造商直接接洽或代理的资料证明。

(3) 如有可能,直接向制造商了解购货价格及已订合同的价格。

第五步:(1) 咨询了解采购部关于谈判的流程,查看第一步抽查的订单和合同,并查看相关的谈判记录或报价单。

(2) 对比采购合同的内容及条款,确保谈判内容与合同内容一致。

第六步:(1) 根据第一步抽查的订单和合同,浏览大宗商品价格情况,分析判断其采购价格的合理性。

(2) 充分利用网络及同类市场信息采集相关价格资料,检查采购部的市场价格资料来源的广泛性与准确性,通过网络查询其价格的合理性。网络审计价格具有较高的参考价值,现实中比较可行。

(3) 在相关市场上实地进行询价,查找类似的同期同类材料市场价格进行比较,分析采购价格及供应商报价的合理性。

第七步:(1) 抽查20××年6~12月20份技改合同、20份辅助材料采购合同,记录其单位名称。

(2) 核对相关的供应商报价单、供应商报价比较表中的供应商名称,确定供应商是否为审批定点供应商,如超出定点供应商的范围,则记录于审计摘录表。

(3) 根据审计摘录表记录名单,向采购部追踪超出报价表名单范围的原因及依据,并分析其原因及依据的合规性与合理性。

第八步:(1) 根据第一步抽查的订单或合同资料,查找其对应的比价表和供应商报价单。

(2) 认真核对每个订单(合同)的具体报价单资料,确定其签订合同的价格是否超过报价单和比价单。

(三) 执行订单(合同)与变更

**1. 审计重点(风险点)**

(1) 同一编号的订购单重复打印签批,存在重复购进、付款的风险。

(2) 供应商不按合同规定时间发货,采购员没有及时跟进。

(3) 供应商不按合同规定的品牌、生产商或不可外包等条款提供货物。

(4) 合同执行进度没有建立报告制度,没有报告采购主管。

(5) 订单(合同)条款的变更缺乏有效证据及批准依据。

(6) 采购员不及时跟踪订单(合同)的执行,不及时进行货款的核对。

(7) 合同或订单执行(完工)期限与计划使用时间不相符。

(8) 采购系统没有设置权限要求,超预算采购仍可以执行。

**2. 审计程序与步骤(建议但不限于)**

第一步:(1) 向采购员询问、了解有关订购单的录入、更改、签批、提交、打印程序。

(2) 从供应商往来账中查找是否有采购量超过请购单数量的情况,或从存档中快速浏览,查找是否有重复打印订单的情况。

(3) 分析每个环节可能存在的风险,提出改进及合理化建议。

第二步:(1) 抽查固定资产、土建工程、原材料、辅助材料等每类供应商 50 份,合计约 200 份合同或订单。

(2) 查阅合同(订单)发货时间以及发货数量,核对仓库收货入库时间及入库数量来判断发货的及时性、正确性。

(3) 查找对应的供应商账户,确定其对账是否及时,是否对异常账目向上汇报。

第三步:(1) 根据第二步所抽查的合同,检查对应的验收单,核对所购货物是否为合同中的生产商及品种,是否有产品外包供应的情况。

(2)查找产生差异的数量、金额与型号,并追查其产生的原因。

第四步:(1)检查采购部是否建立合同执行制度,是否有汇报制度,采购员是否按规定的时间把合同的执行进度报告给采购主管,主管是否签署相关的审核意见。

(2)抽查100份固定资产、土建工程,检查其汇报明细,是否按相关的规定执行。

(3)如没有汇报制度,则建议按公司规定建立相应的定期或不定期的汇报制度,以便主管了解采购进度,方便公司作出生产经营决策。

第五步:(1)收集近两年以来的所有合同记录表,分析并查找有价格变动的合同100份,整理并记录合同号。

(2)查找对应合同的纸质原件,审阅其变更合同的有关附件,确定其依据是否充分、审批手续是否齐全、审批时间是否相符、解释原因是否合理。

(3)重点查看辅助材料订单(合同)在执行过程中出现数量、价格变更的现象,然后跟踪查证变更的有关批文或补充合同等有效证据。

第六步:(1)从ERP系统采购模块查阅检查20××年10～12月份合计3个月的材料订单。

(2)核对每一订单的执行情况以及仓库明细账入库记录,确保前一订单执行完毕后才执行新订单,不允许有订单已付款未提完货即终止执行,又重新订立并执行新订单的情况。

第七步:(1)从采购系统随机抽取两家公司设备材料订单50份,从工厂质检验收部门抽取验收报告或竣工验收单50份。

(2)根据验收项目对应的合同规定的交货时间,比较验收报告或竣工验收单,确定合同签订的(验收)完工时间是否与合同规定的完工交货时间一致。

(3)对于合同验收或完工时间超过约定时间的情况,应向使用单位了解情况,明确双方的责任,如属供应商的原因,应查找相关的罚则条款,建议作出相应的处理要求。

第八步:(1)向采购部、电脑部咨询了解系统控制设置情况,是否对不同的员工设置不同的操作权限,采购预算的控制管理是否合理。

(2)实际监督录入超过预算的材料或设备采购订单50份,确定系统是否能对超过预算的订单进行有效控制。如果未能达到控制效果,则应结合实际,向管理层发出风险警告。

**(四)仓库管理与款项支付**

**1. 审计重点(风险点)**

(1)仓库验收物资时没有按公司规定,验收流于形式。

(2)材料没有验收入库就直接运到使用部门。

(3)请购单没有经过仓库审核。

(4)不合格品不按合同或相关规定处理。

(5)货款的支付流程与审批制度不合理。

(6)预付货款不按合同办理,缺乏有效监督。

(7)采购业务记录与会计记录不一致。

(8)订单(合同)支付款项依据不齐全。

(9)合同相关档案管理不规范。

(10)采购员没有实行轮岗制度。

**2. 审计程序与步骤(建议但不限于)**

第一步:(1)收集查阅有关验收制度与流程,了解仓库的操作规程。

(2)再从工厂仓库实地观察其实际验收工作流程,比较实际操作情况与制度规定的差异;重点是观察验收时的数量与质量验收手续的正确性。

(3)通过拍摄或拍照的方式,收集不按流程验收的证据,向经办人或主管了解不按流程操作的原因,分析作业过程存在的风险。

第二步:(1)检查本年度每月1~5日所有材料的订单,统计订购的数量,核对仓库入库数量,应主要关注订单规定的期限执行完毕后,订购数量大于入库数量的情况。

（2）再从"生产报表"查看辅助材料累计使用量，如果使用量大于购入量，则到使用辅助材料车间进一步调查了解，查看使用原始记录，确认辅助材料的购入有没有不按流程操作就验收入库。

第三步：（1）查看工厂采购工作流程，抽查5个公司的订单共100份（每个公司20份订单）。

（2）从附件或审批单查看请购单是否有仓库管理人员的审核，审核的内容是否与当时库存实际相一致。

（3）向经办人了解事情的经过，经生产主管反馈不符合流程的情况，建议相关人员按公司的规章制度执行，以降低公司风险。

第四步：（1）抽查总部或工厂验收记录表，收集不合格品处理单100份，审阅其验收处理流程是否符合合同约定和相关规定。

（2）外购不合格品是否得到及时、有效处理，是否按合同条款进行处罚，不合格的处理是否合理。

（3）根据不合格品处理意见，跟踪执行情况，如对财务部门跟踪罚款是否已经入账，跟踪仓库处理品是否按意见执行处理等，尽量挽回公司损失。

第五步：（1）收集、查阅有关货款支付的操作流程，分析该支付货款流程的合理性。

（2）抽查20××年1月、3月、12月、次年1月份每月50份合同（订单），合计200份合同或订单支付货款的经过。向经办人了解支付的经过，各核算与审批环节（步骤）经过的时间，明确其付款是否及时，分析支付流程与制度的合理性。

第六步：（1）在"应付账款""预付账款"明细账上查阅有关预付材料货款的客户名单，抽查20××年100个有账户余额的客户名单。

（2）根据抽查的客户名单，从财务账本追溯到相对应的付款凭证编号，从查找的凭证上查看付款凭证的付款依据。

（3）比照相对应订单（合同）执行情况来判断付款的正确性。避免以请示批文预付货款后,补办订单又重复预付货款。

第七步:(1)确定会计记录的依据与流程。抽查20××年1~12月份合同或订单100份(其中设备20份、辅助材料20份、其他材料60份)。

(2)到仓库抽查材料明细账,抽查该期各类材料累计购入的数量与价格,与会计账记录的数据核对,查明仓库是否及时把入库单、验收报告单、发票交给会计入账,还是因为其他因素造成会计与仓库不一致。

第八步:(1)抽查20××年1~12月份合同或订单100份(其中设备30份、辅助材料20份、其他材料50份)。

(2)从账目上查找其支付款项的凭证号码,通过查找其对应的原始凭证,查看其付款的依据是否充分、金额是否准确、审批手续是否齐全等。

第九步:(1)抽查最近两年间的土建、装修合同各50份,物资采购合同100份,合计200份留存档案。

(2)确定是否按公司规定存档,存档资料(合同、订单、比价表、报价单、审批表、招投标资料、供应商评价表、评分表)是否齐全、是否归档。

第十步:(1)收集并整理采购部门机构图、员工职责分工表。

(2)明确两年来员工岗位职责与工作分工,了解其工作范围是否有变化、员工之间是否实行轮岗制度等。

(3)与采购主管探讨员工轮换方案,建议对技术性不强、可更换的采购岗位进行定期或不定期的更换,以防范采购人员出现风险。

五、采购业务风险调查清单

采购业务问题清单所有事项均经过验证,如果回答是"否",就说明该项业务可能存在一定的风险,要进行相关的审计程序予以验证。现总结如下。

(一) 部门控制及商品采购(订单与合同)

部门控制及商品采购风险调查清单如下。

(1) 员工是否建立权限职责制度？工作是否进行定期轮岗？

(2) 部门是否建立审批制度及汇报制度？

(3) 是否建立健全合格供应商名单、是否每年评审？

(4) 是否所有采购的商品均有请购单？

(5) 请购商品是否经使用部门主管审批？

(6) 请购商品是否经过仓库检查审核？

(7) 是否已建立请购的一般和特殊授权程序？

(8) 采购商品是否有预算？是否超过预算？

(9) 采购商品是否有比价单？

(10) 比价单是否有三家以上供应商报价？

(11) 比价单是否附有供应商盖章的报价单？

(12) 订购单备注中是否有违约罚款比例及相关事项？

(13) 合同价格是否经过询价、议价、定价？

(14) 合同谈判内容是否记录？是否有多人参与？

(15) 合同条款是否合理？是否有罚则？

(16) 是否制定本公司的合同样板(规范合同)？

(17) 合同是否经过律师或合同审核员的审核？

(18) 合同价格的变更依据是否齐全、合理？

(19) 变更的价格是否经过有权限人员的审批？

(20) 订单及合同的执行是否有专人追踪？

(二) 验收与付款

验收与付款风险调查清单包括以下方面。

(1) 是否制定相应的商品验收制度？

(2) 送交验收部门的订购单副联是否已涂掉采购数量？

(3) 验收时是否盘点和检查商品并与有关订购单核对？

(4) 所编制的验收单是否预先编号？

(5) 验收部门将商品送交仓库或其他请购部门，是否取得对方签章的收据？

(6) 商品是否存放在加锁的地方，并限制接近？

(7) 不合格品的验收、处理与反馈是否及时？

(8) 付款凭证是否将凭单同订购单、验收单和供应商发票相配合？

(9) 是否独立检查供应商发票和凭单计算的正确性？

(10) 付款凭单是否经过被授权的人员审批？

(11) 购建固定资产和在建工程是否进行可行性研究，并从技术及经济角度选择最佳方案？

(12) 固定资产和在建工程有无预算，是否超预算，并经授权批准？

(13) 工程在建过程中是否有监理人员监督工程质量？是否常换监理？

(14) 在建工程资本化核算是否符合规定？

(15) 结转固定资产是否办理竣工验收及移交手续？

(16) 购置不需安装的固定资产是否有专门机构或人员验收，并填写验收单？

(17) 是否设置固定资产卡片，其管理、使用责任是否落实到使用部门和使用人？

(18) 各项预付款是否有专人专管，谁支付谁负责？

(19) 设备在质保期间的是否出现问题？维修记录及费用是否记录？

(20) 质保金的支付是否经过验收、签章是否齐全、是否经过审批？

## 六、采购管理可以参考的最佳实务

### (一) 供应商评选阶段

在供应商评选阶段，采购管理可以参考的最佳实务包括以下几个方面。

(1) 与供应商高管说明公司采购政策。

(2) 标准的供应商评选流程。

(3) 现场查看、访问供应商。

(4) 独立的第三方对供应商信息进行审查。

(5) 事先设定的供应商评选标准。

**(二) 招、投标建制阶段**

在招、投标建制阶段,采购管理可以参考的最佳实务包括以下几个方面。

(1) 制定招投标制度。

(2) 确定供应商的采购量的分配。

(3) 设立采购委员会。

(4) 评估委员会成员。

(5) 招投标前进行资料审查。

(6) 统一的招投标报送。

(7) 所有投标文件密封。

(8) 内部信息保密。

(9) 委员会人员(独立第三方)在场开标。

(10) 如用电子邮件发出邀标,则要分开发送。

**(三) 采购实施阶段**

在采购实施阶段,采购管理可以参考的最佳实务包括以下几个方面。

(1) 订单、供货与付款核对。

(2) 设立公司的安全库存。

(3) 设定采购数量。

(4) 经常检查未完成订单,分析原因。

**(四) 供应商评估阶段**

在供应商评估阶段,采购管理可以参考的最佳实务包括以下几个方面。

(1) 制定供应商评审的标准。

(2) 从不同的角度与部门进行评价。

(3) 量化评估依据,合理设置评分系数。

### (五) 其他较好的方法

其他较好的方法还包括以下几个方面。

(1) 要求员工遵守行为准则。

(2) 员工实行定期轮岗制度。

(3) 设立并公布投诉电话。

(4) 要求员工签署诚信书。

(5) 高管人员参与风险评估。

(6) 进行经常性的检查复核。

(7) 确定每个合格供应商采购量的分配比例。

## 第二节 销售审计操作方案

### 一、销售审计的目的与意义

销售审计是指审计人员根据有关法规及公司制度，按照一定的程序和方法，对集团所涉及的销售业务各个控制环节的有效性、真实性、合理性及合法性事项进行检查、监督的评估活动。

销售审计的目的是评估销售业务所有流程是否符合公司目标，是否正确执行销售委员会（主管领导）的各种决策，确定各规程按销售制度与流程操作，梳理部门存在的问题与隐患，防止销售过程中出现漏洞，防范产品价格波动风险，增加公司的销售收入。

销售审计的路径为：制度模式—价格确定—赊销额度—过程监督—货款收回。

### 二、销售存在的主要问题与漏洞

销售存在的主要问题与漏洞包括以下几个方面。

(1) 不按销售委员会或权限领导制定的价格进行销售。

(2) 没有赊销管理制度,信用额度无法统一管理。

(3) 销售没有谈判过程,或程序不符合公司规定。

(4) 销售合同条款不严谨、运输费用划分不清晰。

(5) 同一时期销售产品的价格差别较大。

(6) 应收账款没有及时跟踪与管理。

## 三、销售审计的重点与目标

销售审计的重点与目标包括以下几个方面。

(1) 销售模式、策略、价格的确定过程及签批。

(2) 销售价格的确定与执行过程。

(3) 客户赊销额度的评定、审批、执行过程检查。

(4) 销售部门与生产、质检、财务部门的协作流程。

(5) 互联网(期货)业务风险分析。

(6) 新客户的筛选方式、标准和审批程序。

(7) 信息保密及销售资料管理。

(8) 销售应收账款分析及逾期账款的处理程序。

## 四、销售审计程序与步骤

### (一) 销售模式、策略与价格的确定及审批

**1. 审计重点(风险点)**

(1) 销售模式与策略没有销售委员会的审批。

(2) 销售面积区域不广,销售客户不全面。

(3) 选择新客户没有制定具体的要求和标准。

(4) 销售合同谈判不符合公司管理规定。

(5) 销售员销售价格低于公司制定的销售价格。

(6) 同一时期销售价格相差较大。

**2. 审计程序与步骤(建议但不限于)**

第一步:(1) 从公司体系部门收集销售部门的工作制度与工作流

程,并要求市场销售部门提供有关销售模式与销售策略方案,查阅其是否经过权限领导或委员会的审批,并了解其制定的依据及理由。

(2) 收集统计整个年度的销售总量,了解所有的销售过程,比对销售业务是否按总模式进行,并根据销售策略的内容抽查相应的销售单据 100 份,核对是否按销售策略的总体目标运作。

(3) 通过对公司的销售模式进行分析,并与同行业其他公司的销售模式进行比较,分析模式优劣并提出合理化的建议。

第二步:(1) 收集公司所有客户的分布明细,汇总分析客户所在区域销售量度比例。通过查看销售系统及有关客户资料,了解客户群体结构,分析是否存在销售面窄、交易客户较为单一的现象。

(2) 询问销售部管理人员关于下一步如何寻找新客户、拓宽销售面将采取的战略措施,以确保公司将来在销售市场上能够占据主导地位。

第三步:(1) 询问、了解与查看寻找新客户的方式及标准及确定新客户的全过程,是否对不同区域客户的标准有所不同。

(2) 重点查看部门主管是否参与审核、决定新客户的操作经过,并查阅有关提供部门主管审核确认新客户的书面资料及审批表等。

第四步:(1) 抽查本年度销售合同 50 份,审阅其有关合同签订的附件资料,保管归档是否齐全。

(2) 确认是否按公司规定由专门人员就销售价格、信用政策、发货及收款方式等具体事项与客户进行谈判。

(3) 谈判人员至少应有两人,并且要有相应的记录,谈判人员与订立合同人员分开,不能由同一人兼顾。

第五步:(1) 检查销售部本年度每月 20 份,合计 240 份销售单。

(2) 收集销售委员会全年的销售价格通知书,比较销售价格是否按规定价格销售。

(3) 特别是销售价格变化较大时段的业务单据,每次价格变动时间段抽查 50 笔销售单,与公司制定的《价格变更表》比较,检查是否有不按变动价格、销售单价比定价低的情况,统计其数量并了解其原因。

第六步:(1) 抽查本年度销售部每位员工每个月 10 份销售单,合计每人 120 份,或同一时期连续订单 50 份。

(2) 对抽查的销售单进行每天的销售价格比较,确定是否有同一天存在销售价格不同的情况,如有,则由经办人查找相应的解释资料。

(3) 汇总分析不同的销售员在同一天的销售价格是否一致,如有不同的原因,由经办人解释。

(二) 销售价格与业务流程的执行

**1. 审计重点(风险点)**

(1) 主管及管理人员不按权限规定审批销售合同(订单)。

(2) 产品销售没有进行成本利润分析。

(3) 销售折扣与销售赠品管理不规范。

(4) 网上交易(期货交易)业务风险较大。

(5) 销售部门与生产、质检、财务部门的协作流程不合理。

(6) 平均销售价格与市场价格信息有悖。

(7) 货款结算及时、不适当。

(8) 销售合同条款不严谨、运输费用划分不清晰。

**2. 审计程序与步骤(建议但不限于)**

第一步:(1) 抽查销售合同(订单)每月前 50 份,合计 600 份销售合同(订单)。根据公司《公司管理权限表》的规定,比对订单(合同)是否存在签批超权限的情况,重点核对销售数量较多、金额较大的有关合同。

(2) 与相关管理人员权限进行核对,确定是否有权限的更改,判断有否超出审批权限及公司规定的范围(包括赊销业务检查等)。

(3) 对发生与权限表不符的销售订单或合同,应复印并附在审计摘录表后面,并要求经办人作出相应的解释,可作为向管理层汇报沟通的依据。

第二步:(1) 向销售业务员了解销售合同价格确定的过程,抽查该年度每月销售单前50份,合计600份合同(订单),重点抽查超期提货、有仓租费、运输费、装卸费的合同。

(2) 确定其销售价格是否进行成本利润分析,如合同是否有约定的价格、交货方式、交货时间及违约处罚等条例,销售员是否进行销售利润的分析。

第三步:(1) 向销售业务员了解销售折价和赠品的操作规程及相关的制度,抽查公司销售业务中有代表性的折价和赠品业务各100笔,检查折价销售的商品是否正确入账、是否存在超期销售折价商品的情况。

(2) 在检查赠品业务时,按具体名单抽打电话咨询赠品签领人,确定是否领到公司的赠品及赠品的规格、数量等。

第四步:(1) 了解公司是否有网上交易,如期货交易、网上店铺、邮寄等新业务。

(2) 检查期货交易流程及具体操作经过,重点检查交易的资金是否安全到账,交易价格与数量是否经过领导审批并附有相关依据,交易操作密码是否经常更改,防火墙是否及时升级,是否按规定及时向领导汇报销售情况等。

(3) 对每项业务进行抽样,在网上对该业务进行穿行测试,了解其存在的内部控制薄弱环节,分析其存在的业务风险。

第五步:(1) 查阅销售部门有关的工作流程,检查是否有销售与生产、销售与财会、销售与质检、销售与物流的协作流程图,各部门之间互相监督与控制的力度如何。

(2) 抽查是否有产品脱销、不付款发货(赊销除外)、客户投诉不处理、货物错发或不发货等情况,是否存在沟通不畅的事实,调查了解其原因并作事件总结分析。

第六步:(1) 抽查公司本年度2月、6月、10月的销售价格,汇总整理平均的产品销售价格表。

(2) 从全国报刊、内部资料或网上查找同期的价格指数,如有可能应查找同行业相似公司的产品价格,与同期产品平均销售价格表比较,以分析销售价格出现差异的原因,评估平均销售价格的合理性。

第七步:(1)从财务部门查询本年度的销售收入情况,确定各客户的货款回笼情况,询问是否有银行承兑业务。

(2)抽查有银行承兑业务的客户,查找其对应的合同资料,比对其银行承兑业务,确定其是否比现金结算更优惠、承兑期限是否过长、承兑要求办理的手续是否齐全等。

第八步:(1)抽查本年度每类产品销售合同10份,审查合同的条款是否合理、罚则是否齐全、权利与义务是否清晰、交货时间付款时间是否确定、是否存在不利于本公司的条款等。

(2)重点检查产品运输的相关条款,主要包括费用的划分、是否有代办运输的情况、相应的发票开具情况。抽查由本公司代办运输的合同20份,从会计账上追查相关的结算依据,查阅是否有扣除运输费用的结算依据,结算是否给公司造成损失。

(三)赊销、客户的确定及货款的跟踪

**1. 审计重点(风险点)**

(1)赊销客户及赊销额度的确定依据及审批不齐全。

(2)客户实际赊销额度超过批准的赊销额度。

(3)信用客户信息更新不及时。

(4)逾期应收账款没有及时分析与跟踪处理。

(5)新客户的筛选方式、标准和审批程序不严谨。

(6)价格信息、资料的保管保密存在漏洞。

**2. 审计程序与步骤(建议但不限于)**

第一步:(1)收集销售部关于赊销客户及额度的有关规定,抽查销售部有关赊销客户及赊销额度的资料,重点是销售大客户100户。

(2)了解赊销客户与额度的确定经过及依据,查看审批赊销额度的依据及有关的审批手续是否齐全。

第二步:(1)从会计部门查找所有挂账赊销客户名单100户,记录其公司名称和欠款数量。

（2）比对挂账余额与批准的赊销额度，核对其赊销是否超过审批额度。如有超越额度的情况，则追查其实际执行的经过及超额原因。

第三步：（1）抽查销售部近两年来的客户信用资料是否有新的变化，对赊销客户及赊销额度的更新、客户选取及年度评审（资质、信誉、诚信）档案资料的更新是否及时。

（2）根据最新的信用审计文件，比对系统设定的权限，确定信用系统的信息处于最新的状态，得到及时的更新。

第四步：（1）了解销售部门与财务部门协作的工作流程，是否有应收款逾期处理程序。

（2）再从会计部门抽查有超期没有及时回款的客户（包括正常销售与赊销），检查其有关人员是否按流程进行跟踪与分析，是否及时反馈给有关主管部门及领导。

第五步：（1）了解销售部是否有新客户的选择标准与筛选方式，制度与流程是否经过权限领导的审批。

（2）从信用客户表中抽查新的客户50个，查找相关的审批依据及附件，确定其选择及审批流程是否与制度相符，经办人、审核人、批准人是否有签署意见等。

第六步：（1）向销售部主管了解，销售部是否制定了相关的价格保密制度，对销售资料、价格销售决定书传达与保管是否有保密措施，文件的转发是否存在漏洞。

（2）向员工和客户了解是否存在销售价格提前泄露的情况，是否在谈判时有透露销售价格的现象，是否有将公司信息透露给同行业竞争公司的事实。对公司销售价格保密工作进行评估，给出分析建议意见。

（3）通过向同行业、外单位人员或客户进行电话咨询，或与其亲自面谈，了解本公司在销售上是否存在问题、价格保密工作是否出现漏洞、是否存在其他方面的问题等。评估销售部门业务操作规程存在的问题，并提出管理建议。

五、销售业务调查清单

集团公司在销售产品时,可采用集中销售、分散销售及联合销售等方式。为了降低资金运作风险和便于统一筹划与管理,建议采用集团集中销售的方式。以下是实际工作中总结的销售部门存在的 20 个风险调查问卷要点,以明确销售风险,提升审计发现问题效率,现简要总结如下。

(1) 销售部门是否制定全年销售策略及销售计划?

(2) 销售策略及计划是否经过董事会的审批?

(3) 是否制定部门工作制度及工作流程?

(4) 是否制定销售汇报制度及审批制度?

(5) 所有客户问题、不同意见及投诉都定期追究吗?

(6) 销售员是否实行定期轮岗制度?

(7) 是否制定大客户信用评审制度? 是否经过审批执行?

(8) 现销和赊销的比例是否在规定的范围内?

(9) 是否专人定期编制应收账款账龄分析?

(10) 销售不寻常的折让是否经授权主管批准?

(11) 确定销售价格是否作了利润分析?

(12) 管理人员是否按权限规定签批销售订单?

(13) 赊销额度实际执行情况是否与批准相符?

(14) 是否对赊销客户(现有客户)的资质能力、信誉度和诚信度进行评定?

(15) 部门主管是否参与审核和决策过程,销售人员自主权力是否过大?

(16) 销售布局是否存在局限性,交易客户是否单一?

(17) 新业务交易方式是否得到有效监控? 单据传送是否及时高效?

(18) 电子商务或期货交易是否建立风险防范机制?

（19）销售价格是否达到同行业水平？单位利润是否达到平均水平？

（20）销售部门与物流、财会沟通是否及时？有否错漏事项发生？

## 第三节　工程审计操作方案

### 一、工程审计的目的与意义

工程审计是内部审计不可或缺的组成部分。

彰显内审业绩的三个审计项目为：工程审计、采购审计与销售审计。

工程审计是审计人员根据有关法规及规章制度，按照一定的程序和方法，对公司投资建设的工程项目进行全过程跟踪监督、审核和评估的活动，涉及公司资本性支出，固定资产的新建、改建、扩建等。工程审计是整个投资项目的核心部门，内审人员会根据集团公司投资建设的特点进行审计，工程审计的关键在过程，重点在结算，难点在隐蔽工程。

加强工程审计工作，对工程进行全过程的跟踪审计，能强化工程项目的监督，促进工程管理，缩短建设周期，提高工程质量，保证建设资金合理、合法使用，控制投资，节约投资，减少浪费，从而提高资金利用效率。

工程审计项目由于技术性强、专业性高，如果没有专门的审计人员，建议在可控的情况下对该项目进行外包，以减少审计风险。

如果公司设立工程部，则工程审计工作可减少一些，即不采用全过程跟踪审计方法，可在事前监督承包商的选择、价值的谈判；事中抽查工程过程的管理事项；事后进行工程决算审计。各审计人员要根据公司实际情况对工程审计内容及重点进行修正，确保审计工作有效快速进行,完善工程建设管理工作,为公司减少工程上的损失。

工程项目的重要监控点——施工现场。

工程管理的最大问题——工程签证。

工程签证的最大风险——隐蔽工程。

工程审计的路径为以下两种。

(1) 决算—核对—工地现场—核实。

(2) 承包商评选—施工管理—款项支付—结算审核。

## 二、工程审计存在的问题与漏洞

工程审计存在的问题与漏洞包括以下几个方面。

(1) 工程立项论证不充分,造成损失浪费。

(2) 没有实行公开招投标制度。

(3) 预付款超过合同约定或进度款超前。

(4) 项目变更计增不计减。

(5) 定额选高不选低;同类定额,套高不套低;定额标准,套新不套旧。

(6) 取费金额就高不就低;取费标准取高不取低。

(7) 工程量与金额故意做大。混淆数字、小数点后移、重复计算。

(8) 签证项目不齐全、手续不完备。

(9) 私自变更、挪用工程项目预算。

## 三、工程审计的重点

工程审计的重点包括以下几个方面。

(1) (土建、装修)工程实施是否经董事会或领导的审批。

(2) 确定工程承包商的选择过程是否公开、公正、公平。

(3) 合同价格的确定及变更的依据及程序。

(4) 工程施工管理及质量监督。

(5) 工程签证的完整性与合理性。

(6) 工程预结算的合理性与准确性。

(7) 土建工程和装修项目的实施过程及质量验收。

(8) 承包商的工程款结算、付款及往来账核实。

四、工程审计程序与步骤

(一) 工程立项与承包商的选择

**1. 审计重点(风险点)**

(1) 工程项目没有经过论证,未经董事会领导审批。

(2) 选择工程承包没有进行资质及信誉的审核。

(3) 邀标、投标与开标存在不公开、不公正的情况。

(4) 没有对工程承包商进行补充和更新。

(5) 承包合同未经过审批、手续不齐全。

**2. 审计程序与步骤(建议但不限于)**

第一步:(1) 向工程部或公司有关会议纪要了解工程立项、论证的经过,论证时是否有财务、技术、规划、造价、审计、设计参加,并且有权限领导的参与。

(2) 抽查本年度50个新建工程项目(根据建设投资实况,抽查1~50个工程项目,如果抽查细项,则应选择更多的样本量,下同),查阅其相关资料,确认该工程是否有相关部门的立项资料,是否经过各有关部门的论证,关注相关部门人员签署的意见。

(3) 向工程部门抽查立项资料,查看是否有论证但没有施工的项目,了解其不实施的原因及结论。最后要审阅决策是否有董事会或权限领导的审批。

第二步:(1) 了解选择承包商的操作流程;抽查集团下属10家公司土建工程和装修工程各5个项目,合计50个工程项目。

(2) 检查合同有关附件,包括招标资料、投标书、比价表及合同等内容,选择和确定承包商是否按程序操作,是否对承包商的资质与信誉进行审核。审查中标单位是否具备相应的资质,有无施工企业因自身资质较低或无资质,采取挂靠或使用其他单位资质投标的情况。

(3) 相关的资料保管是否完全与完整,资质或信誉的审核资料是否记录在案。

第三步:(1) 按照第二步所抽查的合同资料,查看其相应的附件,确定其是否有邀标记录,投标书及资料是否密封,开标是否有相关的人员参与并签字。

(2) 通过对以上资料的分析,核实在工程招投标过程中是否公开、公平与公正。

(3) 注意审查附属工程、零星工程是否经过招投标程序。

第四步:(1) 收集工程部近3年来选定的工程承包商及对其业绩的考核评价情况,根据抽查3年的工程项目合同名录,查找是否有新的承包公司进入。

(2) 检查定点供应商的名单是否及时更新,工程部是否寻找新的承包商,是否有充足的供应商资源,以供领导择优选取。

第五步:(1) 根据选定第二步所抽查的工程合同,审核其合同是否有领导参与并审批,签订时间是否与谈判时间内容一致。

(2) 重点检查代理签订合同的真实性,从公司总裁办查阅相关的委托书,比对代签时间是否与委托书时间相一致。如有不符,请经办人提供解释或说明。

(二) 工程合同的签订与施工管理

**1. 审计重点(风险点)**

(1) 没有对新建工程项目进行标底的编制。

(2) 项目承包合同存在不利于公司的条款。

(3) 合同签订后施工单位不按时进场、管理不规范。

(4) 施工材料不按合同规格与型号约定验收。

(5) 工程变更、现场签证手续不齐全、不完整。

(6) 施工单位领用公司材料不符合规定程序。

(7) 实际完工时间与合同规定完工期限不一致。

(8) 施工工程存在质量问题。

**2. 审计程序与步骤(建议但不限于)**

第一步：(1) 向工程部了解工程项目招投标情况，了解是否自行编制或委托中介编制工程项目标底，编制所采用的方法与考虑的事项。

(2) 是否对工程标底价格采取保密措施，是否存在泄露公司标底价格的情况，并在现行的工作流程中分析其保密的风险程度。

(3) 抽查集团公司 3～10 个工程建设项目的预算编制执行情况，确定是否按相关规定进行编制，是否存在不合规的程序。

第二步：(1) 抽查集团下属 10 家公司土建、安装和装修工程各 5 个项目，合计 50 个工程项目合同。

(2) 审核其合同明细条款，重点检查是否有不利于公司的合同条款，包括合同完工时间、合同订金的约定、违约责任、质押金、工程计算清单等。

(3) 分析其合同条款的严密性、合理性与合法性，是否经过合同审核员或律师的审查。

第三步：(1) 根据抽查第二步中的工程项目合同，从公司项目负责人(施工日志)的资料查询施工单位进场时间。

(2) 检查公司验收资料，查找进驻时间与合同规定时间相比较，确定施工单位是否按合同规定时间及时进场。

(3) 检查承包商施工管理的有关制度是否健全与规范、工程设施是否到位、人员是否及时到位等。

第四步：(1) 根据抽查本年度 50 个工程项目合同，查阅其合同约定的材料型号价格清单。将现场材料验收单(结算单)或出库清单与合同规定规格和型号相核对，确定供应商出库材料、验收入库的材料与合同要求的规格、型号相一致。

(2) 在对设备或材料进行审计时应注意合同价格的合理性，材料与质量是否与合同约定相一致，并将审查合同设备清单及财务结算发票相结合；对工程所需的设备，要看采购合同清单，如果属于业主直接采购的设备,要注意设备采购的运杂费、保管费的支付情况,应审查合同内容是否包括安装费、调试费及附件、配件等,是否存在重复计算、分拆合同等问题。

(3) 如有不符,追查其产生的原因,并确定不符合规定的材料是否已经施工,同时评估可能产生的风险。

第五步:(1) 根据抽查第二步中的工程项目合同,抽查有工程变更的项目合同。

(2) 从相关资料中查出其结算明细表,查阅其工程变更的原因,变更资料理由是否充分、依据是否齐全、是否有相关人员或部门的批示。

(3) 检查变更确认手续和施工现场签证手续是否齐全、完备、合规。检查签证单是否有业主驻工地代表、承包商、监理工程师的签字盖章。检查签证在签字过程中是否有模仿笔迹、变相复印、其他人代笔等多种形式。检查签证有无双方单位盖章、印章是否伪造、复印件与原件是否一致等重要内容。

第六步:(1) 根据抽查第二步中的工程项目合同,抽查施工单位从公司领用材料的明细清单。

(2) 询问仓库工作人员,了解领用材料有关规定与程序,避免承包商领用材料时在领料单上填写的使用单位和使用项目不清晰而误计入本公司的材料费用。

(3) 对现行的操作流程进行比较与分析,评估可能产生的差异与风险。

第七步:(1) 查阅工程部的验收清单,浏览所有工程项目的验收单。

(2) 与相应合同规定的完工时间比较,判断实际完工时间与合同规定的完工时间是否一致,了解并分析不按时完工的原因。

(3) 比对相应的合同条款,确定是否作出处理意见,处理是否按合同的约定进行。

第八步:(1) 根据抽查第二步中的工程项目合同,向工程部人员了解各项目进展情况,检查是否有施工过程中出现质量问题的项目。

(2) 抽查10个代表工程项目进行实地查看,检查该项目完工验收手续是否完备,向工程使用部门了解使用情况、是否存在工程质量问题等。

(3) 从质量验收部门抽查所有的工程验收单,查找有质量问题(权威部门如设计院等)的工程,实地进行查核,必要时请外部专家进行验收,确保工程质量得到有效的保证。

### (三) 工程预结算与付款

**1. 审计重点(风险点)**

(1) 签订工程合同或工程结算超出预算费用。

(2) 工程合同价格增加不符合程序,依据不够充分。

(3) 结算手续不齐全、结算依据不充分。

(4) 增加工程量的签证与施工事实不符。

(5) 工程结算时不按合同或定额标准,定额套高不套低。

(6) 工程结算取费就高不就低。

(7) 工程项目变更计增不计减。

(8) 重复计算工程项目或工程量。

(9) 合同进度款支付不规范、进度款超额支付。

(10) 合同施工保证金(押金)不按时交缴。

(11) 结算时不按合同扣除质保金,支付质保金的手续不完备。

**2. 审计程序与步骤(建议但不限于)**

第一步:(1) 抽查本年度集团下属10家公司土建、安装和装修工程各10个项目,合计100份工程项目合同。

(2) 从公司系统检查工程(合同)结算总额是否超过预算总额,超过金额的审批过程是否完备,根据预算部预算变更及调整表,核实表格是否经过权限领导审批。

(3) 分析合同或结果超预算的原因,并追踪单项工程预算编制是否真实、准确,包括工程量计算是否符合规定的计算规则、是否准确;分项工程预算定额选套是否合规,选用是否恰当。

第二步：(1)根据第一步抽查的100份工程合同，分析找出在合同实施的过程中有价格变更或增加价格的合同，记录相应的名称与编号。

(2)对增加的金额的工程合同进行资料附件的审查，要求提供相关的书面资料及审批手续，确定其依据是否充分、审批手续是否齐全、价格的调动是否在合理的范畴内。

第三步：(1)根据抽查的50份结算合同，记录合同编号与结算金额。

(2)从会计科查找其对应工程合同的结算付款依据，检查其结算手续是否齐全、付款的依据是否充分。

(3)抽查结算单其中一个单项，实地检查核实工程量，检查结算书工程量是否与实际工程量清单一致，两者如有差异，进一步了解分析产生差异的原因。

第四步：(1)根据第一步抽查的100份工程合同，分析查找有签证较多、隐蔽部分和装饰工程各15份。

(2)进驻工地现场，对抽查的工程项目进行实地的审核，必须到现场逐项丈量、计算，逐笔核实。特别是应将装饰工程和附属工程的隐蔽部分作为审核的重点，因为这两部分往往没有图纸或者图纸不规范，而现场勘察又比较困难。

第五步：(1)根据第一步抽查的100份工程合同，分析查找有代表性的工程结算书50份。

(2)抽查工程的结算表中检查结算标准、等级，与签订的合同条款对比，核定其是否按合同注明或约定的级别结算，是否有乱套用结算价格标准的情况。如有则记录并提出审核意见，了解并分析其产生的原因及经过。

(3)套用定额分为直接套用与换算套用。对直接套用的审计，通过对实际套用定额价格与定额规定的价格是否相符加以对比进行审查，着重应对主要材料、主要机械、人工等价格进行审计，审查套用定额有无就高不就低或多套定额的问题。

(4)对换算套用，除完成对直接套用的审查工作，还要审查应该换算的材料是否按规定进行换算及换算方法是否合理、正确。

第六步：(1) 根据第一步抽查的 100 份工程合同，分析查找有代表性的工程结算书 50 份。

(2) 查阅、熟悉相对应的施工合同、协议，了解施工企业的资质等级、工程类别、承包方式、结算方式、工期状况、优惠让利等，施工合同条款是否合法；了解建筑物结构、施工方法、施工条件，机械选用的型号、台数等。

(3) 应仔细研究费用定额及相关取费文件。明确各项费用的计取条件、适用范围、计算基数，并结合实际情况加以审查，对适用不同费用政策的同一工程，应按工程量划分分别计算相应费用，审查有无扩大取费基数的问题。在审计时常发现乱用费用标准的情况。

(4) 结算取费标准，取高不取低。根据承包商的资质及级别，比照其工程结算书中的取费是否准确、是否有擅自提高结算级别的情况、是否有同时计算预算包干费又计取签证费的情况、是否有单方增加结算费用，如运输费、进场费等。

第七步：(1) 根据第一步抽查的 100 份工程合同，分析查找签证较多的、有代表性的工程结算书 10 份，并打印出其相对应的工程签证单。

(2) 比对相应的工程变更单，查找工程变更后，是否在原合同总价上核减该项工程的工程款。

(3) 对于工程变更单只调增不调减的部分，要经施工方确认，并以纸质文件方式建议财务部门从未付的工程款中扣回。

第八步：(1) 根据第一步抽查的 100 份工程合同，分析查找有分项工程较多、工程时间跨度较大、施工管理企业不完善的工程项目的结算书约 30 份。

(2) 整理分析汇总各结算明细表，对每个工程的结算项目进行比较，对工程签证单明细进行比较，确定是否有重复计算工程量或工程项的情况。

(3) 注意工程结算中的两种增加方式：一是混淆数字，就是将计算出的工程量或金额前面的某位数人为改大;二是小数点后移,如12.345变成123.45。

第九步:(1)根据年度工程合同目录表,查找正在施工的合同50份,记录相关的合同编号。

(2)从会计科抽查相对应合同的支付进度款的会计凭证号,追踪其凭证相关的附件依据,审阅其进度款审核确认依据是否齐全、手续是否完备。

(3)从凭证上分析其付款进度是否有超过进度或无进度付款的现象,并了解分析其原因。

第十步:(1)根据年度工程合同目录表,查找需要交押金的工程合同50份,记录相关的合同编号。

(2)从会计科查询相对应承包商的往来账业务,查实是否及时、足额收到承包商的施工保证金,从时间上分析其缴纳是否及时。

第十一步:(1)根据本年度工程合同目录表,查找需要交押金的建设工程合同50份,记录相关的合同编号。

(2)根据抽查的合同付款记录情况,了解其账户变动情况,检查是否缴纳合同规定的质保金,如果没有质保金,则与合同条款比对,确定是否漏扣或多付工程款,了解并分析其原因。

(3)检查以往支付质保金是否按规定的程序办理付款手续。

## 五、工程量计算审核十大要点

工程量计算审核的十大要点如下。

(1)计算口径是否与规定项目一致。

(2)是否按工程量计算规则计算。

(3)是否按图纸计算。

(4)是否列出计算式。

(5)计算汇总是否准确。

(6)计量单位是否一致。

(7) 计算顺序是否正确。

(8) 是否分层分段计算。

(9) 是否统筹计算。

(10) 是否自我检查复核。

## 六、工程决算审核主要依据

工程决算审核的主要依据如下。

(1) 工程竣工报告和工程验收单。

(2) 工程施工合同和有关规定。

(3) 经审批和审核的工程预算。

(4) 经审批的补充修正预算。

(5) 预算外费用现场签证。

(6) 材料设备和其他各项费用的调整依据。

(7) 有关定额费用调整的补充项目。

(8) 所有相关签证资料。

(9) 工程结算书及相关资料。

(10) 建设工程计划书和有关文件。

(11) 建设工程总概算书和单项工程综合概预算书。

(12) 施工图与竣工图。

(13) 国家和地方主管部门颁发的有关建设工程竣工决算的文件。

(14) 项目所有收支财务资料。

(15) 其他与竣工决算相关的资料。

## 第四节 技改维修审计操作方案

### 一、技改维修审计的目的与意义

集团公司下属公司中,每年均有大量的技改、扩建和专项维修等费用的发生，数额巨大，涉及采购、报废、施工、环保多个环节，在集团工程管理项目中占有较大的分量，为公司正常生产与运营提供重要保障。由于技改与专项维修包括土建、安装、绿化、固定资产等方面，与专项基建和固定资产采购有所区别，为方便监察审计各费用的使用正确性与合规性，应根据公司实际情况制定相应的审计指南。

技改维修审计是指审计人员根据法律法规及公司制度，运用一定的程序和方法，对企业技改、维修项目过程进行检查、监督和评价的活动。它包括工厂维修期间所有的土建、技改、专项维修、抢修等项目。

技改维修审计的目的是规范公司技改、专项维修项目实施过程，减少铺张浪费，降低维修成本，节约公司资金，提高运行效率，评估技改专项维修的实施效果，提高公司经营能力。

技改维修审计的路径为：项目审批—供应商选择—项目实施—项目评估。

## 二、技改维修审计存在的主要问题与漏洞

技改维修审计存在的主要问题与漏洞如下。
（1）技改维修项目没有经过董事会审批。
（2）技改维修项目与审批项目不符。
（3）技改维修项目的实际使用超预算。
（4）技改项目完成时间超过合同约定时间。
（5）采购技改设备规格、型号不符。
（6）技改维修项目不能达到提升效益的目的。

## 三、技改维修审计的重点与目标

技改维修审计的重点与目标如下。
（1）技改维修项目可行性与董事会审批记录。
（2）批准的技改维修项目与实际施工的项目比较。
（3）技改维修项目设备的选定和采购过程。

(4) 工程预算与合同签订的内容、金额比较。

(5) 技改维修项目预算的使用情况分析。

(6) 工程验收结算和预付款支付业务。

(7) 技改维修项目效益分析与评估。

### 四、技改维修审计程序与步骤

#### (一) 技改维修项目预算的编制和报批

**1. 审计重点(风险点)**

(1) 技改维修项目没有经过董事会的审批。

(2) 技改维修项目预算的编制缺乏有效依据。

(3) 技改项目预算和专项维修项目预算混淆使用。

(4) 技改维修项目超预算的项目先实施、后报批。

(5) 技改维修项目工程设计变更不规范。

(6) 项目施工现场签证不规范、手续不齐全。

**2. 审计程序与步骤(建议但不限于)**

第一步:(1) 查阅公司本年度董事会关于技改维修项目审批的会议纪要或决策文件。

(2) 抽查整个技改维修项目实施明细表,确定各明细表中的项目是否在董事会审批的范围内,有无超过审批项目的情况发生。如有,则应查明原因并确定事后是否补办手续、手续的合规性及依据是否充分。

第二步:(1) 根据董事会或相关会议批准的年度技改扩建和专项维修项目预算表,对应查阅每个项目的预算明细,以防明细项目重复列示,了解该项目预算金额的来源。

(2) 了解土建工程量的计算和确定过程,预算书标准单价及结算套用标准是否按《建设工程造价管理总站》制定的费用定额或公司规定的结算标准执行。如存在不按标准结算的情况,则应向经办人、审核人了解不按规定或超标套用预结算的原因及经过。

第三步:(1) 首先确定董事会或相关会议批准的技改、扩建和专项维修各项目的预算金额,抽查审计年度相关的项目 100 个。

(2) 追踪相关的项目资料,以会计记载该项目发生的每笔支出逐一查看凭证和领料单,核对填写的预算编号、用途说明(扩建、技改、环保、专项修理)及记入的会计科目(在建工程、固定资产、生产成本——维护维修费)是否一致。判断是否混淆使用预算项目或者挪用其他项目的预算。

第四步:(1) 经过项目分析比较后,抽查所有经董事会或相关会议批准后又追加预算的项目。

(2) 了解项目追加预算的原因和依据,查看追加预算的有关资料,并核对这些追加预算项目的合同签订时间和申请报批时间,判断是否有超支实施在前、申请报批在后、不按程序操作的现象。

第五步:(1) 汇总年度所有的技改维修项目,抽查 100 份年度技改维修项目中有工程设计变更的项目。

(2) 从明细结算单据中核对其结算明细表,并了解工程项目设计变更的原因,查阅项目变更确认手续是否齐全、完备、合规。

第六步:(1) 汇总年度所有的技改维修项目,抽查 100 份年度合同中有现场施工签证的工程项目。

(2) 通过检查现场签证资料,确定是否存在不按公司规定操作签证单的情况。如有,则记录在摘录表,向经办人了解事情的原因及经过,分析其操作的风险性。

(3) 抽查相应的工程量签证单,查核签证单各方的签字盖章是否齐全,工程量是否经过工程部或验收部门的确认,是否为签字原件,各方的签字是否与原印鉴相符。

### (二) 技改维修项目设备的选定和采购

**1. 审计重点(风险点)**

(1) 大宗设备供应商的选择和决策没有主管参与。

(2) 签订合同金额超出董事会批准的预算金额。

(3) 比价表上的名称、项目、价格与合同约定内容不符。

(4) 各种零配件的采购价格超过审定的价格。

（5）材料物资采购没有直接从生产厂家采购。

（6）验收材料不符合合同规定的要求和标准。

（7）项目实际完工期限与合同约定不一致。

**2. 审计程序与步骤（建议但不限于）**

第一步：（1）了解采购设备选择供应商的制度与流程，抽查该年度100份技改、扩建项目订单，合同上的供应商名单。

（2）核对经领导审批、采购部存档的供应商名单，查找主管参与谈判的记录，确定是否为批准的预选供应商名单，检查举行预选供应商会议的日期及参与人员。

（3）如发现有不符的情况，应由采购部（项目组）作出合理的解释，说明事情的原因及经过，并比对流程或权限表，作出合理的评价。

第二步：（1）收集有关董事会或相关会议批准的年度技改维修项目预算金额及对应的每个明细项目的总金额。

（2）对合同或订单金额超出董事会批准预算金额的项目，要求提供相应的依据，包括谈判记录和参与人员名单及证明价格来源的各种书面资料，分析其合理性。

第三步：（1）查阅公司关于采购物资设备的管理制度与流程，明确各操作细则。

（2）抽查审计年度内100份技改维修项目的订单及合同资料，核对每个合同或订单对应的报价比较表，确保报价比较表、汇总表的各项内容项目与合同所列的内容相符。重点查看合同标的物的品牌、数量、规格、型号等内容。

第四步：（1）查阅董事会或采购领导小组审批的供应商采购价格，抽查审计年度各设备、零配件定点供应商100份订购单。

（2）核对经（董事会）采购领导小组确定的定点供应商名称及供应价格，确认采购价格是否按审定的价格发出订单操作，最终采购价格是否超过审定价格。如果超出定点供应商范围和供应价格，查看是否超出确定的时效而未及时重新申请报批。

（3）根据所抽查的资料，对本年度技改维修项目采购的合规性进行分析，评估采购部门执行制度与流程操作的正确性。

第五步：（1）从生产部或采购部查看所有技改维修项目合同内容，查找相关合同或订单上物资设备的采购供应商名称。

（2）抽查采购设备或材料通过中间商采购的合同100份，询问当事人不直接向制造商购货的原因，如有可能，直接向制造商了解购货价格，比较分析已订合同的价格的合理性。

第六步：（1）抽查年度技改维修100个项目，将材料出库清单、验收单（结算单）及合同规定条款相核对，确定供应商出库材料、验收入库的材料是否与合同要求的规格、型号相一致。

（2）每个项目的清单是否有验收人签收，检查其签收笔迹确认其是否为同一人，如有不同人员签字，了解其原因及相关的委托手续。

第七步：（1）抽查技改维修项目合同100份，制成表格形式记录合同约定的完工时间。

（2）从工程部抽取完工验收单或验收报告，核对相应合同签订的完工时间，比较实际完工时间与合同规定的完工时间是否一致。如不一致，应了解分析其原因，并与生产部门确定是否对生产造成了影响。

### （三）技改工程结算验收与预付款的管理

**1. 审计重点（风险点）**

（1）不按图纸或合同规定验收，验收人员未按规定参与。

（2）技改工程结算手续不齐全、结算依据不充分。

（3）结算不按合同，结算时乱套用结算价格标准。

（4）支付进度款不按合同约定，价格变更缺乏充分的依据。

（5）违反合同条款事项不按扣罚条款进行处理。

（6）技改维修项目的效益分析数据不准确。

**2. 审计程序与步骤（建议但不限于）**

第一步：（1）根据采购部所签订的合同目录表，抽查100份技改项目合同。

(2) 查找对应合同的验收资料，确定验收人员是否按图或合同规定在现场清点数量及规格型号，是否与图纸或合同规定的数量、规格型号一致。

(3) 验收单上是否按规定、权限人员进行验收，验收人员是否全部确认签字或签署相应的验收意见。

第二步：(1) 根据采购部所签订的合同目录表，抽查技改项目50份合同。

(2) 从会计部或工程部查找其相对应的结算付款依据，检查其结算资料是否齐全、审批手续是否完备、付款的依据是否充分。

(3) 抽查结算单中50个有可能存在问题的单项工程，实地检查核实工程量，比较其结算书工程量是否与实际工程量清单一致，了解分析出现差异的原因。

第三步：(1) 根据第一步抽查项目的结算表，验证其技改结算标准、等级及其他明细项目是否与签订的合同条款相符。

(2) 核定施工方是否按合同注明或约定的级别结算，是否存在乱套用结算价格标准的情况，了解并分析其原因。重点对河沙、水泥、钢材的单价进行审计。

第四步：(1) 根据第一步抽取的50份合同，查看付款进度时间及明细。

(2) 确定是否有不按合同约定条款支付进度款的事项，付款的理由与依据是否充分，是否有相关权限领导的审批。

(3) 对合同执行过程中价格提高支付差价的部分，是否有充分的依据证实支付差价的理由，付款须附上的资料是否完整、齐全，审批手续是否齐全。

第五步：(1) 根据采购部所签订的合同目录表，抽查技改项目、设备采购合同各50份，合计100份合同或订单。

(2) 根据合同或订单实施情况，核准所有不按约定实施的合同是否按罚则进行扣款，是否经过双方权限人员的确认，查看扣款是否与合同约定的罚则相一致。

（3）如有违反合同事项已作处理意见,则应追踪处理意见的落实情况,罚款则应与财务核实,确定已收款入账。

第六步：（1）从工程质量监察处（生产部）查阅年度技改维修项目50份。

（2）检查各技改维修项目是否全部实施,是否对项目的效果作出效益分析,分析是否详细、客观与合理,评估技改工程是否有效益,是否与可行性分析效果相一致。

（3）了解效益分析数据的来源是否真实,根据工程质量监察处（生产部）提供的书面资料与相关部门（财会部门或质量部门）核对数据的真实性和准确性,判断效益分析数据的正确性和合理性。

## 第五节　物流审计操作方案

### 一、物流审计的目的与意义

物流审计是指根据有关法规及公司制度,按照一定的程序和方法,对物流部门（外包物流公司）从事产品的发运、调拨、仓储、结算等各个控制环节的合法性、合规性、真实性和有效性进行检查、监督和评估的活动。物流审计力求产品发运的及时性和正确性,确保公司财产安全及物流费用核算的准确性;了解目前物流业务的操作流程,对其操作的可行性和合理性进行分析与评价。

物流审计的目的是评估物流业务流程的真实性、有效性;确保业务按经营目标和政策执行;评价产品发运、仓储的规划与运作是否最优,是否选择最低成本的物流线路;减少物流费用支付,防范各种风险,增加公司的经济效益。

物流审计的路径为：制度—规划—执行—监督。

## 二、物流审计存在的主要问题与漏洞

物流审计存在的主要问题与漏洞如下。

(1) 物流部运行与操作无章可循。

(2) 选择承运商存在不公平现象。

(3) 签订的运输合同价格偏高。

(4) 没有对运输成本进行比较分析。

(5) 物流费用结算不准确、不及时。

(6) 产品的接收、发送与存货不准确。

(7) 仓库与配送商设施和条件不完备。

(8) 物流系统落后,不能满足实际需要。

## 三、物流审计的重点与目标

物流审计的重点与目标如下。

(1) 物流部门的管理制度与操作流程。

(2) 运输产品的收、发、存流程及准确性。

(3) 货运供应商的选择与评定。

(4) 不同运输方式的成本分析与比较。

(5) 产品运输发送计划的科学性。

(6) 合同条款及变更的风险点和合理性。

(7) 运费单价的确定与合理性分析。

(8) 费用结算的正确性与及时性。

(9) 物流系统的应用及存在的问题。

(10) 货运调运计划的效益性与可行性。

## 四、物流审计程序与步骤

### (一) 物流管理与员工工作

**1. 审计重点(风险点)**

(1) 物流部门没有制定相关的制度与操作流程。

(2) 员工内部分工达不到互相牵制的作用。

(3) 承运商招投标过程中存在不公平现象。

(4) 产品接收、发出、保存不按业务流程操作。

(5) 产品接收、发出、保存数量不准确。

(6) 物流员工没有进行定期轮岗。

**2. 审计程序与步骤(建议但不限于)**

第一步：(1) 查阅集团体系部门或相应资料保管部门,确定物流部是否有制定相关的管理制度,包括管理制度与工作流程、相关业务的操作细则、员工分工制度、员工岗位职责等。

(2) 向物流部人员了解并查看相关的制度,确定是否与体系部的要求相一致,是否有新的更改,如供应商评选制度、供应商考核制度、评分细则、权限制度等。

(3) 向各业务经办人了解现行操作流程是否按公司的制度执行。

第二步：(1) 查看公司或部门的机构图、职责分工情况。根据公司规划与部门现有人员的结构进行分析,评判人员职责分工是否符合公司发展要求。

(2) 分析部门机构与人员的设置是否科学,是否对业务有牵制、限制作用,而且是否对工作的协调与配合有帮助,是否有不相容职责的工作由同一个人负责,每一项工作是否有监督、检查或复核人员。

第三步：(1) 抽查物流部本年度50份合同,查阅其相关的附件资料是否齐全。

(2) 向物流业务员了解在货运商招标过程中是否公开、公平、公正,是否对供应商的资质进行评定,是否进行全面的邀标,投标资料是否密封,开标是否经过委员会的确认,谈判是否有记录,合同是否审核、审批等。

第四步：(1) 查看、了解物流部业务流程及操作细则,分析其流程是否存在漏洞。

(2) 抽查本年度发运单有关的原始资料(包括发货通知单、收货确认单等)与物流系统上的录入资料(信息)及物流业务流程对应核对,确定是否按流程操作,对不按流程操作的环节,了解是否有授权或者批准文件,并查明其原因。

第五步:(1)收集各公司的生产报表、会计部查阅生产报表累计生产产品的数量及产品销售和库存明细表。

(2)核对物流系统销售及库存数量,考虑在途或未入库等因素后(核对相关资料),计算双方数据是否相符,确保收、发、存数量的真实性和正确性。

第六步:(1)查看公司或部门的机构图、部门职责分工情况,查阅近年来员工负责工作的变化情况,并向员工了解各员工之间是否进行岗位的轮换。

(2)分析员工轮岗的必要性,向管理层人员提出合理化的建议。

(二)价格的确定与运营管理

**1. 审计重点(风险点)**

(1)物流费用价格的确定缺乏有效依据,价格偏高。

(2)部门主管没有参与员工关于价格谈判和决策的过程。

(3)签订的物流费用合同条款不合理。

(4)选择承包商(代理商、装卸队、运输队)的条件及确定过程。

(5)租用仓库设施条件较差,不能满足公司需要。

(6)货物保险商的选择与价格的确定。

(7)没有对各合作承运商的考核与评价。

**2. 审计程序与步骤(建议但不限于)**

第一步:(1)查阅上年度物流各项费用的预算明细,了解各项费用的编制依据,是否参照上年的依据,如不同,则提供采用新价格编制的相关资料。

(2)从物流系统上查看发生的所有物流费用项目,对每一项费用价格的确定过程进行审计,检查关于价格的定价依据、谈判的原始记录、价格的确定报批等书面资料。特别是对在执行过程中某些费用提高的项目,是否有充分、有效的书面证据证明其提价的合理性。

(3)查阅本年度各项物流费用的合同,与往年合同价格进行比较,分析各项费用的合理性。

(4)通过各种渠道查找或查阅,尽可能地与同行业的各项物流费用进行比较,分析不同的成本费用对公司利润的影响程度,提出可以改进物流费用的合理化建议。

第二步:抽查本年度50份合同资料,检查物流员工选择承运商时是否有谈判记录、定价依据、审批手续等,如果没有,检查是否授权给物流人员代理谈判,要求物流部提供书面授权委托书。

第三步:(1)抽查100份物流费用、仓储管理合同,查看各项物流费用的合同条款明细,分析合同约定的条款是否存在对公司不利的方面,力求合同条款公平、客观、合理。

(2)重点关注合同执行方式、费用支付方式、罚则等,分析费用合同的合理性。

第四步:(1)了解选择承包商的具体条件和标准,是否采用公开招标方式择优选择承包商,确定过程的审批程序是否符合权限规定。

(2)抽查物流部关于货运、代理商、装卸队、仓储等有关的合同,查阅其相应的附件,确认其选择是否遵循公司规定。

第五步:(1)抽取仓储租赁合同50份,查看仓库承包商的资质资料,确定是否有设施条件的说明,是否有相关的相片资料,以评估其硬件是否合格。

(2)收集相关公司的投诉资料,确定是否有对仓库的反馈意见或相应的评价等,如有条件,应到实地进行考察,以确保仓库的可用性。

第六步:(1)了解货物保险商的选择经过,确定选择供应商是按公司规定的程序与要求进行筛选。确保开标时有领导或权限人员在场、谈判有记录,且确定是否有返点的情况。

(2)查看近两年的保险合同,比较合同条款及承保价格,确定新合同价格的合理性。

第七步：(1) 向物流部人员了解是否对货运供应商进行年度考核，是否对各考核指标进行分析。

(2) 抽查近两年关于对货运商的考核与评定资料，详细查阅其评定表是否科学，是否有各人员的签批手续。

### (三) 费用分析及结算的准确性

**1. 审计重点(风险点)**

(1) 物流费用的审核、结算及付款流程不合理。

(2) 不同运输方式(铁路、公路、水运、集装箱)的成本分析和比较。

(3) 产品不同运输线路的成本分析和比较。

(4) 产品发运途中或仓储过程损耗、丢失的审核、确认及索赔。

(5) 产品不按批号先后(先进先出)顺序出库。

(6) 部门之间缺乏沟通，工作进展缓慢。

**2. 审计程序与步骤(建议但不限于)**

第一步：(1) 查阅物流部有关费用结算的制度或流程，从流程中分析其审核、结算及付款可能存在的风险，在制度或流程图上有相应的标识。

(2) 抽查铁路、公路、水运、集装箱的结算单 40 份(每种 10 份)，记录每种结算过程中存在的问题，确定结算是否依据齐全、手续完备、审批及时且有权限。

(3) 询问物流结算当事人结算的经过及所需的资料，确定是否存在漏洞，分析可能存在的风险，并摘录相应的资料，提出改进管理的建议。

第二步：(1) 根据货运合同约定的各项物流费用价格，抽查一个公司产品发送到某一个地方采用不同运输方式(铁路、公路、水路、集装箱)所产生的费用，并进行比较、分析，客观、实事求是地反映不同运输方式的物流成本，为领导决策提供有价值的参考依据，为挖掘潜力提出合理的建议。

(2) 根据会计部门提供的成本计算表，汇总近三年来每吨产品产生的物流成本，分析运输费、装卸费、仓租费占总成本的比例。

（3）采集同行业的相关数据，与行业标杆企业作比较，了解存在差距的原因，提出改进和完善公司管理制度的建议。

第三步：(1) 抽查本年度10～12月50份货运发运单，确定仓库到客户的各项物流费用的总和。

（2）向物流人员了解是否对不同地点（仓库）运送到每一客户运输线路的费用进行比较、分析，在发送产品时是否选择成本最低的运输线路，对比、分析不同线路发生的运输费用，验证目前采用的运送线路是否为最佳选择。

第四步：(1) 从物流系统查看显示发运数量与实收数量有差异的提单，从中抽查差异数量较大的30笔、差异数量较小的30笔提单，对应相关的审核、确认及报批、索赔手续是否完善，理由是否充分、适当，是否遵照《管理人员权限规定》审批执行。

（2）根据质量出现的问题，分析产品的移动过程，总结确定是否要采用产品条码来监督产品的移送过程，以加强管理，提高公司效益。

第五步：(1) 向物流部人员了解对外地仓库的产品出库如何进行监控与管理，如何确保产品存储质量、产品配送的及时性及确认反馈的方式。

（2）抽查本年度客户关于产品质量投诉的资料，查阅是否有送货不及时而造成产品质量出现问题的情况，分析是否与产品发出的批号先后顺序有关，即先进先出的原则出库，是否有相关的书面证明资料和记录，并分析当前的监管力度是否达到内控的要求。

第六步：(1) 向物流部人员了解与相关部门如何进行沟通、协调，如物流部与销售部之间、物流部与财务部之间、物流与各工厂之间等。

（2）检查操作过程中变更的文件是否及时送至执行单位及审核部门，避免工厂执行出现差错，销售部重复工作、财务部不能及时付款而使公司支付滞纳金等不利因素。抽查产品每月的数量核对表，确认是否与其他部门开展协调与沟通工作。

### (四) 物流系统的应用与评价

**1. 审计重点(风险点)**

(1) 物流部没有开发或引进物流管理系统,没有进行系统的评估。

(2) 物流系统的开发或引进结果不能满足实际工作需要。

(3) 物流系统运行过程出现异常情况时未及时处理。

(4) 物流系统操作权限的设置和管理不规范。

**2. 审计程序与步骤(建议但不限于)**

第一步:(1) 查阅物流部有关文件资料,向物流部管理人员了解部门是否引进先进的管理系统,在运行前是否进行系统风险的评估,是否进行并行测试。

(2) 根据工作操作流程,抽查20份相关的产品收发资料,从每笔业务的产生、跟进操作到该笔业务完成,对系统的应用测试作出评价。

第二步:(1) 向物流部人员询问了解目前物流系统的应用是否满足正常工作的要求,需要改进和完善哪些环节,记录在工作录制表中。

(2) 根据在物流部收集的系统需求信息,向计算机部主管咨询和了解事情的经过,并要求计算机部作出相应合理的解释,提出相关的改进措施。

第三步:(1) 了解物流人员在操作过程中系统出现异常或出现错误的显示时采取什么方式解决,如何与计算机部进行沟通,是否及时书面向计算机部反映解决。

(2) 查看书面申请报告的时间及计算机部反馈解决的有关资料,判断解决问题的及时性,确保物流系统安全、正确地使用。

第四步:(1) 了解物流系统的权限设置和管理要求,查看审核与更改人是否按权限规定操作,并对相应的权限设置进行抽查与输入测试,对有风险的环节进行评估,并提出改进的建议。

(2) 比对《公司管理人员权限表》,检查系统是否存在超越权限的情况,特别是费用发生录入数据是否有复核人,是否有"超权限"人员更改数据,修改事项是否有审批,是否有日志可查询等。

## 第六节　财务审计操作方案

### 一、财务审计的目的与意义

资金是企业的血液。

资金断链犹如山崩地裂,可使企业瞬间陷入无法运作状态。资金是企业的咽喉,是"兵家"必争之地。企业内部审计应将财务业务列为核心。

财务审计是企业最早开展的内部审计形式之一。

财务审计必将由财务收支审计向财务管理审计过渡。

财务审计是指内部审计部门根据有关法规及公司制度,按照一定的程序和方法,对所属单位的财务核算和财务管理过程进行检查、监督和评价的活动。它以财务信息为切入点,以内控为中心,以管理为目的,评估财务核算的合法、合规性,并向管理层决策提供财务信息,提高财务管理的效率。

财务审计的目的是核实资金收支的准确性、规范性,以及资金使用的合理性、合法性,规范财务管理制度,加强财务收支监督,控制企业的命脉。它能增加财务资产价值,提升财务管理技能,并为舞弊审计提供线索。

财务审计的路径为:内控制度—资金收支—资金使用—预测与筹划—总结分析。

### 二、财务审计存在的主要问题与漏洞

财务审计存在的主要问题与漏洞如下。

(1) 公司财务没有或不完全制定相应的工作制度与流程。

(2) 没有编制年(月)度的资金收支计划。

(3) 现金收入没有入账或不完全入账。

(4) 现金支出的合理性与合法性欠核查。

(5) 融资与负债规模比例不合理。

(6) 存在小金库、回扣、贪污的可能性。

(7) 现金流与贷款负债比例不匹配。

## 三、财务审计的重点与目标

财务审计的重点与目标如下。

(1) 检查公司财务制度与流程。

(2) 资金的使用情况与资金计划。

(3) 奖金预测、筹划与计划。

(4) 现金收入情况检查与分析。

(5) 现金支出情况检查与分析。

(6) 融资金额与负债规模分析。

(7) 货币奖金合理使用及理财业务分析。

(8) 现金收支中各种违规违纪的核查。

## 四、财务审计程序与步骤

### (一) 财务制度流程与执行

**1. 审计重点(风险点)**

(1) 没有建立并健全管理制度与流程。

(2) 没有制定年(月)度资金计划与使用表。

(3) 没有建立或执行货币资金内部控制制度。

(4) 财务现存资金账实不符,有白条抵库情况。

(5) 资金的汇报制度不规范,没有异常性分析。

(6) 票据资料的交接手续不完整、不规范。

**2. 审计程序与步骤(建议但不限于)**

第一步:(1) 收集关于公司财务的管理制度与工作流程资料,确定公司是否建立健全财务相关的内控制度。

（2）银行、现金出纳是否制定工作制度及流程图，包括各种费用支付、单据的内部流转及与下属公司的交接、内部牵制、审核手续等。

（3）资金的融资计划与比例是否合理，投资模式等是否制定相关制度与审批流程。

第二步：（1）查阅公司本年度关于资金使用的计划表，确定是否制定年度资金使用计划（预算），计划是否按实际情况进行更改。

（2）检查资金使用计划编制、调整、流程及相关的表格，对执行情况进行抽查及合理性分析，是否定期修改中短期计划，是否在董事会批准的范围内融资。

（3）分析并评价资金计划的合理性、资金使用过程的合规性。

第三步：（1）检查财务部门是否建立货币资金内部控制制度，或者建立了内控制度但不执行。

（2）具体内容包括：款项的收支是否按规定的程序和权限办理；是否存在与本单位经营无关的款项收支情况；是否存在出租、出借银行账户的情况；出纳与会计的职责是否严格分离；货币资金和有价证券是否妥善保管，是否定期盘点、核对；拨付所属资金、公司拨入资金的核算内容是否与内部往来混淆。

第四步：（1）根据银行日记账、现金日记账余额，突击盘点核对出纳库存现金，确定数额是否相符。

（2）制定盘点计划，突击盘点出纳现金，会同被审计单位主管会计人员盘点库存现金，编制"库存现金盘点表"，分币种面值列示盘点金额；盘点金额与现金日记账户余额进行核对，如有差异，应查明原因并作出记录或适当调整。

（3）若有冲抵库存现金的借条、未提现支票、未作报销处理的原始凭证，须在"盘点表"中注明或作出必要的调整。

（4）总结分析并检查盘点计划制定是否完善、可靠，盘点的基础是否可靠，实施的方法是否对数字的准确性有保证。

第五步：(1)查阅公司有关资金汇报管理制度，确定是否建立定期汇报制度，向领导汇报的数据是否真实与准确。

(2)抽查所属年度3月、6月、9月、12月份各报表相关数据是否相符，对不相符的情况检查数据来源和计算方法。

(3)抽取一定数量的报表，对报表数据作趋势分析和比率分析，查找异常项目，追踪异常项目以发现其产生的原因和性质。

(4)向报表使用领导或部门了解情况，了解他们对报表数据的格式、质量、可用性的意见。

第六步：(1)查阅公司管理制度，确认对财务资料的交接是否制定了相关的制度与流程。

(2)资料及发票收取是否交接清楚，是否只收取正确开具的发票。实地观察录入员收取发票及资料的过程，确定收票员对发票资料全部重要信息都进行了检查。

(3)检查退回供货商发票的交接流程，确定交接过程能够分清责任。浏览发票更换记录，检查是否有人对此进行跟进。

(4)对长期未收到发票的情况，询问有关人员，了解其原因，确定是否有相关人员督促。抽取一定数量的发票组，检查系统录入发票记录、供应商资料和实际发票信息是否相符。

(二)财务(资金)收入检查

**1. 审计重点(风险点)**

(1)资金的收入手续不完备、依据不齐全。

(2)收入没有入账或记录不准确。

(3)收入不入账，存在"小金库"行为。

(4)存在假存或不存多记的行为。

(5)财务人员存在贪污公款的行为。

(6)财务人员存在挪用公款的行为。

**2. 审计程序与步骤(建议但不限于)**

第一步：(1)抽查审计年度6~12月份的资金(现金)收入明细表，

追踪其对应的会计凭证。

（2）根据对应的会计凭证，查找其收支资料，确定收款手续是否完备、依据是否齐全。特别应确定价格变动及规格变化是否按相关规定执行。

第二步：（1）查阅财务收入的相关制度与流程，收集银行与现金日记账、收款收据。

（2）抽查审计期间的收据存根与现金日记账核对，再以记账凭证与现金日记账核对，确保数据相符，并查找不符的原因。

（3）在核对相关的资料时，应注意收据存根是否齐全，有无缺页，号码是否相符；作废的收据是否盖作废章，并粘在存根上；有无收款不给收据的情况；有无账上的收据号码与存根不符的情况。与资金部制作的资金收取信息表相核对，检查其资金信息的准确性、完整性。

（4）抽查大额现金收入情况，并核对相关账户的明细，如有与委托人生产经营业务无关的收支事项，应查明原因，并作好相应的记录。

第三步：（1）抽查本年度固定资产账户、低值易耗品明细账户，查找其报废过程，以及有无残值收入的记录，结合实际情况进行调查。

（2）将销售收入明细账与产成品明细账有关的记录进行核对，查看其是否存在产成品销售记录但销售明细账无记录的情况，或者是否有前者比后者大的情况。如有，则应进一步查明原因，确定是否存在小金库。

（3）检查审计年度单位反映成本、费用支出的明细情况，查阅相关的会计凭证，确定其是否有以领代报、以借代报等情况。

（4）调查财务是否有罚没收入不开收据的情况，如有，则应进一步查询，并对收据存根进一步核对，确定其正确性。

第四步：（1）查找审计年度相应的银行存款日记账、相应的银行对账单。

（2）审阅检查时期收入业务的会计凭证和原始凭证资料，查找存在的疑点，然后再追查证明相关的问题。重点关注每天的现金收支、银行存款情况，核对是否存在不相符的情况，如有，则应追查到底，查明原因及经过。

第五步：（1）清查财务收款收据发票，查阅是否存在涂改、缺页等情况；是否存在账外收入（未记录的收据）的情况，是否设有账外资金；如存在以上情况，则极有可能存在问题。

（2）重点关注相关的疑点和线索，确定是否有知情人员的举报、个人生活与消费与其收入不相适应的情况。在对以前年度相关的审查中，确定有无事件表明存在贪污公款的可能。

（3）确认疑点和线索后，秘密进行外围调查与取证；取得一定的证据后，对当事人经管的业务资料进行突击查阅，对现金或资产进行突击盘点，确定是否存在相关的问题。

（4）在取得关键证据之后，向当事人摊牌，以求进一步调查了解有关的细节问题，确定事情的严重程度，做好证据保护工作。通过多种方式争取内部解决问题，让当事人退回有关财物。

第六步：（1）突击盘点财务人员的现金、银行存款，确定其货币资金总额是否相符。

（2）如盘点发现白条抵库的情况，则应调查其挪用公款的问题；如出现较大的亏损，则应通过复查、核对有关的会计资料和情况来查证其是否挪用公款。

（3）查阅"其他应收款""应收账款"明细账，核查是否存在个人长期拖欠账款的情况。抽查相应的会计凭证，进一步确定是否存在挪用、贪污公款的行为。

（三）财务（资金）支出检查

**1. 审计重点（风险点）**

（1）资金的支付依据不齐全、手续不完备。

（2）付款计划及支付不及时、不恰当。

（3）年度资金使用计划与执行不完善。

（4）财务付款不准确、不真实。

（5）预付款支付不准确、不合规。

**2. 审计程序与步骤(建议但不限于)**

第一步:(1)抽查审计年度6~12月现金日记账,追踪相应的会计凭证资料。

(2)从查找的会计凭证中核实支出是否齐全与完整,是否全部记录等;付款计划是否及时与恰当;付款是否准确、真实;付款是否经有权限的人员审批;是否完整记录在账本上等。

(3)抽查大额现金支出明细、银行存款(含外埠存款、银行汇票存款、银行本票存款)支出的原始凭证内容是否完整、有无授权批准,并核对对应账户的情况。

(4)如有与委托人生产经营业务无关的收支事项,应查明原因,并作好相应的记录。

第二步:(1)根据本年度资金使用计划,检查对应的支付凭证编号。

(2)根据以上第一步抽查的资料,核查是否有支付不及时的情况,是否存在不合理支付的情况。如因供货商原因拒付的,是否存在良好的沟通渠道,以便尽快通知供货商解决。

第三步:(1)将收集到的年度资金使用情况表与实际执行情况进行比较。

(2)检查年度奖金支出计划中是否包含了被批准执行的资本性支出计划、预计的股利支付计划,分析检查计划的制定是否挤占了日常经营所需要的资金,检查在上述计划下的外部融资计划是否在允许的范畴内。

(3)检查制定的计划是否及时得到修正,包括中短期计划是否被修正。

(4)资金的使用是否按计划执行,尤其是资本性支出是否在已批准的额度范畴和计划支付时间内实施,检查是否因资金短缺而拖欠供应商的款项等。

第四步:(1)根据第一步抽查的资料,检查资料中相应开具的费用发票总额是否与付款总额相符,存根总额是否等于当月价外费用总额。

(2) 检查审计年度 1~6 月份支票存根总额,累加计算其金额,再查银行日记账相关的支付总额,比对两者数量是否相符。

(3) 随机在系统上查询 200 份供货商的银行汇款单,检查被付款的供货商名称、付款账号以及付款金额是否同系统相符。

第五步:(1) 查阅公司财务关于预付款的支付制度与流程,明确各预付款相应的审批权限。

(2) 检查审计年度 6~12 月份预付款请款单的申请和付款,确定其是否经过适当的审批,并抽取一定数量有冲销预付款的记录,检查发票等资料和系统中被冲销预付款的供应商资料是否相符,且冲销金额是否符合公司政策。

(四) 财务(资金)使用检查

**1. 审计重点(风险点)**

(1) 融资合同未经律师及有权限人员的审批。

(2) 银行承兑汇票的贴现及利息审核程序不规范,包括承兑汇票的审批及利息的审核与核对。

(3) 融资与负债规模超过控制的范畴或董事会批准的范围。

(4) 融资合同的条款分析及程序不符合规定。

(5) 企业奖金的合理使用及理财分析不合理。

(6) 企业担保业务不规范、不严谨,存在风险。

**2. 审计程序与步骤(建议但不限于)**

第一步:(1) 查阅公司财务关于融资的相关规定与决议,明确相应的审核与审批权限。

(2) 抽查审计年度所有关于融资的合同、相关的审核与审批资料,确定其是否经过律师的审核,是否经过相关权限领导的审批。

第二步:(1) 查阅公司财务关于银行承兑汇票的贴现及利息审核程序,明确相应的审核与审批权限、流程。

(2) 抽查审计年度所有银行承兑汇票的贴现和利息审核情况,确定其是否符合公司规定的操作流程,是否经过相应的审批程序,利息计算是否准确。

第三步：(1) 查阅公司对财务资产负债的控制规定,收集审计年度的资产负债表和现金流量表。

(2) 根据所取得的资产负债表及现金流量表,计算其资产负债率,检查其负债和融资规模是否在允许的范畴内,是否对融资风险进行有效的控制和调整,是否超过董事会审批的范畴。

第四步：(1) 抽查审计年度 50 份融资合同,并查找收集相对应的审批依据。

(2) 确定融资的操作是否按照公司规定,检查融资合同的条款是否合法、合理；抵押质押物是否合理,是否经过审批；是否存在未经授权的担保行为。

第五步：(1) 抽查审计年度每个月资金余额表、付款总额表。

(2) 确定每月留存银行金额,检查是否有理财业务。查阅公司对滞留资金是否合理调配使用,是否作融资分析,是否进行期间投资业务增加滞留资金的收益；如有,则应分析投资收益的合理性。

第六步：(1) 抽查审计年度所有的担保合同,统一分类汇总,确定担保的种类及合同条款差异,并比对公司的担保制度。

(2) 通过对担保合同条款进行分析,评价公司担保业务是否符合公司制度、原则、标准和条件；是否对相应的风险进行评估；是否经过权限领导审批,手续是否齐全与完整。

(3) 查看担保合同及业务管理是否到位,担保资产是否记录在案,是否有专人管理,责任是否分清,有无擅自对个人担保的情况。

## 第七节　会计审计操作方案

一、会计审计的目的与意义

会计记录经营业绩,内审揭露经营过程。

大集团公司或跨国企业（集中核算）均有丰富的财会工作经验，对应的会计制度执行、内部控制管理、单证审核和账务处理较为规范。通常情况下，会计业务只是常规审计项目。因此，在对会计部门的审计时，应结合本公司的实际情况，对财会人员、内控制度进行综合风险分析，确定最大风险，针对不同的控制点进行不同的审计，审计目标可以有所侧重。

会计审计是指审计人员根据国家法律法规及公司规章制度，运用一定的程序和方法，对会计核算整个业务流程进行检查、监督和评价的活动。

会计审计的目的是完善会计工作内容，梳理会计操作流程，评估会计业务运行风险，确保会计业务按照国家法律、规章制度执行，防范企业会计业务出现差错。

会计审计的路径为：会计政策—会计规范—内部控制—税金及其他。

## 二、会计审计存在的主要问题与漏洞

会计审计存在的主要问题与漏洞如下。

（1）没有制定相应的会计政策及流程。

（2）会计与出纳工作职责不分离。

（3）经济业务不真实、不合法、不完整。

（4）会计凭证编制与审核不准确。

（5）会计账账、账表、账实不符。

（6）涉税管理不按照相关法规制度。

（7）会计档案的归类与存档不规范。

## 三、会计审计的重点与目标

会计审计的重点与目标如下。

（1）会计政策与工作流程。

(2) 会计业务分工与职责分析。

(3) 原始资料的审核与编制。

(4) 会计凭证的编制与审核。

(5) 会计账本与会计报表。

(6) 涉税业务与档案管理。

## 四、会计审计程序与步骤

### (一) 会计政策与账务规范

**1. 审计重点(风险点)**

(1) 公司没有制定会计政策、制度与流程。

(2) 会计部对新法规、新规定的传达不及时。

(3) 会计业务出现问题处理不及时、不准确。

(4) 会计科目使用不准确、依据不齐全。

(5) 会计账本设置不合理,没有打印或记录完整。

(6) 会计报表填写不准确、不规范。

**2. 审计程序与步骤(建议但不限于)**

第一步:(1) 查阅公司关于会计部门的政策、制度及流程,确定是否对会计相关的管理事项制定相应的管理制度、操作细则与工作流程。

(2) 内审人员到会计部门进行实地查看,比对相应的操作细则及操作流程,确定会计人员按制度及细则操作,无违规违纪行为,达到会计内控要求。

第二步:(1) 抽查新会计法规发布及实施情况,收集公司关于财务会计工作新的规定与决议。

(2) 抽查公司所属的公司及核算单位,查找相对应的业务凭证、公司决议执行期间会计资料,比较相应业务的实施情况,确保公司对新法规、新决议时间传达及时、执行到位。

第三步:(1) 收集会计部对下属公司关于会计问题请示汇报的文件,分类并归集资料。

(2)查阅请示报告内容及审批处理时间,确定总部会计对下属公司会计业务的处理及时性,处理结果是否准确,分析总部会计部解决问题的能力。

(3)通过对会计人员的访谈,了解其会计业务处理过程中是否存在问题拖拉、不及时处理问题的情况。如有,则记录并要求人员确定事实。

第四步:(1)从科目汇总表上查看相应的会计科目,确定是否使用新的会计科目,会计科目是否满足公司的实际需要。

(2)浏览审计年度1~6月份的会计凭证,翻阅有关会计凭证的附件,确定其附件是否充分、依据是否齐全、数量是否准确、名称是否一致、审批手续是否完备。

第五步:(1)查看公司所有的会计账本及资料,确定会计账本的设置是否合理、是否方便使用与查找、是否符合公司的实际需要。

(2)如果使用计算机软件,则应分析该软件的可行性,是否存在工作上的漏洞、是否有相应的风险与控制措施、是否能满足公司需要。

(3)会计是否对系统数据及资料进行双重备份,是否对账本进行打印、加盖公司公章,经办人签字是否齐全等。

第六步:(1)抽查公司审计年度6~12月份的会计报表及附表。

(2)确定会计报表编制齐全,报表内容填写完整、项目齐全,内容包括各种补充资料、管理层需要的特殊报表等。

(3)查看报表填写情况,计算各对应数字、报表之间是否一致,确认报表数字是否真实、填列是否准确、相关说明是否清楚。

(4)确定报表是否存在故意隐瞒或更改会计信息、歪曲企业财务情况和经营成果、欺骗总部或所有者的情况。

(二)会计部门内部控制

**1. 审计重点(风险点)**

(1)会计岗位分工不合理,没有轮岗制度。

(2)会计工作业务操作流程不合理。

(3) 会计原始资料的审核不严格。

(4) 会计凭证资料审核不细致。

(5) 会计部门的预算核查与防控不严密。

(6) 会计档案的归类与保管不规范。

**2. 审计程序与步骤(建议但不限于)**

第一步：(1) 收集公司关于会计工作分工的资料，了解会计部门各员工的工作内容。

(2) 根据公司的内控要求，确定其分工是否合理，会计是否与财务分开，不相容职务是否明确职责，员工是否制定有相应的轮岗制度，实施工作中是否按期限对员工进行轮岗作业。

第二步：(1) 收集公司会计部关于工作业务运行的流程图，包括税务岗位、库存管理岗位、销售分析岗位、成本核算岗位、固定资产岗位、系统总账维护岗位、应收应付岗位的工作流程。

(2) 根据现有的工作流程，分析会计工作流程的合理性，确定流程是否能高效运作，是否使相关部门能协调运行，是否提高内部的工作效率。

第三步：(1) 抽查审计年度1~6月份的会计原始凭证资料，快速浏览其内容。

(2) 确定原始凭证的抬头与被审单位是否相符；发票日期、内容有无涂改现象；凭证上有无经办人和审批人签字盖章；相关数字大小写金额是否相符；会计凭证上是否有"办公用品""会议费用""修理费用""其他支出"等笼统模糊的内容。

(3) 原始凭证上填写的经济内容是否与签发单位的经营范围相符；原始凭证是否正规、是否有使用废弃发票(假发票)或白条作为会计记账依据的问题。

(4) 审阅记账凭证的附件内容和审批手续是否完备；会计科目及对应关系的运用是否正确；会计账务处理方法是否符合现行的会计制度和相关的规定。

第四步：(1) 抽查审计年度1～6月份的会计凭证及相关资料,快速浏览其内容。

(2) 确定抽查的凭证中摊销、计提费用凭证附件是否齐全,记账凭证与附件内容是否一致,是否存在错误附件。

(3) 确定记账凭证所确定的应借、应贷会计科目的名称,记账方向、金额是否正确,账户的对应关系是否清晰。核实是否存在凭空编制记账凭证、故意混淆科目、记账金额与附件金额不符等行为。

(4) 确定会计记账凭证中的有关项目是否填列齐全,手续是否完备,签章是否齐全。

第五步：(1) 从公司预算系统上查询会计部门相关预算项目的实施使用情况。

(2) 确定会计部门是否存在超预算、挪用预算、乱用预算的情况。如有,则应提出合理化的建议,加强公司关于会计部的预算控制。预算外支出只有本单位领导审批,需完善内控报批手续。

第六步：(1) 查阅公司关于会计凭证及会计资料的保管制度,是否与会计法规定的相一致。

(2) 抽查公司上年度的会计保管资料,现场核实其是否按类别分类,是否按资料归档的顺序进行整理,确保会计资料按制度进行归类存档。

(三) 会计核算与涉税

**1. 审计重点(风险点)**

(1) 会计票据的审核与传送不及时。

(2) 会计往来账的核对及管理措施制度不合理。

(3) 税务会计没有制定工作规程及纳税策略。

(4) 税款的申报、缴纳与会计记录不一致。

(5) 存在电算化核算风险。

**2. 审计程序与步骤(建议但不限于)**

第一步：(1) 根据公司会计票据传递流程,明确有关票据传递的过程,分析流程中存在的问题及设置的合理性。

(2) 实地查看票据传递过程,包括发票、原始凭证、合同、各种外来文档的传递过程,确定其票据传递是否及时、重要的票据是否有签收手续、是否能及时交接完毕。

第二步:(1) 查看会计部关于应收账款、其他应收款的管理制度、工作流程图,了解往来账的核对经过,最后分析汇总报告流程。

(2) 抽查审计年度6~12月份的往来账情况,具体包括所有往来账的对账及差异处理、账龄分析、应收款的催收机制等。确定会计人员是否按规定的制度与流程操作,向上汇报是否及时、资料是否完整。

第三步:(1) 查阅税务会计相关的操作规程及纳税策略、纳税过程及汇报决策机制。

(2) 如没有相应的制度与策略,则应向会计管理领导提出相应的建议,包括纳税操作细则及纳税策略,不违反法规前提下的避税方法,增加税收效益的整体方案,包括增值税、所得税(企业所得税与个人所得税)、城市维护建设税、教育附加费等税种。

第四步:(1) 查找并收集审计年度所有的纳税申报表,分别累计其应纳税款、已缴税金的合计数。

(2) 根据"应交税费——应交增值税"账户,核查其应纳税款、已缴税金的合计数。确定两者数据是否相符,如有不符,则应查明差异原因。

第五步:(1) 检查分析会计部是否制定有会计电算化舞弊防控措施。

(2) 注意会计电算化舞弊的四种方法:第一,是否存在篡改输入的情况,如虚构业务数据、修改业务数据和删除业务数据;第二,是否存在篡改文件的情况;第三,是否存在篡改程序的情况,如将小量资金逐笔积累起来;第四,是否存在篡改输出的情况,通过非法修改、销毁输出报表、将输出报表送给公司竞争对手、利用终端窃取输出的机密信息等手段来达到目的。

(3) 由于电算化舞弊属于专业性较强的作业方式,内审人员在工作中应给予关注,可以将电算化舞弊委托给外审公司,还可以参考信息系统审计操作方案。

## 第八节 会计基础工作审计操作方案

### 一、会计基础工作审计的目的与意义

会计基础工作是对会计核算和会计管理服务的基础性工作的总称。其主要包括会计凭证的格式设计、取得、填制、审核、传递、保管等;会计账簿的设置、格式、登记、核对、结账等;财务会计报告的设置、格式、编制、审核与报送期限等;会计档案的归档要求、保管期限、移交手续、资料保管等;会计电算化的硬件和软件要求;会计监督的程序和要求;会计人员配置和管理、岗位职责建立和分工等。

会计基础工作审计是指审计人员根据国家法律法规,运用一定的程序和方法,对公司会计基础工作流程进行检查、监督和评估的活动。

会计基础工作审计的目的是要求会计基础工作严格按《会计法》及财政部制定的《会计基础工作规范》操作,规范会计基础工作,整改薄弱环节,不断加强和改进会计业务,提高会计工作水平;通过提供高效准确的会计信息,为管理层决策提供依据,改善企业经营状况。

会计基础工作审计的路径为:会计法规—原始凭证—会计凭证—科目与分录—档案管理。

### 二、会计基础工作审计存在的主要问题与漏洞

会计基础工作审计存在的主要问题与漏洞如下。

(1) 会计业务不按会计法规及相关制度。

(2) 会计工作存在不相容职务兼有的情况。

(3) 业务工作不协调,沟通不畅顺。

(4) 原始凭证审核不严格、不细致。

(5) 会计科目及分录不准确,记账不规范。

(6) 各报表不准确,汇报不及时。

(7) 会计业务交接不规范,手续不齐全。

(8) 档案管理不按规定,资料不齐全。

### 三、会计基础工作审计的重点与目标

会计基础工作审计的重点与目标如下。

(1) 会计法规的遵循及执行。

(2) 原始凭证的真实性与审核。

(3) 会计凭证的依据及准确性。

(4) 会计账簿的记录与规范性。

(5) 各种报表的对应及核对。

(6) 部门工作的沟通与协调。

(7) 会计档案的归集与保管。

### 四、会计基础工作审计程序与步骤

#### (一) 会计法规遵守与工作协调

**1. 审计重点(风险点)**

(1) 会计业务不遵循会计法规及集团相关决议。

(2) 会计部门与其他部门工作不协调。

(3) 会计人员工作变更没有办理交接手续。

(4) 工作安排存在职务不相容的情况。

**2. 审计程序与步骤(建议但不限于)**

第一步:(1) 收集相关的法规及集团公司对会计业务的有关决议与决定。

(2) 向部门经理或主管了解会计业务执行情况,确定其是否遵守国家的有关规定,是否不折不扣地执行了集团总部的有关决策,是否

存在漏洞。

（3）向会计人员询问有关业务的执行情况，具体要求是否与会计法规相一致，业务内容是否遵从集团的决策等。

第二步：（1）检查部门提供的相关流程图及相关联的工作业务。

（2）抽查生产部门、销售部门、税务部门有关业务或向经办人了解会计部门的工作过程是否存在消息闭塞、交流不畅通、沟通不顺等现象。如有则应收集相应的资料，了解事情的前因后果，分析存在的问题，总结经验，评估其工作是否存在不协调的情况。

第三步：（1）从人事部门抽查审计年度会计部门人员的离职、工作变化情况。

（2）从会计部门抽查人员离职及变化的名单，并与交接单核对，确定所有人员均办理交接手续，并存在领导确定签字转交接的依据。

（3）检查交接程序是否符合《会计基础工作规范》的规定，实行会计电算化的，交接双方应在电子计算机上对有关数据进行实际操作，确认有关数字正确无误后，方可交接。检查交接双方和监交人员是否在移交清册上签名盖章，并注明单位名称、交接日期及移交清册页数等。如是主管人员移交，应检查是否详细介绍了财务工作内容，重要事项是否出具书面材料，交接清册是否归档保管。

第四步：（1）向部门经理或人事部门了解会计人员的分工情况。

（2）从工作分工表上分析，是否存在会计部门的出纳员兼任记账员、实物保管员兼任记账员、登记明细账兼总账、登记日记账兼登记总账等情况。如有，则应提出内部控制相关建议，确保会计业务的内部控制达到管理的要求。

### （二）原始凭证审核与归集

**1. 审计重点（风险点）**

（1）原始凭证不真实、不准确。

（2）原始凭证内容填写不完整。

（3）销货退回及退还货款时，没有退货验收证明及对方单位的收款证明。

（4）外来原始凭证与业务的性质、内容与日期不一致。

**2. 审计程序与步骤（建议但不限于）**

第一步：（1）抽查审计年度每月 50 份、合计 600 份原始凭证。

（2）审核原始凭证的内容是否真实、日期是否对应、数据是否真实等，经济业务是否符合国家有关政策、法规、制度的规定，是否有违法乱纪等行为。

（3）查看凭证数字是否清晰、文字是否工整、书写是否规范、凭证联次是否正确等。

第二步：（1）根据以上抽查审计年度的 600 份原始凭证，查看其完整性，包括有无漏记项目、日期是否完整、有关签章是否齐全等。

（2）检查外来原始凭证和自制原始凭证是否填写相应的内容，包括经办人员的签名或盖章、接收凭证单位的名称、经济业务内容、经济业务的数量、单价和金额等。表明经济业务的性质，明确有关单位和人员的经济责任。

第三步：（1）抽查审计年度所有的销售退回业务。

（2）从"产成品"明细账查阅审计年度销售退回的业务，对应检查是否有退货发票、退货验收证明等。办理退款时，检查是否开出红字发票和附有对方单位的收款收据，或者经对方单位盖章收讫。

（3）如果没有相应的资料依据，则应重点跟踪，了解事情的经过，并确定事情的性质与重要性，提出处理意见并总结经验。

第四步：（1）根据以上抽查每月 50 份、合计 600 份原始凭证。

（2）核对购销合同、发货清单、开具的发票所列明的商品名称、供应商单位名称、商品数量、价格、金额等。检查原始凭证是否存在涂改、挖补现象。

**(三) 会计凭证编制与规范**

**1. 审计重点（风险点）**

（1）会计凭证科目不准确。

(2) 会计凭证凭据不齐全、不完整。

(3) 会计凭证填写不规范。

(4) 凭证不按规定装订及管理。

(5) 存在异常会计业务。

**2. 审计程序与步骤(建议但不限于)**

第一步:(1) 抽查审计年度1月、6月及12月份的会计凭证,重点关注会计科目的使用。

(2) 根据记账凭证的摘要内容与所附的原始凭证内容是否一致,了解该项经济业务的性质、特征,判断会计分录是否正确,科目是否按有关法规及基础工作规划。

第二步:(1) 抽查以上月份的会计凭证资料及附件。

(2) 检查会计凭证的原始附件是否齐全、完整,是否只有会计人员汇总自制的凭证而没有原始凭证。如果原始凭证另外装订保管,检查是否在记账凭证上注明"附件另订"和原始凭证名称及编号。

第三步:(1) 抽查以上月份的会计凭证资料及附件。

(2) 检查会计凭证是否加盖制单人员、审核人员、记账人员及会计主管人员的印章或者签字,以明确责任。检查编号是否按规定,内容摘要是否简洁清楚,时间日期及金额更改是否规范。

第四步:(1) 查看审计年度的所有会计凭证,确定其管理凭证的现状。

(2) 分别向会计人员了解会计凭证的传递是否及时。检查记账凭证是否按照编号顺序折叠整齐,按期装订成册;封面是否注明单位名称、年度、月份和起讫日期、凭证种类、起讫号码,装订人在装订处没有签名或签章;对单独装订的原始凭证,是否在封面上注明记账凭证日期、编号、种类。

(3) 根据会计业务现状,比对财政部下发的《会计基础工作规范》相关的内容,分析确定其规范程度,并提出相应的建议。

第五步:(1) 查看审计年度的所有会计凭证,快速浏览其会计科目与业务内容。

(2) 如会计工作中发现与会计原则、税法及其他国家法规不符,或不及时通报上级主管部门的业务凭证,通过查询相关资料及询问相关情况来判断是否存在违规现象。如有,则应通报领导,或采取有效行动去改正、补救,避免以后发生类似事件,并作出相应的管理报告。

(四) 会计报表的编制与核对

**1. 审计重点(风险点)**

(1) 账证、账账与账实不相符。

(2) 会计报表不准确。

(3) 会计相关报表与资料汇报不及时。

(4) 未按规定留存会计报表。

**2. 审计程序与步骤(建议但不限于)**

第一步:(1) 向会计部门了解关于对账的工作流程及相关的规定。

(2) 抽查审计工作年度1~6月份的会计报告及账本,确定会计人员对相关业务进行核对的过程,如是否将会计账簿记录的有关数字与库存实物、货币资金、有价证券往来单位或个人进行核对。

(3) 核对各明细报表,总账与明细账等数量金额相符。

第二步:(1) 抽查审计年度所有会计报告,包括年报、税报、公司上层或总部要求提供的各种统计报表等。

(2) 检查会计报告是否准确,各报表之间是否相符;关注利润与各报表数据是否对应。如有不符应追查原因,确保会计相关报表的准确性与连续性。

第三步:(1) 收集集团公司关于对会计报表资料上报的时间要求。

(2) 抽查审计年度所有的上报报表的时间,确定其上报资料报表的及时性与准确性。如有不及时和拖拉的情况,则通过会计人员了解事情的经过,分析汇报流程及时间是否与国家有关规定相冲突,并提出合理的管理建议。

第四步：(1) 收集会计资料保存的相关法规依据及公司的相关规定。

(2) 检查会计资料及报表是否按规定执行，打印的会计账簿是否连续编号，是否按规定装订成册并由有关人员签字或盖章。检查是否遵从《会计基础工作规范》中"实行电算化的单位，总账和明细账应当定期打印""发生收款和付款业务的，在输入收款凭证和付款凭证的当天必须打印出现金日记账和银行存款日记账，并与库存现金核对无误"等规定。

(五) 会计档案的归集与管理

**1. 审计重点(风险点)**

(1) 会计档案的移交没有办理手续。

(2) 会计档案的借阅未经主管领导的批准。

(3) 会计档案的销毁违反相关规定。

(4) 收据、发票的领用与保管不规范。

**2. 审计程序与步骤(建议但不限于)**

第一步：(1) 查阅关于会计档案保管的相关规定及公司制度。

(2) 抽查审计年度会计档案移交给档案保管部门是否办理相关的移交手续，移交清单是否分类填列(会计凭证或会计报表)，字迹是否工整，内容是否齐全，交接人员是否在交接清单上签字。

(3) 若有不合规情况，则应向会计经办人了解原因，并督促他们补办相应的手续。

第二步：(1) 查阅集团公司对会计资料及档案借阅的规定，如没有则建议遵循《会计法》相关规定。

(2) 单位内部人员及外单位有关部门人员借阅会计档案是否填写档案借阅登记表，是否按规定、按权限分别报有关领导批准后方办理借阅手续。

第三步：(1) 查阅《会计档案管理办法》，结合集团公司关于会计档案管理的规定。

（2）查找相应的销毁记录（如有），根据《会计档案管理办法》"企业和其他组织会计档案保管期限表"中注明的各类档案期限，抽查固定资产总账及明细账是否按规定期限保管。如已销毁，则查明销毁的原因及是否有经领导批准的证明。

第四步：（1）查阅集团公司关于收据、发票管理的相关规定。

（2）抽查审计年度6～12月份的收据、发票领用、保管、销毁记录，确认其编号是否连号，开具错误的有无加盖"作废"章，并全部联次存档，不得擅自销毁。

（3）检查销售发票和收购发票存放地点的安全性，领用票据的记录和手续是否齐全，是否建立票据管理制度，是否做到专人专柜保管。

（4）抽查有无未达到规定期限提前销毁的现象，保存期满需要销毁的，是否按规定登记造册报原发放的税务部门核准后销毁。一般情况下不建议销毁。

## 第九节  预算审计操作方案

### 一、预算审计的目的与意义

"凡事预则立，不预则废"，在现代企业管理实践中也莫不如此。

预算在新经济时代瞬息万变的现代企业中发挥着重要的作用，成为中外大中型企业管理中使用最广泛的一种控制方法。但由于某些企业的管理者未能充分认识到预算的意义，不懂得如何科学地编制预算，或者空有预算而不善加利用，造成企业资源浪费。

所谓预算，就是企业在未来一定时期内的经营、资本、财务等各方面的收入、支出、现金流的总体计划。其一般经过权限组织或领导审批，以货币计量的形式表现出来。

预算审计是指审计人员根据有关法规及公司制度，按照一定的程序和方法,对预算的编制、审核与执行全过程进行检查与评估的过程。

预算审计能帮助管理部门规范企业预算编制过程,促进和规范企业全面预算管理工作;严格审核预算的增减,控制预算的执行,充分考虑各种可能的情形,更好地帮助高层管理者进行管理协调、贯彻计划,实现企业的经营目标。而预算控制是企业重要的内部控制方法之一。

预算审计的路径为:预算编制—预算审核—预算执行—预算总结。

## 二、预算审计存在的主要问题与漏洞

预算审计存在的主要问题与漏洞如下。

(1) 公司没有制定全面预算管理系统。

(2) 编制预算没有明确的编写依据。

(3) 预算执行中变更较多、执行不严格。

(4) 预算分析不够深入,无法发现预算存在的问题。

(5) 预算调节与增减超越管理权限。

(6) 没有对预算进行总结与分析。

## 三、预算审计的重点与目标

预算审计的重点与目标如下。

(1) 公司预算政策的确立与预算编制。

(2) 编制预算的依据与标准。

(3) 预算的严格执行与变更。

(4) 预算的准确性与真实性。

(5) 预算的年度总结与分析。

## 四、预算审计程序与步骤

### (一) 预算政策与编制依据

**1. 审计重点(风险点)**

(1) 公司没有建立预算的相关政策与制度。

(2) 预算编制没有操作细则,缺乏依据。

(3) 编制预算审核不严谨、审批不严格。

(4) 加急预算编制与审批不按公司相关规定。

(5) 编制预算不够细化,不合规。

**2. 审计程序与步骤(建议但不限于)**

第一步:(1) 从体系部门或预算部门抽查有关预算的政策文件,确定公司是否建立全面的预算政策。

(2) 检查是否制定相应的管理制度,是否设立相应的操作流程,整个预算系统是否全面、严谨,是否经过权限领导或董事会的审批。

第二步:(1) 从抽查的文件与政策文本中,查阅是否建立预算编制的操作流程及作业细则,是否有相关的依据作为参照标准。

(2) 抽查本年度两个下属公司收入、采购、支出的预算明细,检查其预算的编写过程是否按公司的规定进行操作,是否遵照作业细则;向经办人询问其操作经过,了解存在的问题,收集相关的意见和建议。

(3) 抽查费用标准是否准确,定额是否合理,是否与上年的执行情况进行比较;重大项目支出是否经过科学论证,是否有可行性预测等。成本预算有没有按照成本动因进行分解,是否单纯依靠历史数据和主观判断;是否缺乏相应的预算考核制度,造成企业预算的编制与执行相脱离。

第三步:(1) 根据体系部或预算部抽查的政策文件,了解其审批过程及权限。

(2) 抽查本年度整个公司的销售收入预算、投资预算、支出预算、采购预算,了解其编制的明细依据,了解其审核过程是否经过论证,是否参照了相关的政策与预测资料,是否有审核人的意见。

第四步:(1) 根据体系部或预算部抽查的政策文件,了解预算加急审批过程及权限。

(2) 抽查本年度100份加急预算的申报情况,查阅其相关的操作过程及编制明细,确认其是否遵守了公司的相关规定,是否数据准确无误、理由合适充分、审批齐全、权限明确。

第五步：(1)根据体系部或预算部抽查的政策文件，了解预算操作细则及合规性。

(2)主要审计预算编制是否符合董事会的要求；是否坚持了量入为出、收支平衡的原则；预算编制有无细化到明细科目、细化到具体部门。

**(二)预算执行与变更权限**

**1. 审计重点(风险点)**

(1)实际支付的金额超过预算金额。

(2)预算的调整与变更不规范。

(3)调整和变更预算不按权限。

(4)预算系统不能达到控制的目的。

**2. 审计程序与步骤(建议但不限于)**

第一步：(1)向预算部门主管了解，在预算实施过程中是否存在超预算的现象。

(2)从预算系统抽查下属5个公司的预算使用明细，重点抽查土建项目、采购项目、固定资产项目、辅助材料项目的预算使用情况，查找实际结算金额与预算的差异。

(3)对预算与实际差异较大的事项进行记录并归类，向有关经办人和审批人了解事情的原因与经过，分析其合理性。

第二步：(1)查阅公司关于预算调整和变更的文件依据，并复印收存。

(2)根据预算系统抽查下属5个公司100项预算使用明细，重点抽查土建项目、采购项目、固定资产项目、辅助材料项目的预算使用情况，查看是否有预算的调整和更改情况，确定其变更是否符合公司的规定，是否经过权限领导审批，是否存在欺骗上级领导从中获利的情况。

第三步：(1)查阅公司关于预算调整和变更的审批权限文件依

据,并复印收存。

(2) 根据预算系统抽查下属5个公司100项预算使用明细,重点抽查土建项目、采购项目、固定资产项目、辅助材料项目的预算使用情况,查询是否有领导的审批依据、签批手续是否齐全、权限是否超出制度规定范围。

(3) 重点关注预算调整项目,审核调查是否存在挪用预算、违反制度变更预算的情况。

第四步:(1) 查阅公司关于预算费用的汇总文件,确定年度的费用数量。

(2) 从预算系统查询本年度实际使用的预算费用情况,比较分析实际数据与预算数据的差距,总的预算是否有超支的情况,各分项预算是否存在超支的情况,确定公司总的预算是否在可控范围之内;检查各分项预算明细是否在可控的范围之内。

(3) 如果发现严重的超支情况,应查明超支原因,了解超支的经过与防控的办法。

**(三) 预算的准确性与考核**

**1. 审计目标(风险点)**

(1) 企业收入与支出预算编制不准确。

(2) 预算的总结分析不详细,不能满足管理需要。

(3) 预算使用过程没有详尽的业绩考核。

(4) 公司选用的预算方法不合适。

**2. 审计程序与步骤(建议但不限于)**

第一步:(1) 根据收集的整个公司的预算汇总表,抽查收入预算与支出预算明细表。

(2) 将年度收入总表和支出总表核对,比较预算与实际发生的数据是否相符,相差多少,差额是否在公司规定的范围内,如超出公司规定的范围,应追查其原因,并作出分析。

(3) 在核对明细的过程中,主要核定收入差异的主观和客观原因。

检查支出结构是否优化合理,是否存在超预算支付的情况,是否有挪用(转移)预算的情况。

第二步:(1)检查公司关于预算的有关制度,明确是否对预算总结分析的制度。

(2)抽查公司总结分析报告,确定其报告是否过于简单,是否仅将预算值与执行情况进行简单的比例计算而没有对预算差异进行深入的、定量的分析。如难以确定预算差异产生的原因,无法把预算执行情况与企业经营状况有机联系在一起,则不能满足高管对管理的需求。

第三步:(1)检查公司关于预算的有关制度,明确是否有对预算考核的相关制度。

(2)检查是否有预算考核表,考核标准是否严谨,责任部门是否明确,考核内容是否具体,预算考核是否能保证企业预算管理体系的全面实施。

第四步:(1)检查公司关于预算的制度,明确公司选取的是何种预算制度方法。

(2)检查根据现行的预算管理方法,是否能合理地保证公司的正常运转,是否能达到公司控制的目标,在实施过程中是否存在较多的问题,是否严重地影响公司的运营。

防止蓄意将预算费用任意夸大的方法有两种:一是编制可变预算;二是零基预算法。

## 第十节 增值税审计操作方案

### 一、增值税审计的目的与意义

增值税是企业纳税的重点项目,是财务会计相关审计的细分项目。能否按有关的法律法规计算与缴纳税金,是企业税务工作的重中之重。

增值税审计是指审计人员根据国家法律法规,按照一定的程序和方法,对增值税的计缴过程进行检查、监督和评价的活动。按照增值税计缴的特点,在对其进行审计时,应主要核对应税范围与税率、销售收入(包括其他业务收入)、进项税额计算、销(进)项税转出、出口退税等。由于电算化软件的普及,有关的计算与缴纳可采用电脑自动生成,所以本案只作抛砖引玉之用。审计时需综合考虑,做好增值税的计缴工作。

增值税审计的目的是规范公司的税款缴纳流程,考查增值税计算与缴纳的合法性与准确性,进一步防范企业纳税风险。

注意:企业中其他税种比较简单,且数量较小,故选取增值税重点讲述。

增值税审计的路径为:计税依据—销项税—进项税—进项转出—税款缴纳。

## 二、增值税审计存在的主要问题与漏洞

增值税审计存在的主要问题与漏洞如下。

(1) 增值税纳税资料保管不齐全。

(2) 增值税销项税计算不准确。

(3) 增值税进项税计算不准确。

(4) 增值税进项转出计算不准确。

(5) 税金计缴不准确、缴纳不及时。

## 三、增值税审计的重点与目标

增值税审计的重点与目标如下。

(1) 增值税的计算与依据。

(2) 增值税的申报与政策。

(3) 增值税的销项与进项。

(4) 增值税的转出与缴纳。

### 四、增值税审计程序与步骤

**(一) 增值税的计缴依据**

**1. 审计重点(风险点)**

(1) 应交增值税的计缴未按相关法律法规执行。

(2) 各项应税项目税率选用不正确、未遵循地方政策。

(3) 应交增值税税收优惠政策未得到充分利用。

(4) 增值税申报资料未按规定装订与保管。

(5) 应交增值税、已交增值税的计算与记录不完整。

(6) 增值税税负率各年波动较大,或显著低于同行业。

**2. 审计程序与步骤(建议但不限于)**

第一步:(1) 向税务顾问或公司会计部了解纳税经办事宜,确定公司现在执行的增值税税率标准。

(2) 根据公司纳税申报表上的内容核查,确定公司是否按现行的增值税税率计算与缴纳,是否按照增值税条例规定的方式进行操作,是否存在与相关法规相违背的情况。

第二步:(1) 收集公司所在地的有关税收法律条文,明确增值税计税依据及税收税率规定。

(2) 抽查本年度公司"应交税费——应交增值税"账户明细,抽查其中双月份的纳税申报表,比对其中的税率是否与规定相符、计算是否准确等。

(3) 根据申报表中的内容,核对相关的教育费附加、城乡维护建设税等计算税率是否与相关的税收法规相一致,计算金额是否准确等。

第三步:(1) 根据税收征收管理条例,结合本地区制定的相关实施细节,收集本地区关于招商引资的税收优惠政策、西部开发政策等相关的税收优惠政策文件,详细了解并熟悉相关的内容。

(2) 向会计主管人员了解,公司在税收缴纳的基础上是否根据相应的法规文件进行申报,是否按文件、地方政策选用优惠税率,是否为公司节省税金、增加税收收益。

(3) 抽查本年度3月、6月、9月、12月份的纳税申报表,检查是否存在纳税税率较高、没有利用地区税收优惠政策的情况,如有,则提出建议。

第四步:(1) 抽查近三年以来纳税申报表的装订与归档资料,查阅纳税申报表及相应的附件资料是否齐全、是否装订成册、是否归档保存、是否由专人保管等。

(2) 检查税务局及公司对档案资料的管理规定,确定应保管时间与期限,明确资料报废与销毁的手续与流程,确定本公司的相关业务没有规范相关法规与公司的规定。

第五步:(1) 抽查近两年12月份的增值税纳税申报表,核对累计的增值税的销项税、进项税、进项转出、已交税金总额。

(2) 查阅本年度最后一张申报表(12月份的纳税申报表),核对相应的年度销项、进项及已交税金金额,并查阅对应科目的明细账,核对二者是否一致,如有差异,应查找其相应的原因。

(二) 增值税销项税的计算

**1. 审计重点(风险点)**

(1) 主营销售收入的确定与销项税计算不准确。

(2) 副产品、边角料收入、价外收入未并入销售总额申报。

(3) 销售产品时价外费用未并入销售总额计算。

(4) 自产、委托加工或购进货物用于对外投资、分配给股东或投资者、无偿赠送他人时未并入销售总额。

(5) 自产或委托加工的货物用于集体福利、个人消费时未并入销售额。

(6) 非货币性交易(易物或抵债)未并入销售总额。

(7) 还本销售方式销售货物,从应税销售额中减除了还本支出。

(8) 销售退回或销售折让,未依据发票或税务机关开具的证明单冲减原销售额。

**2. 审计程序与步骤(建议但不限于)**

第一步：(1)查找本年度公司销售收入总账或明细账,应纳税金明细账。

(2)累加1~12月销售收入明细账,确定其金额是否与总账相一致,如果不相符,则查明原因、差错数量与金额。

(3)根据计算准确的产品销售收入,计算应纳税金(即应纳增值税销项税)的总额。

第二步：(1)抽查公司本年度销售收入总账与明细账,查阅核对副产品、边角料收入等明细项目,确认其收入是否合并入销售总额。

(2)根据年度增值税纳税申报表所列数据,比对收入总额是否按实际发生额向税务局申报。如有差异,则查对相应的数据。

第三步：抽查公司本年度的销售收入明细表,查找是否存在其他收入(价外费用)等项目,并确定其收入是否并入销售总额,是否按实际发生额向税务局申报。

第四步：(1)抽查公司有关支出类项目,确定是否存在自产、委托加工或购进货物用于对外投资、分配给股东或投资者及无偿赠与他人等情况。

(2)根据上述发生的情况进行核对,确定支出是否并入销售总额,是否按实际发生额向税务局申报。

第五步：(1)抽查本年度公司的"应付福利费"账本,查阅本年度每个月发生的金额,追踪到相应的会计凭证及相关附件。

(2)分析相关项目金额明细,确定是否有自产或委托加工的货物用于非应税项、集体福利项目、个人消费项目的情况,是否并入销售总额,是否据实向税务局申报。

第六步：抽查公司相关的账本,确定公司是否存在非货币性交易的情况,是否有易物或抵债的情况,是否并入销售总额,是否据实向税务局申报。

第七步：抽查本年度销售收入账本，确定是否有还本销售方式进行销售，在申报销售税金时是否减去还本支出，是否据实向税务局申报。

第八步：（1）根据抽查的销售收入明细账，检查是否有销售退回或以折让方式销售。

（2）查找其对应的冲销依据，是否依据发票或税务机关开具的证明单冲减原销售额，是否按实际发生额向税务局申报。

（三）增值税进项税的计算与转出

**1. 审计重点（风险点）**

（1）存在非应税项目进项税抵扣的情况。

（2）利用时间差多开发票多算进项税。

（3）价外费用并入采购价格，多计进项税金。

（4）因管理不善发生的非正常性损失，未转出进项税。

**2. 审计程序与步骤（建议但不限于）**

第一步：（1）从税务局导出电子认证清单，与年度增值税纳税申报表核对，确定二者金额是否一致。

（2）查阅公司"应交税费——应交增值税（进项税额）"账户，查看本年度累计数栏金额是否与验证发票总额相符，如有不符，则应按月份确认，查清不符的原因，确定是否有发票不按时验证而造成公司损失的情况。

第二步：（1）检查财务相关的账本，包括检查固定资产、应付福利费、在建工程等账户。

（2）根据抽查的资料确定非应税项目的增值税（进项税）是否及时完整转出；免征增值税项目所对应的购进货物和应税劳务是否结转进项税；企业购进的固定资产是否结转了进项税额；非增值税劳务项目所对应的购进货物和劳务是否结转了进项税额。

（3）确定用于集体福利或个人消费的购进货物或劳务是否结转了进项税额；在建工程项目所用的购进货物和应税劳务是否结转了进项税额；发生的非正常损失是否及时作了进项税额转出处理。

第三步：(1)抽查审计当期进项发票总额，并检查相应的验收资料。

(2)检查是否存在预付材料款或其他货款提前取得发票，加大进项税的情况。

(3)检查公司是否在进行退货账务处理时，没有作出冲减进项税额度的账务处理。

第四步：(1)抽查审计年度3~6个月的物资材料采购明细账，追查其相应的会计凭证。

(2)根据查看的采购报账资料，确定在采购过程中是否存在将不属于价外费用的费用并入总价的情况，是否存在代垫费用、代收代缴税费、住宿费、车费等费用计入价内的情况，确定这些情况是否对应税项目产生了影响。

## 第十一节 生产循环审计操作方案

### 一、生产循环审计的目的与意义

产品(服务)是实现企业价值和目标的主要方式。

生产产品(服务)是一个严格、严肃的过程，要按一定标准、流程与指标进行操作。诸多案例说明，没有高质量的产品或服务，企业就会无法生存和发展。这些足以说明产品的重要性，生产产品的审计由此而生。

生产循环审计是指审计人员根据有关法规及公司制度，按照一定的程序和方法，对产品形成过程的全程作业及流程进行评估、监督及评价的活动。它包括原料(辅料)领用、投放标准、作业规程、工艺操作等全过程评价，结合现场生产管理制度，评估整个过程的合规性、有效性、合理性。

通过生产过程的审计，可进一步规范生产流程，评价生产技术与生产工艺，评估各项生产指标是否达到企业、行业和国家的标准，降低生产损耗，减少生产成本，提高产品质量与数量，增加企业的效益。

生产循环审计的路径为：原材料—损耗率—生产率—生产工艺—生产记录—定量分析。

## 二、生产循环审计存在的主要问题与漏洞

生产循环审计存在的主要问题与漏洞如下。
(1) 材料质量不合格、领用数量不准确。
(2) 生产产品质量合格率不高。
(3) 材料—产量比率达不到行业标准。
(4) 生产技术与生产工艺落后。
(5) 生产报表不准确、不真实。
(6) 产品的产、销、存计算不准确。
(7) 生产操作记录不完整、档案资料保管不全。

## 三、生产循环审计的重点与目标

生产循环审计的重点与目标如下。
(1) 车间原始记录数据与生产报表不相符。
(2) 主材料与辅助材料质量不合格。
(3) 主材料及辅助材料领用数量不准确。
(4) 材料损耗率与产量(能)的关系不合理。
(5) 不合格品与产量(能)的关系不合理。
(6) 生产技术、工艺或各种指标的合理性。
(7) 车间不按工艺流程的操作规程操作。
(8) 产品的生产、销售、库存计算不准确。

## 四、生产循环审计程序与步骤

### (一) 材料领用与产品核对

**1. 审计重点(风险点)**

(1) 采购原材料(辅助材料)质量不合格。

(2) 原材料(主材)的领用与计量数量不准确。

(3) 辅助材料领用与计量不准确,没有退料程序。

(4) 产品产量生产与汇报数量不一致。

**2. 审计程序与步骤(建议但不限于)**

第一步:(1) 抽查审计所属年度公司质检部门的原料验收单,按每月份(批次)抽取30份,合计360份的商品采购验收单,查看验收人员的相关记录,确定其采购原材料质量是否合格,是否存在规格、型号、数量不符的情况。

(2) 检查本年度车间使用相关材料的记录,确定是否有材料质量问题反馈的记录,如有,则应查其原因及事件的经过,并追究材料供应商的责任,作出相应的记录,确保采购原材料的质量合格。

第二步:(1) 抽查审计年度100份主要材料领用记录,并确认有无原材料过磅后直接到车间的操作流程,如有,则抽取相应的过磅记录50份,累加其总量。

(2) 实地到使用部门或生产车间抽查相应的记录,累加实际使用总量与原领用总量核对,确定其是否计算准确。如有数量不符,则应查找其深层次的原因。

第三步:(1) 抽查本年度材料仓库的辅助材料领用单120份,与生产部门相对应的使用记录相核对,确定领用数量与生产记录相一致。

(2) 检查对应时期的生产车间的退料单,审阅单据填写是否齐全、完整,全部原材料用量是否均正确反映于表单上。

(3) 从会计科成本凭证查找对应的领料单,与车间领料、退料单数量进行比较,核对其准确性,分析查找有差异数量的原因。

第四步:(1) 车间记录与生产报表的核对,从生产车间收集检查期间的所有生产产品记录,累加其总数;再与同期生产报表的数据进行比对,确定两者的一致性。

(2) 质检记录与车间记录的核对,从质检部门抽查检查期间的所有生产产品记录,累加其总数;再与同期车间记录的数据进行比对,确定两者的一致性。

(3) 监督组数据与生产报表的核对,从监督组抽查检查期间的所有生产产品记录,累加其总数;再与同期生产报表数据进行比对,确定两者的一致性。

**(二) 生产循环流程与工艺**

**1. 审计重点(风险点)**

(1) 岗位操作工不按生产工艺流程操作。

(2) KPI 考核指标或岗位操作记录数据不齐全。

(3) 岗位操作记录数据与生产报表反映的数据不符。

(4) 生产报表数据的调整、更改缺乏有效依据及监控。

(5) 员工不按具体的产品工艺标准执行。

(6) 辅助材料及零星工具的使用及保管不合规定。

**2. 审计程序与步骤(建议但不限于)**

第一步:(1) 从生产部或体系部收集关于生产工艺、生产技术及操作规程的相关资料。

(2) 根据生产工艺流程(按流水线作业顺序),从车间各工段进行检查,确定各工段、各岗位员工能按有关的规定、工艺要求、操作时间及相关的操作细则进行,确保员工严格按规章制度、流程工艺等进行作业,为生产合格的产品做好基础工作。

第二步:(1) 检查生产部收集的资料、公司主要车间的操作过程和 KPI 考核指标或有关岗位具体的操作规定。

(2) 内审人员到实地检查岗位操作员是否按规定定时、规范地记录原始生产数据,是否有上下班交接班记录,交接记录是否按规定,记录是否齐全,各操作岗位是否对相应的档案进行归类与存档。

第三步:(1) 抽查车间产成品工段相关的 60 天记录单(每月前 5 天的生产记录),累加核对岗位操作工工段交接班本记录的原始数据。

(2) 查阅递交给质检部门的原始数据是否与交接班本的原始数据

相符。确认是否存在为了达到考核指标而提供虚假数据的情况,确保生产报表数据来源的真实性和可靠性。

第四步:(1)抽查审计所属年度 4 个月(当年 3 月、6 月、9 月、12 月)的生产汇总表,逐日连续累加,核对产品、副产品的产量,核实每日累加的合计产量与生产月报表反映的产量一致性。

(2)把整年每月的月报表累加,核对产量与原材料的比率及其他指标的正确性,对有调整、更改过的数据,调查了解、查看其理由和依据是否充分、合理及有效地监控数据的可信度,相关的更改记录审批是否齐全。

第五步:(1)在生产部收集的关于生产工艺标准的操作资料中,抽取关于生产工艺的相关材料,确定其用量标准明细表,并与车间领导确认是否为最新的用量标准。

(2)根据生产工艺流程,内审人员从车间各工段进行检查,查看相关的岗位操作工实际用量多少、操作时间多少,拍摄工作经过并记录其操作过程,累加相关的用量总数(如有必要)。

(3)根据实际观察的情况,累计相加的用量总量是否与生产工艺标准相符,如不相符则计算其误差率,并与工程师分析其误差所产生的成本与产品质量的风险,分析其不符合工艺标准对生产产品的影响。

第六步:(1)查阅生产部关于生产现场材料及零星工具的使用、管理制度,认真研读管理制度及相关的条款。

(2)抽查三个主要的生产或辅助生产车间,深入生产现场,查看零星工具的使用情况及报废情况,辅助材料的使用、报废及堆放是否符合公司的制度,是否有完善的记录、保管制度。

(三)产量及指标合理性分析

1. 审计重点(风险点)

(1)产品产量不合理、不准确。

(2)不合格产品、不合理产品损耗,超出正常范围。

(3)废品、不合格品比率不合理。

(4) 生产工艺指标用量、数据不合理。

**2. 审计程序与步骤(建议但不限于)**

第一步:(1)从公司财务部财务报表查阅整个年度合格产品的数量;汇总生产车间生产报表及质量部门的报表,核对三方产品记录是否相符,如有不符则查明原因及经过,并责成相应的部门进行核查。

(2)计算本年度所产合格产品的比率,与前两个年度的比率进行比较,对照两个年度比率有何变化,变化的比例对产品的影响及经济效益的分析(直接或间接)。

(3)从辅助材料(其他物料)的耗用量比例求证产品实际产量的正确性,如包装袋比例、辅助材料等与制成品数量有直接或间接变动关系的用料,进行总量合理性的分析。

第二步:(1)从公司生产部工艺工程师处咨询了解关于不合格品、产品损耗的合理比率。

(2)从生产报表上累加不合格产品数量,计算其产品损耗的比率,与了解到的公司合理比率进行比较,相差较大的数据要深入车间向有关的人员进行了解,提出解决问题的合理化建议,评价分析本年度不合格品、产品损耗的合理性。

第三步:(1)从生产报表上汇总检查整个年度废品、不合格品的数量,分析相关比率较上两个年度有何变化,作出变化的比例对产品的影响及经济效益的分析(直接或间接)。

(2)深入生产车间各工段向有关操作人员了解原因,主要分析产生不合格品的车间工作流程及工作内容,并与工程师(主管、经理)分析工艺指标等对产品的影响,提出相关合理化的建议。

第四步:(1)将生产工艺指标中的有关数据与上年度的各种比例、比率相比较,并对各项工艺指标(如产品合格率、不合格率、损耗率等)完成情况进行比较,发现差异的原因,并分析判断产品产量(能)的合理性。

(2)与其他同类企业(或行业协会组织)的工艺指标进行比较,重点比较同一地区各方面条件基本相同的情况下各项工艺指标的完成情况,以及计算过程中各项数据的取数口径是否相同。比较分析原因并针对产量过程提出工艺指标、工作流程等方面的可执行的建议。

## 第十二节　材料仓库审计操作方案

### 一、材料仓库审计的目的与意义

管理大师德鲁克说过一句话:"企业内部只有成本。"

从成本的构成进行分析,产品成本不外乎由原材料、辅助材料、人工成本、制造费用等几大部分组成。从价值总量占有比率上分析,原材料占主要分量。因此,减少成本中的材料成本是内部管理的主要工作。材料物资成本则包括采购、保管、领用及报废等,每个环节都有可能造成材料的浪费和非正常损耗,材料仓库管理工作的好坏直接影响到企业的成本,间接影响企业的经济效益,因此要加强企业材料仓库的管理与监控。

材料仓库审计是指审计人员根据有关法规及公司制度,按照一定的程序和方法,对仓库材料的验收、保管、收发存业务流程进行检查和评价的活动。

材料仓库审计能监督与检查仓库业务流程的合理性,评估物资仓库内部控制的充分性及有效性,分析、发现其存在的问题及薄弱环节,减少仓库存量,盘活财务资金,提出合理化建议,以避免发生经济损失,不断改进和完善管理制度,提高物资管理的效率与效果。

本书所指物资不包括产品、在产品、外加工产品等。

材料仓库审计的路径为:制度—验收—保管—出入库—存货处理。

### 二、材料仓库审计存在的主要问题与漏洞

材料仓库审计存在的主要问题与漏洞如下。

(1) 材料仓库没有管理制度及流程。

(2) 没有按要求验收采购的物资。

(3) 不合格品处理不及时汇报。

(4) 材料不经过仓库验收直接到使用部门。

(5) 废旧物资处理与销售未按公司规定。

(6) 物资管理系统不能满足管理需要。

## 三、材料仓库审计的重点与目标

材料仓库审计的重点与目标如下。

(1) 仓库物资的入库、出库手续是否齐全与完整。

(2) 仓库物资的验收程序是否符合业务流程的要求。

(3) 对不合格物资的处理是否及时、是否按合同约定的方式处理。

(4) 废旧物资的销售是否进行审批与监督。

(5) 每年编制预算前是否盘点库存物资,是否造成物资积压及浪费。

(6) 物资系统使用的正确性与有效性。

## 四、材料仓库审计程序与步骤

### (一) 材料仓库制度与流程

**1. 审计重点(风险点)**

(1) 仓库管理没有制定验收、入库、发出管理制度及相关的操作流程图。

(2) 物资入库验收手续不齐全,特殊物品验收没有质量检测报告。

(3) 没有建立积压、报废材料物资汇报制度。

(4) 没有建立物资收发台账或没有及时进行记录。

**2. 审计程序与步骤(建议但不限于)**

第一步:(1) 向公司仓库管理人员询问、收集仓库管理制度及相关工作流程图。

(2) 审查是否建立了完善的物资管理规章制度,从物资的验收、入库、发出到期末仓库盘点、日常保管等环节的工作是否做到有章可循。

(3) 检查是否定期监督制度落实及检查人员,是否有定期汇报或紧急汇报制度。

第二步:(1) 从财务或采购部门抽查年度 1～12 月份 300 份(其中设备验收 150 份、辅助材料 150 份)设备或材料入库单。

(2) 核对仓库验收手续是否齐全,人员是否签字、是否按验收权限进行验收入库,特殊物品(化学用品、危险品等)是否有质量验收报告。

(3) 实地察看仓库验收人员的验收过程,确定在验收过程中是否按公司有关规定与程序进行验收。重点关注订单或合同不按验收操作,而是按供应商的清单照抄的现象。

第三步:(1) 向仓库管理人员询问仓库是否有积压、废旧物资汇报制度,如有则抽查其详细的汇报资料,查看其是否审批完善、执行是否到位。

(2) 查看现场物资存放情况,确定是否存在积压物资等,并对积压及废旧物资产生的原因进行调查,分析其合理性。

第四步:(1) 查看仓库是否设立物资收发台账、账本是否齐全、是否按财会制度开启账本并签字盖章、交接人员是否按规定签名。

(2) 检查台账记录是否及时,是否按公司相关规定进行填写。

(3) 并抽查最近两个星期(约 100 份)新入库的物资、工具、材料等进行核对,确定物资入库记录的及时性与正确性。

(二) 材料入库、领料与退料

**1. 审计重点(风险点)**

(1) 不按公司规定对采购物资进行验收。

(2) 采购物资未经仓库验收而直接运送到现场(车间)。

(3) 物资库存数量与实际库存数量不相符,存在账外物资的现象。

(4) 领料过程存在"假领假退"或只领不退的情况。

(5) 仓库物资材料的发放手续不齐全、不完整。

**2. 审计程序与步骤(建议但不限于)**

第一步：(1)从公司体系部门或仓库管理部门查阅并收集有关的仓库验收流程及制度。

(2)实地察看仓库人员对物资的验收过程,确定其操作规程是否按公司的规定,是否有未验收先入仓库的情况,验收是否严格,是否按明细清单验明。

第二步：(1)抽查审计年度1~12月份的物资领料单和物资入库单,快速浏览并找出领料时间比入库时间早的主设备材料清单,核实其造成时间不符的原因及经过,分析此项违规操作存在的风险及漏洞。

(2)询问、了解车间人员是否经常存在未验收先使用的情况,并收集相关的资料追溯查找其相应的例子。

第三步：(1)从电脑系统上抽查100个(台)设备工具项目,核对台账的期末库存数量和实际数量。

(2)从库存抽查100个设备工具项目,核对电脑系统数据,核实库存数量是否与系统数据相一致。核对台账物资总金额是否与财务处账面数额相一致,确定其是否存在账外物资的现象。重点关注电脑、空调、相机、工具等物资。

第四步：(1)抽查审计年度200份工具设备领料单,到领料单位或个人进行实地核查,确定其存在地点及使用人员。

(2)从车间抽查工具、设备或多余存放的物资(机电、辅料类)进行记录,并与仓库领用资料相核对,进一步分析领用材料物资的合理性,是否存在因多领造成浪费或因只领不退而导致过分占用物资材料等情况。

第五步：(1)抽查审计年度仓库领料单300份(其中5月50份、6月50份、10月50份、12月150份)。

(2)查看领料单填写是否规范,栏目填写是否完整,签字是否齐全,领导审批手续是否齐全,并查看领料单保管是否齐全,是否存在缺损的情况。

## (三) 材料报废与处置

**1. 审计重点(风险点)**

(1) 不合格物品处理不按公司规定,审批处理不按权限执行。

(2) 仓库物资没有按类别堆放,没有标示牌,堆放不整齐。

(3) 对外销售废旧物资没有进行审批,依据不完善。

(4) 采购没有核查库存,年度没有进行盘点,仓库物资有积压的现象。

**2. 审计程序与步骤(建议但不限于)**

第一步:(1) 抽查年度1~6月100份外购物资不合格品评审单,查阅其对应的合同或订购单,查找其质量要求及相关的处理条款。

(2) 根据查找的合同资料或处理条款,比对不合格品处理意见表是否与约定的条款相对应,处理权限是否遵循相关规定。

第二步:(1) 由内审人员实地察看仓库物资的堆放情况,确定其是否按类别堆放,物资堆放是否有标示牌,堆放物资是否整齐,存放地面是否干净,是否有回潮发霉情况等。

(2) 特别要对较长时间未发出的物资(3个月以上),或者其他非正常的库存堆放物资的形成原因进行审查。

第三步:(1) 了解并收集与废旧物资销售相关的管理制度及工作流程。

(2) 通过会计科销售收入账户查找审计年度的废品销售收入明细,追查其对应的凭证编号及出账明细,从出账凭证附件中审阅有关的凭证依据;确定销售资料是否经审批,是否按公司规定的权限审批;了解、分析其操作过程存在问题及风险。

第四步:(1) 询问仓库管理员在物资采购时是否对仓库进行查核;收集并检查仓库月结或年度结存表,确定其是否对仓库进行年度盘点。

(2) 从年度盘点表中抽查200个设备、工具项目,对其进行复点,评估其盘点结果的准确性。

(3) 通过比较两个年度的盘点表分析是否存在积压物资的现象,

是否有报废申请资料,如有则分析其报废物资的合理性。

**(四) 物资系统与工作协调**

**1. 审计重点(风险点)**

(1) 仓库所属的外借(出)设备、工具、材料等没有及时收回。

(2) 外单位领用材料手续及审批不完整、不完善。

(3) 物资电脑使用系统的正确性及有效性检查。

(4) 部门工作与其他单位沟通协调不到位。

**2. 审计程序与步骤(建议但不限于)**

第一步:(1) 浏览公司仓库所记录的台账及有关资料,询问相关的其他部门的管理人员,核实出入厂(独立的仓库部门)是否有外借设备、工具或材料等,确定是否有外出维修的设备工具等,是否有外出加工或维修的工具设备等。

(2) 如有长久(6个月以上)未还设备工具,则查看其具体的外借时间及经办人员,追查其没有及时归还的原因,分析未还设备或工具坏账的可能性。

第二步:(1) 检查仓库领用明细,确定是否有外单位人员领取本公司设备工具材料的情况,如有则检查是否有其他的有别于本公司领料单的依据,是否有相关的管理制度及工作流程。

(2) 重点检查承包商及工程建筑施工单位的领料情况,核查其领料手续是否齐全、填写是否完整、审批手续是否完善、是否有权限人员进行审批、是否对领料进行定期结算。

第三步:(1) 抽取入库和出库100个单据(物资入库50个,物资出库50个),从仓库人员操作开始一直到结束,进行全过程的监督跟踪,确保手工操作能在系统中全部正确反映,并确保其正确性。

(2) 通过询问物资电脑操作人员,了解系统在使用过程中存在的问题及改进建议;并向总部电脑部(软件供应商)管理人员了解,在系统使用中是否存在问题及等待解决的事项。

(3) 结合本次审计中抽查检测的结果,分析评估该系统的有准确性与可靠性。

第四步：(1) 抽查物资仓库与其他部门或上下级的往来文件及处理单据，查看其处理事务的时间及明细，确定其外在关系处理的时间。

(2) 综合评估物资仓库管理人员的处理事项的能力、该部门与其他部门的整体配合协调作用，指出其存在问题，提出管理建议书，以提高部门之间的协作能力。

## 第十三节 辅助材料审计操作方案

### 一、辅助材料审计的目的与意义

辅助材料是指用于生产环节、辅助产品形成但不构成产品主要实体的间接材料。

辅助材料是产成品重要的组成部分，是决定产品质量、数量的关键因素。辅助材料的使用正确与否，会影响产品的数量与质量，所以企业在运营过程中要重视辅助材料的管理，以生产出更好、更多的高质量产品，为实现企业目标利润提供保证。

辅助材料审计是指审计人员根据有关法规及公司制度，按照一定的程序和方法，对生产所用的辅助材料购进、领用及结存过程进行检查、监督和评估的活动。

辅助材料审计的目的是规范辅助材料请购、采购、验收、保管与使用，对材料使用数量进行汇总与分析，确保用量在公司规定的标准内，防止出现不合规操作而导致产品质量出现问题的事件。

辅助材料审计的路径为：材料采购—验收使用—用量分析。

### 二、辅助材料审计存在的主要问题与漏洞

辅助材料审计存在的主要问题与漏洞如下：

(1) 辅助材料采购不按规定流程。

(2) 辅助材料验收及保管不按制度。

(3) 辅助材料使用超出公司规定的标准。

(4) 辅助材料数据录入不及时。

### 三、辅助材料审计的重点与目标

辅助材料审计的重点与目标如下。

(1) 辅助材料的请购与采购。

(2) 辅助材料的验收、入库与保管。

(3) 不合格辅助材料的处理。

(4) 材料的领用、退料及使用。

(5) 辅助材料录入 ERP 系统的及时性与准确性。

### 四、辅助材料审计程序与步骤

#### (一) 辅助材料请购与采购

**1. 审计重点(风险点)**

(1) 公司没有制定辅助材料管理制度。

(2) 辅助材料请购没有计划表。

(3) 采购单与请购单内容不符。

(4) 采购审批不按流程,超过权限。

**2. 审计程序与步骤(建议但不限于)**

第一步:(1) 从总部体系或生产主管部门查找收集关于辅助材料的管理制度。

(2) 如有相应的管理制度,则审阅相关的管理制度是否齐全、是否经过领导审批、内容是否达到管理的要求,否则应对相关的事项提出建议。

第二步:(1) 查找公司关于辅助材料采购及验收的相关制度。

(2) 从材料仓库抽查审计年度 100 份请购单据,核对车间是否定期制定辅料请购计划,然后查看验收资料确定是否按车间请购计划进行采购,如请购计划与实际采购情况不符,应了解其不符原因及经过。

第三步:(1)从采购部抽查审计年度 100 份辅助材料采购合同或清单。

(2)从材料仓库抽查对应的车间请购单据,核对采购清单与请购单的内容、规格型号、级别质量等相关内容是否一致。

(3)是否存在有采购单却无请购单的情况,如有,则应了解采购订单与请购单不一致的原因及经过。对比请购与采购流程是否相一致,是否有不按流程操作的事实。

第四步:(1)抽查第三步的辅助材料采购合同或订购清单,核查其是否按操作流程运作,是否有相关人员签字确认。

(2)对抽样资料进行查核,确定所有合同或订单有相关权限人的签批,明确资料审查是否齐全,管理人员签批是否存在超越权限的情况,如有,则应追查原因及了解事情经过,分析其合理性与合规性。

(二)辅助材料验收入库与保管

**1. 审计重点(风险点)**

(1)验收材料与采购清单数量不一致。

(2)辅助材料质量没有达到公司要求。

(3)材料积压过多,造成损耗较大。

(4)仓库储存环境不符合存放标准。

(5)不合格品处理不按流程、不及时。

**2. 审计程序与步骤(建议但不限于)**

第一步:(1)查找并收集关于辅助材料验收的相关制度与流程。

(2)从公司抽查用量前五位的辅助材料验收单各 50 份,检查是否按合同或有关的标准验收,验收的手续是否齐全,包括检验结果报告单是否齐全、签字是否完备、是否有不合格品入库等情况。

(3)列出产品不符合汇总表,统计后由主管人员作出书面解释,分析存在原因及经过。

第二步：(1) 查阅公司关于辅助材料的质量标准和规定。

(2) 按照公司对辅助材料的质量标准和要求，从上述抽查的验收单中，核查其质量验收是否达到公司的标准和要求；了解没有达到质量标准材料的处置程序，是否有不达标准而验收入库的情况，了解入库的原因及手续齐备情况。

第三步：(1) 选择使用量最多的前五位的材料清单。

(2) 询问仓库管理员是否有库存辅助材料积压的情况，现场查看辅助材料有无库存，与电脑库存余额核对，分析是否存在辅助材料积压的现象。

第四步：(1) 查看各种辅助材料存放的要求与标准。

(2) 实地查看辅助材料的存放环境，确认是否符合ISO管理体系标准要求，是否符合材料保管要求，然后观察相关辅料存放位置、指标分类等是否整齐、清晰。

第五步：(1) 查找收集关于不合格品的处理规定及操作流程。

(2) 从验收单中抽出前50份不合格品验收单(如有)，查看每一单不合格品的处理经过及流程，确保其处理经过符合规定的流程，并在规定的时间内处理完毕。

(三) 辅助材料领用与退料

**1. 审计重点(风险点)**

(1) 辅助材料的领用超出材料计划单。

(2) 辅助材料在使用中损耗浪费较多。

(3) 辅助材料退料没有办理有关手续。

(4) 辅助材料的使用情况不合理。

**2. 审计程序与步骤(建议但不限于)**

第一步：(1) 从使用车间抽查辅助材料领用单据。

(2) 对单据进行汇总，审计年度辅助材料领用数量，并与公司材料计划单比较，核对领用材料是否与材料计划单相符，如有不符，则应分析了解辅助材料用量不相符的原因。

第二步:(1)向公司各使用单位(工段)了解辅助材料的使用过程及参考标准。

(2)分析其工作流程中的关键点是否得到有效控制,是否按标准使用辅助材料,最终是否达到减耗增效的目的。

第三步:(1)向公司材料科了解是否有退料的情况,抽查领用材料退料单是否符合有关程序和手续,检查是否有违反程序的行为。

(2)从使用部门现场进行了解,并查看辅助材料的实际使用情况,是否存在材料退料但没有办理相关手续的情况,现场是否有退料的材料等,确定是否存在退料没有办理手续的情况。

第四步:(1)从总部主管部门获取本年度各公司辅助材料的用量情况。

(2)将本年度各公司辅助材料的用量指标进行比较,从而对各公司使用的辅料用量进行横向或纵向的比较,分析比较各公司数据之间产生差异的原因。

(四)用量合理性分析

**1. 审计重点(风险点)**

(1)辅助材料系统数据存在错漏。

(2)辅助材料的用量指标与行业指标存在差异。

**2. 审计程序与步骤(建议但不限于)**

第一步:(1)抽查辅助材料合计100份验收单,用验收单与电脑系统上的数据进行核对,核实是否有领料没有录入的现象。如没有录入,了解并分析其没有录入的原因。

(2)确定是流程存在问题还是人为造成的因素,并提出相应的建议。

第二步:(1)通过网上或其他渠道收集公司外的其他标杆公司有关辅助材料用量的情况。

(2)统计本公司的用量情况,形成辅助材料用量趋势图,与其他公司综合平均用量作比较,画出三个审计时期辅助材料的用量趋势图,分析比较本公司辅助材料用量的合理性,分析原因并提出合理建议。

## 第十四节 固定资产审计操作方案

### 一、固定资产审计的目的与意义

资产是指企业拥有和控制的能够用货币计量,并能给企业带来经济利益的经济资源。固定资产是指为生产商品、提供劳务、出租或经营管理而持有的,使用寿命超过一个会计年度的有形资产,主要包括房屋建筑物、机械设备、运输设备以及其他与生产经营有关的设备。固定资产是企业资产的重要组成部分,是企业开展业务必不可少的物质基础。

固定资产审计是指审计人员根据有关法规及公司制度,按照一定的程序和方法,对企业固定资产的购进、使用与报废过程进行检查、监督和评价的活动。

固定资产审计的目的是评价企业固定资产内部控制的存在性和有效性,促进企业在固定资产的购置建造、记录保管、维护保养、报废处理等环节完善管理,提高资产使用率,盘活公司资产,降低风险损失,增加公司经济效益。

固定资产审计的路径为:资产审批—购建—折旧—报废—处理。

### 二、固定资产审计存在的主要问题与漏洞

固定资产审计存在的主要问题与漏洞如下。

(1) 购置固定资产没有经过权限领导的审批。

(2) 采购资产不符合公司规定的流程。

(3) 固定资产价值的确认不准确、不完全。

(4) 固定资产折旧计算不准确。

(5) 固定资产报废与出售不符合规定。

### 三、固定资产审计的重点与目标

固定资产审计的重点与目标如下。

(1) 购置固定资产的论证与审批。

(2) 固定资产采购过程监控。

(3) 增加固定资产时价值的确认。

(4) 固定资产折旧是否足额计提。

(5) 虚报改造投资、虚增固定资产或挪用专项资金。

(6) 固定资产增值部分的折旧计算与纳税调整。

(7) 固定资产减少时盘亏报废固定资产的处理。

### 四、固定资产审计程序与步骤

#### (一) 固定资产购置与审批

**1. 审计重点(风险点)**

(1) 固定资产购置没有经过论证与审批。

(2) 大额资产的购买不符合公司规定。

(3) 增加固定资产计价不完全、不准确。

(4) 新建固定资产没有正确及时入账。

(5) 新增固定资产是否真实、准确存在。

**2. 审计程序与步骤(建议但不限于)**

第一步：(1) 查阅公司关于固定资产购置管理制度及相应的操作规程,确定其购置的操作细节。

(2) 抽查集团下属10家公司200个价值较大的固定资产购置项目,查看相应的资料确定其是否经过技术、财务、生产等部门的联合论证,论证的结论是否可行,是否经过权限领导的审批。

第二步：(1) 根据第一步抽查的200份价值较大的固定资产购置项目,查阅其相关的资料及依据,确定其是否经过总部内部审计的价格审核。

(2) 查阅固定资产采购申请单，检查有关固定资产的购买、建造或租赁申请是否经过适当批准，是否有其他供应商比较或招标文件。

(3) 检查是否有购置合同、验收报告、交接单等。

(4) 查阅固定资产购买建造合同，检查其是否与申请内容相符，是否经过批准，是否具备完善的保修或售后服务条款。

(5) 检查固定资产验收报告是否与采购申请单或建造申请内容一致，验收报告是否有设备保管部门、采购建造部门及相关技术人员的签字确认。

第三步：(1) 抽查新增固定资产 50 份，核对新增固定资产价值的计算是否正确，包括购置入账、投资投入、重组调入、基建转入、融资租入等，是否包括运输费、装卸费、调试费及相关税费。

(2) 确定固定资产计价方法是否错误，如对能确定原始价值的固定资产却采用重置价值法。

(3) 确定是否有违反有关规定，任意变动固定资产账面价值，任意调整变动已入账的固定资产账面价值的情况。

(4) 审阅会计科"固定资产"明细账，反映固定资产增加的业务内容，对照相应的会计凭证发现疑点的，应进一步查证。

第四步：(1) 实地抽查固定资产项目 50 个，从账本上检查是否有相关的记录，计价是否正确，凭证手续是否齐备。

(2) 对已经交付使用但尚未办理竣工结算等手续的固定资产，检查其是否已暂估入账并按规定计提折旧。

(3) 审阅固定资产入账是否准确，是否有资本化的项目汇入，项目费用归集是否齐全、计算是否准确等。

第五步：(1) 从系统或会计账本上抽查新建（购置）固定资产项目 50 个，从实地确定其是否实际存在。

(2) 实地抽查 50 项固定资产，记录相应的型号、规格等，再从账本上查阅相应的资产是否记录准确。

（3）检查使用部门的固定资产台账和卡片是否与固定资产明细账一致，固定资产是否有专人保管。

## （二）固定资产使用与折旧

**1. 审计重点(风险点)**

（1）固定资产没有购买相应的保险。

（2）公司存在大量的闲置固定资产。

（3）公司固定资产的折旧计算不准确。

（4）固定资产减值准备计提不准确。

（5）固定资产的清理费用不真实。

（6）固定资产的保管不完善。

**2. 审计程序与步骤(建议但不限于)**

第一步：（1）抽查固定资产的财产保险单据，确认价值较大的固定资产是否均办理保险。

（2）查阅相关的财产保险单据，向保险经办人了解采购保险的经过，是否有比价，是否经过谈判，是否经过审批。

（3）了解是否有回款的事项，如有，追查比例及回款总款是多少，是否已交回公司。

第二步：（1）抽查盘点固定资产，核对卡片记录内容是否相符，固定资产是否贴有记录其编码及名称的标签，是否存在大量闲置固定资产。

（2）实地考察下属生产厂家存放固定资产的场所，观察是否有长期闲置固定资产，是否对闲置的固定资产采取了必要的防护措施，并向主管及操作员工了解设备的性能，明确闲置原因。

第三步：（1）检查公司是否制定相应的固定资产折旧政策，是否有相关的批准文件。

（2）抽查审计年度的所有固定资产累计折旧项目，列表格计算其应提折旧数量，与系统计算的数据相比较，核对其计算额是否正确，如有差异则应调查其原因，并作为中期报告向主管汇报。

(3) 检查累计折旧计提政策有无变更,变更的依据是否充分合理,是否在会计报表上进行了充分披露。

第四步:(1) 查阅公司关于固定资产减值准备计提的相关政策与依据,确认其计提方法及批准文件是否合规。

(2) 抽取本年度 1~6 月份的固定资产减值准备,复核会计对减值准备计提是否充足,计算是否正确,披露是否充分。

第五步:(1) 检查本年度公司所有发生固定资产清理收入和清理费用的记录,核实其费用的发生是否真实、准确,清理结果(净损益)计算是否正确,会计处理是否正确。

(2) 核对固定资产清理与施工有关的,计入工程成本;属于筹建期发生的,计入开办费;属于生产经营期间的,则应计入营业外收支。

第六步:查阅公司关于固定资产的保管制度与管理流程,查对公司现行的资产管理过程,比对分析各管理过程是否准确,固定资产管理是否存在漏洞,根据分析情况与比对结果提出更好的资产管理建议。

(三) 固定资产清查与报废

**1. 审计重点(风险点)**

(1) 固定资产盘点处理未经主管部门审批。

(2) 固定资产报废手续不齐全。

(3) 虚列固定资产盘亏、毁损报废。

(4) 出售资产价格不合理、入账不准确。

**2. 审计程序与步骤(建议但不限于)**

第一步:(1) 检查公司关于固定资产盘点的政策,相关的工作制度与工作流程。

(2) 检查审计年度相关的盘亏和盘盈记录,检查对于盘点存在的问题是否及时调查原因并处理,处理是否经过适当审批并办理相关税务手续,是否及时调整卡片、台账内容,是否及时作账务处理。

第二步:(1) 检查公司关于固定资产报废的政策、相关的工作制度与工作流程。

(2) 检查本年度固定资产的报废手续，确定其报废处理是否经过技术人员的确认，是否经过权限领导的审批，变卖时是否有财务部参与，使用不当或保管不善是否追究当事人责任，非常损失是否向保险公司索赔。

第三步：(1) 抽查公司年度盘点表，与现存固定资产相核对，确定其是否有虚列固定资产盘亏、毁损报废，而实质上则将固定资产私自出售、隐瞒收入的事实。

(2) 审计人员应审查"固定资产"明细账及有关会计，从相关的凭证发现其线索和疑点，然后再调查询问有关单位或个人，在分析了解有关情况的基础上查证问题。

第四步：(1) 查阅公司关于出售资产的相关政策与管理流程，抽查近年来的固定资产出售的价格表，确定其操作过程是否遵循公司规定，是否有领导审批，价格是否在合理的范围内。

(2) 检查是否存在价格过高或过低的情况。

(3) 出售固定资产所得价款处理是否不正确，如将此款列入其他应付款，以后有机会作为职工福利或奖励，或者其他非法之用。

(4) 是否存在对固定资产出售过程中发生的费用处理不正确，将其计入产品成本的情况。此类情况应审阅"固定资产"明细账，若发现被查单位存在出售固定资产的情况，应将所出售资产的账面价值与实际售出价格核对，从中发现疑点及问题，进一步予以查证，以加强公司固定资产的管理，增加公司效益。

## 第十五节　不良资产审计操作方案

一、不良资产审计的目的与意义

不良资产是指企业尚未处理的资产和各类呆坏挂账，以及按财务会计制度规定应提未提资产减值准备的各类有问题资产预计损失金额。一般而言,企业不良资产包括"呆、坏、死"账、积压物资、闲置资产等。在企业管理此类资产的过程中,存在较多的漏洞、损失较大,建议内审人员加大管理监督与控制力度,防止公司财产损失。

不良资产审计是指审计人员根据有关法规及公司制度,按照一定的程序和方法,对企业不良资产的管理过程进行检查、监督和评价的活动。

不良资产审计的目的是清查公司不良资产,规范资产处置方式,摸清资产家底,提高资产使用效益,盘活公司资金,加强企业资产的管理与监督。

不良资产审计路径为:仓库—账户—往来账—固定资产—对外投资—处置方式。

## 二、不良资产审计存在的主要问题与漏洞

不良资产审计存在的主要问题与漏洞如下。
(1) 资金账户中的呆死账难以回收。
(2) 应收账款中超过一年收不回来的呆死账。
(3) 固定资产或存货中积压物资。
(4) 在建工程或无形资产中的闲置资产。
(5) 对外投资项目长期挂账。

## 三、不良资产审计的重点与目标

不良资产审计的重点与目标如下。
(1) 公司有无建立不良资产的管理与制度。
(2) 银行账户、应收账款中的呆死账。
(3) 固定资产、在建工程中坏账处理。
(4) 无形资产、减值准备中的不良资产。

## 四、不良资产审计程序与步骤

### (一) 不良资产的管理制度与操作规程

**1. 审计重点(风险点)**

(1) 没有制定公司不良资产的管理制度与流程。

(2) 公司坏账计提、报废处置不按公司规定操作。

(3) 处置固定资产没有经过主管部门的审批。

**2. 审计程序与步骤(建议但不限于)**

第一步：查阅并收集公司关于处置不良资产的管理制度与工作流程，确认公司已制定相应的管理体制，并且明确各不良资产处理权限责任及主管人员。

第二步：(1) 抽查近两年以来下属3~5家公司的资产报废处理方案，审阅其处理方案是否按公司的规定进行。

(2) 重点查阅资产处理方案是否有主管领导审批，是否按需要邀请处理单位进行谈判，是否报送有关主管单位审批或备案等。

第三步：(1) 根据抽查本年度所有的资产处理方案，核查与税务局、财政局相关联的事宜，也就是有必要进行申报、呈送审批的资产。

(2) 查阅资产处理资料，确定是否符合公司关于资产处理流程，确定是否经过相关主管部门的审查批准，处理方式是否需要主管部门的参与。

(3) 关注处理资产价格的确定过程，是否经相关部门人员参与，是否进行公开招投标，是否有独立的第三方进行谈价，价格是否经主管领导审批。

### (二) 不良资产的处理与程序

**1. 审计重点(风险点)**

(1) 长期闲置的固定资产未作出处理意见。

(2) 报废的固定资产未作处理。

(3) 在建工程坏账、多余材料物资没有及时处理。

(4) 不良资产的清查与确认不规范。

**2. 审计程序与步骤(建议但不限于)**

第一步：(1) 根据公司财会部门的盘点资料，抽查长期闲置或淘汰的固定资产(机器设备)100项，编制固定资产明细表，从会计部门查找相应的入账时间。

(2) 查找相对应的管理部门，询问关于固定资产的管理及使用过程，了解闲置资产的处理过程，是否及时提出处理意见，确定是否上报主管领导，是否审批处理意见。

第二步：(1) 按固定资产的类别进行盘点，以发现缺损淘汰或报废的机器设备。

(2) 根据固定资产折旧资料计算固定资产净值，与企业账面固定资产净值进行比较，确定折旧计提是否正确，有无人为少提折旧高估利润的现象，如有，则应查清其高估金额。

(3) 对固定资产价值与市值进行对比，估算固定资产由于技术进步形成的无形损耗及市价下跌发生的减值，综合确定固定资产账面价值中包含的不良资产数额。

第三步：(1) 抽查会计账本年在建工程项目余额，确认在建工程中施工报废工程是否计入当期损益，在建工程账面价值与市价是否相符，如有减值，应查明其原因是市价下跌，还是人为抬高或挤占工程成本。

(2) 内审人员到现场或临时仓库进行核查，确认相关的项目工程物资的存在情况，是否有盘点多余的物资，是否存放整齐、是否归档留存、是否有处理方案。

第四步：(1) 审查其入账基础，有无将已在费用开支中的支出又作为无形资产入账的现象。

(2) 检查其摊销是否符合规定，有无不摊或少摊造成无形资产账面价值高于实际价值的现象。

(3) 结合市价对无形资产进行估价，以确定无形资产中是否包含不良资产。

## (三) 往来账不良资产的处理与程序

**1. 审计重点(风险点)**

(1) 没有及时处理银行账户的未达款项。

(2) 应收账款中的呆死账没有催收。

(3) 存货中呆坏账的处理不及时。

(4) 委托代销或办事处不良资产没有处理。

(5) 长期投资不良资产未作处理。

**2. 审计程序与步骤(建议但不限于)**

第一步:(1) 抽查银行存款对账单、存款明细表,分析是否存在长期未达账项,外埠存款中是否存在呆死账。查清长期未达账项的原因,分析收回的可能性。

(2) 抽查其他货币资金明细项目,查阅其对账单,检查外埠存款对账单,确认其真实性与存在性,如有挪用或挂账的,则应查清资金去向,确定可回收概率,确定坏账。

第二步:(1) 通过收集汇总财务应收账款、预付账款、其他应收款明细表,编制应收账款账龄分析表、其他应收款账龄分析表及预付账款长期挂账资料,分析各应收款项的可收回性。

(2) 通过抽取一定量的样本进行查询、函证和抽样分析,确认应收账款、其他应收款、预付账款中的呆死账数额,以正确评价企业应收款项的实存量。

第三步:(1) 根据账本存货—积压闲置资产明细科目,对存货进行盘点,确定存货的短缺、霉变毁损数量及金额。

(2) 对存货的账面价值与市价进行比较,以确定存货账面价值是否高于实际价值的金额,对其中人为高估利润而造成产成品、自制半成品、生产成本等存货的虚增,应与正常的市价下跌引起的存货减值加以区分,以确定问题性质、分清责任。

(3) 对盘存数据进行分析,确定是否有不良资产或积压物资不处理,如有,则应汇总累计并分析其产生的原因,上报相关部门进行整改,以处置积压物资,盘活资金,增加公司资金的流动性。

第四步:(1)审查分期收款发出商品合同或其他委托代销商品记录,检查货款回收情况。

(2)对未执行合同而长期挂账的分期收款发出商品,应通过查询及函证,对其可收回性进行评估,以确认其中包含的不良资产数额。

第五步:(1)检查公司所有的投资合同,审查投资收益的真实性和完整性,根据财务报表检查实际收回的投资收益与合同规定是否一致,检查有无将投资收益存入账外作为小金库或被挪用的现象,有无高估投资收益虚增利润的情况。

(2)检查长期投资的账面价值与可收回价值是否相符,通过查询及分析,确定投资成本的亏蚀情况及损失金额。对于投资收益不能按合同收回的情况应查明原因,特别是投资收益不入账的情况应充分揭示,以防止资产流失。

(3)对投资成本不能收回的情况,应分清是投资决策失误还是被投资方的经营失败,或者是企业领导人以投资名义谋取个人利益而造成的投资损失,应分不同情况提出审计意见,对投资效果作出管理建议。

## 第十六节 合同审计操作方案

### 一、合同审计的目的与意义

根据《民法典》规定,合同是平等主体的自然人、法人及其他组织之间设立、变更、终止民事权利义务关系的意思表示一致的协议。由于公司业务涉及面广,合同种类多、金额大、风险高,故合同审计独立成为专项审计项目。

合同审计是指审计人员根据有关法规及公司制度,按照一定的程序和方法,对合同准备、签订、履行全过程进行检查与评估。合同审计的主要控制目标包括优化合同管理、降低合同风险、提高合同效率、规范合同管理。

合同审计的目的是加强合同管理审计,规范交易行为,明确双方权责;完善经济合同条款,避免潜在的经济纠纷;强化内部管理机制,规避经营风险,维护合同当事人的合法权益。

合同审计的路径为:合同内容—合同订立—合同执行—合同结束。

## 二、合同审计存在的主要问题与漏洞

合同审计存在的主要问题与漏洞如下。

(1) 合同签订没有经过领导审批。

(2) 合同条款不规范、不合理。

(3) 合同条款内容前后矛盾。

(4) 合同的价款变更不合理。

(5) 合同纠纷解除手续不完备。

## 三、合同审计的重点与目标

合同审计的重点与目标如下。

(1) 合同审核程序与领导审批。

(2) 合同条款内容与权限。

(3) 合同意思是否明确、内容是否清楚。

(4) 合同条款的变更与合同解除。

(5) 合同纠纷与处理。

(6) 合同基础资料管理。

## 四、合同审计程序与步骤

### (一) 合同签订与审批

**1. 审计重点(风险点)**

(1) 没有制定合同管理制度与签订流程。

(2) 签订合同前不按流程筛选供应商。

(3) 合同签订前没有调查对方的资信。

(4) 合同主体是不合法、手续不齐全。

**2. 审计程序与步骤(建议但不限于)**

第一步：(1) 收集公司有关管理制度,确定是否制定了合同管理制度与相应的操作流程。

(2) 向部门主管了解合同管理制度与流程的执行情况、现实操作存在的问题及解决的难题,实地查看员工的操作规程是否与制定的流程相一致,并对制度与流程作出分析,评价其可行性与操作性。

第二步：(1) 收集公司筛选合作商的制度与流程,了解确定合作方实际的操作过程。

(2) 抽取本年度集团公司相关的合同 100 份,并查阅其相关筛选合同商资料及评选的过程,权限领导是否曾参与,签批人员是否超权限。

(3) 确定其是否向足够的合作商发出邀请,是否收到报价资料,是否在公开的情况下开标,是否按规定进行双人谈判,谈判是否有相关的记录,合同是否经过领导审批。

(4) 针对在筛选合作商时存在的问题,汇总整理成报告,并提出合理建议。

第三步：(1) 根据公司合同目录,抽取相应的合同 100 份,查阅相关的附件资料。

(2) 确定在签订合同之前,已经调查并收集了对方相关内容资料,主要包括企业法人营业执照和企业法人代码证的复印件、相应的资格证书或者等级证书的复印件;单位介绍信、法人代表身份证,或者代理人的本人身份证和有效授权委托证书;当事人开户银行账号;履行相应经济合同能力的证明材料。

(3) 业务部门(通常情况下是采购部门)到对方实地考察的书面报告,内容包括对方地点、生产经营活动及管理情况、技术水平、履行经济合同内容的能力等。

第四步：(1) 根据合同目录表，抽查本年度公司各类合同合计100份。

(2) 确定对方主体是否合格，签订合同者是否为法人代表，是否具备签订合同的权限。

(3) 如果非法人签字，应确定代理人是否有法人代表的授权书，授权书是否标明授权范围和期限，并由法人承担相应的民事责任。

(二) 合同条款与内容

**1. 审计重点(风险点)**

(1) 合同条款不完整、意思不完整。

(2) 合同条款表述不详细、不严谨。

(3) 重大合同未经律师的审核。

(4) 合同付款方式不合理，存在管理漏洞。

(5) 合同文本语言差别产生了对合同理解的歧义。

**2. 审计程序与步骤(建议但不限于)**

第一步：(1) 抽查本年度公司各类合同100份，具体查看其相应的明细与条款。

(2) 确定标的的名称是否规范；数量和质量表述是否正确；价款和酬金是否明确合理；合同履行的期限、地点和方式是否明确和合理；违反合同的责任是否明确。

(3) 整体分析合同条款的合理性，确定双方意思表达完整。

第二步：(1) 抽查本年度公司各类合同100份，具体查看其相应的明细与条款。

(2) 注意检查其产品的名称(注明牌号和商标)、品种、型号、规格、等级、花色；产品的技术标准(含质量要求)；产品数量和计量单位；产品包装标准和包装物的供应和回收；产品的交货单位、交货方法、运输方式及运费的承担方式、到货地点(包括专用线、码头等)；接(提)货单位或者接(提)货人；交(提)货期限；验收方法；产品价格；结算方式、结算时间、开户银行、账户名称、账号、结算单位;违约责任;当事人协商同意的其他事项。确定其条款是否详细、严谨。

第三步:(1) 抽查本年度公司的重大合同,如金额较大或比较重要的合同50份。

(2) 向经办人员了解此类重大经济合同的审计,是否咨询法律顾问和相关方面的专家意见,以便充分完善合同条款,防止在合同中存在任何法律方面或者技术方面的问题。

第四步:(1) 抽查工程、购销、材料等合同100份,查看相应的付款条款。

(2) 确定其付款方式与付款时间是否合理,是否在合同标的不清楚、不明了的情况下多付预付款。

(3) 是否在未到货或未完工的情况下多付货款,是否存在进度款支付超出范围的情况,分析存在的问题及漏洞,提出合理建议。

第五步:(1) 根据本年度公司所有经济合同,抽查有关进口、出口的相关合同50份。

(2) 重点检查合同的使用语言,如有使用外语或第三方语言的合同,应确认合同翻译的准确性,确保合同经过专业人员的审阅与权限领导的批准。

(三)合同执行与解除

**1. 审计重点(风险点)**

(1) 合同执行不按合同条款规定。
(2) 合同条款的变更依据不充分。
(3) 合同解除不合法、手续不完备。
(4) 合同纠纷处理手续不完善。
(5) 经济合同违约责任不按约定条款。
(6) 合同基础资料的管理不到位。

**2. 审计程序与步骤(建议但不限于)**

第一步:(1) 收集公司本年度所有合同,根据合同目录资料,随机抽查 100 份不同类型的合同。

(2) 依据合同条款内容,抽查合同实施的情况,确定在合同执行的过程中是否有违反合同条款、不按合同条款执行的事项。

(3) 特别注意如下条款是否存在未按合同执行的情况:采购规格、型号不符,材料质量与厂家不同,到货(完工)时间不符,结算流程不符等。

第二步:(1) 收集公司本年度所有合同,根据合同目录资料,对合同进行快速浏览,查找有补充协议或条款的合同。

(2) 抽查合同变更或条款变更的相应依据,审查其变更的原因是否充分、依据是否齐全、审批是否完备等。

第三步:(1) 向合同部主管了解,确定本年度是否有解除合同的记录,如有则抽取相关的材料。

(2) 根据抽查的资料,了解真实情况,如果情况属实,则应审核合同解除是否符合法律规定,相关的手续办理是否完善,关注双方的人员签名与确认等。

第四步:(1) 抽查本年度下属公司重大价值合同 50 份、一般合同 50 份,合计 100 份合同,或向主管人员了解,本年度集团所有合同是否存在纠纷的事项。

(2) 检查纠纷事件的处理经过和处理结果,是否有双方人员的签字确认,涉及的合同是否执行或更改,作出最后决定的手续是否完善,是否存在发生后期事项的可能。

第五步:(1) 抽查本年度下属公司重大价值合同 50 份、一般合同 50 份,查找其相应的罚则。

(2) 查找相关的记录,确定经济合同有违约责任的是否按法律规定或者合同约定进行及时、合理、合法的处理。

(3) 查找是否有违反合同但没有履行罚则的情况,分析并追踪其事情的经过,向经办人了解不执行合同的原因,给出比较合理的罚则建议。

第六步：(1) 收集部门相关的合同管理体制及管理流程,明确机构的职责与权限。

(2) 了解是否有专人负责合同的履行与审批,对外签署合同的审核情况,合同资料的保管是否规范,是否装订成册,是否有相关的标识或标签。

(3) 按照公司的要求进行编号、记录、保管和存档,便于寻找与查阅。

## 第十七节　信息系统审计操作方案

### 一、信息系统审计的目的与意义

当今世界,信息已经成为创造竞争优势和控制风险的重要资源。

企业的信息系统是由计算机硬件、软件、数据库、制度及人员组成的人造系统,它对本组织单位所有资源进行有序组合与归集,通过收集、加工、存储、传递和提供信息,以减少员工工作量,加快企业运作流程,增强计划控制与预测功能,提高管理层决策速度,支持企业实现目标。

信息系统审计的主要目标为：公司信息系统的数据足够真实,业务流程的流转符合实际情况;信息系统的数据足够正确,录入、处理和输出的数据符合公司规定;信息系统的各类信息足够完整,能满足公司各项业务的正常有效开展;信息系统足够安全,具有可控制性、可审查性、保密性、抗攻击性等;信息系统足够可靠,能够持续、稳定地承载业务的正常运转;信息系统的经济性在合理范围,较低成本与较高效能被同时兼顾。

所谓信息系统审计,也叫 IT 审计或计算机审计,是指审计人员(最好有 IT 审计师)根据有关法规及公司制度,按照一定的程序和方法,对信息系统的计划、开发、使用控制等业务流程进行检查与评估的活动,其整体框架参见图 4-1。

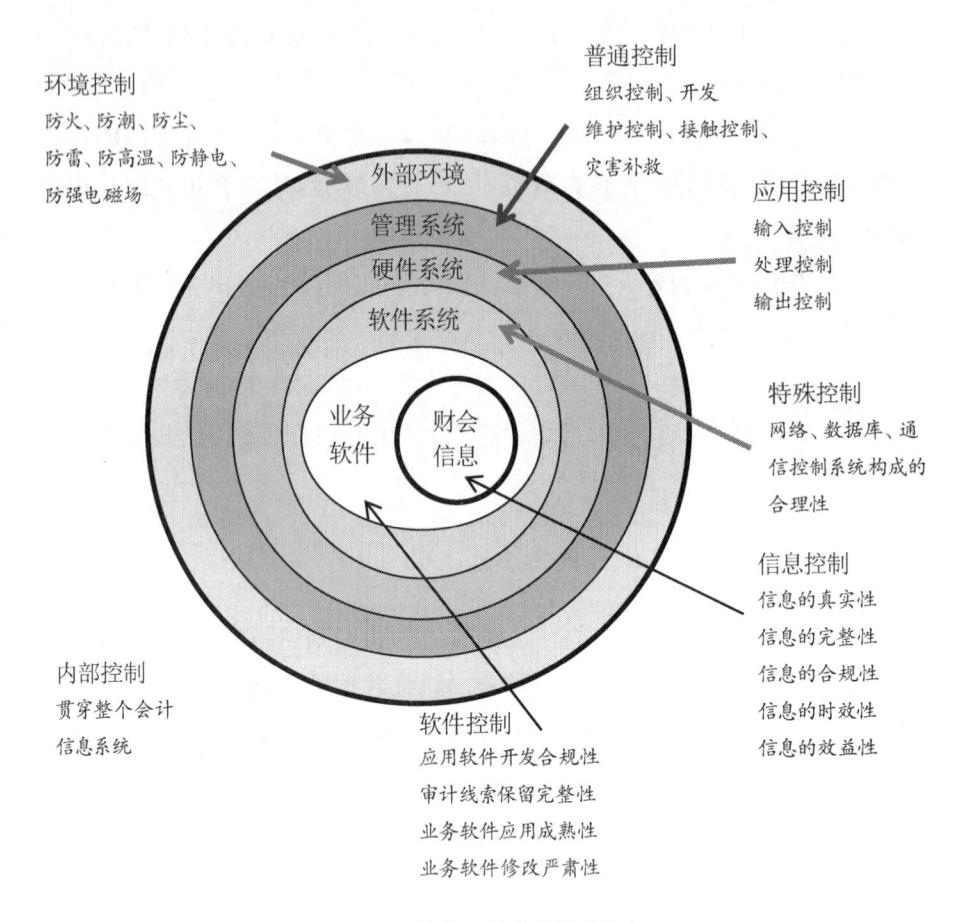

环境控制
防火、防潮、防尘、
防雷、防高温、防静电、
防强电磁场

普通控制
组织控制、开发
维护控制、接触控制、
灾害补救

应用控制
输入控制
处理控制
输出控制

外部环境
管理系统
硬件系统
软件系统
业务软件　财会信息

特殊控制
网络、数据库、通信控制系统构成的合理性

信息控制
信息的真实性
信息的完整性
信息的合规性
信息的时效性
信息的效益性

内部控制
贯穿整个会计信息系统

软件控制
应用软件开发合规性
审计线索保留完整性
业务软件应用成熟性
业务软件修改严肃性

图 4-1　信息系统审计整体框架

通过 IT 审计，可以规范计算机管理过程，梳理信息系统管理流程，评估系统与操作过程，降低组织存在的风险，保证公司营运正常，为公司领导决策提供依据，完成公司经营目标。

信息系统审计的路径为：管理规范—信息系统——般控制检查—信息系统应用控制检查。

二、信息系统审计存在的主要问题与漏洞

信息系统审计存在的主要问题与漏洞如下。

(1) 部门管理制度与流程不完善。

(2) 工作与存放环境不符合物理性。

(3) 计算机的购买与报废不按公司规定执行。

(4) 公司系统的开发与更新不及时。

(5) 系统操作人员没有进行口令设置及权限限制。

(6) 系统维护与更新不及时。

(7) 针对运维过程出现的问题没有拟定应急方案。

### 三、信息系统审计的重点与目标

信息系统审计的重点与目标如下。

(1) 信息系统部门各项工作操作的规范检查。

(2) 机房系统(外部环境)的安全性检查。

(3) 组织管理控制的有效性与完备性。

(4) 硬件系统各项控制的适当性与有效性。

(5) 软件系统的安全性与可靠性。

(6) 网络、主机和应用系统的安全与控制。

(7) 系统信息数据的正确性与安全性。

### 四、信息系统审计程序与步骤

#### (一) 部门业务规范与物理安全控制

**1. 审计重点(风险点)**

(1) 部门没有制定各项业务工作流程,分工不明确。

(2) 计算机购买手续不齐全、审批依据不完备。

(3) 计算机中心机房系统的各项防护措施不齐全。

(4) 员工离职审批与电脑报废不规范。

(5) 部门人员职责分工不符合公司规定。

**2. 审计程序与步骤(建议但不限于)**

第一步:(1) 检查并收集计算机部门各项管理制度,包括各岗位员工的工作内容与工作流程。

（2）观察各员工在工作中的操作流程，比较实际工作操作流程与制度的差异，评价各工作分工与流程的合理性。

第二步：（1）抽查审计所属时期所有的购买计算机请购单，核对所购计算机数量是否与审批单据数量一致，检查请购单据审批手续是否齐全。

（2）如发现有越权审批的情况，则应向主管人员了解事情的经过，并追查其越权的原因或者其补充的有关授权书等依据。

第三步：（1）查阅公司关于计算机后台或服务产品的保管维护制度，列出需重点检查机房有关安全的检查清单。

（2）根据检查清单，进行全面的检查，内容包括计算机中心（机房）是否进行加锁，是否有防磁、防高温、防污染、防腐蚀等措施，是否进行日常维护，维护是否有记录等，评价计算机中心的外部环境是否安全。

（3）将主要设备安置在机房内，对主要部件进行固定，设置防盗警报系统；做好防雷、防火、防水措施，设置火灾自动消防系统，能够自动检测、报警、灭火等；主要设备应做接地防静电措施，将温度、湿度控制在适宜范围，配有备用电力（如不间断电源），防电磁干扰等。

（4）对于机房的出入人员应该做控制、鉴别、记录，需要有相关审批或人员陪同，可以考虑安装门禁、监控。

第四步：（1）查阅计算机部门是否制定了员工离职及计算机报废管理制度及流程，如没有，则应进行风险评估。

（2）抽查员工离职、计算机报废请示单50份，检查计算机部门是否作出处理意见，员工离职的计算机是否进行检查与查封，报废计算机是否按流程进行审批，是否有领导审批意见。

（3）报废计算机的审核重点是确定是否用磁盘工具删除相关的内容（确保公司信息彻底删除，经营秘密不外泄），并确认报废的标准及执行时效。

第五步：（1）检查计算机部门对不相容职务是否设置分开职务，

是否对日常业务进行检查与监督。

(2) 检查内容包括计算机的请购、维护、维修，系统安全的维护与检查，人员分工中操作员是否与编程员分开，编程员与测试员等牵制岗位的人员安排，程序员与系统维护员是否操作已正式投入使用的系统；员工工作的完成记录、审核及汇报程序是否健全等。

(二) 组织管理控制有效性与完备性

**1. 审计重点(风险点)**

(1) 系统软件开发的必要性与合规性存在问题。

(2) 系统维护与更改没有经过授权，更改后的参数设置没有及时更新。

(3) 各系统操作人员没有进行口令设置及权限限制。

(4) 灾难补救计划不详细，没有进行测试与评估。

(5) 网络通信数据不安全、不完整，没有安装防火墙。

**2. 审计程序与步骤(建议但不限于)**

第一步：(1) 抽查审计所属时段所有电脑部(计算机中心)开发的系统，查阅相关的系统开发资料，确定是否有领导审批。

(2) 抽查具体开发的流程及经过，确定用户需求是否有记录，是否有相关人员审查技术方面的必要性，开发职责与分工是否符合相关的规定，是否有权限人员审批等；检查开发的系统是否留下充分的审计线索。

第二步：(1) 抽查本年度100份系统维护及系统更改的记录，确定其行为是否经过相关有权限人员的审批，是否有使用部门人员的签字，资料是否保存完整等。

(2) 抽查所更改的系统参数设置是否更新，更新时间是否及时，相应的错误打印及错误报告情况汇总等。

第三步：(1) 检查公司内部有关系统操作人员登录、密码管理制度，相应的口令控制程序。

(2) 根据相关的控制程序及制度，检查员工登录口令文件是否加密、是否进行更改控制、密钥存放地点是否安全。

(3) 内审人员实地对各个系统(软件)、数据库进行无密码、无口令或常规口令登录试验,确保没有相应的密码与权限则无法进行系统操作。

第四步:(1) 查阅公司的灾难管理制度,电脑部门是否制订了灾难应急及恢复计划。

(2) 检查并评估灾难恢复计划方案是否详细明了(包括分项明细及具体项目负责人、恢复时间、执行进度等),操作起来是否切实可行,方案是否存放于安全场所,是否定期进行测试与评估。

第五步:(1) 从会计部门抽取一组会计数据进行传输,检查是否有由于线路所导致数据失真的情况;检查有关的数据记录情况,是否所有的数据接收是按相应的次序运行,运行的结果是否正确。

(2) 对加密的信息进行发送测试,检查加密信息通道上在各不同点的信息内容是否与原传递的信息相符,评估是否有更改信息的可能。

(3) 检查公司所有的计算机是否安装防火墙,防火墙是否为正版产品,是否及时更新与升级,防火墙是否有过滤、分离、报警等方面的能力。

(三) 硬件与软件系统控制

**1. 审计重点(风险点)**

(1) 硬件与软件采购没有进行合规性审查。

(2) 硬件的使用、维护与维修没有按处理程序恰当处理。

(3) 对业务漏洞与错误的调查方式与制度不完备。

(4) 操作系统与系统软件的实施和维护控制不充分。

(5) 使用盗版系统软件。

**2. 审计程序与步骤(建议但不限于)**

第一步:(1) 查阅有关硬件与软件的采购流程,抽查公司购置硬件与软件的有关合同或协议及相关的审批依据。

(2) 比照相应的流程,确定其按程序进行各项可行性分析,以及分析是否满足公司现有管理的要求,是否对供应商进行比质比价,是否有权限人员的审批与签字等,相应的验收手续、后期服务、质量保证是否按合同条款执行。

(3) 抽查所有设备使用交接清单,检查设备的使用与交接手续是否完备,交接双方是否签字确认。

第二步:(1) 收集并查阅公司对硬件维护、维修的规定,设备生产商的预防性维护程序。

(2) 抽查计算机日志和定期的调配使用报告,核对是否按程序进行维护,是否有设备使用记录,是否对实物进行了适当的安全控制措施。

第三步:(1) 收集并查阅公司对业务漏洞调查的相关制度、电脑部门的相关记录。

(2) 抽查业务漏洞与错误的处理单据20~50份,确定其是否按相关的规定进行处理,调查的方式是否与制度相符合。

(3) 是否对多发生故障的设备或部件查明原因,并作出定期记录与分析;各硬件的资料归档是否完整等。

第四步:(1) 收集并检查电脑部门系统变更控制程序,评估确定其控制程序是否达到目标。

(2) 审查所属时期操作系统是否有变更,变更是否有相关的审批文件;系统程序员是否与应用职责分离,系统程序员是否有后备力量;支付系统维护费是否合理,检查是否对出现故障的操作系统有完备的维护程序与记录。

第五步:(1) 检查公司信息系统保存的各种授权许可证,确定是否使用正版软件并保存软件授权许可证书和许可协议;操作系统软件是否有授权(服务器);操作系统是否有授权(办公计算机);数据库软件是否有授权;杀毒软件是否有授权;办公文字处理软件是否有授权;办公专业处理软件是否有授权;专用业务软件是否有授权。

(2) 是否编制软件清单,该清单内容主要包含软件信息、软件状态、授权和许可情况、软件序列号、软件维护期等;是否制定了软件正版化计划;是否对软件正版化情况展开自查。

(四) 网络安全控制

**1. 审计重点(风险点)**

(1) 网络结构安全风险。

(2) 网络设备访问控制风险。

(3) 网络设备安全风险。

(4) 网络边界完整性风险。

(5) 网络入侵防范风险。

(6) 恶意代码防范风险。

(7) 网络设备防护策略风险。

**2. 审计程序与步骤(建议但不限于)**

第一步:保证主要网络设备的业务处理能力具备冗余空间,满足业务高峰期需要;带宽满足业务高峰时的需要;应在业务终端与业务服务器之间进行路由控制,建立安全访问路径;绘制当前运行情况的网络拓扑结构;应按照业务重要次序分配带宽优先级。

第二步:在网络边界部署访问控制设备,启用访问控制功能;应对进出网络的信息内容进行过滤,实现对应用层 HTTP、FTP、TELNET、SMTP、POP3 等协议命令级的控制。

第三步:对网络系统中的网络设备运行状况、网络流量、用户行为等进行日志记录;日志记录应该包含事件的日期和时间、用户、事件类型、事件是否成功及其他与审计相关的信息;日志记录应能生成审计报表。

第四步:能对非授权设备连接到内部网络的行为进行检查,准确定位,并能有效阻断。

第五步:在网络边界处监视以下攻击行为:端口扫描、强力攻击、木马后门攻击、拒绝服务攻击、缓冲区溢出攻击、IP 碎片攻击和网络蠕虫攻击等;当检测到攻击行为时,记录攻击源 IP、攻击类型、攻击目的、攻击时间,在发生严重入侵事件时提出警报。

第六步：在网络边界对恶意代码进行检测和清除；应维护恶意代码库的升级和检测系统的更新。

第七步：对网络设备的用户登录进行身份鉴别，对网络设备的管理员登录地址进行限制；网络设备用户的标识应是唯一的；应实现设备特权用户的权限分离；应具有登录失败处理功能。

（五）主机安全控制

**1. 审计重点（风险点）**

（1）主机身份鉴别风险。

（2）主机访问控制风险。

（3）主机安全审计风险。

（4）剩余信息保护风险。

（5）主机入侵防范风险。

（6）恶意代码防范风险。

（7）主机资源控制风险。

**2. 审计程序与步骤（建议但不限于）**

第一步：对登录操作系统和数据库系统的用户进行身份标识和鉴别；操作系统和数据库管理用户身份标识应具有不易被冒用的特点，口令应有复杂度要求并定期更换；为操作系统和数据库系统的不同用户分配不同用户名，确保用户名具有唯一性；采用两种或两种以上组合的鉴别技术对管理用户进行身份鉴别。

第二步：启用访问控制功能，依据安全策略控制用户对资源的访问；根据管理用户的角色分配权限，实现管理用户的权限分离，仅授予管理用户所需最小权限；严格限制默认账户的访问权限，重命名系统默认账户，修改账户的默认口令；及时删除多余的、过期的账户，避免账户共享；对重要信息资源设置敏感标记；依据安全策略严格控制用户对有敏感标记的信息的操作。

第三步：主机审计日志应覆盖到服务器和重要客户端上的每个操作系统用户和数据库用户；应包括重要用户行为、系统资源的异常使用和重要系统命令的使用等系统内重要的安全相关事件;应包括事件的日期、时间、类型、结果等;审计日志应受到保护,避免收到未预期的删除、修改或覆盖等。

第四步:保证操作系统和数据库系统用户的鉴别信息所在的存储空间,被释放或在分配给其他用户前得到完全清除。

第五步:主机应能够检测到对服务器的入侵行为,能够记录入侵的源 IP、攻击类型、攻击目的、攻击时间等,并能提供警报。

第六步:防恶意代码软件的及时更新,升级恶意代码库,支持防恶意代码的统一管理。

第七步:通过设定终端接入方式、网络地址范围等条件限制终端登录规则;根据安全策略设置登录终端的操作超时锁定;限制单个用户对系统资源的最大或最小使用限度。

(六) 应用安全控制

**1. 审计重点(风险点)**

(1) 应用系统的身份鉴别风险。

(2) 应用的访问控制风险。

(3) 应用安全审计风险。

(4) 剩余信息保护风险。

(5) 应用通信安全风险。

(6) 应用软件容错风险。

(7) 应用资源控制风险。

**2. 审计程序与步骤(建议但不限于)**

第一步:提供专用的登录控制模块对用户进行身份标识和鉴别;对同一用户采用两种和两种以上组合的鉴别技术实现用户身份鉴别;启用身份鉴别、用户身份标识唯一性检查等。

第二步:提供访问控制功能,依据安全策略控制用户对文件、数据库表等的访问;授予用户需求范围内最小权限;设置信息资源敏感标记,严格控制用户对被标记的敏感信息的操作。

第三步：提供安全审计功能，审计记录应该包含事件的日期和时间、用户、事件类型、事件是否成功及其他与审计相关的信息；日志记录能生成审计报表。

第四步：保证操作系统和数据库系统用户的鉴别信息所在的存储空间，被释放或在分配给其他用户前得到完全清除。

第五步：采用密码技术保证通信过程中数据的完整性；对通信过程中的报文或会话进行加密；应具有在请求的情况下为原发者或接收者提供数据接收证据的功能。

第六步：提供数据有效性检验功能，保证通过人机接口输入或者通过通信接口输入的数据格式或长度符合系统设定的需求；提供自动保护功能，当故障发生时自动保护当前状态，保证系统能够进行恢复。

第七步：应用系统的通信双方中的一方在一段时间内未作响应，另一方应能自动结束会话；能够对系统的最大并发连接数进行限制；能够对单个账户的多重并发会话进行限制；能对一个时间段内可能的并发会话连接数进行限制；能对一个访问账户或一个请求进程占用的资源分配最大限额和最小限额；能提供服务优先级设定功能，在使用时能根据优先级分配资源。

（七）数据安全控制

**1. 审计重点（风险点）**

（1）系统数据没有提供双硬盘备份、日志备份，没有异地存放。

（2）系统数据的完整性和保密性风险。

（3）数据录入（导入）安全、合规、准确性风险。

（4）数据修改和删除控制风险。

（5）数据备份与恢复数据的接收与输出风险。

（6）数据处理的合规性、有效性风险。

（7）数据输出安全、合规、准备性风险。

**2. 审计程序与步骤（建议但不限于）**

第一步：（1）对电脑部业务流程进行分析与检查，包括服务器的管理与更新。

(2) 抽查会计、销售、采购业务三个模块，核实各个业务系统数据是否做双硬盘备份，是否有操作日志备份、动态备份等，所有业务数据存储地点是否安全，是否做异地存储，评价使用系统业务数据存储的安全性。

(3) 各系统、设备是否提供备份和恢复功能，备份结果与备份策略是否一致。如果没有恢复与备份保证措施，是否存在备份和恢复失败的历史记录。

第二步：(1) 信息系统数据在存储和传输过程中是否有完整性保证措施。当检测到完整性错误时，是否能够恢复，是否有必要采取恢复措施。如果没有完整性保证措施，是否存在完整性受到破坏的历史记录。针对主要主机操作系统、主要网络设备操作系统、主要数据库管理系统和主要应用系统，查看是否配备检测系统来管理数据，鉴别信息和重要业务数据在传输过程中完整性是否受到破坏。

(2) 各系统的业务数据是否采用加密技术，是否采取其他措施实现数据传输的保密性。如果没有保密性保证措施，是否有保密性失败的历史记录。

第三步：(1) 审阅组织结构文件、岗位职责与流程和用户授权文档，确认涉及数据录入、导入的岗位及其职责与权限；了解被导入、录入数据是否存在控制规范；检查系统访问控制列表，了解系统对数据录入导入功能权限的设定与规定是否相符；考察员工是否按照数据录入和导入的相关规定完成操作。

(2) 设定不同权限的测试用户进行穿行测试，检查系统是否严格限定只有满足权限要求的用户可使用导入和录入功能；检查是否存在未经许可的数据导入和录入接口。

(3) 设定不同权限的测试用户穿行测试，检查系统是否提供了输入值约束功能，以保证输入数据的准确性；检查是否所有输入的数据都能被正确地接受和处理；抽取一部分已处理的业务进行核对，以证实数据录入和导入的完整有效性。

第四步：(1)审阅组织结构文件、岗位职责与流程和用户授权文档，确认涉及数据修改、删除的岗位及其职责与权限；了解被修改、删除数据是否存在控制规范；检查系统访问控制列表，了解系统对数据修改、删除功能权限的设定与规定是否相符；考察员工是否按照数据修改、删除的相关规定完成操作。

(2)设定不同权限的测试用户进行穿行测试，检查系统是否严格限定只有满足权限要求的用户使用修改、删除功能；检查系统日志功能是否按照规定记录了用户的数据修改、删除操作；抽取部分日志进行分析，判断是否符合相关规定。

(3)制定不同权限的测试用户穿行测试，检查系统是否能够保证数据修改、删除的准确性；制定不同权限的测试用户穿行测试，检查系统是否所有需要修改、删除的数据都能被正确地修改、删除；抽取一部分已处理的业务进行核对，以证实数据修改、删除的完整性和有效性。

第五步：(1)审阅组织结构文件、岗位职责与流程和用户授权文档，确认涉及数据备份与恢复的接收与输出的岗位及其职责与权限；了解被备份与恢复数据是否存在控制规范；检查系统访问控制列表，了解系统对备份与恢复数据的接收与输出功能权限的设定与规定是否相符；考察员工是否按照数据备份与恢复数据的接收与输出相关规定完成操作。

(2)设定不同权限的测试用户进行穿行测试，检查系统是否严格限定只有满足权限要求的用户使用备份与恢复数据的接收与输出功能；检查系统日志功能是否按照规定记录了用户的备份与恢复数据的接收与输出操作；抽取部分日志进行分析，判断其是否符合相关规定。

(3)设定满足权限的测试用户，测试系统提供的数据备份包是否可恢复，数据是否完整、准确、可用。

第六步：(1)检查审计开发文档，了解业务系统的数据计算需求和设计；访谈关键用户，了解关键的数据计算流程；确定关键的数据计算控制点和控制逻辑。

（2）设定不同权限的测试用户，对系统进行穿行测试，逐项检查系统中的关键数据计算控制点和控制逻辑的有效性；检查系统是否存在未经许可的数据计算功能；抽取一部分已处理过的真实业务进行核对，以证实数据计算控制的有效性。

第七步：（1）审阅组织结构文件、岗位职责与流程和用户授权文档，确认涉及数据输出显示的岗位及其职责与权限；了解被输出数据是否存在控制规范；检查系统访问控制列表，了解系统对数据输出功能权限的设定与规定是否相符；考察员工是否按照数据输出的相关规定完成操作。

（2）设定不同权限的测试用户，对系统进行穿行测试，系统是否限定只有满足权限要求的用户才输出相关数据；抽取敏感数据的输出记录，确定是否符合规范。

（3）设定不同权限的用户，对系统进行穿行测试，测试系统提供的输出数据是否完整。

## 第十八节　内部控制审计操作方案

世界上85%的失败企业与内控缺失有关。

内部控制对于合伙串通、超越制度的行为是无效的。

自我约束如同让吸血鬼掌管血库一样，是很难成功的。

### 一、内部控制审计的目的与意义

内部控制是指组织内部为实现经营目标，保护资产完整，保证对国家法律法规的遵循，提高组织运营的效率及效果而采取的各种政策和程序。内部控制包括以下五个要素：控制环境、风险管理、控制活动、信息与沟通、监督。

控制环境是指对企业内部控制建立和实施有重要影响的因素的统称,包括企业性质与类型、经营理念、组织文化、治理机构、职责分工及人员能力、人力资源政策与执行。

风险管理是指企业各级管理层对企业内部和外部风险的确认,采用相应的措施防范风险、规避风险,以减少损失的过程,包括识别风险、风险预警和风险反应机制。

控制活动是指企业管理层为保证既定目标得以顺利实现而执行各项控制政策和程序,主要包括授权、职务分离、控制记录和凭证真实性、独立的业务审核。

信息与沟通是企业确认、获取、处理和保存各种与内外部事项或活动有关的信息以及信息传递的过程,包括信息记录、系统的有序运转及可靠性。

监督是为合理保证企业内部控制的健全性、合理性和有效性而持续进行评估的过程,包括定期评估和自我评估。

内部控制审计是指根据有关法规及公司制度,按照一定的程序和方法,对内部控制的各构成要素进行测试与评价的活动。评价活动主要包括:内部控制健全性检查评价、内部控制有效性测试、内部控制合理科学性综合评价、内部控制实质性测试。

内部控制审计的目的是保护财产物资安全完整和有效使用,包括现金、材料、固定资本、产品等;保证会计信息和其他信息资料正确可靠;提高工作效率和实现经营目标;促进各项法规、决策、决议和制度的落实;为检查监督审计提供必要的基础条件。

"好制度可以把坏人变好人,不好的制度可以把好人变坏人",这是一个重要的警示。我们要完善公司管理制度,控制好公司管理过程,评估管理结果,为集团公司运营保驾护航。

内部控制审计的路径为:控制环境评价—风险管理评估—控制活动分析—信息系统评估—监督体系的构建。

## 二、内部控制审计存在的主要问题与漏洞

内部控制审计存在的主要问题与漏洞如下。

(1) 公司没有建立内部控制制度或内部控制制度不完善。

(2) 公司没有企业愿景或治理机构。

(3) 没有建立公司道德、行为规范与员工守则,且建立后不实施。

(4) 董事会没有发挥真正的作用。

(5) 没有建立企业风险管理体系。

(6) 控制体系不完善,不及时进行评审。

(7) 信息交流不畅通,部门之间沟通有阻隔。

(8) 公司没有监督评估部门及相应体系。

## 三、内部控制审计的重点与目标

内部控制审计的重点与目标如下。

(1) 公司治理机构与道德观。

(2) 管理理念与机构设置。

(3) 员工政策与职责分工。

(4) 风险识别与反应机制。

(5) 内部控制与职责分离。

(6) 信息收集、处理与沟通。

(7) 监督机制与评估审计。

## 四、内部控制审计程序与步骤

### (一) 控制环境的评价

**1. 审计重点(风险点)**

(1) 治理机构不能发挥应有作用。

(2) 管理层风格、权力分配、方法不恰当。

(3) 没有建立道德规范与企业文化。

(4) 违反政策、程序及越权处理不当。

(5) 没有制定员工行为规范与工作守则。

(6) 没有对员工素质与能力进行评估。

(7) 组织机构不适合企业发展。

(8) 人力资源政策与制度不完善。

**2. 审计程序与步骤(建议但不限于)**

第一步：(1) 从总裁办及人力资源部门查找收集关于公司治理机构的相关资料。

(2) 检查董事会、监事会、审计委员会、外审机构是否齐全，人员知识经验是否满足工作需要，各治理机构是否能发挥监督及应有的作用。

(3) 查阅董事会决策及其他相关资料，分析董事会是否对管理层的决定提出建设性质疑，监事会及其他机构的会谈情况，审计委员会的独立性是否得到满足，外审机构沟通情况。从总体上分析与评估公司治理机构的作用。

第二步：(1) 从总裁办查找相关的会议决议资料。

(2) 分析管理层管理风格、接受风险的程度，是否存在经常涉足高风险项目的情况，是否存在经营保守的情况，是否谨慎对待每一项投资项目及决策等。

(3) 管理层是否经常进行上下级的沟通，各项权力及通用权限是否合理，管理会议是否经常召开，会议决策的执行情况。汇总分析管理层的管理经营理念及管理风格是否恰当，是否与公司的经营理念一致。

第三步：(1) 从人力资源部门查找相应的道德规范、企业文化等资料。

(2) 从资料上进行分析，评估诚信及价值观的言行是否在公司得到交流与推荐，员工是否一如既往地执行道德规范，是否有员工违规违纪的情况，是否有管理层与员工面对面的交流与记录，管理层对存在的问题是否及时作出处理等。

第四步：(1) 从投诉部门查找有关违纪违规的相关资料。

（2）审阅对于员工违反政策、程序及越权处理的方式方法及过程，评估其处理是否恰当，对违反的事项是否得到传播，对违背政策的员工的纠正是否适当，越权是否得到处理，处理及干预是否记录在案等。

第五步：（1）从人力资源部门查找关于员工工作规范及工作守则的资料。

（2）确定员工守则及员工行为规范是否齐全、范畴是否完备，对违规行为是否作了明确的约定，是否对员工进行定期的规范检查，让员工明白行为中的可为与不可为。从总体上评估员工日常行为规范制度。

第六步：（1）从人力资源部门查找关于员工考评及考核资料、相应的职位说明书。

（2）通过分析资料，评估每一项工作是否制定了正式和非正式的工作要求，是否对每个岗位进行工作内容的分析与评估，管理层及主管是否对每个工作岗位进行具体的工作说明，是否受到应有监督与管理，职务说明书是否进行更新与检查。

（3）相关的部门是否每年对每个员工素质与能力进行评估，是否有相应的记录等。

第七步：（1）从总裁办及人力资源部门查阅公司的机构图。

（2）从公开资料查找同类（同行业）标杆企业的组织机构情况，与本公司的现状进行比较，根据公司长远的目标及人力资源策略，分析确定组织机构部门设置的合理性，是否满足企业的管理需要，是否存在机构臃肿的情况。

（3）如果机构不能满足公司发展需要，则应谨慎分析各部门存在的必要性，分析各员工工作量是否达到公司目标与要求。

第八步：（1）从总裁办及人力资源部门查阅公司关于员工政策。

（2）评估人员的招聘、培训、提升及奖惩政策是否齐全，招聘、培训程序是否适当，提升是否公平、公开，是否对员工的背景资料进行调查。

（3）对员工的考核是否制定条例，是否合理与公正，是否达到激励的目的,是否适合本公司的实际情况。

(4) 员工的"五险一金"、福利政策是否完善,是否执行到位,是否按国家的规定进行计算与缴纳,是否针对政策的变化与员工进行交流与协调等。

## (二) 风险管理的评估

### 1. 审计重点(风险点)

(1) 公司没有建立风险管理体系。

(2) 没有制定企业愿景与目标。

(3) 没有制定战略计划与预算或与实际不一致。

(4) 经营目标与作业层目标划分不齐全、不细致。

(5) 没有对企业风险进行定期评价。

(6) 危机风险管理不及时、执行不到位。

### 2. 审计程序与步骤(建议但不限于)

第一步:(1) 从总裁办或人力资源管理部门查找关于风险管理部门的相关资料。

(2) 快速浏览资料以确定公司是否制定相关的风险管理体系,是否对危机管理制定相应的制度流程,是否设立了相应的部门或专职人员,作业流程是否经过评估等。

(3) 针对公司现状,提出管理建议。

第二步:(1) 从公司档案部门或总裁办查找企业愿景及目标的相关资料。

(2) 浏览相应的资料确定公司是否制定了目标与愿景,制定的目标与愿景是否与经营情况直接相关,是否符合本公司的整体性要求。

第三步:(1) 查阅相关资料,确定公司是否制定了公司战略、预算及各种计划。

(2) 根据以往数据及运行趋势,分析评估公司预算是否合理,是否与企业目标、愿景要求相一致,预算制定是否准确与齐全,是否对管理层均有具体规定及要求。

第四步：（1）收集公司关于经营目标的相关决策资料。

（2）浏览相关的资料内容,确定公司是否制定了经营目标、财务目标、利润目标,产品、服务流动及配套工作是否制定了目标,是否进行定期或不定期的评估,各目标是否与总体目标相联系,是否适合总体目标发展水平。

（3）确定是否制定有作业层目标,作业层目标是否与经营目标关联,是否具备实现目标所需的资料,是否定期或不定期地进行评估。

（4）高层或管理层是否参与了目标制定过程,审批是否齐全。

第五步：（1）从风险管理部门收集关于风险决策的相关资料。

（2）通过浏览相关的资料,确定公司是否对原材料、技术、债权、竞争对手、政治经济环境、法律等方面进行定期或不定期的分析,并对相关的资料进行分析。

（3）各业务系统是否存有备用功能,具体包括人力资源系统、销售系统、物流系统、人员工资福利变动等,财务资金是否支持现有的计划业务,信息系统是否有备用系统,是否进行异地储存,是否在灾难发生时可以代替原有系统。

（4）是否有管理层参与的风险分析与决策,发现风险是否与企业目标相关。

第六步：（1）风险识别与评估后,是否有专门的机构给予解决,是否对风险采取化解、转移等处理。

（2）风险管理过程中是否对灾难进行预演,总体分析灾难对业务流程、作业过程、正常经营的影响,并制定相应的评估及预防方案。

（3）当灾难发生以后,风险管理部门是否对风险管理过程进行总结分析并存档。

（三）内部控制的评估

**1. 审计重点（风险点）**

（1）经营活动没有制定相应的政策与程序。

（2）控制流程没有实施与执行。

(3) 内控政策流程没有达到预期效果。

(4) 没有授权制度或授权不合理。

(5) 例外事件及业务变更未更新控制流程。

(6) 内部控制缺失事项评价。

(7) 不相容的职务没有职责分离。

(8) 资产和记录没有设置接触限制。

### 2. 审计程序与步骤(建议但不限于)

第一步：(1) 收集公司管理手册、部门工作流程与管理制度、作业操作规程、工作标准、用量标准等资料。

(2) 分别对公司各项业务、各流程进行作业分析，确定每项经营活动是否制定了相应的控制制度及流程，是否形成政策文字手册，是否发送到每个操作员手中，是否得到员工的高度认可并有相应的培训确认资料。

(3) 对于内部控制缺失或不完善的方面，应分析其原因，判断业务流程风险点，并提出合理化的建议。

第二步：(1) 根据现有的内部控制制度及管理流程，分析公司近年来发现问题较多的部门或流程，选择采购、销售、财务、工程等方面的内控制度。

(2) 对抽查的各项业务内控流程进行穿行测试，对采购部和财务部门进行凭证式穿行测试；内审人员对每个步骤的操作过程进行记录，并与规定的操作流程进行比较，确定每个内控步骤是否按制定的步骤执行。

(3) 根据上面穿行测试的执行情况，分析不相符的流程或步骤是否存在风险，如有风险，则应对相应的问题提出合理化的建议。

第三步：根据第二步抽查穿行测试的情况，分析现行操作流程存在的风险，以及实际产生的后果和影响，分析是否达到内控预期的目标与效果。

第四步：(1) 从相关的部门收集相关管理控制及权限表。

(2)根据公司制定的《管理人员权限表》（如没有，则应建议公司编制），对每个业务进行检查，确定每笔业务均有授权，授权的额度是否适合，授权额度是否合理，是否按公司的要求进行及时的评估与更改。检查更改的手续是否齐全，审批是否达到权限规定。

第五步：(1)向部门主管了解是否有更改业务流程例外的事件，并查阅公司相关会议内容及请示资料，确定是否存在业务流程更改、制度变化等情况。

(2)查找对应的内部控制手册，确定业务流程发生变化后是否更改相应的控制流程，更新制度与流程是否及时，是否能达到控制目标。

第六步：(1)向公司监察部门或人力资源部门了解并收集关于职员违规的事项。

(2)对发生违规事件进行分析，对串通或由于重大流程变化产生的案件进行推演，进一步确定发生违规的环节、关键点，确认是制度还是人力的原因造成的。

(3)对相应的由于内控缺失的业务、流程进行关键控制点的确认，并作出合理化的内控方面的建议。

第七步：(1)查看公司业务流程图及员工工作内容。

(2)确认业务的批准与执行是否分工负责，业务执行与记录是否分工，资产保管与会计记录之间是否分工；每个部门的工作流程是否由一个人完成，是否有内部牵制的相关规定，部门是否多次违反规定。

(3)如部门发生过违反规定的事情，则应分析事情的严重性及发生的经过，确认是否由不相容职务不分离所造成，并提出合理化的建议。

第八步：(1)查阅公司关于资产接触及记录使用控制的制度。

(2)查找各种使用资产和记录的资料，确定有适当的防范措施，程序合适，并对整个内部控制过程进行分析，确认其合规性。

### (四)信息与交流的评估

**1. 审计重点(风险点)**

(1)没有建立识别、运用信息的系统或部门。

(2) 没有制定信息运用相关的制度及流程。

(3) 信息传递不及时、不畅通。

(4) 企业内部交流效果不佳。

**2. 审计程序与步骤(建议但不限于)**

第一步：(1) 查看公司机构图及相关的会议决策资料。

(2) 根据机构图及相关资料,查阅并确认公司是否建立信息系统或部门,管理层是否支持信息部门工作。

第二步：(1) 查阅信息传递的工作流程,并实时跟踪信息的流转过程。

(2) 确认公司是否建设有信息收集、识别、运用及传递的制度与流程,内外部信息是否与公司要求相关,现有的工作流程与机构是否满足公司各级管理人员的要求。

(3) 如没有相关的制度及流程,则应参考先进公司的经验,并结合本公司实际情况,对公司的信息部门、工作流程与作业制度提出建议。

第三步：(1) 抽查审计年度销售部门、采购部门所收集到的信息资料。

(2) 分析各管理人员是否收到经过分析的信息,是否按不同的级别呈送不同的信息,信息是否被收集并归纳整理,信息提供是否及时,并对经济、控制活动变化作出快速反应及采取相应的管理措施。

(3) 着重关注信息迟到的情况,对没有收到信息的部门进行了解,确认其工作流程是否畅通无阻及操作的可行性。如有不畅,则应提出合理的建议。

第四步：(1) 查看公司关于交流的方式及范围。

(2) 确认员工的责任及控制是否得到有效交流,会议、培训是否经常进行,员工目标和公司要求是否明了,是否存在投诉渠道,是否存在员工合理化建议的奖励制度,是否形成一个切实可行的体制。

(3) 对员工投诉及建议是否及时上报,高层管理人员是否明白员工的要求并采取相应的措施。

### (五) 监督体系的评估

**1. 审计重点(风险点)**

(1) 没有建立健全监督检查体系与制度。

(2) 公司运营过程关键控制点监管不到位。

(3) 没有对公司各项业务进行适当的评估。

**2. 审计程序与步骤(建议但不限于)**

第一步:(1) 收集并查阅公司的机构图及监督制度,分析监督体系的完整性。

(2) 确认公司是否已建立相应的监督体系,内部控制系统是否运营良好,管理人员对信息的监管是否落实。确认工作业务间的监督是否到位,各项目资产的核对、供应商投诉是否得到及时处理等。

(3) 对制度的执行是否建立跟踪汇报制度,验证其是否可行。

第二步:(1) 从投诉部门收集关于公司整体运营的投诉资料。

(2) 查找投诉问题较多、损失损耗较大的业务部门或事项,分析原因,总结经验,提出合理的建议及整改措施。

(3) 抽查公司采购、销售、工程、财务操作过程的关键控制点,实地监督检查经办人员对关键控制点的监管过程,分析业务部门对控制点的管控力度是否到位、是否存在操作风险等。

(4) 关注业务部门发现问题后的解决过程,确保事情得到妥善解决。

第三步:(1) 查看公司是否制定了相关评估制度,查阅各业务或部门的评估报告。

(2) 确认公司是否对各业务、流程及部门进行定期或不定期的评估,评估的范围、深度和频率是否合理,评估过程是否适当,方法是否合乎逻辑,评估结果是否形成书面报告,是否汇报给有权限的领导。

(3) 检查重要事项汇报制度是否存在,评估工具是否先进,报告内容是否恰当,是否有后续的跟踪处理过程,实施效果是否显著。

## 五、内部控制缺陷预警信号

主要内部控制缺陷预警信息有如下几类。

（1）缺乏职责划分：一个人做多项不相容工作。

（2）缺乏实物资产保护措施：实物购进、使用、报废没有制度等。

（3）缺乏独立核查：没有独立第三方的检查。

（4）缺乏适当的文件和记录保管：作业过程没有记录，不可查阅。

（5）逾越内部控制：防范串通、一权独大、人权大于法权。

（6）会计系统薄弱：会计业务不规范，管理存在漏洞。

## 第十九节　舞弊专项审计操作方案

### 一、舞弊专项审计的目的与意义

事情的发生必有过程，有过程必有轨迹。

在实施内部审计时，查找审计证据成为审计工作的核心，可以毫不夸张地说，审计证据直接决定审计的成败。特别是在舞弊案件的审计中，各种证据的收集显得更为重要与艰难。现实案例中，所有舞弊者都会进行反侦察的策划与模拟训练，利用各种管理漏洞，分析作弊的可能时间、地点、人物与时机；而且都有较强的防查意识，有编制各种借口的充分理由，有毁灭证据的严密行为，从而使收集证据变得更为艰难。

内审人员要从破绽中寻找轨迹，从轨迹中梳理过程，从过程中分析事件，从事件过程中搜集证据；审查有关的舞弊案时，多为收集佐证或旁证，收集到直接证据比较困难。

舞弊原因一般来自三个因素：动机、机会及忠诚性的缺乏。当其中任意一个或两个因素的可能性增加时，舞弊的可能性增加，当三个因素的可能性都增加时,舞弊的发生将确信无疑。著名的舞弊三角理论也是根据这个因素产生的,它是由史蒂文·阿伯雷齐特(Steve Albrecht)于1995年提出的。阿伯雷齐特认为舞弊三角形的三个顶点是"压力、机会和自我合理化"。压力可分为四类,即财务压力、恶习、与工作有关的压力、其他压力。

舞弊机会包括控制措施的缺乏、无法评价工作质量绩效、缺乏惩罚措施、信息不对称、无能力察觉舞弊行为、无审计轨迹。自我合理化即忠诚性,是个人的道德价值判断。

我们用逆反思维进行分析,要想尽可能减少舞弊,可以从三个方面进行预防或采取相关的措施:从动机(压力)上进行减压,增加财务支持、减少工作压力等;机会上要实行严格的内部控制制度,实行奖惩制度,信息公开化,加强内部审计,全方位进行审计;提高员工忠诚度,提倡人性化管理,增强员工归属感等。

假若舞弊发生,要认真对待,争取减少损失,维护公司利益与形象。在实施审计调查时,必须以证据为依据,以事实为准绳,利用证据破获舞弊行为。如何查证成为内审人员的重中之重。俗话说,万变不离其宗,擒贼先擒王,打蛇打七寸。不管舞弊者多么狡猾,我们从其源头查起,一定会有收获。根据事物发展与规律可知:任何事情的发生与发展都不是单独存在的,必伴随着相关的人、物及过程,我们就从发生事件的"三要素"(人、物、过程)入手,收集所需要的证据。

舞弊专项审计是指内部审计人员根据规章制度及领导安排,对企业经营业务过程中可能存在营私舞弊的业务进行审核和评估的活动。

舞弊专项审计的目的是初步认定舞弊事实,确认违法乱纪行为,明确相关责任,严肃法规和公司制度,制止损害公司利益的行为,追回公司经济损失,起到惩前毖后的作用。

注意:由于舞弊的判定由司法机关决定,所以我们在审计报告只能说是可能、极有可能存在这种情况,不能以确定的语气来表述报告,这也是为了降低报告的风险,同时也是为了降低内审的总体风险。

公安机关有一套独立的收集证据的方法与程序,内审资料只作为参考依据。

舞弊不一定是犯罪。

我们的目标是不冤枉一个好人,也不放过一个坏人。

舞弊专项审计的路径为:举报或批示—分析—调查—结论。

## 二、舞弊专项审计存在的主要问题与漏洞

舞弊专项审计存在的主要问题与漏洞如下。

(1) 舞弊审计具有不规则性。

(2) 审计过程与报告有保密性。

(3) 汇报时间具有时效性。

(4) 审计没有深入挖掘根源。

(5) 没有总结防范措施。

## 三、舞弊专项审计的重点与目标

舞弊专项审计的重点与目标如下。

(1) 分析确定舞弊真实性。

(2) 评估舞弊范围的深度与广度。

(3) 舞弊事件可能涉及的人员与数量。

(4) 具体舞弊事项的确定与经过。

(5) 舞弊事件对企业管理的启示及防控措施。

## 四、舞弊审计程序与步骤

### 1. 审计重点(风险点)

(1) 审计方案或规划的审批。

(2) 分析确定舞弊信息的真实性。

(3) 对舞弊信息整理归集分类。

(4) 可能涉及的人员与数量。

(5) 核实每类信息或相应的事实。

(6) 证人证词及嫌疑人访谈。

(7) 分析总结审计结论,提出处理方案。

(8) 舞弊事件总结及企业防范措施。

**2. 审计程序与步骤(建议但不限于)**

第一步:(1) 根据举报、批示或风险分析结果,制定审计方案或计划。

(2) 根据整理好的资料请示,向内部审计权限领导提请审批。由于专案审计内容的特殊性和保密性,内审人员不必先通知审计单位,可以带上审批通知书及相关资料,直接到相应的公司或部门,与主管沟通后(注意分析其参与的可能性),进行相关的审查工作。

(3) 如果在申请审计手续时存在领导不能及时审批的情况,可以先电话请示后再开展审计,最后才补办相关的请示审批手续,完善相应的工作流程。

第二步:(1) 根据举报、批示或风险分析结果,对相关内容进行分析。

(2) 召开小组会议,由组长主持对相关资料进行详细审阅,通过研究、讨论确认资料的可信度及事情的真实性,列出各种可能的事项及概率等。

第三步:(1) 根据举报、批示或风险分析结果,对相关内容进行分析。

(2) 详查相关内容,对相关举报事项进行归纳、总结与分类,对每一类的事项进行记录,并查找相应的工作流程及作业操作规程,分析事情发生的可能性。

(3) 关注该事项的发生的概率,是否存在多次发生的可能、涉及的范围及人员是否广大、发生的后果是否严重等。

第四步:(1) 根据举报、批示或风险分析可能产生的结果及损失的严重情况,对相关内容进行分析。

(2) 依据第三点所归纳总结的内容,结合该业务操作流程图,分析产生的可能环节,追溯其主管领导及上级领导,分析评估舞弊产生有可能波及的范围及人员。在了解细节时需防范及保密,防止调查信息及资料的泄露。

(3) 警惕波及舞弊的金额,确认潜在可能违规的金额。从大的范围对明细业务进行详尽的审核与查实,争取全面收集所有资料。

第五步:(1) 根据第三步结果及可能波及的事项,对相关内容进行分析。

(2) 如果是举报内容,则应该针对其中的内容重点,分别进行分类分项设定目标。如为了鉴定或证明某人的舞弊的真实性,首先从整体或流程上分析其发生营私舞弊的可能性,如果发现与控制度不符或超出平常的指标出现,则说明发生舞弊的可能性极大,须进行深入的调查。

(3) 接着从举报内容及人员入手,直截了当地向举报人或相关人员查询,进一步了解事件的真实性与重要性,并可挖掘新的线索与内容,以便加强审计内容资料的收集。

(4) 最后从相关方面进行访谈、抽查及复算,得出相关的论据,以佐证其舞弊的可能性。

第六步:(1) 在审计调查的过程中,要注意不断收集证人证词,并同时验证证词的真实性和可靠性,并保证证明材料的完整性和安全性。

(2) 根据收集的证人证词,当有充分的证据指向主要嫌疑人时,应与主要嫌疑人交谈,同时也给当事人一个解释的机会。应注意采用恰当的程序或配合律师进行取证,应尊重个人的权利和法律的尊严。

第七步:(1) 将审计人员审计查找的工作底稿汇总。

(2) 结合举报的内容,会同有关权限人员对相应的审计证据进行论证,分析论证事件的可能性,并根据论证的结果认真谨慎地撰写总结报告。

(3) 根据事件的严重程度及公司经营现状,针对审计发现的问题,提出可行的处理方案。如果案情严重、金额较大,对公司经济或声誉有较大的影响,则建议提交公安机关处理;如果事情较小、金额不大,则可以考虑根据公司的相关制度作出相应的处理,从而对业务运作及企业管理起到监督作用。

第八步:(1)内部审计人员总结审计经验,提升专项审计的方法与技能。

(2)案件结束后,应召集主管部门领导汇报案件过程,提出并商讨业务防范措施与方案,提请管理层实施,防患于未然。

注意:(1)报告中不使用判定其舞弊犯罪事实等语句。

(2)应依据不同水平的内审人员特点,作出合适的工作安排。如对沟通能力较好的内审人员,可安排访谈工作;对账务调查经验丰富的内审人员,可安排资料查阅、核对与收集工作。对一些特殊性或敏感性的程序要实行双人在场;对时间性较强的审计步骤,应安排同时进行,如同时安排内审人员盘点公司的现金或实物等。

(3)舞弊者的后续行为。通常在进行舞弊之后,一般会在会计资料、会计记录上做手脚,以掩饰舞弊行为。例如:有关凭证文件的丢失;现金短款或现金长款;来自客户的抱怨;应付账款的名字是很常见的名字;经常对应收账款和应付账款进行账项调整;明细账、总账余额不平衡;已到期但账面上显示未收回的应收账款不断增加;凭证文件资料替换过;对应付账款重复付款;存货盘亏;存货报告中废料数额不断增加;雇员不辞而别;支票上的二次背书;用复印件代替正本凭证资料记录;很久没有发生交易的账(呆账)上突然发生了交易等。

### 五、集团公司舞弊清单(包括但不限于)

#### (一)管理当局的舞弊动机

管理当局的舞弊动机如下。

(1)管理层的报酬有赖于会计报表上的业绩。

(2)管理当局因其他原因,渴望实现企业盈余。

(3) 管理当局对企业的盈利目标有过承诺。

(4) 管理当局采取了不恰当的税务筹划。

(5) 在编制会计报表时,企业偏向于选择收入提前、费用递延的会计政策。

### (二) 管理当局对待内控的态度

管理当局的内控对待如下。

(1) 形成一个人或少数人决策。

(2) 管理部门轻视,甚至压制监管部门。

(3) 内审部门形同虚设。

(4) 权力严重分散且高层监管部门监管不力,管理控制混乱。

### (三) 管理当局的行为

管理当局的行为如下。

(1) 与财务无关的管理人员干涉会计问题。

(2) 管理当局与审计人员关系紧张。

(3) 管理层频繁调换。

(4) 管理层对会计问题经常出现争议。

(5) 管理层对审计过程施加不合理的限制,试图限制审计范围。

(6) 管理层提供信息出现延误,情况不正常。

(7) 管理当局对经营的解释不合情理或自相矛盾。

(8) 管理当局对媒体活动表现得异常积极。

### (四) 企业所处的行业

企业所处的行业如下。

(1) 企业处在市场的激烈竞争中。

(2) 由于竞争激烈,企业经营失败的风险与日俱增。

(3) 企业所处行业技术进步迅猛,本企业的产品及技术具有较高的风险。

(4) 行业萧条,但本企业一枝独秀。

(5) 市场有不利于公司的传言。

## (五) 企业经营特征

企业经营特征如下。

(1) 主营业务及毛利率持续下降。

(2) 现金流与利润增加不一致。

(3) 企业欲扩张,但资金存在压力。

(4) 对外严重依赖债务,但又很难达到债务契约的要求。

(5) 企业的持续经营存在威胁。

(6) 对于不正常的快速增长,企业的解释难以令人信服。

(7) 经营、资金、财务指标发生了重大变化。

(8) 主营业务萎缩,但非经常性收益在盈利中占比较大。

(9) 面临上市终止的风险或被取消"资质"的风险。

## (六) 会计核算因素

会计核算因素如下。

(1) 存在重大的关联方交易。

(2) 存在重大的非正常交易或复杂交易。

(3) 存在重大的需要估价入账的余额认定。

(4) 企业主要的会计人员不称职(或有兼职)。

(5) 会计凭证丢失。

(6) 收入与费用比例关系失调。

(7) 存在会计调整中的非正常差异或是解释的项目。

(8) 非正常的临界日、临界点的会计记录调整。

(9) 重要的会计政策、会计估计调整。

(10) 报表附注修辞含混不清、晦涩难懂。

(11) 被注册会计师出具过非标审计报告。

## (七) 其他方面

(1) 库存现金较大,存在白条抵库现象。

(2) 缺乏授权批准制度与程序。

(3) 业务记录的文件不完备。

## 六、通过分析发现异常的预警信号(包括但不限于)

通过分析发现异常的预警信号如下。

(1) 不合理费用或报销,特别是大额的咨询费、福利费。

(2) 现金账实不符,出现短缺或盈余。

(3) 资产实物数量出现异常,包括产品、库存材料等。

(4) 存货短缺或调整没有注明原因及说明。

(5) 存货规格存在背离或废品(报废)不断增加。

(6) 账户余额异常,突然出现大幅增减。

(7) 借项或贷项通知繁多。

(8) 注销费用未及时确认且金额繁多,应警惕费用核销的真实性。

(9) 财务报表关系诡异。如收入增加而存货减少、收入增加而应收账款减少、收入增加而现金流量减少、存货增加而应付账款减少、在产量增加的情况下单位产品成本不降反增、产量增加而废品下降、存货增加而仓储成本下降等。

(10) 库存积压过多,公司采购过度,特别是淡季多采购、同一产品多采购,以及其他不正常的采购业务。

## 第二十节 贪污审计操作方案

### 一、贪污审计的目的与意义

近年来,世界上各大公司内部出现贪污的案例越来越多,严重影响企业的声誉,影响企业的文化氛围,给公司造成财产损失。造成这种情况的原因主要是企业内部控制缺失,管理经营存在漏洞,给相关人员造成贪污的机会。近年来贪污回扣案件主要表现为:贪污案件频繁发生;涉案人员日益增多,且大多数为案发单位管理人员;贪污金额也越来越大,给企业造成了难以弥补的巨大损失。

舞弊者从不休假,我们要对灾难性作弊表露出来的第一迹象保持警惕。

贪污审计是指审计人员根据领导安排或风险提示,运用一定的程序和方法,对可能存在贪污回扣事项的业务、环节进行检查、监督和评估的活动。企业实际业务中,主要贪污方式包括收入不入账,存在账外账的情况;虚增各项开支,更改发票金额,多报支出;内外勾结,串通外部供应商签订虚假合同(特别咨询合同),以骗取公司财物。

贪污审计的目的是梳理管理流程,规范收入与支出,防范贪污受贿事件发生,警示业务人员,维护和保护公司资产,预防公司财产损失。

贪污审计的路径为:资产管理—销售收入—费用支出—财产损失。

## 二、贪污审计存在的主要问题与漏洞

贪污审计存在的主要问题与漏洞如下。
(1) 产品销售收入不入账。
(2) 其他业务收入不入账。
(3) 利息、手续费不开收据。
(4) 费用支出不合理,虚构支出依据。
(5) 里外串通,虚增支出数量。
(6) 虚增损失报废数量及金额。

## 三、贪污审计的重点与目标

贪污审计的重点与目标如下。
(1) 公司收入与支出控制制度与流程。
(2) 产品销售收入与资金入账。
(3) 其他资产收入与管理规范。
(4) 各类支出的附件与审核。

(5)发票的真实性与合法性。

## 四、贪污审计的程序与步骤

贪污审计的程序与步骤如下。

**(一)收入管理与入账**

**1. 审计重点(风险点)**

(1)营业收入的管理与制度不规范。

(2)公司营业收入没有记账。

(3)销售收入没有全部入账。

(4)截留货币资金或实物资产。

**2. 审计程序与步骤(建议但不限于)**

第一步:(1)查阅公司关于销售、其他业务收入的管理制度与操作流程。

(2)根据收集的管理制度,分析经营及各类收入内部控制有效性及关键控制点,确定是否进行了有效的控制。实地观察并了解实际操作过程是否与制定的流程相符、流程是否存在风险、操作规程是否规范。

(3)公司制定的操作过程是否存在贪污的风险,具体内容包括:了解嫌疑人是否存在贪污的动机或压力;检查相关的内部控制,了解是否存在控制缺陷,该缺陷是否可能为贪污提供机会;嫌疑人的生活方式变化及对单位的意见、看法,核实其是否有可能预示着贪污。

第二步:(1)收集并查看审计年度的销售收入账、税金账户、存货账本、成本账。

(2)根据以上数据进行分析性复核,内容包括:进行毛利率分析,判断收入是否过低;根据存货发出记录及单价测算总体收入水平,判断是否可能存在截留销售收入的情况;根据账面增值税总额及税率,倒算销售收入,与账面额对比,判断是否异常;根据销售费用各月间或年度间的增减,判断销售收入总额变化的合理性。

(3)突击盘点现金,检查其他支出、存折、有价证券等情况,确定是否有白条顶库的情况,有无可能查出与小金库相关的隐蔽资金。

第三步:(1)抽查审计年度6~12月(业务多的时期)收入明细账、仓库产品出入账等。

(2)根据相应的收入账目,查找对应的会计凭证,确定有无降低相关凭证上的价格,侵吞收入差的情况,即报账单价低于实际单价,贪污由此导致的差额收入。

(3)确定有无降低相关凭证上的数量,侵吞收入差价的情况,即报账数量少于实际数量,从而贪污由此产生的差额收入。

(4)确定是否有同时降低相关凭证上的价格及数量,侵吞收入差价的情况,即报账单价、数量低于实际单价及数量,贪污由此产生的差额收入。

(5)查阅财务是否存在不在册的收款收据,是否存在白条收款的情况,重点关注收据涂改、缺页、作废等情况。如有则应详细询问原因及经过,分析其操作业务的合理性与合规性。

第四步:(1)检查公司收款收据、奖金发放、赞助款、其他支出的相关资料;物资出入记录、资产交接清单等。

(2)根据检查相关的资料与会计记录相核对,确定是否存在截留其他资产,包括货币资金和截留实物资产的情况,前者又包括截留费用、截留采购余款、奖金发放余款、他方存入款、赞助款、归还的借款等。

(3)重点抽查赠送、返点、返利的合同或协议,确定各项收入是否反映于账本,是否存在长期挂账的情况,核查每项应收是否全部入账。

**(二)费用支出与管理**

**1. 审计重点(风险点)**

(1)费用支出制度与管理流程不规范。

(2)虚构不存在的交易或事项,牟取私利。

(3)虚增支出金额,侵吞差额支出。

(4)增加经营业绩,骗取公司奖金。

**2. 审计程序与步骤(建议但不限于)**

第一步：(1)检查公司关于费用支出的制度与管理流程，分析公司制度与流程是否规范。

(2)评价内部控制是否科学与合理，主要包括购货与付款循环的内部控制、生产循环以及工薪与人事循环的内部控制、仓储与存货循环的内部控制等。确定实际操作是否存在不科学、不合理的风险。

第二步：(1)抽查审计年度的合同及支出明细情况，确定公司有无虚构不存在的交易或事项，如骗取本单位付款，然后与同谋者私分、自己直接领取或设法冒领。这些事项主要包括：虚构合同支出，如虚构服务合同、工程发包合同、采购合同、投资协议；伪造(挖补)发票报销虚构的费用，如业务费、管理费、应酬费等。警惕高层人员签订的虚假合同。

(2)审阅检查时期的账簿。重点关注付款及发出存货的去向是否合理，有无异常的往来单位；销售成本、费用的报销人是否有权办理相关事项，是否有金额相同的报销情况；是否某项支出不合理地频繁发生等。

(3)抽查相关的会计凭证，主要是与存货、应付账款、管理费用、销售费用等相关的会计凭证，旨在检查凭证的真实性。一是重点关注支付凭证是否有涂改痕迹、凭证是否真实合法、是否有以白条代替凭证的情况等，以判断凭证是否伪造或无效；二是重点关注凭证内容是否齐全、所附原始凭证是否齐全、二者金额是否一致、是否有授权批准等。

(4)具体而言，存货项目应关注大额购进是否附有运单及入库单等原始凭证、盘亏毁损及报废有无相关的处理文件；应付工资项目应关注发放表是否有领款人签字、领款人是否包括在员工名册中，有无冒领现象；管理费用及销售费用项目应关注是否与业务规模相匹配，内容是否合理等。一旦发现虚假的凭证，便意味着支出可能是虚构的，可经过询问等途径予以证实。

(5)获取大额购货合同50份以及所有咨询服务类合同，审查其真实性，判断是否有借购货或咨询服务为名虚构支出的情况。

第三步：(1)抽查年度或季度的明细支出情况,检查是否存在导致支出发生的交易或事项,但是报账时设法加大支出金额,从而侵吞差额支出。

(2)主要检查项目包括：虚增他人存款额从而虚增应付利息；虚增发包工程量(签证),加大材料消耗量并私自销售；变更或虚增合同或发票支出,虚增工作人员名单及工资并冒领；重复报销；个人消费公家报销；虚增股权收购成本予以私分等。

(3)如存在以上事实,应确定相关事项并累加相应的差价,了解原因及事件的经过,分析操作业务的合理性与合规性,提出相应的管理建议。

第四步：(1)查阅公司关于业绩奖惩的制度,确定奖金是否与经营业绩挂钩,是否存在经营业绩越好、奖金越多的情况。

(2)检查公司收入情况及利润调整明细项目、资产减值计提情况、固定资产折旧计提情况,确定是否存在虚增收入、提前确认收入,是否私自调节利润,少提减值少提折旧,私自更改产量、生产率等情况,从而达到调节利润、调节奖金的目的。

(三) 损失报废与其他

**1. 审计重点(风险点)**

(1)资产的报损、报废制度与管理不到位。

(2)流动资产、应付/收款项和存货存在漏洞。

(3)固定资产报废手续不齐全、不合法。

(4)材料产品损耗超过管理规定的标准。

**2. 审计程序与步骤(建议但不限于)**

第一步：(1)查阅公司关于资产报损、报废的制度及管理规定和具体的操作规程。

(2)抽查本审计年度所有关于公司资产报损或报废的资料,检查其操作过程是否与制度相符、报损或报废资料是否齐全、审批手续是否完备。

第二步：(1)查阅公司关于流动资产报损、报废的制度及管理规定和具体的操作规程。

(2)检查应付款项账龄，对多年挂账的应付账款进行函证，判断其真实性，防止已经付款并冒名领取。

(3)审阅账簿，重点关注发出存货及应收账款的情况，是否有存货发出后应收账款多年挂账的情况，以防该应收账款已被侵吞。盘点存货，进行账实核对，重点关注盘亏的存货及报废毁损的存货，查明其可能去向，防止借此掩盖存货已销售的事实。

第三步：(1)查阅公司关于固定资产报损、报废的制度、管理规定和具体的操作规程。

(2)抽查审计年度固定资产报损、报废的资料，确定是否存在把优良资产评定为不良资产予以报废，或把实有资产报为盘亏资产予以核销的情况；报废手续是否齐全、报废程序是否合法、是否经过相关部门的审批。

第四步：(1)通过体系部门查找公司关于产品材料正常损耗的标准与管理规定。

(2)检查公司产品成本计算表，计算分析产品单位材料损耗比率是否超过公司规定的标准，再追踪相关的领料凭证，确定是否存在多领材料、多报损材料的情况，重点关注盘亏的存货及报废毁损的存货，查明其可能去向，防止以此为名侵吞材料。

五、现金贪污的十种方式

现金贪污的十种方式如下。
(1)以收入不开票或不开收据的方式贪污。
(2)以涂改、撕发票或收据的方式贪污。
(3)以假发票、假收据报账的形式贪污。
(4)以白条支付(白条抵库)的形式贪污。
(5)以将私人购物利用公款报销的方式进行贪污。

(6) 以现金支票取款后没有入账的形式贪污。

(7) 以吃空名额、虚拟工资表中内容的方式进行贪污。

(8) 以涂改单据或复制单据的方式进行贪污。

(9) 以销售时缺斤少两、提高售价的方式贪污。

(10) 以其他收入(废品、包装物)不入账的方式贪污。

## 第二十一节　战略审计操作方案

### 一、战略审计的目的与意义

战略审计属于高阶审计,必将成为未来审计的重点。

战略源于军事术语,指对战争全局的谋划和指挥。一般而言,战略泛指重大的、全局性的、规划性的谋划。企业战略是指确定企业长远发展的目标和方向,并指出实现长远目标的策略和途径,分为愿景、战略目标、业务战略、职能战略等。

战略审计是指由独立的管理人员(审计人员)对组织各层次的战略管理活动以及战略管理的全部业务流程进行分析、评价、咨询与监督的过程。它一般由管理咨询公司或内部审计人员执行,主要是对公司经营战略全过程的分析、评价与评估。可以说,战略作为一个企业的全局性规划,事关企业的生死存亡。

战略审计的目的是评估战略的可行性,对资源进行合理配置,以适应经营内外部环境的变化,增加公司利润,不断增强企业的竞争力。

注意:战略审计需由董事会审批并由相应级别的领导参与实施。通常情况下,公司战略一般由外部咨询公司制定,由公司高层进行分解执行,审计委员会进行跟踪与监督。

战略审计的路径为:战略制定—战略选择—战略实施—战略评估。

## 二、战略审计存在的主要问题与漏洞

战略审计存在的主要问题与漏洞如下。

(1) 制定战略的基础与依据不足。

(2) 战略没有进行充分的论证,对风险认识不足。

(3) 战略未经权限领导的审批。

(4) 实施战略不力,执行力不彻底。

(5) 没有对战略实施情况进行分析与评价。

## 三、战略审计的重点与目标

战略审计的重点与目标如下。

(1) 制定战略的依据与审批。

(2) 选择战略的类型与方式。

(3) 战略执行的实施与监督。

(4) 战略实施的效果与评估。

## 四、战略审计程序与步骤

### (一) 公司战略的基础与审批

**1. 审计重点(风险点)**

(1) 集团公司没有制定明确的战略。

(2) 战略制定的依据不充分。

(3) 制定的战略不适合行业性质。

(4) 制定的战略与竞争地位不相符。

**2. 审计程序与步骤(建议但不限于)**

第一步:(1) 向战略部门或总裁办人员了解,确定公司是否制定了战略,战略是否明确、是否形成文档形式、是否向下级分层次分解目标。

(2) 战略制定的程序是否经过审批,高层审批与决策后,是否确立每个部门与人员在战略中的位置,是否确定具体负责人等。

第二步:(1)根据收集到的战略,了解其操作过程,确定其是否在对公司目标、市场、环境、竞争者和内部资源等内外部环境全面认识的基础上制定。具体分析内容包括外部环境分析及内部战略条件分析。其中,外部环境包括顾客、供应者、竞争对手、同盟者、行业环境、地理位置、政治环境、技术环境、文化环境、产业政策和国际环境。内部战略条件包括:资源要素(人力、财力、物力、市场、技术)、管理要素(企业文化、计划、组织、领导、控制)、能力要素(供应能力、生产能力、营销能力、研发能力、公共关系)。其中,尤其要对公司现有的管理水平作出客观评价,指出是否具有备选战略方案以供董事会选择。

(2)检查战略是否符合国家宏观经济状况;是否反映市场的需求;是否与环境变化趋势保持协调;是否与公司内部资源的应变能力保持平衡。

(3)审查战略的可行性与前瞻性,是否制定了执行步骤与实施的时间。

第三步:(1)根据公司制定的明确的战略方案资料,分析企业战略是否与行业性质相适应。

(2)是否根据本行业及本企业的特点,制定行业战略方案。如企业常采用连锁经营、特许经营、横向合并或纵向并购等战略来提高自身在行业中的竞争力,提高市场占有率;又如,处于成熟行业中的企业常采用缩减产品系列、降低成本、提高现有顾客的购买量等战略来保持原有的竞争地位,或采用国际化经营等战略来寻找新的发展机会等。

第四步:(1)根据公司制定的明确的战略方案资料,分析企业战略是否与行业竞争地位相适应。

(2)在确定企业战略与行业性质相适应的基础上,审计人员还要审查企业战略是否与企业在行业中的竞争地位相适应。如公司在本行业还未进入前十,就制定一个超前的战略,或本公司已经是行业老大,则对应的战略就会不一样。

## (二) 战略的选择与执行

**1. 审计重点(风险点)**

(1) 没有对整体战略进行分解。

(2) 战略不能及时有效地贯彻执行。

(3) 实施战略的过程中没有进行跟踪评估。

(4) 发现战略偏离目标时,没有及时进行修正。

**2. 审计程序与步骤(建议但不限于)**

第一步:(1) 查阅公司制定的各种战略,了解其是否有分解并制定相应的部门战略方案。

(2) 抽查公司总战略及销售、采购、人事战略,确认其是否制定了分解策略或目标,确定分解到部门的战略是否明确,是否经过相关权限领导审批。

(3) 各部门对于分解的策略或目标是否充分了解,是否进行了沟通培训;各部门负责人的职责任务是否清晰,工作是否简明扼要。

第二步:(1) 将企业的总体战略与各部门之间的战略方案进行比较。

(2) 分析部门战略方案是否与企业总战略相符合,是否能根据战略进行指挥与协调,确保总体战略的实现。分析在实施的总体过程中,围绕具体的执行方案与内容,执行是否出现偏差或不能完全有效地贯彻实施。

(3) 关注管理人员实施战略的方式是否适当,公司整体资源分配是否合理与高效运作。

第三步:(1) 根据总体战略和具体的实施战略,查看实施过程中存在的问题。

(2) 审查公司是否对战略实施过程进行评估,是否为解决战略实施过程中出现的问题而确定纠正措施和权变计划。审查评估的结果是否向战略委员会或主管人员汇报,管理层是否及时作出调整及采取措施。

第四步：（1）检查公司关于战略实施过程的相关资料。

（2）确定公司在战略实施的过程中，是否存在由于外部或内部环境发生突变，导致实际情况与战略计划不一致的情况；对类似偏离战略目标的问题是否及时作出修正；是否有负责人对战略进行及时的修正。

（3）重点关注关于执行战略的会议纪要、沟通结果、汇报材料等，检查偏离战略目标后的措施是否有力，执行是否到位，有无不执行或不完全按照决策执行的情况。

（三）战略的效果与评估

**1. 审计重点（风险点）**

（1）确定战略是否有相关的评价制度。

（2）评价战略是否有一定的标准。

（3）战略评价资料是否起到重要作用。

**2. 审计程序与步骤（建议但不限于）**

第一步：（1）根据公司制定的战略管理制度，确定是否制定了相关的执行流程。如果没有，则建议管理层制定相应的制度标准。

（2）抽查公司战略资料，查阅其对战略实施的评价过程，确定是否按制度进行评价，评价的依据是否齐全、是否符合相关的流程制度规定。

第二步：（1）检查公司制定战略评价的标准，确定战略评价的相关指标。

（2）抽查相关的战略评价依据资料，确定其是否按制度、标准进行评价，评价是否有相应的操作记录。

（3）战略评价主要考虑的因素包括：增长战略是否给公司带来市场份额的增加，是否提高行业地位；利润战略是否带来效益增长，使公司利润最大化；集中战略是否扩大了公司规模，提高了盈利水平；转变战略是否尽快控制或扭转了公司的衰退局面；退出战略是否使公司谨慎退出市场并最大限度地收回了投资。

第三步：根据公司对战略评价实施的总体资料，确定实施战略过程中的关键因素、战略存在的问题等,对以后的战略提出可行性建议。

五、可参考的财务评价指标

**1. 账面投资回报率**

$$账面投资回报率 = \frac{利润}{投资额} = \frac{利润}{销售收入} \times \frac{销售收入}{总资产} \times \frac{总资产}{投资额} \quad (4-1)$$

优点:该指标源于股东和董事都熟悉的数据,尤其是当它被分解成上述三项的乘积时,是销售利润率、资产周转率和每股账面资产等指标的综合。

缺点:受会计处理方法变动的影响,使用者必须对原始数据进行适当调整,从而不便于与外部进行比较。

**2. 投资的现金回报率**

$$投资的现金回报率 = \frac{投资的净现值}{投资额} \quad (4-2)$$

优点:该指标强调现金流量而非会计上报告的收益,因而可与其他公司或市场上的回报率比较。用该指标作为评价标准,可使公司关注投资的现金流量。

缺点:没有考虑投资资产本身的增值或贬值情况。对于一些长期投资项目,资产价值的增长可能是投资回报的重要组成部分,而现金回报率无法全面反映这一因素。

**3. 年度经济增加值**

$$年度经济增加值 = 股东投资收益 - 投资成本 \quad (4-3)$$

优点:该指标包含与投资的现金流回报相同的基本变量,但它以动态方式描述,强调关注公司经营带来经济增加值的创造或削减的期间。

缺点:缺乏行业间的直接可比性。

**4. 全部股东投资回报率**

$$全部股东投资回报率 = \frac{(股利 + 资本利得)}{公司的年初市场价值} \quad (4-4)$$

优点：该指标反映的是股东手中的收益而非预期的收益。

缺点：短期波动较大，并夸大了市价变动的影响，而市价变动不完全是管理者的责任。过分看重此指标容易产生短期行为，因而该指标最好是作为其他指标的补充。

此外，我们要评价战略时，还可以参考相关的绩效指标并加以比较与分析。

总结：战略审计主要从业务布局的兼顾性、经营能力的长远性、资源配置的贯彻性三个方面现状审查企业的"健康"状况。保持良好健康的战略态势是战略审计的目的，是战略管理工作和战略审计工作的出发点。

## 第二十二节　人力资源审计操作方案

### 一、人力资源审计的目的与意义

人力资源是企业的创利因子，是企业发展的基础。

企业无"人"则止，管好人事，则企业无事。

人力资源审计是指审计人员根据国家法律法规及公司制度，运用系统的程序与方法，对人力资源部门运作流程进行检查与评估的活动，包括员工招聘、薪酬计付、保险与福利、绩效评估等事务，还可以细化对每个工作进行专项审计，如员工招聘审计、薪酬计付审计等。

实务工作中，内审人员会根据企业的实际情况，对人力资源的所有业务进行分析与风险评估，有所侧重地确定审计重点，并识别内控缺陷，提出合理化意见，提高人力资源管理效率。

人力资源审计能规范公司管理制度，加强人力资源管理，准确计算职工薪酬，严格招聘与辞退操作；建议储备公司各类人才，为公司的持续经营、不断发展提供服务。

人力资源审计的路径为：制度—薪酬—计算—招聘辞退—管理。

## 二、人力资源审计存在的主要问题与漏洞

人力资源审计存在的主要问题与漏洞如下。

(1) 员工工资的计算不准确。

(2) 不按国家政策规定计缴"五险一金"。

(3) 员工个人所得税计算不准确。

(4) 员工(招聘、调动、离职)档案管理不规范。

(5) 没有长远的人力资源培训计划。

(6) 员工绩效评估不科学、不适用。

(7) 部门日常工作没有相应的管理制度。

## 三、人力资源审计的重点与目标

人力资源审计的重点与目标如下。

(1) 部门管理制度与工作流程的制定。

(2) 员工薪酬(工资)的准确计算与发放。

(3) "五险一金"的计算与缴纳。

(4) 员工的招聘与辞退管理。

(5) 绩效管理与薪酬计付。

(6) 员工档案的归类与保管。

(7) 公司人才储备与培训管理。

## 四、人力资源审计程序与步骤

### (一) 员工薪酬的计算与发放

**1. 审计重点(风险点)**

(1) 员工薪酬计算不准确,存在员工重复或虚列名单的现象。

(2) 员工薪酬的制定与变动没有经过授权审批。

(3) 外包工(计件工资)计算不准确、原始记录不齐全、缺乏有效依据。

(4) 员工薪酬没有及时发放、发放签收手续不齐全。

(5) 员工薪酬有关的账务处理不规范。

(6) 薪酬费用分配未按实际发生的地点和时间分配。

(7) 没有将员工薪酬定期与市场薪酬相比较。

**2. 审计程序与步骤(建议但不限于)**

第一步：(1) 按照抽查所属时期发放工资月份,抽查每年双月份(每年合计6个月)的工资汇总表,复算其汇总表的发放总额是否准确；各公司、工厂或各部门的分类汇总是否正确；计算每个公司或部门的个人工资是否与汇总表一致。

(2) 比较各月份工资表上的人员名单增减变化,与人事档案比较,确定是否有离职人员发放工资的情况,及是否有虚列职工名单等情况。

(3) 在计算过程中,可配合使用平衡测试法、询问法等找出可疑点,再重点对可疑点进行核对。

第二步：(1) 抽查每年双月份(每年合计6个月)的工资汇总表,核对工资的发放是否经相关授权领导的审批。

(2) 员工工资的增加或减少的依据是否齐全,是否经过审批等。

(3) 核查考勤记录是否齐全、真实；病假、事假手续是否按规定报经领导批准。

(4) 工资计算表是否有不扣、多扣、少扣的情况。

第三步：(1) 按照所抽查的工资汇总表,具体检查不同类型的员工工资明细,并与有关档案资料、开工时间或产量统计相比较,确定其工资计算依据是否正确、齐全。

(2) 加班记录或加班审批依据等原始记录是否齐全,是否有主管签字审批；加班记录与工资的制定是否相符。

第四步：(1) 抽查每年双月份(每年合计6个月)工资发放卡或与

银行代发进账记录,确定其实际工资的发放时间,并与工资汇总表审批发放时间相比较,确定其发放工资的及时性。

(2) 检查人事部门的工资发放签收手续,是否所有工资均有人员签收等。

第五步:从会计部门抽查上述月份工资发放的相关账务记录,确定其工资分配的合理性,费用分摊是否按有关的法规制度,是否按权责发生制分配,福利及各种费用的计提是否合规与准确。

第六步:抽查所属的工资汇总表,核对工资分配时是否对生产成本、制造费用、管理人员(车间会计、管理人员工资)、经营费用(专设销售机构人员工资)、在建工程(固定资产大修理和建设工程人员工资)、营业外支出(职工子弟学校、技校人员工资)、应付福利费(医务所、浴室等福利部门人员的工资)等进行合理分配。

第七步:(1) 抽查全体员工调资表,权限领导关于薪酬调节的资料,查阅所附资料是否齐全、依据是否充足,是否经过市场调查与比较,相应的比较表是否准确、是否合理。

(2) 通过与人力资源部门人员的访谈,了解是否有薪酬调查过程,是否与同行业市场薪酬进行比较,是否评估薪酬调整的合理性。如有调查,则要求其提供依据,并分析其调研的真实性与准确性。

(二)"五险一金"及个人所得税的计算与缴纳

**1. 审计重点(风险点)**

(1) 员工薪酬、"五险一金"及个人所得税的计提不准确。

(2) 员工薪酬、"五险一金"及个人所得税的缴纳不及时。

(3) 员工薪酬、"五险一金"及个人所得税的账务处理不规范。

(4) 各种"税费金"政策变化没有及时调整缴纳比例。

**2. 审计程序与步骤(建议但不限于)**

第一步:(1) 查阅有关法规与公司相关制度,抽查本年度1月、3月、6月、9月、12月份的工资汇总表,并抽查不同类型的员工工资明细表,复算其工资总额是否遵循有关规定,是否计算准确。

(2) 核对个人所得税的计提是否遵循新的计提标准,复算其明细是否准确,是否有不扣、少扣或多扣的情况。

第二步:从会计部门抽查所属时期缴纳"五险一金"及个人所得税的时间,并与支付工资的时间相比较,确定其交纳是否及时,特别应确保个人住房公积金交纳(因其不能进行补缴)的及时性。

第三步:依据抽查所属月份支付工资汇总表,从会计部门查看其会计账务处理,分别抽查其五险的账务处理及个人所得税的处理过程,确保"五险一金"及个税处理账务的正确性。

第四步:(1)从劳资部门、社保部门或网上查找年度所有调整的与员工有关的各种税金、费用、保险的政策变化,或者公司规定的有关福利支付等政策,打印储存。

(2)根据抽查的年度所属月份的工资汇总表及明细表,抽出与政策调整对应月份的工资表,查阅实施当月的工资计算是否遵循有关规定、计算是否准确、调整是否有请示或相应的备注说明,评价其执行新政策的及时性与准确性。

### (三) 员工招聘、辞退与档案的管理

**1. 审计重点(风险点)**

(1) 员工的招聘不按流程,没有经过相关人员或委员会的审批。

(2) 辞职员工不按规定办理辞职手续,不及时删除工资册名单。

(3) 外包工(计件工、临时工)工资的确定与合同的签订不规范。

(4) 员工投诉/意见的处理不合程序,违反有关规定。

(5) 员工人事档案的管理不规范、不齐全。

**2. 审计程序与步骤(建议但不限于)**

第一步:抽查所属时期(每年双月合计6个月份)所有员工的招聘记录,检查其是否要公开地发布招聘信息,是否公正、公平地选择人员,所选人员的依据及资料是否经过主管人员或委员会的审批;审批的依据保管是否齐全等。

第二步:(1)从人力资源部门档案抽查50份员工辞职审批表,再

抽查其对应的交接手续表,检查其交接手续表中各部门审核手续是否完备、经办人员签字是否齐全。

(2) 检查其对应月份的员工花名册和工资表,确定是否及时删除工资册名单,是否有多发放工资的情况。

第三步:(1) 抽查所核对的支付职工薪酬月份中有外包工、计件工、临时工的工资表,对应抽查其相关的合同或协议书,查阅其合同条款。

(2) 比对合同价格与计算工资价格是否一致,并分析合同条款中是否有对公司不利的条款,并提出相关的合理化建议。

第四步:(1) 查阅公司是否制定有相应的员工投诉/意见的处理程序或制度。

(2) 抽查所属年度 50 份员工投诉处理档案,查看其处理程序是否与制度一致,处理过程中是否有违反规定的事项。

第五步:(1) 查阅公司有关人事档案制度与管理流程,抽查不同类型员工的档案资料,包括招聘过程、员工手册、员工简历、学历资料、调资调动等相关资料。

(2) 从操作过程查看其是否归档完备、交接是否清楚、保管是否齐全、保密是否周全等。

**(四) 人力资源其他管理事务**

**1. 审计重点(风险点)**

(1) 没有员工培训规划或培训操作业务不规范。

(2) 没有员工安全作业与事故处理流程。

(3) 没有建立完善的劳动争议预防机制及诉讼应对程序。

(4) 公司员工流失率偏高。

(5) 公司没有建立后备人才战略及储备人才。

**2. 审计程序与步骤(建议但不限于)**

第一步:(1) 从人力资源部门或体系部门查找公司关于员工培训的相关资料,查阅确定是否有长期、中期、短期的员工培训规划,并阅览本年度的培训计划及详细的执行方案。

(2) 根据各部门反馈的培训资料表,比对年度培训计划,确定实际培训过程是否与计划相一致,完成的培训计划是否有总结资料、是否按计划进行。

(3) 检查外包的培训单位评选过程,确定是否有三家培训机构报价、是否有评选过程、是否按合同执行、流程是否恰当、是否按规定进行执行等。

第二步:(1) 从安全环保部门收集年度所有员工安全、事故资料,查找有代表性的重大事件的处理资料及过程。

(2) 分析事故处理原因及结果,是否有相应的防范措施;生产部门是否有安全措施及措施执行情况。

(3) 查阅相关员工的保障资料,确定公司是否支付各类保险、员工工作场所是否采取了充分的保障措施等。如没有支付保险,工作场所无保障措施,建议采取相应的整改措施。

第三步:(1) 从人力资源或体系部门查找关于人事纠纷的处理制度及流程,查阅相关制度并分析制度的时效性和可行性。

(2) 抽查所属年度的劳动人事诉讼案件,分析处理过程是否与规定相一致,是否存在不按流程操作的情况,处理效果是否达到目标。

第四步:(1) 从人力资源部门收集统计年度的员工离职名单,计算抽查时期的员工流失率。

(2) 从网上或通过其他资源查找相应时期同行业的员工流失率,并与本公司的员工流失率进行比较,分析员工流失率偏高的原因,提出合理化的管理方案。

第五步:(1) 询问人力资源部主管,了解公司是否制定了人才储备战略,公司是否已经实施相应的人才储备计划。

(2) 详细查看公司人才储备的实施过程,查看是否按公司制度执行,是否已做相对应的工作,并评估该项工作存在的问题,提出合理的建议。

## 第二十三节　经理离任审计操作方案

### 一、经理离任审计的目的与意义

本方案所指经理泛指副总裁、总监、总经理、厂长、部门经理级类别管理人员。

经理离任审计是指审计人员根据国家法律法规及公司规定，运用一定程序和方法，对经理任职期间业务进行全面检查和评估的活动。经理离任审计能客观评估离任经理业绩，对离任经理作出综合评价。本章所述的经理离任，包括"离"和"任"，离就是离职、辞退、退休；任就是任职、调任、提升。根据中国现阶段公司的内部审计实际情况，经理审计通常还包括任期经济责任审计、重大经济责任审计等方面的评价内容。

经理离任审计可对公司财产及经营起到鉴定、确认、维护和保障作用，以明确受托人任期内的责任，正确评估任期经营情况，同时给予总结性意见，提出改进意见和切实可行的管理建议，从而加强企业管理，增加企业效益。

经理离任审计的路径为：公司制度—考核指标—流程职责—廉洁公正—人才储备。

### 二、经理离任审计存在的主要问题与漏洞

经理离任审计存在的主要问题与漏洞如下。

（1）单位（部门）人员不按制度及流程工作。

（2）经理KPI指标及绩效考核不合适。

（3）单位（部门）工作的内部控制不严密。

（4）手下工作人员效率低下，差错与浪费情况严重。

(5) 没有单位(部门)发展规划及人才的培育计划。

(6) 经理没有经过评价便委以重任,员工不服。

## 三、经理离任审计的重点与目标

经理离任审计的重点与目标如下。

(1) 单位(部门)预算的编制及执行控制情况评价。

(2) 各经济指标的完成情况,包括 KPI 考核指标的完成评价。

(3) 单位(部门)下属各科室工作流程的内审控制评价。

(4) 单位(部门)工作职责与工作内容的完成情况评价。

(5) 单位(部门)人员违法违规、差错与低效、浪费等原因及责任分析。

(6) 单位(部门)发展规划及后备人才的选择与培养。

## 四、经理离任审计程序与步骤

### (一) 单位(部门)预算的编制及执行控制

**1. 审计重点(风险点)**

(1) 单位(部门)预算编制内容不充分、依据不充足。

(2) 预算编制金额与实际使用金额差异较大。

(3) 单位(部门)内各车间或科室使用预算互相混淆。

(4) 单位(部门)编制预算总额没有进行合理性分析。

**2. 审计程序与步骤(建议但不限于)**

第一步:(1) 查阅审计年度所属单位(部门)或下属单位编制预算的所有资料,并查出相应的编制办法。

(2) 抽出 200 个预算项目详细编制资料,按金额大小分别抽查大项目 100 个、中项目 50 个、小项目 50 个,分别检查其编制预算项目是否齐全、编制内容是否充分、编制依据是否充足。

(3) 对预算变更资料,特别是预算调增项目进行分析,查找原计划预算不够的原因,分析其资料依据是否充分,编制预算的依据是否充足,分析领导审批是否重合。

第二步:(1)从预算系统查找部门所属各科室年度预算实际使用情况汇总,并打印装订成册。

(2)核查预算实际使用情况,并与原制定的预算总额对比,确定是否有实际使用超过原预算项目的情况,询问经办人具体原因及经过,分析其他项目金额差异较大的原因。

第三步:(1)查阅公司是否有预算使用变更或调动制度,或者是否有相关的会议决定。

(2)抽查单位(部门)、车间或科室使用预算实例200份,如实物(特别是可移动的物品,如计算机、工具类等)的使用单位,与使用预算编号的单位相比较,核对其是否一致。

(3)检查相关的审批记录,确定是否有预算变动与调节的资料,是否与变动相符,如有不符,应了解其原因及审批过程。

第四步:(1)了解单位(部门)编制预算总额的审核程序及审核流程。

(2)抽查本年度20~30个预算项目的审核流程,确定是否按审核流程、制度审查,是否对预算合理性作比较与分析,是否与上年度的预算总额相比较,分析比较本部门各单位预算编制的合理性。

(二)单位(部门)指标(包括 KPI 考核指标)的执行

**1. 审计重点(风险点)**

(1)没有按批准的经济指标完成各项工作。

(2)考核指标项目不合理。

(3)领导交办其他任务的完成情况存在疑点。

(4)公司资产保值增值情况存在疑点。

**2. 审计程序与步骤(建议但不限于)**

第一步:(1)根据董事会或总经理审批的考核指标及考核项目,按照工作手册内容与主要职责,从相关单位(部门)(财务会计部、人事部、生产部、质量体系部)收集项目的计算依据。

(2) 逐项计算出各项指标总数,核准其各指标的实际完成情况。

(3) 部门其他明细(特有)指标的分析与比较,历史数据及各厂平均数的比较分析。(由于各部门经理所辖部门不一样,工作内容与考核指标也不一致,故在此通用的审计方案中没有具体列出,具体明细审计程序与步骤按各部门另外列出。)

第二步:根据考核项目分析并计算各项指标的完成情况,与往年指标相比较,了解各明细指标制定与改变依据,结合实际完成情况,分析其合理性与科学性。对各指标存在的问题进行分析,为决策提供合理化建议。

第三步:(1)从其主管领导了解,该经理在以前年度的工作中对领导交办的事情完成执行的情况怎样,是否能按时按质按量完成,是否能通过组织本部门人员协作完成。

(2) 处理事情是否能以身作则,处理问题的能力是否手段突出、方法到位,对目标差异事项是否及时向上级主管汇报。

第四步:(1)从会计部门抽查任期内资产变化情况,查找接任时的报表及离任时的报表、投资总结类报告资料。

(2) 通过分析资产保值增值率、总资产增长率、资产损失比率等指标,比对分析其任期内的资产保值增值情况。

注意:警惕(核减)增值项目包括直接追加的投资、无偿划入的资本公积、重新评估增值、捐赠增加的资本等。

### (三) 单位(部门)及下属工作流程的评价

**1. 审计重点(风险点)**

(1) 单位(部门)及下属科室或工段人员没有制定相应的工作流程。

(2) 内部控制制度不完善、不合理,存在一定缺漏。

(3) 各部门工作不够协调,没有制定有关的责任制度。

(4) 经理任期内廉洁奉公的情况不佳。

**2. 审计程序与步骤(建议但不限于)**

第一步:(1)了解部门组织机构、业务流程图等,及部门经理与下属科室或工段人员工作是否制定了相关的工作流程。

（2）抽样查看职务说明、业务授权、文字记录、程序与步骤，并与实际执行流程相比较，分析实际工作流程与制定流程之间的差异，分析比较其合理性。

第二步：（1）根据现有内部控制制度，分析其相关的内部控制制度是否合理、是否有缺漏，主管监控是否到位以及执行情况和效果反馈。

（2）分析并评价部门现行内部控制制度的有效性，并对存在不合理、不完善的地方及关键控制点进行分析，提出建议。

（3）在所有内部控制评审的基础上，重点关注现金收入与支出的业务内部控制、产品车间保存调配业务内部控制、采购业务内部控制、建设工程管理内部控制、投资业务内部控制、IT业务内部控制、往来账管理内部控制、融资预算内部控制等。

第三步：（1）了解各部门工作协调程度与相关制度，分析各部门之间的作业交接及凭证传递过程，以及相关的工作流程图。

（2）通过向有关人员访谈，了解检查部门之间的协作形式及沟通方式，是否有下属工作的报告反馈制度、各部门之间的工作协调，从而评价其所辖部门的协调性。

第四步：（1）查找任期内所有人员的违纪违规、受罚记录、举报材料、KPI考核表、年终总结资料等。

（2）通过统计分析所收集资料，确定是否遵纪守法、按章办事，权限的使用是否按公司规定，是否存在以权谋私、损公肥私、行贿受贿、欺上瞒下、弄虚作假、欺骗领导的行为。

（3）是否存在账外账或小金库等违纪情况，是否存在利用自身权利直接或间接干涉其管辖业务的情况，是否存在偏好某些供应商的行为。如有上述行为，应作好相应的记录，作出中肯的评价。

**（四）单位（部门）完成工作内容与业绩评价**

**1. 审计重点（风险点）**

（1）没有按照部门工作内容完成工作。

(2) 本部门工作业绩的总结与评价不准确。

(3) 分析评价部门职责与工作内容不完整。

(4) 没有重大经济决策执行情况分析。

**2. 审计程序与步骤(建议但不限于)**

第一步:(1) 根据部门工作手册的工作内容,确定是否按内容明细完成工作,是否出现过错漏。

(2) 比较与现场操作不一致的工作内容,分析评价其有效性,如具体工作内容与职责不同,应按各部门的具体问题进行具体分析。

第二步:(1) 将部门工作业绩与往年业绩(集团平均业绩)比较,计算并评价其部门业绩的增长性。

(2) 判断部门业绩与成果是否与总部(行业)增长相符,分析其超出行业标准或差距的原因,并对其提出可行的合理化建议。

第三步:按照工作手册中的具体工作内容及职责,分析工作内容与职责是否完整、细致,是否有应改进及完善的方面。如果有错漏,应有针对性地提出建议。

第四步:(1) 抽查任期内所有重大经营决策,以及执行情况、效果评估资料等。

(2) 查找重大经济决策实施项目是否有可行性论证资料,论证资料是否充分,分析是否详细准确;投资效果、回收期是否达到公司的预期目标。

(3) 检查重大经济决策是否经过董事会的审批或权限领导审核,投资项目的设备、技术、工艺是否先进,公司是否存在违纪违规的情况,各项工作是否按公司的流程与制度执行,公司是否存在一权独大的情况。评价重大经济决策的公允性和合规性。

**(五) 单位(部门)人员违法违规、差错与低效、浪费等责任分析**

**1. 审计重点(风险点)**

(1) 单位(部门)所属科室、工段人员有违法乱纪、违反公司相关制度的现象。

(2) 所属科室(工段)的工作有差错,存在效率低下及资源浪费的情况。

(3) 单位(部门)经营性固定资产被闲置或被侵占。

(4) 有关违法违规事项的责任认定存在疑点。

**2. 审计程序与步骤(建议但不限于)**

第一步:(1) 检查人事部、办公室等相关记录,确定部门所属人员是否有违法乱纪、违反公司相关制度并已作出处罚的记录。

(2) 通过询问下属或相关部门,对外部或内部人员进行访谈等方式,了解部门经理或主管是否廉洁奉公、对下属是否公正公平、是否有人投诉等情况,深入调查并查明原因。

第二步:按工作手册的内容抽查工作流程及工作时间的合理性,部门人员工作中是否常有差错;检查工作效率是否高效,工作中是否节约资源。

第三步:(1) 检查所属部门资产是否充分利用,是否有资源闲置,固定资产是否存在公为私用、被人侵占等(特别是可移动资产,如相机、工具、小车等)情况。

(2) 询问财务部、资产管理部、行政部等相关部门工作人员,以了解经理在任职期间是否存在挪用公司财物、占用公司资产等问题。

第四步:(1) 针对部门发生的违纪违规事项(如有),应查阅其对应的事件资料。

(2) 按照相关标准分析并划清相关责任,包括领导责任、主管责任、直接责任(具体责任可分为 12 种),为管理人员考评提供依据。

此外,还可以对工作岗位分析、后续人员培训、创新团队管理、储备人才的培训及培育等方面进行综合评价,力求给相关的管理人员一个公开、公平、公正的评判,建立人才选拔任用与考核评价机制。

**五、事故责任划分**

事故责任分为以下 12 种:①主观责任;②客观责任;③现任责任;

④前任责任；⑤个人责任；⑥集体责任；⑦经济责任；⑧非经济责任；⑨操作责任；⑩审批责任；⑪故意责任；⑫过失责任。

## 第二十四节　机构设置与岗位分析审计操作方案

### 一、机构设置与岗位分析审计的目的与意义

在成功企业的员工管理中，应将合适的人放在合适的位置。

机构设置与岗位分析是人力资源管理的重要事项，也是人力资源管理的难点。

机构设置与岗位分析审计是人力资源审计的一部分，是指审计人员根据有关法规及公司制度，按照一定的程序和方法，对公司机构设置和岗位安排进行全面的、独立的审核分析与评价。其是人力资源部门工作的延伸和加强，是为加强领导决策依据而做的审计工作。

机构设置与岗位分析审计的目的是为公司合理减员提供决策信息，梳理人力资源流程，规范业务流程操作，评价机构设置和岗位职责，评估员工配置及工作量，减少多余员工，从而有效降低人工成本，提高工作效率，增加公司效益。

简单理解就是：为企业消肿，为岗位定员。

机构设置与岗位分析审计的路径为：机构设置—岗位分析—流程梳理—定岗定员。

### 二、机构设置与岗位分析审计存在的主要问题与漏洞

机构设置与岗位分析审计存在的主要问题与漏洞如下。

（1）集团公司机构臃肿、职位重叠。

（2）人浮于事、工作效率低下。

（3）部门工作流不合理、人员偏多。

(4) 管理制度不健全、经办人无章可依。

(5) 职责分工不明确，出现多头管理现象。

(6) 员工薪酬与收入利润不配比。

## 三、机构设置与岗位分析审计的重点与目标

机构设置与岗位分析审计的重点与目标如下。

(1) 评估公司组织机构及部门设置。

(2) 部门业务工作流程与制度建设。

(3) 评价人力资源配备及内部控制。

(4) 员工综合技能素质及考核情况。

(5) 人工成本(薪酬)与收入、利润的配比情况。

(6) 员工入职及退出机制分析。

## 四、机构设置与岗位审计程序与步骤

### (一) 机构设置与部门职责

**1. 审计重点(风险点)**

(1) 公司管理部门较多，组织机构臃肿。

(2) 部门设置随意，存在不合理情况。

(3) 中层组织及部门职责混乱。

**2. 审计程序与步骤(建议但不限于)**

第一步：(1) 从总裁办或人力资源部门收集公司组织机构图、公司目标、战略及愿景。

(2) 收集类似公司(同类标杆集团)的组织机构图、部门设置及人员安排布局等资料。

(3) 根据收集的资料，比较本公司与其他标杆公司的机构差异，结合本公司的实际情况，分析评价公司组织机构是否臃肿，管理部门是否杂乱、是否合理、是否达到公司的管理要求。

(4) 根据上述大量的比较分析，与管理人员进行沟通，结合本公司

的模式与监管现状,谨慎地提出合理建议。

第二步:(1)收集公司审计时段及近两年来增加中层部门的相关资料。

(2)收集公司部门增设情况,判断增设部门的必要性,分析增设部门是否经过论证,是否经过高层或董事会的审批,职责是否重复,增设部门是否合理等。

(3)根据实际情况与其主管领导进行沟通,了解其部门职责的履行情况,讨论合并或撤销部门的可能性,从而为减少岗位打好坚实的基础。

第三步:(1)收集各部门工作职责、权限与工作流程。

(2)分析各部门工作内容、职责及业务流程,重点比对各部门工作内容与职责是否存在重复、断点,分析是否存在工作重叠,职责是否混乱,是否存在互相推诿情况;分析部门职责设置是否合理,职能是否支持公司目标、战略与愿景。

(3)对相同职责的部门或机构进行合并,对相应的职责进行重新梳理与确认,并提出管理建议。

### (二) 部门工作流程与内控管理

**1. 审计重点(风险点)**

(1)部门工作流程设置不合理。

(2)部门间没有达到互相制约的作用。

**2. 审计程序与步骤(建议但不限于)**

第一步:(1)收集部门工作职责、工作流程与内容。

(2)结合公司整体的工作流程,从源头部门开始,对每个部门的工作流程进行"开始—结束"模式的衔接,分析部门工作流程是否存在断裂,部门工作是否存在重复,工作流是否畅通,是否可以减少或缩短工作流程,工作流程的设置是否合理等。

(3)根据以上大量的工作分析,参考同行业标杆企业的实际情况,结合本公司的现状,谨慎地提出合理化的建议。

第二步：(1) 进一步收集部门工作职责、工作流程与内容。

(2) 对每个部门的工作流程进行分析，结合现有的控制程序与相关的表格资料，评估部门间是否有相应的控制点，关键节点是否得到监督保证。

(3) 对工作流程中出现断点、流程断绝的部位或部门进行业务流程的修补和外延，确保部门间能达到相互制约、相互制衡的目的。

(三) 员工配置及工作量分析

**1. 审计重点（风险点）**

(1) 员工目标（工作量）达不到公司要求。

(2) 员工配置不合理，不利于实现部门目标。

(3) 工作技能及态度没有达到岗位目标。

(4) 关键重要岗位没有实行轮岗。

(5) 不相容职务及回避岗位的审核。

**2. 审计程序与步骤（建议但不限于）**

第一步：(1) 收集公司人力资源的相关政策及有关会议决策，确定公司人力资源战略及对员工的具体要求。

(2) 对岗位工作内容进行职位分析。职位分析可以采用观察法、问卷法和访问法，实际工作中一般采用观察法，即在工作现场对工作进行观察，并用文字或图表显示一个阶段的工作内容、形式、程序和方法，获取必要的工作信息，并通过对信息的比较、分析、汇总等方式，得出职务分析成果。

(3) 根据收集到的资料与人力资源的要求进行对比，对于没有达到公司要求及工作量的岗位进行重新评估，以确认其存在的必要性；与主管进行沟通，对每个岗位进行确认并决定增减相关的人员。

第二步：(1) 向人力资源部门收集各部门岗位分布表。

(2) 查阅员工人事档案及绩效考核等相关资料，并向有关人员调查了解员工近年来工作业绩。必要时抽调监控及相关资料进行评估，确定是否有工作内容重复、人浮于事的情况。如员工不以公司利益为重或做出损害公司利益的行为，考虑将其降职、解聘、辞退。

第三步：(1) 收集人力资源部提供的岗位说明书及工作内容表格。

(2) 结合上述第一步和第二步，向相关员工或直接上级了解员工素质、技能等相关信息，对公司当前员工的知识技能及综合素质是否满足当前岗位需要进行公平合理的评价。

(3) 对部门岗位合并、员工调岗或辞退提出合理建议。

第四步：(1) 分析部门员工分工表及员工工作变动情况。

(2) 向部门经理或主管了解员工轮岗的情况，特别是对于权重部门(如销售部、物流部、采购部等)的关键岗位人员，结合其在本岗位的工作年限、近年来工作业绩考核情况及历次审计发现问题的责任等因素，评价其工作轮岗的必要性，并考虑人员换岗、轮岗及辞退策略。

第五步：(1) 收集公司关于不相容职务及亲属回避的制度。

(2) 分析每个岗位，是否符合各岗位不相容职务分离的原则，是否满足部分岗位亲属回避的制度，是否达到公司内控要求。如存在上述情况，应提出换岗、调岗等合理建议。

(四) 人力资源成本分析与员工管理

**1. 审计重点(风险点)**

(1) 人力资源成本不合理。

(2) 员工薪酬与企业收入、利润的配比不合理。

(3) 员工入职与退出机制不完善。

**2. 审计程序与步骤(建议但不限于)**

第一步：(1) 从公开资料或网络上查找同类公司的人力资源成本信息。

(2) 从会计部整理或收集关于人力资源成本的相关资料，对公司人力成本进行比较分析，并与公开信息资料进行比对，分析公司人力资源成本的合理性。

（3）根据成本比较情况，从总体上分析员工人数是否合理，为管理层减少员工提供决策建议。

第二步：（1）从会计部收集公司近三年以来的销售收入和利润总额。

（2）对三年来的资料进行分析，重点分析劳动生产率、平均人工成本、各级员工人工成本的比重、人工成本构成的明细情况等。

（3）计算分析上述期间公司总部人工成本占总成本及销售收入的比重情况、人工成本利润情况，分析人工成本与收入利润的比例是否相配比，并进行人工成本分析。

第三步：（1）从人力资源部门抽查审计年度所有员工的入职、离职资料。

（2）审阅相关资料，确定招聘员工过程中的合规性，审查是否对员工的资料进行核实等。

（3）了解员工退出制度的信息，抽查审计年度所有离职人员、退休人员的操作流程，确定人力资源部门是否按有关规定操作、是否对离职人员进行了谈话、是否作出相应的记录、是否存档等。

（4）对员工入职及退出的合法合规性和完善性进行全面的评估，分析各环节可能存在的问题及风险，向管理层提出合理化的建议。

## 本章精粹

24个行之有效、切实可行的内审方案，让你快速地由外行变为专家。

理论是旗，实务是枪。理论指向哪里，内审就打到哪里。

理论是对实务的提高与升华，实务是对理论的实践与验证。

方案是死的，管理是活的，要用活的管理指导（改变）死的方案。

**1. 采购审计**

（1）能产生效益的就是采购与销售。

（2）采购业务风险检查清单40个。

(3) 推荐最佳采购实务 29 个。

(4) 采购业务是内审每年必审项目。

(5) 采购潜规则是内审的死对头。

## 2. 销售审计

(1) 销售是实现利润的决定性方式。

(2) 销售过程中的漏洞是不可避免的。

(3) 销售业务风险调查清单 20 个。

## 3. 工程审计

(1) 工程业务是老板心中永恒的痛，处处存在风险与漏洞。

(2) 工程审计必须全过程跟踪审计方式。

(3) 工程量计算审核 10 大要点。

(4) 工程项目是内审必监控的项目。

(5) 工程项目的重要监控点：施工现场。

(6) 工程管理最大的问题：工程签证。

(7) 工程签证的最大风险：隐蔽工程。

## 4. 技改维修审计

(1) 技改维修的特点是项目"多、乱、杂"。

(2) 技改维修项目编制及审批。

(3) 项目预算间的变更及转换。

(4) 技改维修效益与评估。

## 5. 物流审计

(1) 供应链管理越来越成为企业管理重点。

(2) 业务外包成为主流。

(3) 运输方式及线路成本分析是物流管理的重中之重。

## 6. 财务审计

(1) 资金是企业的血液，是企业的咽喉。

(2) 资金结存及利息总量分析。

(3) 融资与负债是否可控。

(4) 理财产品与现金的关联性。

**7. 会计审计**

(1) 会计记录公司业绩，内审揭露经营管理。

(2) 会计业务的真实性与准确性。

(3) 会计内控与机构设置。

(4) 会计政策与工作流程。

**8. 会计基础工作审计**

(1) 会计记录公司业绩，内审反映企业管理。

(2) 会计基础工作审计存在的主要问题与漏洞。

(3) 会计法规遵守及工作协调调查。

(4) 原始凭证审核与归集审计步骤及程序。

(5) 会计凭证编制与规范审计步骤及程序。

(6) 会计报表编制与核对审计步骤及程序。

(7) 会计档案归档与管理审计步骤及程序。

**9. 预算审计**

(1) 预算管理是内控管理的一种重要方式。

(2) 预算管理没有全面实施，不够详细。

(3) 编制预算的依据与标准。

(4) 预算的执行与变更及分析。

**10. 增值税审计**

(1) 增值税是企业的最大税种，是企业税务工作的重点。

(2) 增值税的进项、销项及进项转出。

(3) 增值税申报及缴纳。

**11. 生产循环审计**

(1) 生产(产品)是企业实现利润的基本方式。

(2) 产量优化与成本控制是生产管理的核心课题。

(3) 工艺、流程与设备是产量的三驾马车。

(4) 产量与原材料、辅材料比率的合理性。

## 12. 材料仓库审计

(1) 企业内部只有成本。

(2) 仓库材料管理方式的选择。

(3) 材料验收、出入库管理存在"假领假退"的情况。

(4) 材料购买分析与报废管理。

## 13. 辅助材料审计

(1) 辅助材料审计存在的主要问题及漏洞。

(2) 辅助材料请购与采购审计步骤及程序。

(3) 辅助材料验收与保管审计步骤及程序。

(4) 辅助材料领用与退料审计步骤及程序。

(5) 辅助材料用量合理性分析审计步骤及程序。

## 14. 固定资产审计

(1) 固定资产审计存在的主要问题与漏洞。

(2) 资产购置审计步骤及程序。

(3) 固定资产使用及折旧审计步骤及程序。

(4) 固定资产清查与报废审计步骤及程序。

## 15. 不良资产审计

(1) 不良资产也是有价值的资产。

(2) 不良资产的范畴。

(3) 不良资产审计存在的主要问题及漏洞。

(4) 各种不良资产的审计步骤及程序。

## 16. 合同审计

(1) 合同是规避经营风险的重要依据。

(2) 合同的审核与审批。

(3) 合同的变更及解除。

(4) 合同条款的合理、合法与严谨性。

## 17. 信息系统审计

(1) 计算机风险是风险中的老大。

(2) 计算机的购买与报废。

(3) 部门设置及人员职责分离。

(4) 计算机的软硬件及环境应用控制。

### 18. 内部控制审计

(1) 世界上多数企业的失败与内控缺失有关。

(2) 内部控制对于合伙串通、超越制度的行为是无效的。

(3) 内部控制 5 要素：控制环境、风险管理、控制活动、信息与沟通、监督。

(4) 公司治理机构与道德观。

(5) 内控体系及评估监督。

### 19. 舞弊专项审计

(1) 事情的发生必有过程，有过程必有轨迹，有轨迹必有破绽。

(2) 公司舞弊清单。

### 20. 贪污审计

(1) 收入贪污方式及查找证据的方法。

(2) 贪污审计存在的主要问题及漏洞。

(3) 企业收入、支出的主要贪污方式及审计程序。

(4) 资产报损主要贪污方式及审计程序。

### 21. 战略审计

(1) 战略审计属高阶审计，必将成为未来审计的重点。

(2) 战略基础、依据及执行力。

### 22. 人力资源审计

(1) 将合适的人放在适合的位置。

(2) 五险一金的计缴与支付。

(3) 薪酬计算及人员重复填列。

(4) 员工招聘及辞退、档案管理。

### 23. 经理离任审计

(1) 经理离任审计是人事考核的重要依据。

（2）中层管理人员离任事关重大。

（3）各项经济指标的完成情况。

（4）内部管理情况、业绩及责任分析。

## 24. 机构设置与岗位分析审计

（1）机构设置及岗位分析审计存在的主要问题及漏洞。

（2）机构设置与部门职责审计步骤及程序。

（3）工作流程与内控管理审计步骤及程序。

（4）员工设置及工作分析审计步骤及程序。

（5）人工成本分析与员工管理审计步骤及程序。

# 第五章 常用审计方法

**本章主要内容**

如果第四章的内容是直接捕鱼的话,那么本章就是告诉你捕鱼的方法。

本章分为10个小节,分别论述介绍了一些常用的内部审计方法,每种审计方法的内容均包括:概念与适用范围、实施步骤与过程、注意事项及案例介绍等。

方法是为获得某种东西或达到某种目的而采用的手段与行为方式。内部审计方法是为了达到审计目标而采用的各种手段与行为过程。技术方法像一门艺术,是经过长期的使用和改造累积起来的经验、技巧与手段,但它能将复杂问题简单化,将专业问题通俗化。

大道至简,是做事的原则,也是本书写作的基调。其目的是要将内部审计中复杂的问题变得简单,将专业的问题变得通俗。在复杂的现实中,简单简约才是硬道理。

根据IIA调查发现,内部审计人员在实际工作中需要用到的技能有26项,其中又分为专业性技能和行为性技能,专业性技能有14项,行为性技能有12项。如果我们都能具备这些技能,那么工作起来不就游刃有余、得心应手了吗?按照这项发现,以实际工作中重要性排列(有些排名是并列),具体顺序如下。

内部审计专业性技能共14项,包括:①数据采集与分析;②理解性业务;③访谈;④风险分析;⑤信息技术运用;⑥一致性控制技能;

⑦研究能力;⑧财务分析;⑨论证技能;⑩虚假谨慎;⑪谈判;⑫抽样统计;⑬知识能力;⑭全面质量管理。

内部审计行为性技能共12项,包括：①协调性;②客观性;③人际交往能力;④做好每个工作层;⑤关系建立;⑥管理能力和道德敏感度;⑦团队成员;⑧独立工作能力;⑨简便性;⑩领导能力;⑪团队建设;⑫人员管理。

为了获取审计证据,需要根据实际情况采用各种审计方法。随着计算机技术和管理技能的发展,审计方法也越来越丰富,从定性分析法的归纳、判断、推理到定量分析法大量运用数学、统计、概率、抽样等技术,再发展到现在的计算机辅助审计、IT审计、智慧审计等,审计方法的运用越来越广泛。

在内部审计的实际工作中,或者在任何一个审计项目中,不可能用到全部的技术技能。只能是或多或少地使用以上技能,我们相信,只要你能纯熟地理解和掌握以上技能,必将成为内部审计工作的精英。

以下对实际工作中常用的专业性技能或方法进行简单扼要的阐述,介绍现阶段最常用的审计技术与方法;对于不常用的技术与方法只作简单的介绍。

内部审计工作中最常用的审计方法包括审核法、分析法、访谈法、重算法、观察法、盘存法、函证法、顺查法、逆查法、穿行测试法。

# 第一节 审核法

审核法是指对会计记录和其他书面文章进行审阅与核对的一种审计方法。也有些资料书籍将审核法细分为审阅法和核对法,但一般情况下,查阅与核对是相辅相成,为精简需要,特归类为审核法。审核法侧重于审查书面方法的真实性与合法性,在审计工作中占比较大,是内部审计中最常用、最基本的审计方法。

审核法主要在查阅会计资料、预算、计划、会议记录、规章制度、合同资料时适用，多用于会计、合同等纸质资料的查找。

### 一、审核法的适用范围

**1. 审核原始凭证要素**

审核原始凭证要素主要是审核原始凭证有无作弊，内容是否真实合法合规，签批手续是否齐全等；审阅原始凭证中反映的经济业务是否真实合规；核对原始凭证（主要指发票）上记载的抬头、日期、数量、单价、金额等方面的字迹是否清晰，数字是否相符，有无挖补涂改情况；审阅填发原始凭证的单位名称、地址和公章，审查凭证的各项手续是否完备。在审计中如发现有不符合规定的情况，就有可能存在舞弊的风险。

**2. 审核记账凭证要素**

记账凭证是原始凭证的浓缩与综合反映，通过审核相关的会计记账凭证，我们可以确定原始凭证附件是否齐全；核对金额是否正确、数量是否一致；检查科目使用是否规范、完整；复核审批手续是否完整，附件是否完整和处理得当。此外，应核对记账凭证上载明的所附原始凭证张数是否与原始凭证的张数一致；会计分录编制及金额是否正确，是否正确计入总账、明细分类账；业务摘要是否与原始凭证记载的经济活动内容相一致；凭证编号是否按规定编制等。

**3. 审核记账账簿**

通过查阅会计账簿记录情况，确定是否全部记录或打印齐全（主要适用软件公司）；会计账簿启用手续、使用记录和交接记录是否齐全完整；账簿内科目期初和期末余额的结转、承前页、转下页、月结和年结是否符合规定；账簿各项记录是否规范和完备，如业务摘要、对应科目是否齐全，有无涂改痕迹，是否按规定的方法更正记账错误。此外，核对账簿记录的内容是否真实、正确，总分类账的账户记录是否与所属明细分类账的账户记录合计数相符；审核总分类账各账户的借方发生额和余额合计与贷方发生额和余额合计是否相等。

**4. 审核会计报表**

审核会计报表主要查阅会计报表编制与递交是否及时,签交手续是否齐全,是否符合会计制度和编制要求;审阅财务报表的编制是否符合会计法规及集团公司有关财务会计制度规定;审阅财务报表项目是否完整,各项目的对应关系和勾稽关系是否正确,相关数据内容是否一致;查阅报表是否充分反映披露财务状况。

**5. 审核规章制度**

确定公司是否存在相应的制度或文本,制定的内容或决议是否存在,存在是否合理,保管是否齐全,阅读权限是否进行相应的限制;现在的操作或运行现状是否与公司目标与方式相符合,是否存在不相符的地方。

**6. 审核各项内控制度**

查阅并核对公司的规章制度是否都已订立,确定各项事务是否按章执行;审核相应记录是否严格,财务是否设立不相容岗位制度,现金与记录岗位是否分离;查阅生产计划是否合理,有无不切实际的情况;审阅采购是否有严格的制度,招投标制度是否完善,执行是否到位;审查合同是否妥善保管,合同主要条款和内容是否完备等。

**7. 审核各种合同**

查阅公司的合同签订流程,确定合同是否违反《民法典》,合同的签订是否遵循相关流程,合同是否经过权限领导审批;合同是否公平公正,合同条款是否合理,合同是否有罚款罚则条款;合同执行是否有记录;合同保管是否遵循相关规定等。

**8. 审核其他书面资料**

除了上述资料的其他书面资料,都可以通过审阅与核查的方式时进行审计,以便能在有限的审计时间里形成有效的审计成果。

**二、主要核对的会计文档资料**

主要核对的会计文档资料如下。

(1) 证证核对。即原始凭证与会计凭证之间的核对。

(2) 账证核对。即会计账簿与会计凭证之间的核对。

(3) 账账核对。即各明细账簿与总账之间的核对。

(4) 账表核对。即会计账簿数量金额与会计报表之间的核对。

(5) 表表核对。即各会计报表之间的核对,各报表之间勾稽关系是否正确。

(6) 账实核对。即账簿数量与实际现金、材料、资产的核对,一般情况下采用抽样的方式进行核对。

**【例 5-1】 采购比价资料审核**

为了检查采购比价资料是否齐全、是否有领导的审批、审批是否超过公司规定的权限。内审人员首先要根据审计程序,向采购人员查找并收集到相应的采购资料;其次,根据公司规定与采购资料进行比对,审核其相关的资料附件与公司制定的标准规定相符;最后,内审人员根据收集的差异资料,归纳分析整理成审计工作底稿,与当事人沟通确定相关的事实。

## 第二节 分 析 法

内部审计分析是指在搜集素材的基础上对审计发现的问题进行比较与分析。分析法是指对被审计单位重要的比率或趋势进行分析,包括调查异常变动以及这些重要比率或趋势与预期数额和相关信息的差异。这是一项政策性、技术性很强的工作,一般分为比较分析法、综合分析法、因果关系分析法和计算机辅助分析法等。做好审计分析,需要审计人员具备较强的政策水平、较好的业务素质和较高的综合水平。以下对几个主要的方法进行简要介绍。

一、比较分析法

比较分析法是指根据一定的标准,对分析对象的资料进行比较研究,寻找差异及找出其中的本质规律,得出符合客观实际的结论的方法。在资料的整理阶段和搜集阶段都要用到这一方法。

【例5-2】 预算执行情况分析

在预算执行审计中,我们要了解预算执行情况,就必须在审计时取得预算执行与计划的对比数据情况;分析财力增长情况,就必须取得同期对比数据、与业务系统先进指标对比数据等。有了这些对比情况,审计分析就能较容易透过现象揭示本质。比较分析法主要包括纵向比较、横向比较、计划与实际比较、整体与部分比较四种。在实际分析问题的时候,具体的比较方法也有多种多样,如绝对比、相对比、百分比、倍数比、比重等。

(1)比率分析法。根据审计中收集的有关信息资料,将同一报表内部或不同报表之间的相关项目联系起来,或者不同时期的资料项目联系起来,通过计算相关的比率,反映数据之间的变化关系,用以评价被审计单位的财务信息。比如,利用资产负债率、流动比率、速动比率等指标可以分析企业负债水平和偿债能力。

(2)趋势分析法。趋势分析法主要是通过对比两期或连续数期的财务数据和非财务数据,确定其增减变动的方向、数额和幅度,以掌握有关数据的变动趋势和发现异常的变动。如在内部审计实际工作中,可以将审计期内各个月份的主营业务收入或经营费用进行比较,以分析研究其变动的趋势和幅度。

二、综合分析法

综合分析法也叫共性分析法,它是指对分析对象情况进行逐个比较分析后,从中归纳出某一共性问题的分析方法。共性分析法简便易行,是捕捉普遍性、倾向性、苗头性问题的最有效的方法。其操作步骤如下。

(1) 确定分析范围。进行研究分析的范围越广越好,在条件允许的情况下,应将被审计的所有单位情况都纳入分析范围,以防出现差错与纰漏。

(2) 对问题梳理归类。根据分析的问题进行梳理,按问题的概念、逻辑关系对其进行合并归类,形成专门主题。小专题还可根据需要合并成为大专题。

(3) 定量分析。对于审计发现的共性问题进行量化分析,进一步精确认识事物存在的范围、程度及发展趋势等。

(4) 定性分析。依据有关方针、政策和法规对共性问题进行定性,以确定问题的性质。

### 三、因果关系分析法

因果关系分析法是指根据事物间的因果关系进行推论,从而认识问题、分析问题的方法。因果关系是客观事物之间的必然联系,有因必有果,有果必有因。分析二者之间的联系规律,可以由事物的果推出其因,据其因找出其果,进而得出某种结论。

比如,账外资产多、小金库多,财务管理必然松弛;财会人员业务技术较差,财务处理差错率必然高。任何一个事物的出现都是由一定原因引起的,而它本身又是引起其他事物的原因。法制观念淡薄,导致公司小金库的产生,小金库的存在又成为滋生腐败的温床。因果关系又是非常复杂的。有一因多果,有一果多因,有时因复为果,有时果复为因。进行因果关系分析时,最容易犯的毛病是将原因和结果及问题混为一谈,因此,分析中要注意划清问题与原因的界限。

### 四、计算机辅助分析法

应用计算机进行辅助分析,主要是借助计算机信息储存量大、计算准确快速,制作图表方便简捷的功能,将审计或审计调查的有关数据输入计算机,对全部分析对象进行专题性、行业性、综合性等相关分析。计算机辅助分析可以通过编制计算机专门程序或一般通用软件(如 Excel)等进行。利用这些软件审计人员可以很方便地制作各种表格,计算有关数据,对多个专题内容分别进行筛选分析;也可以根据审计要求,对一些分析项目的数据进行整理加工,生成多种特定内容的新表,为进行多角度、深层次的分析提供方便常用的财务指标分析见表 5-1。

表 5-1 财务指标分析表

| 项目 | 指标 | 计算方法 | 评价 |
| --- | --- | --- | --- |
| 短期偿债能力 | 流动比率 | 流动资产/流动负债 | 该比率越大说明短期偿债能力越强,但是过大的话说明企业流动资产占用过多,利用率低。比率值一般在 2 左右比较适合 |
| | 速动比率 | (流动资产－存货)/流动负债 | 与上一比率的意义一致,一般比值在 1 左右为宜 |
| | 营运资本资产率 | 营运资本/总资产 | 需要具体分析,与同行业比较 |
| 长期偿债能力 | 资产负债率 | 负债总额/总资产 | 该比率越小,企业的长期偿债能力越强;如果太小,说明企业没有使用杠杆,失去了放大效应。一般该比率低于 70% 较为合适 |
| | 产权比率 | 负债总额/股东权益总额 | 与上一比率的意义一致,过大过小都不好。如果该比率大于 1,说明资不抵债,有倒闭的危险 |
| | 长期负债权益比率 | 长期负债/股东权益总额 | 过低过高都不适宜,应具体分析 |
| 营运能力 | 应收账款周转率 | 销售收入/应收账款平均余额 | 反映回款的速度,越大越好 |
| | 存货周转率 | 销售成本/存货平均余额 | 反映销售的速度,越大越好 |
| | 总资产周转率 | 营业收入净额/平均资产总额 | 反映总资产的利用效率,越大越好 |
| | 流动资产周转率 | 主营业务收入净额/平均流动资产 | 反映流动资产的利用效率,越大越好 |
| | 固定资产周转率 | 营业收入/平均固定资产净值 | 反映固定资产的利用效率,越大越好 |

(续表)

| 项目 | 指标 | 计算方法 | 评价 |
|---|---|---|---|
| 盈利能力指标 | 主营业务利润率 | 净利润/主营业务收入 | 反映主营业务带来利润的能力,越大越好 |
| | 净资产收益率 | 净利润/股东权益总额 | 反映净资产的盈利效率,越大越好 |
| | 总资产利润率 | 利润总额/资产总额 | 反映总资产的盈利效率,越大越好 |
| | 主营业务比率 | 主营业务利润/利润总额 | 反映主营业务的盈利在全部盈利中的比重,由于主营业务具有持续性,通常该比率越大,说明盈利构成越健康 |
| | 非经常性损益比率 | 非经常性损益/利润总额 | 与上一比率的意义相反,通常越小越健康 |
| 成长能力指标 | 主营业务收入增长率 | (本年主营业务收入－上一年主营业务收入)/上一年主营业务收入 | 根据企业所处的不同阶段,该比率的数值也不同。处于成长期的企业,该比率通常较大。处于成熟期的企业,该比率较小。处于衰退期的企业,该比率可能为负,此时为危险信号 |
| | 总资产扩张率 | (本年资产总额－上一年资产总额)/上一年主营业务收入 | 反映企业资产扩张的速度,但由于资产的构成分为负债和权益两部分,所以该比率需要具体分析,看增长的资产属于哪类 |
| | 净利润增长率 | (本年净利润－上一年净利润)/上一年净利润 | 反映了企业盈利能力增长的长期趋势,越大越好 |
| 现金流量指标 | 每股营业现金流量 | 经营活动产生的现金净流量/年末普通股股数 | 越大越好 |
| | 主营业务现金比率 | 经营活动产生的现金净流量/主营业务收入 | 对主营业务利润率的现金流量修正,越大越好 |
| | 结构比率 | 经营活动产生的现金净流量/总的净现金流量 | 反映经营活动的现金流量比重,具体分析 |
| | 营业活动收益质量 | 经营活动产生的现金净流量/营业利润 | 越大越好 |

## 第三节 访 谈 法

访谈提问的能力与验证、比较及评价的能力同样重要。

如果有些人认为你的问题冒犯了他们,那么再问一遍,直到有明确的答案为止。

### 一、访谈法的概念

内部审计和外部审计在实行审计的过程中,都会利用访谈提问等沟通形式来收集信息。所谓访谈法,就是访问谈话的方法,也可以理解为询问法,是指审计人员与被审计单位或有关人员进行各种形式的交谈,以了解有关情况、收集审计证据的一种方法,是内部审计调查中最常用的一种收集资料的方法。为什么说进行各种形式的交谈,而不是面对面的交谈呢?在信息技术高度发展的当下,人们不一定要面对面才能交流,电话沟通、社交软件交流、视频会议交流等都可以实现交流,因此,现在所说的访谈,应理解为多形式、多方面的沟通交流。

当然,最好的访谈方式还是面对面的交流。在这种形式的访谈中,访谈员可以看到被访者的表情、神态和动作,有助于了解更深层次的问题。访谈的内容涉及心理、行为、沟通技巧等多个方面。

### 二、访谈法的适用范围

访谈法的适用范围包括:审计计划阶段,让内审人员咨询了解情况;实施审计阶段,收集证据、了解事情的前因后果;报告阶段,相互沟通、上下层达成共识,以支持内审工作等。

### 三、访谈法的实施步骤

访谈可以根据实际情况进行设计,一般情况下可分为正常审计项目的访谈和特殊项目的访谈,特殊审计项目主要是指专项审计或舞弊审计。

实施访谈包括以下五个步骤。

**1. 制定访谈提纲**

不打无准备之仗。作为一名内审人员,要在任何行动之前做好一切准备。访谈也是一样,应事前先设计一个访谈提纲,明确访谈的目的和所需获得的信息内容,罗列出所了解的内容和提出的主要问题、计划实施时间及主要步骤等。

**2. 适当提出问题**

在与访谈者交流的过程中,对于想要获取的信息及资料,要在谈话的过程中恰当地提出,并要求简单、清楚、准确。如对重要的问题,要进行必要的追问,以保持一事一问、一问一答,确保访谈事情的条理性。

**3. 准确收集信息**

在人与人的沟通与交流中,有一个重要的原则是听比说重要。有些人总是不停地说话,试想,你把话都说了,人家还能说吗?人家不说,你能听到你想要的内容吗?所以,要做一个积极的倾听者。在审计询问的过程中,被审计人说话的声调、措辞和心情与其提供的信息一样重要,内审人员要关注谈话过程中的弦外之音。俗话说"话里有话",人是很奇怪的动物,有时明明说"东",但是可能表达的意思就是"西"。这些需要访谈人员不断结合语境、语调、文化、个人特质等进行分析,不断总结经验与提高专业水平。

另外,访谈人员应迅速记录受访者所说的话或相关信息,必要时还要与受访者进行平等的交流,以共同建构新的认识和意义。

另外,"倾听"还需要特别遵循两个原则:不要轻易地打断对方和容忍沉默。

**4. 及时给予回应**

访谈目的是通过沟通与交流,达到收集信息和共识的目标。在实施过程中,访谈者不只是提问和倾听,还可以将自己的态度、意向和想法传递给对方,以达到交流的目的。回应的方式可以是肯定、重复和总结性的叙述。

**5. 正确进行记录**

内审人员如果懂一些速记方面的知识,那么对于访谈记录是很有帮助的。访谈结束后,应及时整理相应的记录,梳理相关的内容,回忆访谈先后经过,详细记录相关资料。一般情况下,可以录音或摄像。

## 四、访谈的主要方法

只有针对不同的审计项目和访谈对象采取不同的询问策略,并对具体情况采取有效的方法,才能取得很好的效果。对于正常的审计项目,应主要了解事情的经过或事情的来龙去脉,按正常的方法与程序进行访谈。而对于特殊审计项目,如舞弊过程的访谈,则应采用其他的特殊的审计访谈方法。以下是几个常用的访谈方法。

(1) 开门见山法。一步到位、开门见山式的访谈往往也会起到不错的效果。如果审计中询问一般性问题或是证据掌握已较充分,询问只是为了证实一些情况,那么这种情况下应开门见山,向询问对象讲清利害关系,要求其对事实予以陈述或描述。

(2) 突然袭击法。一般审计开始时,被审计单位或个人会比较重视,会有心理准备。审计人员不宜在此时进行重要问题的询问,要不露声色,等待时机,待对方松懈时再突然进行询问。配合其他审计方法,如对现金或实物进行突击盘点,则会取得较好的效果。

(3) 曲线迂回法。在访谈过程中,如发现某些问题从其他角度无法得到完全证实,必须向有关人员询问。询问必须非常小心,不应暴露审计人员的目的和核心内容,应尽量从旁边得到证实,以达到审计的目的。

(4) 循循善诱法。审计实践中经常有这种情况,向被审计单位有关人员询问时,对象明明知道事情的来龙去脉,但在未得到领导的指示时,根本不予配合。这时就需要审计人员动之以情、晓之以理,以事实引导谈话对象。

(5) 旁敲侧击法。在访谈的实践过程中发现的一些疑点,不能立刻作出舞弊的结论,需向有关人员查询、核验,这时需要内审人员进行旁敲侧击,多问几个为什么,逐步深入问题,使问题具体化。要尽量避免提出涉及责任的敏感问题。访谈着重弄清事情的来龙去脉,为进一步追查、核实创造条件。

以上访谈方法多适用于舞弊审计。在具体的实施过程中,应因人而异、因事而异,将各种方法交错融合,以达到最佳的审计效果。

### 五、访谈相关的注意事项

访谈相关的注意事项如下。

(1) 访谈提纲要细致。提纲应注意问题分类,每一个问题再分小项,提纲要细致,并经内审经理或主管审核。

(2) 日程安排要详细。不但日程确定要细致,还要包括具体的访谈人、被访谈人、访谈起止时间、主要访谈内容。对同一人的访谈一般要安排在连续时间段内,应尽可能避免重复访谈。

(3) 注意访谈过程。访谈一般由两人进行,一人负责提问,另一人负责记录。记录人要注意细致、准确,涉及名称、数据、过程的信息要精确记录,并得到确认和核实。提纲未必包含所有问题内容,如访谈中发现提纲中未包括但很重要的内容,可加入提纲。

(4) 注意访谈记录。要记下所有的问题与对方的观点,分析访谈对象的真实意思表示。对方发表观点的背景要注意,记录中要注意将重点标注出来;可以在笔记本中纵向留出一部分,尽可能记下所有问题的主要观点。

(5) 访谈记录整理要及时、全面,最好是录入电脑与纸质资料一起存档。

(6) 访谈总结。访谈结束后要注意总结,对他人发言有疑问要及时提出,对有疑问的问题要在下面的访谈中加以证实和补充,根据访谈总结，要适当调整访谈提纲。

（7）对某些典型事例要深入了解。如要查清人名、地名、时间、具体内容、准确的相关数据，不要生硬地否定对方的观点，也不要随口附和对方的观点，对明显荒唐的观点可以委婉质疑，对重要性问题可阶段性间隔后重复提问，以验证对方观点。

（8）访谈保密。访谈开始要向被访谈对象申明保密原则，以解除对方的疑虑。谈话中不得泄露其他访谈对象的观点，防止串话或误导。不得向客户方任何人泄露访谈对象的个人观点。笔记本应妥善保存，不要随便放置，防止信息丢失或泄密。

## 第四节 复 算 法

复算法又称重算法、验算法或核实法，是指查账人员通过重新计算被审计单位有关数据指标，以验证其是否正确可靠的查账技术方法，一般做法是重新计算会计资料及其他有关记录中的合计、小计、差额、积数等，检验确定其是否正确。这种方法比较简单，会计人员在平常的业务中也经常使用。

在实际工作中，复算法的主要优点是可以取得书面证据。其主要内容主要包括以下几点。

（1）对原始资料、会计凭证、会计账簿、会计报表中有关项目的小计、合计数和累计数等的复算。复算一般在审计会计基础工作、会计报表中，分析商务数据时适用，这是财务审核的任务之一，也是内部审计人员必须精通的审计技能之一。

（2）对某些业务的计算结果进行复算。复算法多用于数字方面的验证工作，如在对被审企业的固定资产折旧额、职工福利费的计提、各涉及缴纳税金的计算、待摊费用和递延资产的摊销、汇兑损益的计算等方面。此外，上报给领导的汇总资料、对外公布的数据等，均要由主管人员进行不同程度的复算审核。

（3）对有关成本、费用归集和分配的结果进行复算。成本是企业的生命线，成本归集的正确与否会影响到企业利润核算，因此，在验证过程中，可以使用对有关资料进行复算的方法，验证成本、费用的分配标准和方法是否正确，是否对企业核算、税金的缴纳有影响。

（4）对其他书面资料有关数据的复算。除了财务分析资料中的流动比率、速动比率、销售利润率等指标的复算外，还有数据预测、分析、预算、计划等，都可以用到复算的计算方法。

## 第五节 观 察 法

观察法是指内部审计人员实地察看被审计单位的人员、场所、流程、实物资产及内部控制的执行情况，以获取证据的一种审计方法。观察结果通常被记录在笔记、图表或曲线图，与相关的标准与模式进行比较，对偏离标准的事情保持高度警惕。观察法与分析法的区别在于，后者通过大量的数据进行统计、排列和分析，推理推断得出审计结果。

观察法在审计的计划阶段和实施阶段运用，如部门相关岗位设立、职责分离业务的确认和业务流程的执行等，收集的资料包括工作范围、工作内容、工作重点、参考或制定的标准等。

### 一、观察法种类

常用的观察方法有以下五种：核对清单法、自然观察法、设计观察法、掩饰观察法、设备观察法。针对不同的问题，可选择不同的观察方法，还要根据特定调查问题，从成本、时间、空间、数据质量的角度出发，选择适合的观察方法。

**1. 核对清单法**

根据所需观察的审计目标，抽样或列出检查需观察的财物清单，查看实物是否与清单所列物品相一致。如内审人员盘存被查单位物资时，应亲赴现场，对被查单位盘存的实施情况进行清查。

### 2. 自然观察法

自然观察法是指内审人员在一个自然环境中观察被调查对象的行为和举止的方法。比如仓库、销售点、谈判桌，都是可以实施观察的地方。又如，内审人员对被查单位仓库验收过程进行观察，首先，确定观察仓库验收操作过程的时间，选择验收各种物品材料的时机。其次，确定一个能全盘察看仓库的观察地点。最后，查看仓库管理员整个验收过程，如有必要，可选择拍摄或录像，以保存并作为审计证据。

### 3. 设计观察法

设计观察法是指内审人员在一个已经设计好的并接近自然的环境中观察被调查对象的行为和举止的方法。这个办法有点像钓鱼执法，目的是证实一个事实，查找与收集最有效的证据。所以设置的场景越接近自然，被观察者的行为就越接近真实。

### 4. 掩饰观察法

所谓掩饰观察法，就是在不被观察人员知道的情况下，对他们进行监视和观察的方法。我们都知道，如果被观察人知道自己处于被观察的环境，那么他的行为和状态都可能会与日常状态有所不同，由此观察到的结果就会不准确，调查所获得的数据也就容易出现偏差。

### 5. 设备观察法

在某些情况下，用机器设备观察取代人员观察是可能的。比如在工厂或企业办公场所安装监控录像，必要时抽调相关的资料进行观察。又如在一些特定环境中，机器人或设备可能比人员更便宜、更精确、更安全和更容易完成工作。

## 二、观察法的应用范围及方式

### 1. 实际行动和迹象的观察

这是最常用的方法，如在实施内部审计时，查看仓库管理员现行的验收流程是否遵照公司规定。观察采购员、销售员接收电话的态度及选择接听电话的地点,如有些人员总是躲开人群在角落听电话等,则一般可说明其有不可告人之目的。又如,内审人员通过对舞弊人员的生活开支、购物费用进行观察,分析其不合理的现象、分析其存在问题的可能性等。

**2. 语言行为的观察**

语音、语调和语速等,都有可能反映出员工的职业素质和专业水平,内审人员可据此分析出当事人之间的关系、潜在的利害关系等。内审人员应注意观察顾客与售货员的谈话、采购员与供应商的对话等。舞弊者的语音、语调、反应速度都与事实有着密切关系,内审人员要注意总结。

**3. 表现行为的观察**

根据审计线索查找经验,内审人员在查找审计线索时,可以观察人的各种表现,例如观察顾客谈话时的面部表情和肢体动作,研究员工个人生活变化情况、精神状态表现情况等。

**4. 时间、空间和地点的观察**

比如,内审人员可观察水文站对水位的监测记录、交通计数器对来往车流量的记录,还可观察顾客进出商店记录以及在商店逗留的时间等。

## 三、观察法操作的六个步骤

第一步:选择并确定需要观察的对象和目的。如观察工程建设的进度,查看工程是否存在变化,或者观察仓库验收过程,查看员工工作过程是否合规等。

第二步:调查了解观察目标的背景资料、来龙去脉及前因后果。

第三步:选定观察实施地点。

第四步:确定观察时间及机会。

第五步:进行实地观察并记录相关要点。

第六步：对观察结果进行核对与确认。

## 四、撰写观察报告的顺序

撰写观察报告的顺序如下。

(1) 观察目的。

(2) 观察对象。

(3) 观察时间。

(4) 观察地点。

(5) 观察结论。

(6) 原因分析。

## 五、观察法的优缺点及注意事项

观察法的优点在于：内审人员可以更加直观、可靠地收集审计信息，不受被观察者的意愿和回答能力影响，而且简便易行、灵活性强，可随时随地进行。

观察法的缺点在于：通常只能观察到事情的表面，受制于时空条件，无法了解被观察者的动机、态度、想法和情感；容易受到干扰。

使用观察法时应注意以下几点。

(1) 实施时可以用严格观察或较为随意的方式进行。

(2) 可事先通知被观察单位配合，或采用突击暗访的方式。

(3) 保持高度警惕，应留意相关的疑点。

(4) 及时形成工作底稿，必要时请有关人员签字。

(5) 观察取证可独立进行，或与监盘、询问相结合。

**【例5-3】 材料仓库验收观察过程**

为了了解公司材料仓库验收操作情况，内审人员对该仓库验收情况进行观察。

(1) 观察目的：实地了解仓库验收实操过程。

(2) 观察对象：仓库验收人员。

(3) 观察时间：202×年3月15日。

(4) 观察地点：公司材料仓库。

(5) 观察内容：①观察材料仓库入库数量；②验收过程是否按照公司规定。

(6) 观察结论：经过观察发现，本日共入库50件物品，其中有40件按流程进行验收，占总量的80%，而有10件物品没有完全按照验收流程进行验收，占总量的20%。

由此可以看出，公司材料仓库验收过程没有完全按照公司流程操作，存在一定的风险，建议该公司验收人员严守作业规程，认真做好仓库验收工作。

## 第六节 盘 存 法

盘存法是指内审人员对被审单位的财产物资进行现场盘点，以对其数量、品种、金额等进行核实，确定其准确性与存在性的一种审计方法。在审计过程中，主要是在进行资产核实时使用此审计方法，其适用范围包括对有形资产、固定资产、现金有价证券进行审计等。

### 一、盘存法的两种方式

按照审计参与的方式不同，盘存法分为监盘法和盘点法。内审人员如无特殊情况，应该选拔具有监督作用的监督盘存，即监盘的审计方式。监盘法既能达到盘点目的，又起到监督的作用，同时还能兼顾盘点全局，有效地防范盘点中出现的错漏，所以一般情况下可考虑选取用监盘法。

**1. 监盘法**

所谓监盘法，就是内部审计人员现场监督被审计单位各种实物资产及现金等的盘点,并对盘点进行适当的抽查,以确定实物或现金真实准确的一种审计技术。抽点部分如发现差异,除应督促被审计单位更正,还应扩大抽查范围,如发现差错过大,则应要求被审计单位重新盘点。

监盘法的优点是不用内部审计人员直接参加监点,而是通过对盘点手续、盘点过程进行观察与监督,以确定其准确性。

监盘法的缺点是不能亲自全部参与盘点工作,不能掌握第一手的盘点资料。

**【例5-4】 固定资产盘存案例**

在对公司的固定资产进行盘点时,内部审计人员根据盘点计划或审计方案,由财务、技术部门和管理资产部门人员进行盘点,盘点人员会根据有关的资料依据和表格进行盘点。而内审人员则分批分点进行监督和抽查,查看盘点人是否按盘点流程操作,是否每一项资产都进行查证,是否对资料的归属进行确认,是否对盘点过的资产进行标识处理,盘点表的签名是否齐全等。

**2. 盘点法**

盘点法是内部审计人员会同被审单位人员,在现场对实物或现金、有价证券进行盘点,以确定实物或现金真实准确的一种审计技术。这种方法在实际操作过程中采用不是很多,主要还是采用监盘法。但是盘点法的特点之一就是审计人员亲自参与核对与检查,有利于真正发现问题和处理问题。盘点法的缺点是内部审计人员不能统筹兼顾,不能观察其他人员盘点的情况。该方法主要用于审计专项的审计程序,如对现金的盘点、小金库的盘查、账外资金的追查等。

## 二、盘存法的实施步骤及注意事项

**1. 盘点前的准备工作**

盘点前的准备工作包括以下五个方面。

(1) 选择确定需要抽查的实物或现金。

（2）根据以往的审计经验及审计发现，分析现有的财务收发过程，分析可能存在的问题及管理漏洞，找出控制关键点，确定盘点的重点与步骤。

（3）审计人员分工合作，每组确保有两名内审人员参加，并有财务负责人和保管员共同参与，共同监督、复核、核对与见证，确保准确性与真实性。

（4）制定或选择适合公司实际情况的盘点表格，检查盘点工具。

（5）制定好盘点时间计划表，并对盘点进度进行督促，以确保在设定的时间内完成审计计划内工作。

**2. 盘点过程**

盘点过程中主要注意事项包括以下四个方面。

（1）注意确定财物的位置，防止财物挪用与挪动。在实际工作中，曾发现有些单位或组织利用审计盘点人员的工作的差错，拆东墙补西墙，瞒天过海，隐瞒财物的真相，以达到某种目的。

（2）进行必要的复点，对于特别重要的财物，内部审计人员除了监督之外，还要对现金、有价证券等进行复点。

（3）如有财物变更或移交而无法盘点，应注明并申请更改盘点程序或更改相关的审计，或者考虑能否实施替代性的审计程序。

（4）如有报废或抵押的财物，则应由相关人员提供相应的证明资料，以确保相关资产得到有效的管控，存在损失的风险概率不高。

**3. 盘点结束的核对**

盘点结束的核对包括以下三个方面。

（1）及时收集与盘点相关的资料与表格，以确定有参与盘点人员的签名确认。如盘点人、监盘人、抽查人及组长是否签名确认，发生差异的数据与原因。

（2）及时进行统计分析比较，确定是否存在财产的差异，账户数据是否与盘点的实际相符，如有不符，则应找出相关的物品的差异表，分析不符的原因。

(3) 整理盘点表格,汇总归集作为审计抽查的工作底稿附件。

**4. 抽查的方式**

抽查的方式包括以下两种。

(1) 从账目名称到实物的抽查方式。这个方式就是从账簿查找相关的财产清单,从中选择一定数量的财产进行抽查,按财产的金额大小、不同地点、财产种类、盘点人员进行抽样,再由内审人员到实际存放地点进行盘点核对,查证其盘点的准确性。

(2) 从实物到账目名称的抽查方式。这个方式是到现场抽查一定数量的财产实物,核对账目上的财产清单,确定是否存在盘点表上账实不符的情况,从而对盘点人的操作过程作一个客观中肯的评价,以确保盘点的质量与速度。

# 第七节 函 证 法

函证法是指为证明被审计单位会计资料所载事项而向有关单位或个人发函询证,要求对方就业务和相关金额进行确认,如果对函证结果不满意,应当实施必要的替代程序,以获得相应审计证据的一种审计方法。函证法在内部审计中使用较少,一般适用于外部审计。内部审查资料一般不需使用函证法,但作为外部审计常用的审计方法,我们也要懂得其适用范围及相关方法。

## 一、函证法的适用范围

函证法的适用范围主要是确认被审计单位的往来账的发生额与余额、委托外单位保管或维修的财物、购销业务、货币资金余额及相关的法律事项等。明细项目包括:①资产类。如银行账户、应收账款、应收票据、短期投资、代销存资产、长期投资、债券和股票等。②负债类。如应付款、应付票据等。③或有类。如财产担保、抵押、租赁、重大交易、异常。

## 二、函证法的操作步骤

函证法的操作步骤如下。

(1) 确定需要函证的事件或项目。

(2) 整理相应的表格资料,呈报权限领导审批。

(3) 记录并邮寄相关的询证函。

(4) 对收到的询证函件进行分析、归纳及处理。

(5) 对未收回函证的项目采取其他代替性的审计程序。

## 三、函证法所采用方式

一般情况下,函证法所采用方式主要有三种:一种是积极函证,一种是消极函证,另外一种是未收到回函,以下是具体情况简述。

(1) 积极函证又叫肯定式函证,要求被函证法单位无论事项相符与否均需回复,不回复再催发一次。此种函证法手续麻烦,用于长期拖欠、金额大、余额长期不变的款项。

(2) 消极函证只要求被函证单位对有异议的事项进行回复,如确认资料信息相符则不回,适用于审计金额小、审计正常的一般事项。

(3) 如果未收到相应的回函,审计人员应采取相关的替代审计程序,以达到审计目标。

**【例 5-5】 应收账款函证**

以应收账款为例进行简明扼要的说明,其操作的明细科目如下。

(1) 查看结账日后的现金银行账和往来账,确认未达账项是否已经收回。

(2) 如果被函证单位财务困难或破产,可走访有关政府部门,了解应收款项收回的可能性。

(3) 如果编造应收款项发生额,可通过查看合同、发票、发货单等了解真实情况。

（4）如果函件在邮寄中丢失，可查看合同、发票等，以印证真实情况。

## 第八节 穿行测试法

穿行测试法也称全程测试法、遵循测试法，是内审人员常用的审计方法之一，多用于检查业务流程、确定作业程序及鉴证相关事实等。

穿行测试法是指内审人员重新执行被审计单位某一控制过程的方法。它通常包括程序性穿行测试和文件性穿行测试。两种测试方法在实务中相辅相成、交叉使用，现场一般实施程序性穿行测试。

程序性穿行测试是指内审人员对企业（被审单位）的某项程序或流程重新执行测试，确定其程序是否与原规定相符的一种方法，多用于流程与工作操作细节的测试。

文件性穿行测试则是内审人员对企业（被审单位）的文档资料重新执行跟踪测试，了解特殊的经营活动或从开始到结束的交易过程，确定文件传递过程及时间是否与原规定相符的一种测试方法。通过测试和检查这些流程、凭证和记录，内审人员可以评估执行这些控制活动是否得以有效实施。

### 一、穿行测试法的适用范围

穿行测试法的适用范围如下。
（1）业务流程或具体业务的测试与评价。
（2）企业内部控制的评审。
（3）确定业务流程和作业程序。

### 二、穿行测试法的操作步骤

穿行测试法的操作步骤如下。

(1) 根据制度描述公司业务操作流程,编制操作流程图(如有则不必描绘)。

(2) 抽取有代表性的业务样本,如验收清单、工程签证单、财务审批单等。所有涉及操作流程的步骤均可对相关的业务进行抽样。

(3) 对抽查的业务按实际操作的流程进行,并在测试终点收集结果样本。

(4) 按照操作流程,详细描述所抽查样本业务的实际运行情况。

(5) 对照流程环节与内控要求,分析、比较并记录没有做到位的地方,注意结合实际情况,形成审计工作底稿。

## 三、穿行测试法的优缺点

穿行测试法可以获得对程序的感性认识,能直观地反映某一流程的内控情况,特别对于没有相应文件或流程的操作规程,可以获得体验式的认识,及时发现存在的问题。

穿行测试法的缺点在于执行时间较长,有时需要等待较长的时间,受执行人员的经验、知识等方面的影响。

**【例 5-6】 采购业务穿行测试**

为了了解公司采购部内部控制的情况,内审人员选择相关的采购合同或订单,如采购相关的物品订单 5 份,对制定采购订单—订货—验收入库—库存保管—核对出库—付款—记账等整个流程进行测试,以确保整个采购过程、各个操作环节的实际情况与原了解到的内部控制流程一致,若发现存在不同的情况,则内审人员应记录存档,与主管人员讨论其合规性与合理性,并作出测试报告,呈报给相关领导与高层人员。

# 第九节 顺 查 法

所谓顺查法,是相对逆查法而言的。顺查法亦称正查法,是指按照经济业务发生的先后顺序,从始至终进行审查的一种方法。顺查法是从分目标往总目标审计、从开始到结束的过程。

一、顺查法的适用范围

顺查法的适用范围如下。
(1) 检查会计凭证资料。
(2) 确定流程操作规程。
(3) 鉴证工艺指标及操作。

二、顺查法的操作步骤

顺查法的操作步骤如下。

第一步：选择并确定需要审查的事项。

第二步：查阅该事项的操作流程及相关制度,确定操作的先后顺序及相关的资料依据。

第三步：从流程或业务的开始起点进行审计,依照程序操作细节、重点环节、关键控制点进行核对,比对每个环节具体的控制标准进行检查。

第四步：记录审查的发现与存在的问题。对每个环节审查过后,对其中发现的问题、差错和遗漏进行相应的记录,整理成审计工作底稿。

三、顺查法的优缺点

顺查法的优点是简单易行、条理清晰、循序渐进、环环相扣。先从流程或原始凭证入手,然后依次逐步对下一环节的业务进行审查,所查问题全面、系统、结果准确。

顺查法的缺点是事无巨细,审查业务量大、耗时费力,思维与流程固定,缺少重点环节,往往重小失大,掌握不了审计重点与核心内容。

## 【例5-7】 会计资料真实性、合法性、准确性顺查法

为了确定会计资料的真实性、合法性与准确性,内审人员可以按照顺查法的步骤进行审查。

第一步:内审人员需确定要审查的事项资料,如抽查审计期间某个月份的会计资料。

第二步:内审人员查阅公司关于会计审核标准与操作过程,以及相关的管理制度等;

第三步:先对每个细节进行核对与查证,如从审核原始凭证是否合法、数量金额是否准确、签字是否齐全等开始;接下来就是对会计凭证进行审核,确定其汇总金额是否正确,会计科目使用是否准确,经办人、审核人与主管签字是否齐全;再到核查明细账,检查其记录是否齐全,是否结转当月数据,总账与明细账数据关系是否对应等,直到会计报表,审核其对应的数据是否相符,报表与报表之间对应的数据是否正确等。

第四步:根据每一个步骤审查发现的问题,编制相应的审计工作底稿,对审计发现进行归类与整理,复查有问题的审计发现,确保底稿的简洁性与准确性。

## 【例5-8】 现金支付凭证案例

内审人员在审计公司业务中,发现某张现金付款原始凭证上的收款人签字不齐全,而且金额较大。则相应的调查顺序如下。

会计记录:

借:其他应收款——张三　　　　　　　　　　　85 000
　　贷:银行存款或现金　　　　　　　　　　　　　　　85 000

运用顺查法,查阅"其他应收款"的有关账户明细,再查会计报表上的记录,审阅核对,最后是查清这笔业务的来龙去脉,以确定是否存在错误。这就是顺查法。

## 第十节 逆 查 法

逆查法与顺查法相反,也称倒查法,是相对于顺查法而言。逆查法是指按照经济业务发生的后先顺序,从终点往起点审计的一种审计方法。在内部审计的过程中,逆查法根据审计项目的总目标追溯到分目标,从结果追溯到原因,与会计核算程序顺序相反。

### 一、逆查法的适用范围

逆查法的适用范围如下。
(1) 贪污舞弊审计项目。
(2) 专项审计项目资料查找。
(3) 检查会计、财务凭证资料。

### 二、逆查法的操作步骤

逆查法的操作步骤如下。

第一步:选择并确定需要审查的事项。

第二步:查阅该事项的操作流程及相关制度,确定操作的先后顺序及相关的资料依据。

第三步:从流程或业务的重点进行审计,依照程序或流程的逆反顺序,对相应操作细节、重点环节、关键控制点进行核对,对每个环节的具体控制标准进行检查。

第四步:记录审查的发现与存在的问题。对每个环节审查过后,对其中发现的问题、差错和遗漏进行相应的记录,整理成审计工作底稿。

### 三、逆查法的优缺点

逆查法的优点在于从会计报表审查入手,根据发现的线索进行分析审查,溯果撷因,重点突出,审查业务量小,省时省力。

逆查法的缺点在于对未发现线索的问题容易疏漏,所查问题不够全面、详尽,往往重大失小。

为了说明操作细节,可参照【例5-7】。为了确定会计资料的真实性、合法性与准确性,内审人员也可以采用逆查法按如下步骤进行审查。

第一步:内审人员需确定要审查的事项资料,如抽查审计期间某个月份的会计资料。

第二步:内审人员查阅公司会计审核标准与操作过程,以及相关的管理制度资料等。

第三步:对每个细节进行核对与查证,从会计报表开始进行检查,审核其对应的数据是否相符,报表与报表之间对应的数据是否正确;核查明细账记录是否齐全,是否结转当月数据,总账与明细账互相数据关系是否对应;查看相关的会计凭证,确定其汇总金额是否正确,会计科目是否准确,经办人、审核人与主管签字是否齐全;确定原始凭证是否合法、数量金额是否准确、签字是否齐全等。

第四步:根据每一个步骤审查发现的问题,编制相应的审计工作底稿,对审计发现进行归类与整理,复查有问题的审计发现,确保底稿的简洁性与准确性。

## 四、逆查法的审计顺序

逆查法与顺查法的审计顺序刚好相反,在实际审计中各有利弊。在实操过程中,应将这两种方法结合使用,扬长避短、互为补充,可以收到事半功倍之效。

凭证逆查的审计顺序为:报表分析—查相关账户—核对记账凭证—审阅原始凭证。

## 五、其他审计方法简介

此外,内审人员在操作实务中,还有一些审计方法经常使用,如交叉法、推理法、估计法、调节法、鉴定法等。

(1) 交叉法。交叉法即将顺查法、逆查法和抽查法等各种方法融为一体,根据审计对象的变化程度,灵活运用各种方法进行检查的一种审计方法。

(2) 推理法。推理法即审计人员根据已知的事实,运用逻辑方法来推测被审计对象是否存在错误或舞弊的一种审计方法。这种方法在审计工作中运用相当多,特别是对贪污盗窃案件的审查效果较好。

(3) 估计法。估计法是一种用来进行财产物资价值估计的方法,是指对由于各种原因不宜盘点和计量的财产物资,根据经验和某些科学推算来估计其数量和价值的方法。如对堆放场地的木材、钢铁、煤炭、石灰等的盘点清查,对账外固定资产重置价值和折旧额的确定等。使用这种方法要注意以下三点:

第一,对现金和可以计算数量的财产物资不能采用这种方法,应尽可能保证资产价值的真实性和记录的准确性。

第二,估计推算的方法要力求能接近财产物资的实际数量,必要时内审人员可以聘请专家进行估计;

第三,要把进行估计推算的方法、数据记录下来,由执行人签章,作为审计证据和会计入账的原始凭证。

(4) 调节法。调节法是指从一定出发点上的数据着手,对已发生的业务数据进行调节的一种技术。它是为了证实数据的真实性与准确性而运用的技术方法。常用的调节法的应用有银行存款余额调节表、财产物资调节表等。

(5) 鉴定法。鉴定法是指对于审计业务所需的技能超过内审专业业务范围,寻求专门人员进行测量而取得审计证据的一种技术。鉴定法是一种证明事实的方法,不是审计专门的技术。在实务中鉴定法的应用有专门工程的审核、宝石鉴定等。

对于质次价高的商品材料,其质量情况和等级程度难以确定时,则可以请商检部门进行进一步的鉴定。

内审人员要根据企业的实际情况,结合审计的经验规律,选择一种适合审计项目的方法,更好、更快、更准确地查找审计证据,以达到审计目标。

### 本章精粹

1. 审核法

审核法是内审最常用、最基本、使用最多的一种方法。审核法包括审阅法和核对法,是对文档资料进行审核的最佳方法之一。

2. 分析法

分析法是在搜集素材的基础上对审计发现的问题进行比较与分析。主要的分析方法包括:比较分析法、综合分析法、因果分析法、计算机辅助分析法。

3. 访谈法

(1)访谈提问的能力与验证、比较及评价的能力同样重要。

(2)访谈提问包括5个步骤:①制定访谈提纲;②适当提出问题;③准确收集信息;④及时给予回应;⑤正确进行记录。

(3)访谈提问包括5种方法:开门见山法、突然袭击法、曲线迂回法、循循善诱法、旁敲侧击法。

(4)8个技巧。

4. 复算法

复算法又称重算法、验算法或核实法,是指查账人员通过重新计算被审计单位的有关数据指标,以验证其是否正确可靠的查账技术方法。复算法主要用于重新计算会计资料及其他有关记录中的合计、小计、差额、积数等,检验其是否正确。

5. 观察法

观察法是指内审人员实地察看被审计单位的人员、场所、流程、实物资产和及内部控制的执行情况,以获取证据的一种审计方法。

(1) 观察法与分析法的区别：观察法是亲力亲为、实地实际采集审计事实；分析法是通过大量的数据进行统计、排列和分析，推理推断得出审计结果。

(2) 观察法收集的资料包括：工作范围、工作内容、工作重点、参考或制定的标准等。

(3) 5种常用观察方法为：核对清单法、自然观察法、设计观察法、掩饰观察法、设备观察法。

(4) 观察操作的6个步骤为：①选择并确定需要观察的对象和目的；②调查了解观察目标的背景资料、目标的来龙去脉及前因后果；③选定观察实施地点；④确定观察时间及机会；⑤进行实地观察并记录相关要点；⑥对观察结果进行核对与确认。

(5) 撰写观察报告顺序。

6. 盘存法

盘存法是指内审人员对被审单位的财产物资进行现场盘点，以对其数量、品种、金额等进行核实，确定其准确性与存在性的一种审计方法。

(1) 盘存法的两种方式为：监盘法，多用于正常核实业务。盘点法，多用于专项审计业务。

(2) 盘存法操作过程应注意的12点。

7. 函证法

函证法是为证明被审计单位会计资料所载事项而向有关单位或个人发函询证，要求第三方就业务和相关金额进行确认，以获得相应的审计证据的一种审计方法。函证法多用于外审业务。

函证法采用的三种方式为：积极函证、消极函证、未收到回函。

8. 穿行测试法

穿行测试法是指内审人员重新执行被审计单位某一控制的过程，包括两种测试方式：①程序性穿行测试；②文件性穿行测试。

9. 顺查法

顺查法亦称正查法。它是指按照经济业务发生的先后顺序，从始至终进行审查的一种方法。它以从分目标向总目标审计的思路,审计经济业务从开始到结束的完整过程。

10. 逆查法

逆查法与顺查法相对,也称倒查法,是指按照经济业务发生的后先顺序,从终点往起点审计的一种审计方法。

11. 交叉法

交叉法就是把顺查法、逆查法和抽查法等各种方法融为一体,根据审计对象的变化程度,灵活运用各种方法进行检查的一种审计方法。

12. 推理法

推理法是指审计人员根据已知的事实,运用逻辑方法来推测被审计对象是否存在错误或舞弊的一种审计方法。其对贪污盗窃案件的审查效果较好。

13. 估计法

估计法是一种用来进行财产物资价值估计的方法,用于由于各种原因不宜盘点和计量的财产物资。

14. 调节法

调节法是指从一定出发点上的数据着手,对已发生的业务数据进行调节的一种技术,是为了证实数据的真实性和与准确性而运用的技术方法。

15. 鉴定法

鉴定法是指对审计业务所需的技能超过内审专业业务范围时,借助专门人员的测量而取得审计证据的一种技术。

# 第六章 审计常用分析方法

> **本章主要内容**
>
> 分析方法为判断事实、解决问题提供决策信息与依据。审计中常用的分析方法包括流程分析法、分析性复核、审计抽样、风险评估法、调查问卷法、内控自评法。每一种方法均介绍它的作用、实施步骤和方法、运用举例等。实际操作中内部审计方法有多种,内审人员在进行审计作业时常用不同的审计方法,有时同时结合几种方法进行审计。

## 第一节 流程分析法

千言万语不如一张图,说的就是流程图。

流程图是内部审计快速查找业务风险最好的资料之一。

流程图是某种作业过程所涉步骤与程序的逻辑关系的图形表现方式。有时也叫"输入—输出图",它能直观地描述一个工作过程的具体步骤。正式的流程图应该是标准化的,它提供了真实地了解系统和分析复杂经营的一种工具,管理人员(内审人员)更加喜欢这种图解式的分析方式。流程图的主要作用是明确运营步骤及职责人员,有助于内审人员分析确定工作中无效环节、缺少环节或存在的控制弱点。

## 一、流程图的分类

流程图是由一些图框和流程线条组成的图形。其中图框表示各种操作的类型,图框中的文字和符号表示操作的内容,而流程线条则表示操作的先后次序。流程图分为系统流程图、程序流程图、数据流程图、程序网络图、系统资源图。

流程图按表现形式可分为垂直流程图和水平流程图。水平流程图(也叫系统流程图)将系统中所涉及的部门和职能以水平的方式表述在页面上。垂直流程图则是以从上到下的形式反映某程序的连续步骤,但不能清晰反映系统所涉及的各个部门及职能。

工作流程分析方法是内部审计工作中最重要、最基本的分析方法之一,是对企业流程进行优化和流程管理的基础和前提,是对企业运行方式的全景式扫描和慢镜头式的检阅。比如一个组织对从输入品到输出品的整个过程,或从工作开始到工作结束的过程进行全面的分析与整理,以确定工作流程是否高效、是否增值等。一般而言,经过整个流程分析后的产品或服务应起到增值作用,有些可能是增加价值,如加工产品,有些可能是增加服务,如审批等。

## 二、流程分析的作用

流程分析的作用如下。
(1) 分析一个复杂的系统,确定工作流程的有效性与合理性。
(2) 步骤环节分析,确定存在风险。
(3) 优化流程分析,确保高效运转。
(4) 确保控制有效,产品服务增值。

## 三、流程分析的步骤

流程分析的步骤如下。
(1) 根据工作需要,选择确定相应的工作流程图。

(2) 按照流程图的步骤,进行对应的分析。
(3) 标出各个步骤存在的问题及风险。
(4) 根据存在的风险,确认关键风险控制点。
(5) 对各个风险控制点进行归集,确定风险重点。

四、流程分析运用举例

从整个企业组织来看,企业组织机构是流程管理的起点,而岗位是流程运行的连接点。首先要分析公司战略与愿景;再根据企业总目标,分析企业组织机构设置;最后再分析流程结构。

而内部审计常用的就是对流程活动的分析,目的寻找流程存在的问题、关键控制点、主要风险点,便于展开内部审计工作,更好地为集团服务。

为了分析存在的问题,内部审计人员要对企业业务的工作流程图进行分析,以 AA 公司采购业务流程为例(表 6-1)。

表 6-1　AA 公司采购业务流程

| 流程 | 分析 |
| --- | --- |
| 需求计划 | 分析 1:此步骤的主要风险是需求计划未经权限领导审批,不符合公司需求,超过公司预算 |
| 采购计划 | 分析 2:此步骤的主要风险是计划未经仓库确认,数据不准确,手续不齐全 |
| 选择供应商 | 分析 3:此步骤的主要风险是合格供应商的选择与评定未按制度执行;采购物品未公开,未向所有合格供应商进行邀标;收集标书未密封,未存放在公共保管箱;开标缺少独立的监督方;议标未能公正公开,谈判有超权限人员参加,谈判过程没有记录 |
| 确定价格 | 分析 4:此步骤的主要风险是报价单与比价单价格不一致;谈判人员权限不足;未对市场价格进行评估,未与公司价格库进行比较;未明确报价税率及是否为含税价格 |

(续表)

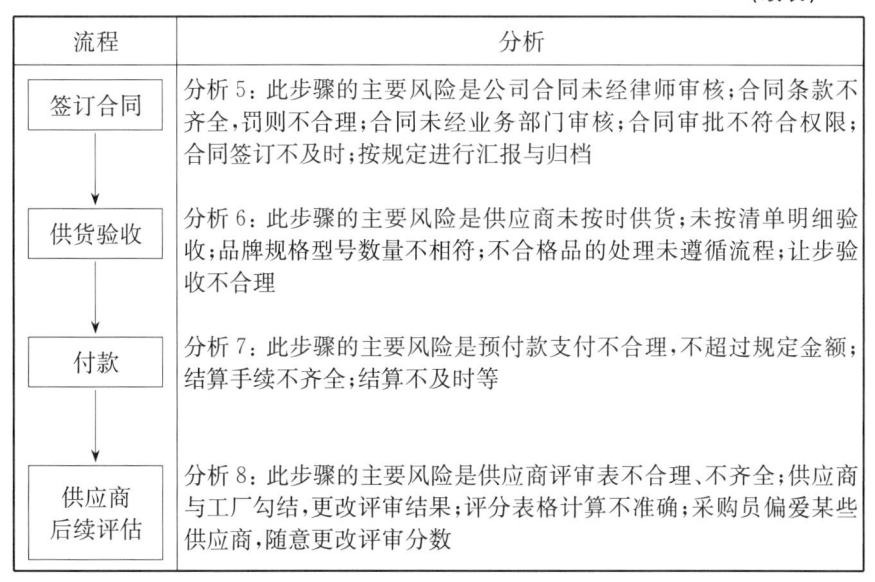

| 流程 | 分析 |
|---|---|
| 签订合同 | 分析5：此步骤的主要风险是公司合同未经律师审核；合同条款不齐全，罚则不合理；合同未经业务部门审核；合同审批不符合权限；合同签订不及时；按规定进行汇报与归档 |
| 供货验收 | 分析6：此步骤的主要风险是供应商未按时供货，未按清单明细验收；品牌规格型号数量不相符；不合格品的处理未遵循流程；让步验收不合理 |
| 付款 | 分析7：此步骤的主要风险是预付款支付不合理，不超过规定金额；结算手续不齐全；结算不及时等 |
| 供应商后续评估 | 分析8：此步骤的主要风险是供应商评审表不合理、不齐全；供应商与工厂勾结，更改评审结果；评分表格计算不准确；采购员偏爱某些供应商，随意更改评审分数 |

通过对以上各个流程步骤进行分析后，我们会发现各个环节存在的问题及风险。如果分别对以上问题进行汇总，就是对整个业务流程风险的汇总，也就是采购业务审计的总风险。如果对采购业务进行审计，则以上就是审计重点与难点内容。

通过对所有问题（风险）进行进一步的分析，我们会发现，在整个业务过程中，如何确定供应商、如何确定价格这两个步骤是整个过程的重中之重，也就是最关键的控制点。这两个步骤主要是为了给所有供应商一个公开、公平、公正的内外部竞争环境，防止采购员偏爱某些供应商，给予超过比例的采购额度，防止采购过程出现管理漏洞；同时，其也可为公司选择物美价廉的供应商，从而降低采购价格，降低公司的生产经营成本，以达到增加公司利润的目标。

一方面，通过流程分析，我们可以查找出问题在哪里，操作人员涉及哪个部门，管理漏洞在哪个层次，可以快速发现问题发生环节、地点、人员，从而更便于我们查找原因。另一方面，根据流程分析，我们可以据此提出更改、优化或流程再造的管理建议，以加快业务过程，提高企业运营效率。

在内部审计过程中,流程分析方法是不可或缺的审计方法。

## 第二节 分析性复核法

分析性复核法是内审人员对财务和非财务信息资料中的一些关系或比率进行分析和比较,以确定审计重点、获取审计证据的一种审计方法。它是内审人员分析和解释审计过程中收集到的证据的最有效手段,有助于内审人员确认是否需要开展进一步的审计工作。分析性复核方法适用于审计准备阶段、审计实施阶段、审计报告阶段。

一、分析性复核的作用

分析性复核的作用如下。
(1) 确定各种数据之间的关系。
(2) 发现并确定是否存在意外差异。
(3) 分析确认是否存在异常变化。
(4) 发现潜在的不合规、不合法的情况。
(5) 对企业经营能力进行评估。
(6) 结束审计,减少详细的审计测试。

二、分析性复核的基本内容

分析性复核的基本内容如下。
(1) 将当前信息与前期相类似的信息比较,确定其波动情况及发展趋势,如今年的销售收入比上年同期增加了20%。
(2) 将当前信息与预测、计划与预算信息进行比较,并比较分析存在的差异,如预算的实际使用情况超过计划15%。
(3) 将财务信息与合适的非财务信息进行比较,如将所记录的工资开支与雇员平均人数的变化进行比较。

(4) 将被审单位的信息与其他同行业的信息进行比较,并作出相关的差异分析(表 6-2)。

表 6-2 行业信息比较表

| 比率 | 被审单位 | | 行业平均 | |
| --- | --- | --- | --- | --- |
| | 2014 年 | 2015 年 | 2014 年 | 2015 年 |
| 存货周转率(次) | 3.5 | 3.4 | 3.4 | 3.9 |
| 毛利率 | 26.4% | 26.3% | 26.2% | 27.8% |

与行业数据的比较能帮助了解被审单位的业务经营情况,预测财务失败的可能性。此外,还可寻找与行业的差距,为评价企业运营情况提供依据。

(5) 研究信息组成因素之间的关系,如将所记录的利息开支的浮动与相关债务余额变化进行比较,以分析其组成因素之间是否存在一定的关系。

(6) 将本部门信息与机构其他类似部门的同类信息进行比较,如将来源于经营部门的数据与财务数据进行比较。

(7) 对重要信息内部组成关系或比率进行计算与分析,如利用复式记账原理,对账户内部关系进行比较。我们发现,在对比的过程中,只要具有可比性,就有对比的可能。

## 三、分析性复核的主要方法

分析性复核主要包括以下几种方法。

(1) 简单比较法,即被审单位相关的财务数据、指标或比率与既定的标准进行比较,以获得审计证据的一种技术方法。

**【例 6-1】 年度销售费用比较**

如为了比较公司年度销售费用的使用情况,内审人员统计被审单位本年度销售费用为 1 000 万元,而公司制定本年度的费用标准为

800万元。通过简单扼要的比较,内审人员发现实际使用费用比制定的费用标准多了200万元,需要进一步查找原因及经过。

(2) 比率分析法,即通过财务或非财务数据与其相关的另一组数据相比所得的比值,多指将财务数据比率进行分析,以获取审计证据的一种技术方法。一般而言,进行比率分析,要求先计算各种相关比率,再将比率与相关的参照标准进行比较,以取得审计线索或证据。

**【例 6-2】 辅助材料使用比率分析**

内部人员分析发现被审单位在本年度辅助材料 A 所占产品成本比率为 5%,而公司制定的辅助材料占成本的使用标准仅为 4%。通过比率分析,我们可以确定实际使用情况比标准多 1%。经过了解,初步发现被审单位在辅助材料的使用上存在较大的差距,这为进一步查找原因或深入调查指明了方向。

(3) 结构分析法,即通过被审单位某一财务项目换算为占总体的百分比,并将其与以前年度的相关数据进行比较,以获取审计证据的一种技术方法。

(4) 趋势分析法,即通过被审单位连续几个时期某一财务项目的变动金额或百分比的计算,分析该项目的增减变化方向和幅度,以获取审计证据的一种技术方法。其主要目的是揭露财务或经营成果的变化及原因,协助预测未来的发展趋势。

(5) 回归分析法,即根据变量之间的关系,确定和衡量一个变量和另一个或多个变量之间关系的一种数学方法。该方法对产品销售、成本、利润等方面进行预测或检验,以分析公司计划、定额或预算是否正确。

## 四、分析性复核实施步骤

分析性复核在审计准备阶段、实施阶段和报告阶层均可运用,各个使用阶段实施的步骤有相同之处,也存在差异。准备与实施阶段的步骤基本相同,主要差别是审计报告阶段,重点差别步骤是确定是否进行分析性复核。

下面以审计准备阶段为主,分析其必须执行的操作步骤。

(1) 选择并确定需要执行的计算与比较项目。

(2) 查找或估计相对应的标准或期望值。

(3) 查找、获取可比较的会计信息或其他资料。

(4) 分析相关资料数据,确认重大差异。

(5) 查找重大差异的原因。

(6) 确认相关的风险及对组织的影响。

在实际工作中,内部审计人员应根据具体的问题,单独或联合使用以上方法。当使用分析性程序发现了一些非预期的成果或关系时,审计师应当检查并评价审计发现。在进行检查和评价时,应该采取包括对当事人了解、对管理人员进行问询等方法,还可以应用其他审计程序,直到审计师相信这些审计发现得到了合理的解释为止,否则就表明存在潜在错误、违规或违法行为等严重情形。内审人员应将这些通过分析性程序发现的、无法得到合理解释的结果或关系通报给适当权限层次的管理人员。内审人员可以根据管理层的决策情况,建议采取适当的防控措施。

## 第三节 审计抽样法

西方有句谚语:"你不必吃完整头牛,才知道肉是老的。"这就是抽样的精髓。

抽样是指从样本总体中选取一定数量的样本进行考察,通过样本的结果来推断总体特征的一种技术方法。审计抽样技术是内部审计最常用的技术之一,抽样的样本量的准确度直接影响审计判断与审计结果。但由于其内容较多,且有些内容在内部审计实际工作不常用,因此在内部审计实际工作中,常用的抽样技术只用到较少的一部分。现在根据实际情况,对抽样方法作一个简单的介绍。

## 一、审计抽样的名词

我们先要了解一下审计抽样的最基本名词,其他不再介绍。

(1) 抽样总体,指为了某一审计目的,准备要用审计抽样方法进行审计的、具有相同性质的待查项目(可以是经济业务、会计记录或有关资料)的集合。总体中所包含待查项目的数量叫总体量,一般用 $N$ 表示。例如,对采购部门进行审计的目标之一就是确定对包含现金折扣的发票延迟付款的成本,进行抽样的适当总体是已付款的供应商发票。

(2) 抽样单位,即构成抽样总体的各个项目或元素称为抽样单位。在上例中,每一张发票即为一个抽样单位。

(3) 样本,即从被审总体中抽出的用于审查测试的若干个抽样单位。样本中包含抽样单位的数量叫样本量,一般用 $n$ 表示。在确定样本量时,审计师应当考虑抽样风险,预计可以接受的差错量,预期差错的范围。

(4) 可靠程度。可靠程度又称置信水平或置信度,是指预计根据样本推断总体特征能够代表真实的总体特征的概率。例如,可靠程度 $95\%$,则表明有 $95\%$ 的把握得到这样的结论。如果要达到 $100\%$ 可靠程度,则需对总体中每一个项目进行检查。

(5) 可容忍差错率,即审计师愿意接受且能够实现审计目标的总体最大差错率。可容忍差错率需要审计师的主观判断;预计差错率是在检查中预先估计会出现的差错率;实际差错率是检查后确认出现的差错率。根据公司、项目的情况不同,可能有不同的可容忍差错率。

## 二、审计抽样的分类

审计抽样是指审计人员采用适当的抽样方法从被审单位总体样本中选择一定数量的有代表性的样本进行测试,用样本审查结果推断总体特征并作出相应结论的过程。审计抽样种类如图 6-1 所示。

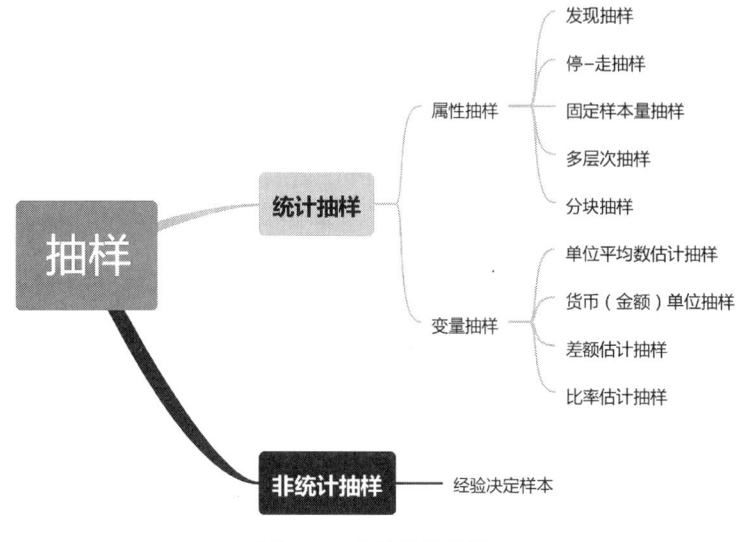

```
                                    ┌─ 发现抽样
                                    ├─ 停-走抽样
                         ┌─ 属性抽样 ├─ 固定样本量抽样
                         │          ├─ 多层次抽样
               ┌─ 统计抽样┤          └─ 分块抽样
               │         │          ┌─ 单位平均数估计抽样
               │         │          ├─ 货币（金额）单位抽样
   抽样 ──────┤         └─ 变量抽样 ├─ 差额估计抽样
               │                    └─ 比率估计抽样
               │
               └─ 非统计抽样 ─── 经验决定样本
```

图 6-1　审计抽样种类

抽样分为统计抽样与非统计抽样，统计抽样客观方法确定样本量的大小，而非统计抽样是根据内审人员以前的经验主观判断样本量的大小。在实际工作中，内部审计人员常用统计抽样，主要考虑的是可量化抽样和审计风险。

（一）统计抽查

统计抽样又称为概率抽样，是以概率论和数理统计方法为基础，按照随机原则从总体中抽取一定的样本量进行审查，从而对总体特征进行推断的审计抽样方法。其最典型的抽样模式是属性抽样和变量抽样，以下是两种抽样方式的简单总结。

**1. 属性抽样**

属性抽样是以推断总体特征和测试内部控制遵循性为目的而实施的统计抽查方法。属性抽样主要用于符合性测试，主要是确定是或否、对与错，适合于内部控制的有效性，但不能确定准确率，只能确定有"多少个"。

（1）发现抽样。内审人员怀疑存在舞弊或重大差错的行为已经发生,需要进行核实,此时可用发现抽样法。如果要100%证明发生很少,也用此法,只要有一个偏差,就停止抽样。例如,内审人员检查部门重复付款、未批准的业务、工资表中的假冒职工等。发现抽样主要用于查找重大舞弊事件或极少出现的例外事件。

(2) 停-走抽样。该方法也叫连续抽样或行止抽样,它没有固定的样本量,采取边抽样边判断的做法,一旦能得出审计结论就中止抽样审查。在总体错误率较小的情况下,停—走抽样会使审计效率进一步提高,是比较经济的一种审计方法。

(3) 固定样本量抽样。该方法是一种广泛的属性抽样方法。它是根据公式或表格确定固定的样本数量进行审查,并以全部样本审查结果推断总体的一种审计抽样方法。

(4) 多层次抽样。该方法对总体样本进行分层或分段划分成几个区间,以每个区间作为一个新的抽样总体,抽取并审核样本,以推断总体结论的方法,如金额分为 5 000～10 000 元、10 000～20 000 元区段等。

(5) 分块抽样。该方法也称分群抽样或聚类抽样,是先把总体分为若干个子群(块),然后一群一群地抽取作为样本单位的方法,通常比简单随机抽样和分层随机抽样更实用。其具体做法是:先将各子群体编码,随机抽取分群数码,然后对所抽样本群或组实施调查。因此,整群抽样的单位不是单个的分子,而是成群成组的。凡是被抽到的群或组,其中所有的成员都是被调查的对象。这些群或组可以是一个家庭、一个班级,也可以是一个街道、一个村庄等。

## 2. 变量抽样

变量抽样主要是对被审单位总体进行定量估计,并对总体的数量特征加以描述,常用于涉及货币金额有关业务的实质性测试。也就是说,其主要从金额或数量进行抽样,适用于应收账款、存货及固定资产的测试,确定有"多少数额"——这也是变量抽样与属性抽样的主要区别。

(1) 单位平均数估计抽样。该方法是以样本的单位平均数作为总体的单位平均数来推算总体数额的一种抽样方法。该方法适合于被审总体较接近于正态分布,样本的平均值将能较好地代表总体的平均值情况。

(2) 货币(金额)单位抽样,也叫按概率比例大小抽样,简称 PPS 抽样。该方法在货币金额较大时最有效,常用于应收账款、投资、贷款、固定资产增加的审计,缺点是样本量大。货币单位抽样在有些书上又称为元单位抽样。所谓货币抽样,是指以总体中的每一货币单位(如 1 元)作为抽样单位,通过抽取货币单元样本确定对应的物理单元(如一张凭单、一笔业务或一个明细账)作为审计样本的一种统计抽样技术。因为每 1 元作为总体的一个抽样单位,即每一元被选出的概率是相等的,所以金额越大的项目,被选出审查的概率就越大。

(3) 差额估计抽样。该方法首先求出审定值与账面值的平均差额,再乘以总体中的个体数量,从而推断总体价值。当大量不成比例差异时,此方法最有效。

(4) 比率估计抽样。该方法先计样本总审定值与账面值的比率,乘以总体的账面值来推断总体价值。如果审定与账面差额成比例变化,则选比率估计法,否则选差额法。比率估计抽样是以样本的审定值与账面值之比作为总体真实值与账面值之比来推算总体的一种变量抽样法,适合于被审总体中各项目的真实值与其账面值近似于有一定的比例关系的情况。

比率估计抽样与单位平均数估计抽样存在两点差异:一是估算总体的标准差不同,二是由样本的审查结果推算总体的方法不同。

统计抽样的优点在于其可以从最小的样本量中产生希望得到的结果。统计提供了量化的结果数据,对抽样风险、置信水平、精确度进行了量化。统计抽样非常适合应用于计算机审计,其提供了可靠的测试结果和客观的业务建议。

统计抽样的缺点在于其费时费力,且成本较高。统计抽样需要应用专门的软件,且需要培训。

针对统计抽样的特点，内审人员应采取相关的措施以防范相应的风险。在实施内部审计时，首先要严格遵守数理统计原理和科学的抽样程序和方法；其次，选取样本时既要符合相关原则又要结合实际情况；最后，在特定情况下应结合判断抽样，对审计新手进行指导和监督。

### （二）非统计抽样

非统计抽样，又称判断抽样，是指根据审计师的审计经验和专业判断能力来确定需要抽查的样本量大小、选取样本和推断总体的抽样技术。判断抽样中选择样本依据的是审计师的工作经验和职业判断能力，是审计师对需要多少样本才能产生合理可靠结果的评估结论。当总体的变化程度不大或几乎没有变化时，判断抽样是非常适用的。例如，判断审计信息系统中订单处理程序的正确性时，计算机程序对订单的处理要么是正确的，要么是错误的，那么审计师只要检查一个订单就足以得出结论了。判断抽样还可以为是否继续进行统计抽样提供线索。

相对于统计抽样，判断抽样有着明显的优缺点。其优点在于技术简单、灵活、易于操作，能充分利用审计人员的经验和判断能力，成本低廉。其缺点在于无法产生量化的、有充分依据的结果，也无法量化抽样风险，存在审计过多或审计不足的风险，审计人员要承受较大的风险。

对于非统计抽样的特性，内审人员也要根据实际情况，注意防范风险。首先，应多采用测试方法确定重点事项及风险；其次，对异常业务、金额较大的业务等进行重点检查；最后，应不断对非统计抽样的领域进行确认与更新，提高内审业务水平。

## 三、抽样审计执行步骤

抽样审计的执行步骤如下。
（1）制定审计抽样的计划方案。
（2）确定备选审计对象，并对总体样本进行整理归类。
（3）对样本特性、抽样方式等进行设计。
（4）确定审计抽样的具体方法。

(5) 按计划选取所需的样本,对样本进行审查。

(6) 评价抽取样本的结果,拟定审计工作底稿。

### 四、选择抽样的方法

我们了解了抽样审计名称、抽样的种类及抽样步骤,但是有一个关键的问题,即怎样进行抽样。有没有一定的选择原则?有没有什么好的方法?这是抽样的重点,也是内审人员实际工作中感到困惑之处。

选择样本是抽样技术中最重要的环节,样本的适合与否直接影响总体推断的准确性。我们要确定审计抽样的三大原则。第一大原则:样本尽可能代表总体,否则无法得出正确的审计结论。第二大原则:从审计目标角度进行抽样,否则无法有的放矢。第三大原则:总体中的每个抽样单位都拥有相等的被选中的机会,否则审计结论不准确。

既然样本如此重要,那么选择样本的方法就显得更加重要了。我们从现有资料分析,可以发现有6种选择统计抽查的方法。下面对这6种方法进行简单的阐述。

#### (一) 随机抽样

随机抽样通常被认为是产生一个具有代表性的样本的最可靠的方法。在随机抽样中,总体的每个抽样单位都有一个对应码,这些对应码组成一个随机数表,然后通过计算机程序进行随机选号,再将号码对应的抽样单位组成样本。这样就可保证每个抽样单位被选中的概率都是已知的且不等于零。随机抽样最重要的步骤是为每个抽样单位分配对应码。

#### (二) 分层抽样

如果总体中的抽样单位存在很大差异,则应采用分层抽样。也就是将总体分成经过明确定义的具有相似特性的子体,从而使每一个抽样单位只属于某一层,然后再分别对每一层进行随机抽样或间隔抽样。分层抽样的实质就是将抽样总体进行细分,使样本能更好地反映总体的特性,降低抽样风险。至于如何分层,则需要审计师的判断。

## （三）间隔抽样

间隔抽样又称系统抽样，是指间隔地抽取样本。

**【例 6-3】 间隔抽查案例**

例如，内审人员要从 2 000 张发票中抽取 100 张作为样本，则样本间隔为 20。首先，在前 20 张发票中随机抽取一张作为第 1 个样本，假设抽到的是第 20 张发票，随后再抽取第 40 张、60 张、80 张……每隔 20 张发票抽取一张，直到 100 张发票全部抽出为止。

为了保证样本的代表性和无偏见，通常会选择多个随机起点，抽出多个样本，这样得出的结果会更可靠。

## （四）分组抽样

分组抽样是把总体分为若干组，把每一组（而不是每个项目）作为一个抽样单位进行选择，被选出的组内的所有项目都作为审查的样本。

分组选样的实质是抽样单位的重新划定。此方法可缩短选样和抽查的时间，但因其样本分布不均匀，代表性可能降低，因而抽样风险较大。

## （五）任意抽样

任意抽样是由审计师自行挑选样本，具有随意性和主观性，因此这种方法缺少可靠性。例如，杂志末页的读者调查问卷，只有靠读者自行填写并寄回问卷，才能据此归纳推断出调查结果，这种方式就是任意抽样，其样本一般来自有兴趣提出反馈意见的人。

## （六）整群抽样

整群抽样是指随机从总体中抽取整批的项目作为样本的一种选择方法。在这种抽样方式下，抽样单位可能是一年中的某一个月、几个月或某一连续编号文件总体中某一区间的全部项目。

**【例 6-4】 公司销售费用入账及时性**

例如，为了检查被审单位合同或订单的执行情况，审计人员可能从编号为 001～400 号的合同文件中任意确定 011～100 号或 301～400 号的合同为样本；又如，若审计人员想审查 1 个月内的销售收入是否及时入账,则有可能抽取当年1月份或12月份的全部销售业务为样本。一般来说,整群抽样方式下所抽取的样本代表性较差,遗漏存在问题项目的可能性较大。因此,在依据其测试结果推断总体的特征时,内审人员必须足够谨慎,以保证推断总体特征的准确性。

## 五、实施抽样时的注意事项

实施抽样时的注意事项如下。
(1) 样本选取采用并遵守成本效益原则。
(2) 尽量让总体中的每个项目有相等的被选机会。
(3) 注意多利用分层、分类、分区抽样方法。
(4) 注意个人观点与偏见对抽样的影响。
(5) 关注样本反映的事件本质及其原因。
(6) 当样本量超过5 000个时,样本量对总体抽样结果影响不大。

【例6-5】 采购业务权限抽查

内审人员要审计采购环节是否存在未授权采购,对于经济业务量庞大的组织来说,对每一张采购发票进行审查无疑会花费大量的时间和人力,所以符合成本效益原则的方法就是采用抽样技术。内审人员在衡量风险水平后,通过抽取部门采购发票作为样本,只要审查样本中有多少未授权采购数量,即可推断或评估所有采购发票的未授权采购情况,这就是抽样技术。

# 第四节 风险评估法

风险评估是风险管理的基础,是制订审计计划、审计方案的重要依据。评估就是确定风险在哪里,也就是说审计的方向或目标,只有找到企业组织在什么地方会出现问题,才能确定要审哪里,进而才有可能对问题进行防范与控制。这里所作的全面风险分析,目的是确定组织机构风险的重要性与严重程度。进行风险排序后确定风险最高的组织或部门，以便安排内部审计人员进行确认、鉴证风险，进行管理风险，对企业管理层提出可执行的风险管理建议，通过排除、化解、转移、预防等措施，确保组织机构在相对安全的环境中运营。

## 一、风险评估概念

风险评估是对评估对象所面临的威胁、存在的弱点、造成的影响，以及三者综合作用而带来风险的可能性的评估。风险评估的步骤分为三步：风险辨识、风险分析及风险评估。

## 二、风险评估法

风险评估法具体包括以下几种方法。

### （一）定性分析法

定性分析法是目前采用最为广泛的一种方法，带有很强的主观性，往往需要凭借分析者的经验和直觉，或者业界的标准和惯例，对风险管理诸要素进行定性分级（"高""中""低"）。风险管理要素包括资产价值、威胁的可能性、弱点被利用的容易度、现有控制措施的效力等。这是有经验内部审计人员常用的风险评估方法。

定性分析的操作方法包括小组讨论（例如德尔菲法）、检查列表、问卷、人员访谈、调查等。定性分析操作起来相对容易，但也可能因为操作者经验和直觉的偏差而使分析结果失准。与定量分析相比较，定性分析的准确性稍好但精确性不够，定量分析则相反；定性分析没有定量分析那样繁多的计算负担，但要求分析者具备一定的经验和能力；定量分析依赖大量的统计数据，而定性分析没有这方面的要求；定性分析较为主观，定量分析较为客观；此外，定量分析的结果很直观、容易理解，而定性分析的结果则很难有统一的解释。组织可以根据具体的情况来选择定性或定量的分析方法。

### （二）评分法

评分法一般又叫专家评分法，它是针对各个特性（如各部门、系统、项目等)分配一风险程度及权数,两数乘积为该风险的分数,再将领域内各特性分数加总,即得该领域的风险总分。依照分数可将不同领域按风险高低排序,分值越高,风险越大;分值越低,风险越小。

评分法的具体操作步骤如下。

第一步:根据风险识别的结果,确定每个风险因素的权重,确认每个项目的影响程度。

第二步:确定每个风险的等级值,等级值按很大、较大、中等、不大、较小分为五等。

第三步:每项风险因素的权重乘以每个风险的等级值,求出各分值总和。

第四步:各项等级分值总数相加,分数越高则风险越大。

### (三) 打分法

即将各因素的具体情况与标准水平作比较,然后根据其差异情况,用绝对分值来表述要素的风险程度。

### (四) 定量分析法

定量分析法就是通过计算的数字金额对安全风险进行分析评估的一种方法。定量分析方法的步骤如下。

第一步:列出构成风险的所有要素(风险因子)。

第二步:对所有风险要素确定其损失的水平或比例。

第三步:计算累计各风险要素的数值或货币金额。

对定量分析来说,有两个指标是最为关键的:一个是事件发生的可能性,另一个就是威胁事件可能引起的损失。

【例6-6】 定量分析案例

假定某公司投资100 000元建了一个网络运营中心,其中最大的威胁是发生火灾。一旦火灾发生,网络运营中心的估计损失程度是45%。根据消防部门推断,该网络运营中心所在的地区每5年会发生一次火灾,于是我们得出了事件发生的可能性为20%×(100%÷5)的结果。

基于以上数据,根据计算公式：$R = Pr(E)$,测算该公司网络运营中心的预期损失为 9 000 元 $[R = Pr(E)100\,000 \times 45\% \times 20\%]$。

理论上讲,通过定量分析可以对安全风险进行准确的分级,但这有个前提,那就是可供参考的数据指标是准确的。事实上,在信息系统日益复杂多变的今天,定量分析所依据的数据的可靠性是很难保证的,再加上数据统计缺乏长期性,计算过程又极易出错,这就给分析的细化带来了很大困难。

内审人员可以根据表 6-3 进行理解,并对定量分析和定性分析的异同作出总结。

表 6-3 风险评估方法应用

| | | 评分 | 1 | 2 | 3 | 4 | 5 |
|---|---|---|---|---|---|---|---|
| 适用于所有行业 | 定量方法一 | 企业损失占销售额或利润之比 | 1%以下 | 1%～5% | 6%～10% | 11%～20% | 20%以上 |
| | 定量方法二 | 文字描述一 | 极轻微的 | 轻微的 | 中等的 | 重大的 | 灾难性的 |
| | | 文字描述二 | 极低 | 低 | 中等 | 高 | 极高 |
| | 定性方法 | 企业日常运行 | 不受影响 | 轻度影响(造成轻微的人身伤害,情况立刻受到控制) | 中度影响(造成一定人身伤害,需要医疗救援,情况需要外部支持才能得到控制) | 严重影响(企业失去一些业务能力,造成严重人身伤害,情况失控,但无致命影响) | 重大影响(重大业务失误,造成重大人身伤亡,情况失控,给企业造成致命影响) |
| | | 财务损失 | 较低的财务损失 | 轻微的财务损失 | 中等的财务损失 | 重大的财务损失 | 极大的财务损失 |
| | | 企业声誉 | 负面消息在企业内部流传,企业声誉没有受损 | 负面消息在当地局部流传,对企业声誉造成轻微损害 | 负面消息在某区域流传,对企业声誉造成中等损害 | 负面消息在全国各地流传,对企业声誉造成重大损害 | 负面消息流传世界各地,政府或监管机构进行调查,引起公众关注,对企业声誉造成无法弥补的损害 |

### (五) 风险清单

风险清单由好事达保险公司(Allstate)的内部审计机构开发,它能提供一个框架,用来识别出公司最大的风险。内部审计人员在实际工作中,应结合公司的具体情况,划分各类风险区域,从企业外部环境到内部管理,从内部的组织机构、部门设置到管理制度、流程、职责等方面进行考虑,针对不同的风险因素,制定适用于本组织的风险评估问题清单。

**1. 风险清单的制定必须经过四个步骤**

第一步:识别可以接受的最高风险。

第二步:合并和组织风险。

第三步:制定一个标准的风险清单和风险术语表。

第四步:精简风险清单。

**2. 风险清单由两个基本部分组成**

风险清单的外部风险包括环境、灾难、金融市场、风险评级;风险清单的内部风险包括人力资源、政治、信息和技术、会计和报告、财务。组织一直在对风险评估的不同方法进行评价。下列问题(风险因素)已经被运用于风险评估中。

(1) 在先前的审计中有重大发现吗?

(2) 上次审计的范围是什么?

(3) 上次审计是在多长时间进行的?

(4) 系统中已经发生了什么变化?

(5) 人事安排已经发生了什么变化?

(6) 该实体提供的产品和服务是否发生了变化?

(7) 控制的资产的实际价值是多少?

(8) 该实体的交易金额是多少?

(9) 该实体对母公司的重要性是什么?

(10) 该实体资产的流动性如何?

(11) 该实体的职责分离如何?

(12) 该实体中的信息的敏感性如何?

(13) 实现目标或其他业务标准的压力如何?

(14) 法律法规是如何影响组织的?

(15) 员工遭受非道德行为的潜在程度如何?

(16) 发挥该实体的作用要求什么样的知识?

(17) 员工与该实体的顾客联系的频度如何?

(18) 该实体经营的复杂性如何?

目前,在企业内部审计部门中,定性分析、定量分析、问题清单法使用较多。社会上对评估风险有较多的资料介绍,有心的读者可以多查阅、多了解风险评估的具体操作过程,多实践,找到一个适合本组织、同时也适合本人操作的评估方法。表 6-4 和表 6-5 列出了与风险有关的数据。

表 6-4 基于风险发生的概率的风险标准

| 风险发生的可能性 | 概率 | 风险度标准 |
| --- | --- | --- |
| 很高:风险的发生几乎是不可避免的 | ≥1/2 | 10 |
| | 1/3 | 9 |
| 高:风险的发生与以往经常发生的事故类似 | ≥1/8 | 8 |
| | 1/20 | 7 |
| 中等:风险的发生与以往有时发生的事故有关,但不与主要营运流程有关 | 1/80 | 6 |
| | 1/400 | 5 |
| | 1/2 000 | 4 |
| 低:风险的发生较少,与以往偶尔发生的事故有关 | >1/15 000 | 3 |
| 很低:风险的发生很少,与以往极少发生的事故相同 | 1/15 000 | 2 |
| 极低:风险不太可能发生,与过去极少发生的事故相同 | 1/150 000 | 1 |

表 6-5 基于风险后果的风险标准

| 后果 | 评价 | 风险度标准 |
| --- | --- | --- |
| 无警告的严重危害 | 可能危害财产或人员;风险可以严重影响系统安全运行;不符合法规;发生时无警告 | 10 |

(续表)

| 后果 | 评价 | 风险度标准 |
|---|---|---|
| 有警告的严重危害 | 可能危害财产或人员;风险可以严重影响系统安全运行;不符合法规;发生时有警告 | 9 |
| 很高 | 企业运营被严重破坏;系统无法运行,基本丧失功能 | 8 |
| 高 | 企业运营破坏不严重;系统能够运行,性能下降 | 7 |
| 中等 | 企业运营破坏不严重;系统能运行,但舒适性或方便性项目失效 | 6 |
| 低 | 企业运营破坏不严重;系统能运行;舒适性或方便性项目性能下降 | 5 |
| 很低 | 企业运营破坏不严重;产品有缺陷 | 4 |
| 轻微 | 企业运营破坏较轻;部分产品有缺陷 | 3 |
| 很轻微 | 企业运营破坏较轻;极少产品有缺陷 | 2 |
| 无 | 没有影响 | 1 |

## 第五节 内控自评法

大多数企业破产均与内部控制失灵有关。

任何内部控制系统都不是无懈可击的。

内部控制是风险管理的基础,是内部审计的根源。

内控自评法是内部控制自我评价的简称,是管理人员和内部审计人员合作,以评价控制程序有效性的一种方法,又称为控制风险自我评价。

内部审计传统的方法是,先通过审计测试发现问题,并与管理人员交换意见,然后提出审计报告,指出存在的问题和改进的建议。管理人员根据审计报告采取相应的措施,克服工作中存在的缺点和错弊。这种做法的缺点是管理人员没有参与监控,把监控工作完全委托给了审计人员,因而不能及时发现问题,揭示风险所在,缺乏应有的效率和效果。随着内部审计的发展,有必要采用新的方法来改进。

一、内部控制自我评价的意义

内部控制自我评价不但可以分析企业存在的风险,还可以发挥管理人员的积极性。管理人员可以学到风险管理、控制的知识,熟悉本部门的控制过程,使风险更易于发现和监控,使纠正措施更易于落实,使业务目标的实现更有保证。

内部审计人员通过控制自评可以更好地了解控制程序的运作,以及剩余风险的严重程度;能够减少控制程序信息的收集,并取消某些测试工作;能够提高对控制过程评价和报告的质量。

二、内部控制自我评价的适用范围

内部控制自我评价适用于商业活动和财务状况的风险审查、控制活动、道德价值和控制效果等方面的控制,也可用于考察、了解各项控制活动和政策的执行情况。内部控制自我评价不适用于追踪不良行为、例行检查和实现复杂或不明确的目标等。

三、内部控制自我评价的目标

内部控制自我评价的四个目标分别为:第一,确认风险,找出组织存在的风险。第二,评价为减少风险而设置的风险管理和控制措施的有效性。第三,制定将风险减少到可以接受程度的计划。第四,确定实现业务目标的可能性。

四、内部控制自我评价的组织形式

为了实现内部控制自我评价的目标,内部审计人员可以采取以下三种组织形式。

(一)举办协调小组研讨班

研讨班由各业务部门或职能部门不同层次的人员参加,组成工作小组去收集信息。研讨班有四种组织方式。

（1）以业务目标为基础的方式。这是一种实现业务目标的最佳方式。具体做法是，从检查为实现业务目标而制定的控制措施开始，评价控制措施是否有效，确定剩余风险是否可以控制在可接受的水平上。

（2）以风险为基础的方式。这种方式按照目标、风险、控制过程的顺序开展工作。首先列示阻碍目标实现的各种风险，其次检查控制措施是否能对关键风险进行管理，最后确定剩余风险的严重性。

（3）以控制为基础的方式。这种方式在开始运作之前就已确认了关键的风险和控制，所以一开始便对减少风险的控制程序进行评价，分析其目前运作情况与管理人员的期望值之间的差距。

（4）以过程为基础的方式。过程是指某一事项从开始到结束的全过程。这种方式要评价覆盖全过程的目标和各个中间步骤，目的是评价、更新、证明、改善和简化整个过程及其各组成活动的内容。它比以控制为基础的方式分析面更广、覆盖面更宽，可为管理工作提供更多的支持。

（二）开展调查

这种方式一般是以发放问卷的形式进行，适用于因人数多、地区分散而不宜集中举办研讨班，或因文化环境不便进行公开坦诚的讨论，以及管理人员为了节省时间和成本等情况。

（三）举行管理人员分析会

管理人员分析会主要由了解情况的人员或辅助人员组成小组，提出有关业务过程、风险管理活动和控制程序的问题进行分析，并提出知情人的判断意见。

控制自评的报告大多在研讨班中产生，报告记录小组的一致意见，在提交最终报告之前，小组要对报告进行审议。在意见不一致的情况下应进行无记名投票，以反映各种观点。

以上介绍了控制自评的各种组织形式。控制自评是一种新的审计方法，以及各个组织所处的环境不同，故在运用时要从实际出发，与时俱进、开拓创新，灵活运用董事会自我评估表（表6-6）和董事会评估表(表6-7)等多种方式方法。

表6-6 董事会自我评估表

| 序号 | 评估项目 | 1 | 2 | 3 | 4 |
|---|---|---|---|---|---|
| 一 | 董事会信息 | | | | |
| 1 | 您是否在董事会议召开前收到能帮助您理解和评价董事会议程项目的清晰而扼要的背景资料? | | | | |
| 2 | 董事会是否令人满意地确认并向管理层传达董事会需要的信息,包括用于监控结果和确认值得关注的潜在业绩问题的标准? | | | | |
| 3 | 您是否及时收到关于董事会议程事项的信息? | | | | |
| 4 | 在董事会会议之前提供给您的财务报表是否提供给您了解业务中重要事项和趋势所需的信息? | | | | |
| 4.1 | 财务报表是否以某种方式突出了重要的事项和趋势? | | | | |
| 5 | 在董事会讲演前及中间提供的信息是否包括您作出正确决策所需的资料? | | | | |
| 6 | 董事会会议是否以一种确保开放地沟通、有意义地参与和及时地解决问题的方式进行? | | | | |
| 6.1 | 董事会会议的时间在董事会讨论与管理层介绍之间的分配是否合理? | | | | |
| 7 | 董事会是否与管理层协同聚焦于可能对公司产生重大影响的少数高风险事项? | | | | |
| 8 | 董事会是否有一套机制以审议那些风险较低但在特定情况下会对公司业绩产生积极或消极影响的事项? | | | | |
| 9 | 您是否有足够的渠道接触董事会之外的公司管理层? | | | | |
| 10 | 公司为新董事安排的熟悉项目是否提供了关于董事会程序及公司的有用信息? | | | | |
| 二 | 董事会构成 | | | | |
| 1 | 董事会规模是否恰当?若否,应有多大规模? | | | | |
| 2 | 外部董事与内部董事的比例是否恰当? | | | | |
| 3 | 董事会阅历、特长和技能上的组合是否合适?您认为什么特长应有更强的体现? | | | | |
| 3.1 | 这些特长在董事会面对各种问题时是否得到恰当应用? | | | | |

(续表)

| 序号 | 评估项目 | 1 | 2 | 3 | 4 |
|---|---|---|---|---|---|
| 三 | 董事会的责任感 | | | | |
| 1 | 董事会成员是否花了足够的时间去了解和领会公司的业务以提供关键性的监督？ | | | | |
| 2 | 董事会是否充分审议资本项目预算和战略规划,并在一年中定期监控进展情况？ | | | | |
| 3 | 董事会是否知道并理解公司的价值观、使命、战略和业务计划,并在一年中的关键问题上反映这一理解？ | | | | |
| 4 | 董事会是否在一年中对财务指标进行充分的监控,并了解公司是否如预计的那样在运营？ | | | | |
| 5 | 董事会是否鼓励或确保董事会与高层管理人员间、董事间开放性的沟通？ | | | | |
| 6 | 您如何评价董事会在做决策的过程中对股东价值的关注？ | | | | |
| 7 | 董事会和委员会是否正常运作？若否,您有何建议？ | | | | |
| 8 | 董事会的目标、期望和关注是否公开地传达给CEO？ | | | | |
| 9 | 董事会是否为评价CEO做了充分的工作？ | | | | |
| 10 | 董事会是否为CEO的继任问题做了充分的工作？ | | | | |
| 11 | 是否存在足够的非正式讨论的机会以加深与董事会相联系的感觉？ | | | | |
| 12 | 执行职位的继任是否公正,富有建设性的进行方式会不会引起群众的异议和疑问？ | | | | |
| 四 | 行为标准 | | | | |
| 1 | 您认为董事成员是否提出适当的管理问题？ | | | | |
| 2 | 董事们是否公开个人在交易中的利益并在恰当的时候放弃投票？ | | | | |

注：本评价表分4个标准：1表示需要很大的改进；2表示需要改进；3表示持续良好；4表示杰出(在这方面最好)。

资料来源：世界500强公司之一(网络)。

表 6-7　董事会评估表

| 序号 | 项目 | 1 | 2 | 3 | 4 | 5 |
|---|---|---|---|---|---|---|
| 1 | 董事会了解并领会公司的信念、价值观、经营理念、使命、战略计划和业务规划,并在一年中的关键问题上反映出这一理解 | | | | | |
| 2 | 董事会拥有并遵循高效率会议的程序 | | | | | |
| 3 | 董事会以一种确保开放的沟通、有意义地参与和及时解决问题的方式进行 | | | | | |
| 4 | 董事会成员及时收到会议记录和草案 | | | | | |
| 5 | 董事会收到准确的会议记录 | | | | | |
| 6 | 董事会审议并采纳年度资本性和经营性预算 | | | | | |
| 7 | 董事会对现金流量、盈利能力、净收入和费用、生产率和其他财务指标进行监控以确保公司按预计的方式运营 | | | | | |
| 8 | 董事会用行业可比数据对公司业绩进行监控 | | | | | |
| 9 | 董事会成员紧跟影响公司的事件和趋势,并运用这些信息不仅在短期而且在长期评估和引导公司的运营 | | | | | |
| 10 | 董事会成员理解并尊重董事会制定决策的角色与CEO的管理角色之间的差异 | | | | | |
| 11 | 董事会通过设立明确而被广泛理解的政策协助CEO | | | | | |
| 12 | 董事会的目标、期望和关注正确无误地传达给CEO | | | | | |

注:本评价表对董事会进行评价,评分从1(未执行)到5(表现优秀)。
资料来源:世界500强公司之一(网络)。

## 第六节　问卷调查法

在内部审计收集资料的过程中,最基本、最重要的手段是"看"与"问"。看即查看、观察;问即询问、问卷。问卷调查法是通过设计问题的调查方式,帮助内部审计人员熟悉被审计单位的基本情况、评估控制与风险的一种技术方法。

问卷调查表包括开放式的调查问卷和内部控制调查问卷。

开放式的调查问卷主要要求被调查者以作出叙述回答的方式提出问题,寻找信息。其往往以文字叙述的方式进行,从而帮助内部审计人员了解组织信息。而内部控制调查问卷是从一个已知的或想要的答案中去寻找一个答案。内部控制调查问卷是一种符合性的测试,主要用来对控制进行持续的评估,包括风险评估等,往往以"是"或"否"的答案形式存在。

## 一、问卷调查法的作用

问卷调查法适用于针对现实问题的时效性较强的调查。内部审计人员应该在办公室设计好问卷调查表,以供审计现场调查使用,从而减少在被审计单位的工作时间,降低审计费用,提高现场工作的效率。

设计问卷调查的目的是帮助内部审计人员有效地进行现场调查工作,为确定审计范围及其重点、编制审计方案、查找审计线索提供适当的信息。

问卷调查表应该根据总的审计目标、被审计单位的基本情况,并参照审计文献中其他一些典型的问题表来编制,从而使其既规范又有针对性,能够反映审计的目的和应予关心的重要方面。

## 二、问卷调查法的实施步骤

问卷调查法的实施步骤如下。

(1) 设计调查问卷。其步骤主要经过选题、初步探讨、提出设想等步骤,最后是设计问卷阶段。调查问卷的长短没有统一标准,它根据调查的目的、内容、性质及相关的人、财、物等方面的因素决定。一般来说,内容不宜太多,以 15~20 分钟完成为宜。

问卷问题的排列非常重要,它不仅影响问卷的填写,还间接影响问卷的回收率。一般而言,安排问卷问题时应遵循以下原则:①先易后难原则；②同类集中原则；③先次后主原则；④先一般后特殊原则；⑤先封闭后开放原则；⑥先客观后主观原则。

(2) 选择调查对象，可以采用抽样方式，也可以全部实施调查。

(3) 分发调查问卷，可采用邮寄、派人送发等多种分发方式。在内审实际工作中，多以送发方式进行。

(4) 回收和审阅问卷，也可采用邮寄、派人回收等形式。

(5) 对结果进行统计、分析与研究，总结问题形成工作底稿。

## 三、问卷调查的优缺点

问卷调查的优点在于其可以突破时空限制，节省时间、人力和物力。此外，问卷调查便于收集真实情况，便于对问题进行分析与处理，以减少人为的差错。

问卷调查的缺点在于其不能了解具体、生动的情况；很难对调查的问题进行深入了解、查看；问题的真实性和质量得不到保证，回收率有时难以得到有效保证。

## 四、设计调查问卷需注意的问题

设计调查问卷需注意如下问题：①调查问题表格应尽可能简短；②提出的问题要通俗易懂可答；③调查问题的语言使用要准确；④提出的问题要带有中立性，不偏不倚；⑤调查的问题要考虑全面。一般而言，问题调查表的调查范围应该覆盖与被审计活动相关的所有重要方面，其总的调查范围大致包括以下几个方面。

(1) 被审单位对方针政策、政府法律条例和行业标准的遵循情况。

(2) 被审计单位目前最重要的事情、存在的问题及解决方案。

(3) 内部控制系统(包括管理控制和内部会计控制)是否适当和有效，关键性控制环节和措施有哪些。

(4) 被审单位的资源的使用是否经济与高效。

(5) 业务信息和会计信息是否真实、可靠等。

在具体工作中,内部审计人员应该根据具体的审计目标有选择地利用上述所列方面的调查内容设计出更有针对性的问题调查表。设计问题调查表的目的是帮助内部审计人员有效地进行现场调查工作,为确定审计范围及其重点、编制审计方案提供适当的信息。

调查问卷要求内部审计人员在现场调查或实际使用中,根据具体情况进行必要、及时的修改补充,使之适合特定的审计环境。否则,千篇一律地加以使用,可能遗漏某些重要事项,达不到预期的效果。另外,在实施调查问卷的过程中还要保持谨慎的态度,不断完善内审工作。

**【例 6-7】** 销售部门问题调查清单

集团公司在销售产品时可采用集中销售、分散销售及联合销售等方式。为了降低资金运作风险和便于统一筹划与管理,公司采用集团集中销售的方式。以下为工作中总结的销售部门存在的风险调查问卷要点,问题回答均以"是"或"否"的形式进行。

1. 销售部门是否制定全年销售策略及销售计划?
2. 销售策略及计划是否经过董事会的审批?
3. 是否制定部门工作制度及工作流程?
4. 是否制定销售汇报制度及审批制度?
5. 所有客户问题、不同意见及投诉都定期追究吗?
6. 销售员是否实行定期轮岗制度?
7. 是否制定大客户信用评审制度?是否经过审批执行?
8. 现销和赊销的比例是否在规定的范围内?
9. 是否专人定期编制应收账款账龄分析?
10. 销售不寻常的折让是否经授权主管批准?
11. 确定销售价格是否做利润分析?
12. 管理人员是否按权限规定签批销售订单?
13. 赊销额度实际执行情况是否与批准相符?

14. 是否对赊销客户（现有客户）的资质能力、信誉度和诚信度进行评定？

15. 部门主管是否参与审核和决策过程，销售人员的自主权力是否过大？

16. 销售布局是否存在局限性，交易客户是否单一？

17. 新业务交易方式是否得到有效监控？单据传送是否及时高效？

18. 电子商务或期货交易是否建立风险防范机制？

19. 销售价格是否达到同行业水平？单位利润是否达到平均水平？

20. 销售部门与物流、财会沟通是否及时？有否错漏事项发生？

【例6-8】 人力资源部门调查问卷

1. 公司是否有专职的人力资源经理和人力资源部门？
2. 公司是否在经过认真的招聘、面谈、考核和选择之后聘用员工？
3. 公司给职工的福利待遇是否合理？
4. 公司是否为职工提供培训和学习的机会？
5. 公司是否有有效的绩效评价体系？
6. 公司是否有良好的工资激励制度？
7. 公司是否有良好的办事程序？
8. 公司是否有良好的纪律规定？
9. 公司是否为职工提供了事业发展的规划？
10. 公司人事经理与其他部门的工作是否协调？
11. 职工的劳动条件是否清洁和安全？
12. 公司是否提供了公平、平等的就业机会？
13. 公司的晋升评选制度是否公平？
14. 公司是否为招工和社会问题提供咨询和服务？
15. 公司是否制订人才发展与储备计划，人才战略是否经过领导的审批?

**【例 6-9】 工厂评价调查问卷**

对于一陌生的制造中心(工厂),我们如何能快速精准地评价该工厂是否先进、规范与精益呢?曾担任多家制造企业首席执行官的尤金·古德森介绍了一种名为"工厂"速评法(Rapid Plant Assessment,RPD)的方法,该方法主要借助于简单的分类评分和问卷调查,只需很短的时间就能迅速准确地评估一个工厂。特摘录如下:

1. 参观者是否受到欢迎,并得到有关工厂布局、员工、客户与产品等方面的信息?

2. 客户满意度与产品质量方面的得分有没有张榜公布?

3. 设施是否安全、清洁、有序,并且光线充足?空气质量是否好?噪声如何?

4. 直观标志系统是否明确指示库存、工具、流程和物流方向?

5. 所有东西是否都各有其位,并且各就其位?

6. 最新的运营目标与相应的绩效评估标准有没有醒目地张榜公布?

7. 生产物料是否沿生产线放置,而不是在几个库存区分隔储藏?

8. 工作区是否可以看见工作指令与产品质量规格?

9. 所有小组是否都能看到有关产出、质量、安全与"攻关"成果的最新图标?

10. 运营现状是否可以通过中央控制室、进度板或电脑屏幕一目了然?

11. 生产线安排是否按照一个统一的"进度程序"?每一工段的库存水平是否恰当?

12. 物料是否只需移动一次,移动的距离是否为最短?移动时物料有没有置于恰当的运输箱中以提高移动效率?

13. 工厂布局是否保证产品流动持续顺畅,而不是一个个车间块状分隔?

14. 工作小组是否受过培训、得到授权,并参与"攻关"和日常工作改进?

15. 员工是否致力于持续改进?

16. 预防性设备保养及日常工具流程改进的具体时间是否张榜公布?

17. 启动新产品时,是否制定了有效的项目管理流程和具体的成本、时间目标?

18. 供应商认证程序(包括质量、交货与成本衡量标准)是否张榜公布?

19. 产品关键性能是否明确?是否采用了自动故障防护措施,以防止瑕疵蔓延?

20. 你是否会购买该工厂的产品?

评价分析:工厂评估调查问卷包括了20个相关的是非题,以确定工厂在这11个分类中是否采用了最佳方案。该问卷中"是"的数量标志着工厂的精益程度:"是"的数量越多,则工厂的精益程度越高。只有当工厂明显遵循了该问题隐含的原则时,才能回答"是"。如有任何疑问,则回答"否"。

## 本章精粹

1. 流程图分析法

(1) 千言万语不如一张图。

(2) 流程图是由一些图框和流程线组成的图形。流程图分为系统流程图、程序流程图、数据流程图、程序网络图、系统资源图。流程图按表现形式分为垂直流程图和水平流程图。

(3) 工作流程分析法。该方法是内部审计工作中最重要、最基本的分析方法,是对企业流程进行优化和流程管理的基础和前提,也是对企业运行方式的全景式扫描和慢镜头式的检阅。

（4）流程分析的步骤为：①根据工作需要，选择确定相应的工作流程图；②按照流程图的步骤，进行对应的分析；③标出各个步骤存在的问题及风险；④根据存在的风险，确认关键风险控制点；⑤对各个风险控制点进行归集，确定风险重点。

2. 分析性复核法

分析性复核法是内部审计人员对财务和非财务信息资料中的一些关系或比率进行分析和比较，以确定审计重点、获取审计证据的一种审计方法。分析性复核的主要方法包括：①简单比较法；②比率分析法；③结构分析法；④趋势分析法；⑤回归分析法。

3. 审计抽样法

抽样是指从样本总体中选取一定数量的样本进行考察，通过样本的结果来推断总体特征的一种技术方法。

（1）抽样精髓："你不必吃完整头牛，才知道肉是老的。"

（2）抽样分类。

（3）实施抽样的六个注意事项：①样本选取采用并遵守成本效益原则；②尽量让总体中的每个项目有相等的被选机会；③注意多利用分层、分类、分区抽样方法；④注意个人观点与偏见对抽样的影响；⑤关注样本反映的事件本质及其原因；⑥当样本量超过 5 000 个时，样本量对总体抽样结果影响不大。

4. 风险评估法

风险评估是确定审计重点、制定审计计划与方案、实施审计的主要依据，同时也是风险管理的基础。

风险评估 5 种方法及操作步骤包括：①定性分析法；②评分法；③打分法；④定量分析法；⑤风险清单。

5. 内控自评法

内部自评法是内部控制自我评价的简称，内控自评方法是管理人员和内审人员合作评价控制程序有效性的一种方法，又称为控制风险自我评价。

(1) 大部分企业破产均与内部控制失灵有关；任何内部控制系统都不是无懈可击的。内部控制是风险管理的基础，是内部审计的根源。

(2) 自评协调研讨的四种组织方式如下：①以业务目标为基础的方式——最直接；②以风险为基础的方式——最快速；③以控制为基础的方式——最常用；④以过程为基础的方式——最详细。

6. 问卷调查法

"看"与"问"是内审收集资料过程中，最基本、最重要的手段，看即查看、观察，问即询问、问卷。

问卷调查表包括开放式的调查问卷和内部控制调查问卷。

(1) 安排问卷问题遵循的6项原则为：①先易后难原则；②同类集中原则；③先次后主原则；④先一般后特殊原则；⑤先封闭后开放原则；⑥先客观后主观原则。

(2) 设计调查问卷应注意5个问题：①调查问题表格应尽可能简短；②提出的问题要通俗易懂、可答；③调查问题的语言使用要准确；④提出的问题要带有中立性、不偏不倚；⑤调查的问题要考虑全面。

# 第七章　内部审计实战技巧

**本章主要内容**

技巧是快速达成目标的有效工具。技巧是指某方面表现出来的巧妙的技能及对方法的熟练和灵活运用。内部审计技巧是指在内部审计工作过程中表现出来的各种巧妙技能,它能使内审人员准确快捷地执行审计程序与步骤,极大地节约了工作时间与审计成本,有效地收集审计证据,更加精准地认定事实,圆满地达到审计目标。

内部审计是一项集合管理、会计、统计、沟通、访谈等多项技能的高智商工作,它不但要依据现有的资料断定某项事情,还要运用推理、判断、重演等方法来核准事实。因此,在实施内部审计的过程中,纯熟的审计方法、丰富的审计经验和高超的实战技巧是取得审计胜利的不可或缺的三大基石。审计基本技术方法的纯熟运用必将演变为高超的实战技巧,如审计人员能结合实战技巧和被审单位的实际情况,必将成为一个经验丰富的审计战将。

本章选取国内外先进的审计经验,在实践的基础上进行归纳、分析和总结,发掘经验结晶,并结合十几年的工作经验整理而成。以下是在内部审计工作中通常用到的12个方面,合计108个内部审计实操技巧。12个方面的技巧具体包括:审计线索查找技巧、访谈提问技巧、现金盘点技巧、审计证据分析技巧、审计重点与目标确定技巧、审计程序编写技巧、工作底稿编写技巧、审计报告大纲编写技巧、审计报告编写技巧、审计资源整合技巧、审计效率提高技巧、审计质量控制技巧。

## 第一节　审计线索查找技巧

任何事件的发生必有轨迹。

事情的发生必有过程，有过程必有轨迹，有轨迹必有破绽。

在实施内部审计时，查找审计证据成为整个工作的核心，可以毫不夸张地说：审计证据直接决定审计的成败。特别是在舞弊案件的审计中，各种证据的收集更显得重要。现实案例中，所有舞弊者都会进行反侦查的策划，他们会利用公司各种管理漏洞，详细分析作弊的可能时间、地点、人物与时机，择机进行作弊活动。而且大部分舞弊者都有较强的防查、防审计意识，事前作好各项准备，编制各种借口及充分理由，毁灭证据，从而使收集证据变得更为艰难。所以，在现阶段内审人员调查有关的舞弊案时，多为收集佐证或旁证，极难收集到案件的直接证据。

假若舞弊真的发生，我们还是要认真对待，采取相应的行动，以减少公司损失，维护公司的利益与形象。在实施审计调查时，必须以证据为依据，以事实为准绳，所以证据成为了解舞弊行为的唯一资源。但如何审查取证呢？俗话说：万变不离其宗，擒贼先擒王，打蛇打七寸。不管舞弊者多么狡猾，我们从其"根"、从其"宗"迹查起，从源头查起，就一定会有收获。

根据事物发展与规律可知：任何事情的发生与发展都不是单独存在的，必伴随着相关的人、物及过程，那么，我们可以从发生事件的三要素"人、物、过程"入手，收集我们所需要的证据。内审证据查找思路与路径如图7-1所示。

雁过无痕，但大雁飞过地面真的不会留下任何痕迹吗？要求证大雁是否曾从此处飞过，审计人员首先要考虑大雁现在还在飞吗？其次要考虑现场有没有大雁的羽毛（残余物）？大雁飞过时有没有发出声

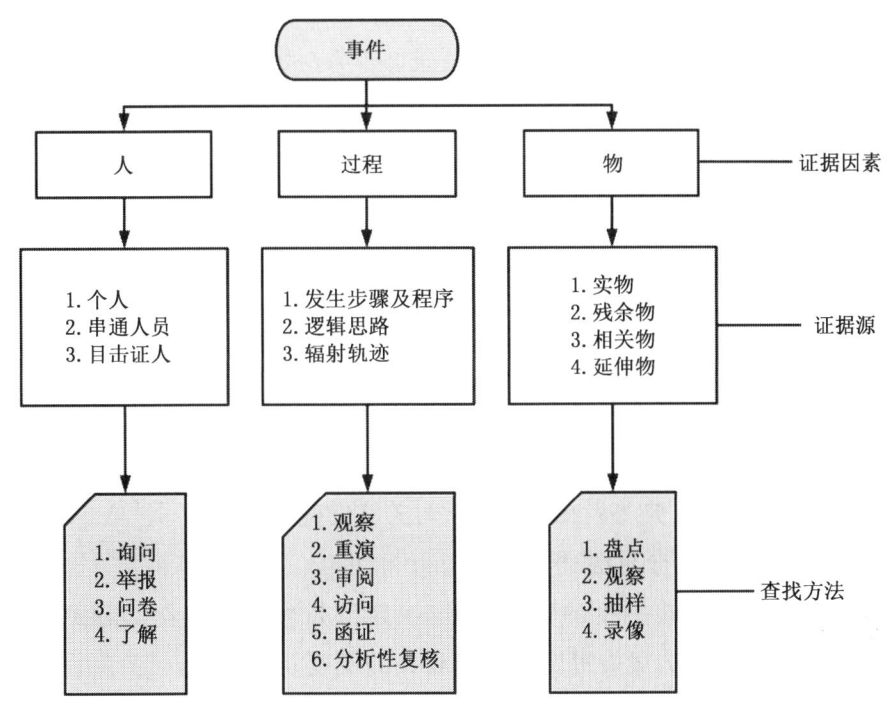

```
                          ┌─────────┐
                          │  事件   │
                          └────┬────┘
              ┌────────────────┼────────────────┐
          ┌───┴───┐        ┌───┴───┐        ┌───┴───┐
          │  人   │        │ 过程  │        │  物   │ ───── 证据因素
          └───┬───┘        └───┬───┘        └───┬───┘
      ┌───────┴──────┐  ┌──────┴──────┐  ┌──────┴──────┐
      │ 1.个人       │  │1.发生步骤及程序│  │1.实物       │
      │ 2.串通人员   │  │2.逻辑思路   │  │2.残余物     │ ──── 证据源
      │ 3.目击证人   │  │3.辐射轨迹   │  │3.相关物     │
      │              │  │             │  │4.延伸物     │
      └──────┬───────┘  └──────┬──────┘  └──────┬──────┘
    ┌────────┴─────┐ ┌─────────┴────┐ ┌─────────┴────┐
    │1.询问        │ │1.观察        │ │1.盘点        │
    │2.举报        │ │2.重演        │ │2.观察        │
    │3.问卷        │ │3.审阅        │ │3.抽样        │ ─── 查找方法
    │4.了解        │ │4.访问        │ │4.录像        │
    │              │ │5.函证        │ │              │
    │              │ │6.分析性复核  │ │              │
    └──────────────┘ └──────────────┘ └──────────────┘
```

图 7-1　内审证据查找思路与路径

音？最后，当时如果有大雁的声音、飘落的羽毛等，那么叫声有没有被录音？有没有目击证人？

从图 7-1 可以看出，要了解、收集相关的证据，必须从事件的可能人员、事件的经过、相关的物证着手。所谓人员，则包括个人、串通人员、目击证人，抽查方式可以通过询问、举报、问卷和了解方式进行查证。

事件的经过则是根据事情的步骤和运行程序进行分析，也叫流程分析，从而假设可能产生的轨迹，可以通过观察、重演（穿行测试）、审阅、访问、函证、分析性复核等方法进行查证。一言以蔽之，就是推断事件发生经过的流程，分析流程每个环节可能留下的人证、物证，以便进一步取得证据。

物即物证，相关的物证包括作案用的工具（实物），涂改后的原始凭证、发票(残余物)，索要回扣时的银行存款回单(延伸物)，摄像资料等。这些资料可以通过盘点、观察、抽样、录像等方法进行核实。

内审人员查找审计线索即查找异常事件运行轨迹过程中所留下的痕迹，包括文档、色彩、形状及不可磨灭的痕迹等。我们在查找有关的线索资料时，要了解事件的发生、发展及结束全过程所涉及的人物或事物，这就要熟悉流程，了解流程图，以知道事情的来龙去脉，再分析每个过程可能留下的线索，并一一进行分析排除，再对余下可能存在线索的细节进行查找。

由于内部审计有其自身特殊性，与其他审计的目的、依据、处罚都有所不同，所以对审计线索的查找也有所不同。除了上述审计证据查找方法以外，以下是笔者在查找线索时关注的查找方法。

### 1. 内部控制分析法

一家公司内控制度的完善程度，决定其发生违规违纪问题的几率。前文的审计方案中提出要收集相关的制度及流程图，目的就在这里。内部控制分析法主要是通过对业务过程内部控制中的控制关键点进行重点分析与检查，以测定内控制度可信赖程度，找出公司整个运营过程中存在的薄弱环节，再通过收集、分析、归类和整理相关的审计资料，以发现相关的审计线索。

### 2. 异常分析法

所有舞弊造成的结果都是不真实、不存在的，所以不管其手段如何隐蔽，其反映出来的表象都是异常的，这种异常往往就是审计的突破口。如对全国平均、全区平均、行业平均、环比或同比来进行横向与纵向比较，可从中发现审计线索。此外，异常情况还包括个人异常行为、异常的言行、超过正常收入的支付等。

### 3. 重点审查法

重点审查法即对大资金、大项目、大合同，新业务、新客户、新技术等进行重点关注。往往这些重点资金、重点业务发生违纪违法的概率较大，对其要投入大量时间进行关注与核实，并及时更新重要内容,不断对存在的问题进行总结,完善相应的审计经验。如公司业务中的工程审计、采购业务中的大额大批大量的物资采购过程、新业务新技术的运用,对内部审计业务分析而言均是高风险环节,应重点关注。

**4. 回收站查找法**

即随意对电脑资料进行浏览、检索、查找,并查找没有及时清空的回收站。对有记忆功能的文档资料进行还原,有时也可以得到一定的收获。

**【例7-1】 从电脑回收站查找证据**

2009年9月,内部审计人员对AA公司的固定资产进行审计,在核查固定资产的真实性时,在资产管理员的电脑回收站的文档中,发现一份比较可疑的资料,即一个异常的累计折旧计算表及相关的资产统计文档。通过分析,内审人员发现账上的累计折旧总额与该文档计算不符,存在异常现象。内审人员累加复核后形成表格,并询问了经办人。一开始经办人一口认定是草稿资料,不足以形成事实依据。后来内审人员现场核实资产,再追溯到账本的实际出账依据,终于核实存在固定资产资产不符的问题,原固定资产没有验收、没有发票,即按预付账款总额统计一份表格,领导签批后即入账挂固定资产,总价值达到9 000多万元。

一个简单的回收站查阅,就查出一个违规入账的资产事项,真所谓证据无所不在啊!

**5. 举报调查法**

"群众的眼睛是雪亮的",天下没有绝对秘密的事情。在平常的审计业务中,内审人员要充分利用群众的举报信息,举报信息是一条发现真实线索的主要方法。公司要广开投诉渠道,保持建议信箱的畅通,进行公开公正公平的信息反馈,让举报者无后顾之忧,让舞弊者无处藏身。

多走群众路线，多了解实际情况，广开群众路线，加大宣传力度，对内部审计工作绝对有好处。

培训培植内审线人，积极维护各种线人关系，维持畅通保密的举报渠道，达到全景式天眼监视效果，可对企业起到最好的监控效果。

### 6. 现场"三多"法

账本是死的，现场是活的。内审人员不能只埋头于账簿、报表、凭证、文档等相关资料，还要到现场或业务一线多走、多看、多问，这是我常说的所谓"三多"法。这也是获得审计线索的好方法。许多信息与事情都是从职工或其他人的身上收集到的，这些是从账上无法得到的。此外，通过现场实地观察，多问多想，不仅可以了解被审计单位的生产经营全过程，还可以发现诸多问题和其他审计线索。这也是内审与外审的区别：内审以改善企业经营、增加企业价值为最终目标，而外审以合规性、鉴证为主要目标。

## 第二节　访谈提问技巧

访谈提问的能力与验证、比较、评价的能力同样重要。

所谓访谈，是指通过访问与被访问者面对面的交流以了解被访问者的心理、行为、事实，从而收集相关信息的过程。访谈涉及心理学研究、提问水平、表达能力等，最好经过专门的训练。有兴趣的读者可以学习心理学家的访谈手册，掌握访谈的专门知识与技能。

在实行审计的过程中，内部审计和外部审计都会利用访谈提问等沟通形式来收集信息。有效的访谈提问是审计师工作能力的重要组成部分，提高访问技巧将使所有的内审人员受益，达到意想不到的审计效果。以下是在审计中常用的访谈提问技巧，具体内容包括以下12个要点。

**1. 准备充分**

"不打无准备之仗"，内审人员在访问前所需要进行的准备工作包括：了解商业环境、管理层的观点，了解客户（访谈对象）的人格特征、行为模式等，此外还要考虑被访者的环境、处境、当时的心态、有可能进行辩解与反侦查的各种可能、涉及人员串通等方面。只有对事件或事实调查了解的细节，才能提出正确的问题，才能明确表达提问的目的，为建立信任关系、收集资料外的审计线索与证据做好准备。

**2. 列出访问清单**

为避免访问中出现差错与错漏，在访问前要对所提问的问题作详细的总结，并列出问题清单。通过与管理层进行会谈，了解管理层的期望和能够为他们提供的服务，说明内审只是对事实进行评估与评价，并不是找麻烦或有意害人等，以缓和他们的紧张心理，让他们协助提供证据。另外，要了解受访人提供的细节问题及事件的经过与原因。

**3. 选择适当环境**

对于典型的以收集事实为目的的访谈，专家认为将访谈安排在一个使受访者感觉舒适的环境中是有益的。如尽可能安排在受访人的工作场所进行访问，同时内审人员也能现场查看业务过程。

如果是舞弊事件的访谈，则可以安排在比较严肃的办公室，陌生的、有威慑力的办公场所，有利于给作弊者造成心理上的压力，迫使他承认事实。应避免在当事人的地盘内进行访谈。

**4. 考虑参加人数**

根据访谈的不同目的，可以将访谈提问分为多人参加的讨论或一对一的讨论，但是应该确保双人在场起到见证、证明作用，以避免引起不必要的争议。应有一个主要的访问人员，其他人不能乱发言，以打断或打乱计划。

**5. 尽量避免录音**

由于内部审计以增强管理为主要目的，绝大部分内部审计只被当作提供建议的依据，不会作为"呈堂证供"，所以如果不是非常必要，应尽量避免对访问进行录音。因为录音会造成一种紧张的效果，受访人就会倾向于更加慎言，不利于收集信息。当然，如果涉及舞弊专项审计，为取得录音证据，则必须进行录音。而且在此类审计的录音中，要引导当事人说明事情的时间、地点、人物及事件的经过，对不清楚或声音比较低沉的地方，要提示或重述以确认能够录音。特别是姓名、时间、事情、金额等一定要说清楚，避免录音不全，造成误会。最后，应根据录音资料，整理成相关的文档存放，同时将录音资料一起存储。

### 6. 掌握访问时间

对于访问时间上，有关专家的观点是，尊重受访人的时间对一项审计或一次访问都是非常重要的。不要占用太多的时间，同时应该避免在午餐或假期前后召开会议。而且每次访问时长最好不要超过1个小时，如果有可能就分为几个时间段来进行。

如果是涉及舞弊专项审计，时间则更为敏感，一般是掌握一定的证据后立即采取行动，防止夜长梦多。

### 7. 进行适当闲聊

在进行访问前，穿插一点闲聊是适当的，但时间不要过长。主要话题可以是受访人较关注的问题，比如球赛、投资等内容，应从轻松的话题切入，使审计师与受访人有几分钟的时间互相适应，从而创造一种相互信任的气氛，为切入正题做好准备。

### 8. 考虑措辞与口吻

审计师在提问时，仔细考虑问题的措辞很重要，措辞要恰当，谈吐要清晰，同时建议避免出现指责性问题。一般人倾向于采用开放性的问题，从而引出受访者的谈话。

### 9. 注意倾听

对审计师而言，倾听的能力与验证、比较及评价的能力同样重要。不要对讲述者妄加评价，不要有过激的行为，不要试图记下每一件事情。

舒林茨女士说:"尽管审计师并不需要被当作一个纯粹的倾听者,但倾听也是一项重要的技能。审计师应该去听,而说并不是必要的。"

切记:任何时候倾听都比说重要。

**10. 非语言线索**

有研究认为,两人之间非语言的行为所传递的信息很重要,因此,不仅要注意一个人所说的话,还要注意他的语速、语调和肢体语言。诚实的人会呈现出坦诚的姿态,他们常常身体前倾,用手势来强调重点。他们通常会与人保持目光接触,特别是被问到某些直接的问题时。虽然受访者处于一种被调查的状态,可能会紧张,但诚实的人的紧张通常会随着访谈的进行而消失,而说谎的人通常表现出焦虑和不安。

某些非语言的行动会暴露说谎的行为,比如在椅子里转动,跷起一条腿或放下,向后靠,中断目光接触或交叉双臂等等。建议内审人员专门研读3~5本类似的书籍,整理总结一套肢体语言方面的资料,增加查找非语言线索的能力,提高内审业务技能。

**11. 进行信息确认**

内审人员进行访问时,应每隔三四分钟进行确认,在恰当的时间对重要的问题进行复述。应保持头脑清醒,并对内容进行简要的概括。在访谈结束时,应进行简单的陈述,总结得到的信息,确定理解了这些信息。

**12. 沟通渠道畅通**

访问最后应互相交换联系方式,包括电话、邮箱、社交软件账号等,以便受访者在访谈后想起一些重要的信息时,可以与内审人员及时联系与交流。在实际工作中,有些受访者会采用电邮、电话等方式与内审人员进行进一步的交流,以便于他们获取更多、更齐全的信息。交流沟通是做好内审工作的关键因素。

总而言之,访谈是一项技术性工作,内审人员平时应善归纳、多总结,在工作中不断提升访谈技巧,以帮助自己快速实现审计目标。

## 第三节　现金盘点技巧

现金核查往往是发现问题的重要步骤。

这里所指现金等同于资金,是企业维持日常经营所需要的货币量。它是企业资产中最活跃也是最重要的组成部分,是企业赖以生存和发展的基础,是企业资产周转的依托。没有良好的企业资金的运作,企业生存与发展会出现较大的问题。在企业实际业务中,要加强企业资金的管理,在流动性与收益之间取得平衡,既要保证企业对资金的正常需求,保证资金的安全,又要减少企业的闲置资金,提高资金收益率。

现金管理的任务,首先是保证合理的现金需求,防止资金断链,企业不能持续经营;其次是保证现金的安全性,防止资金被不法分子利用,造成企业损失,并采取有力措施缩短营业周期,提高资金周转率;最后是节约资金使用成本,挖掘资金潜力,盘活资产,增加融资渠道,降低成本。

在日常的内部审计中,内审人员经常要验证被审计单位的现金是否真实、是否存在、是否准确,正常的盘点主要核实资金的存在性。同时,也要有效防止企业现金管理中出现白条抵账、私设小金库的情况,更为重要的是怀疑该单位有违法乱纪的行为时,则一定要对现金进行盘点(可采取突击盘点的形式)。

针对以往在现金盘点上出现的问题,特在审计实务中总结进行现金盘点时,内审人员要注意以下几个技巧。

**1. 突击盘点**

在盘点现金之前,不用事前发审计通知书,而是直接带审计通知书到单位,召集相关人员开会后即进行盘点。此种方式可避免被审计单位的财务人员早有防备,从而使得现金盘点达不到预期效果。

**2. 重复盘点**

第一次盘点可能没有问题（或早有防备），到准备撤离时审计人员突然袭击进行再次盘点；或者一天早晚两次进行盘点。此方式可适用于疑似有贪污盗窃或挪用现金倾向的单位或个人。

**3. 多点共盘**

在实际的现金盘点中，如同时有多个营业点或多个保险箱，应分配不同的内审人员，同时进行全面的清查与盘点，以防出现资金大挪移，拆东墙补西墙的情况。

**4. 注意白条**

在现金的盘点中，应特别注意白条顶库的现象，关注字迹出现涂改情况的票据。记录相关信息资料的笔记本等往往是问题的线索。内审人员应及时记录或拍照，以确认盘点中存在的问题。

**5. 注意各种支票存根、作废存根和空白支票**

通过与银行存款进行核对，往往能发现账外账的情况。常见的问题是将作废的转账支票存根附在记账凭证后作为附件，实际转出的账户与转账支票存根上注明的转入单位账户不一致，而是转到被审计单位的其他账户，而出具的报销发票和合同是虚假的、不真实的。

**6. 注意保险箱的其他资料**

在对保险箱进行盘点时，还应注意包括个人私有借据、房产证、土地证和有关资信证明等。这些私人物品存放于单位既违背《现金管理条例》，又很不正常，说明极有可能存在公款私用等情况。此外，还要关注经办人员私自购买的收据、账本等。

**7. 监盘**

在对现金或银行存款进行盘点时，一般情况下，内审人员只在现场进行监盘即可。当然，在人员不够的情况下，内审人员也可以参加现金盘点。

**8. 日中或月中盘点**

盘点时间可选在每天或每月的中间。这是因为现在的财务人员已是"经验"丰富,月初或月末都会想办法账务弄平,相反对日中或月中倒没有那么关注。应该归集整理有关的盘点资料,整理盘点表进行项目归类累加,并与银行或现金日记账核对,以确定金额是否相符。

## 第四节　审计证据分析技巧

审计证据为审计结论服务,但并非所有的证据都有用。

内审人员为了将收集到的分散的证据变成完整的证据,以达成审计目的,就需要按照一定的方法对审计证据进行分类整理和分析,使之条理化、系统化。只有这样,内审人员才能对各种审计证据合理地进行归纳与小结,以支持相关的审计发现、审计结论和审计建议。以下是对审计证据的分析与判别技巧。

**1. 证据分类**

内审人员将收集杂乱的各种审计证据按问题大小、时间和目标、审计证据证明力的强弱,或按与审计目标的关系是否直接等分门别类排列成序,并按明细标题注明,简单说明问题,以便在整理审计结论和撰写审计报告时使用。

**2. 重新计算**

内审人员根据一定的方法或按照规定的方式对数据进行重新计算,比对计算的结果是否相符、是否存在差异。也可从计算结果中得出内审人员所需的新的审计证据,从而分析论证新的审计发现,丰富内部审计战果。

**3. 对照比较**

一方面要将各种数据进行反复比较,从中分析出被审计单位经济业务的变动趋势及其特征;另一方面还要将审计证据与审计目标进行比较,判断其是否符合要求,如不符合要求,则内审人员需补充收集有关的审计证据,直至满足审计需要为止。

**4. 证据取舍**

内审人员不可以将全部审计证据写进审计报告中。在编写审计报告时,内审人员必须对反映不同内容的审计证据作适当的取舍,舍弃那些无关紧要的、不必在审计发现和审计结论中反映的次要证据,只选择那些具有代表性的、典型的审计证据加以反映。

审计证据取舍标准主要有两条:①金额数量的大小;②问题的严重程度。

对单位财务状况或经营成果的反映产生重大影响的证据,应作为重要证据。金额不大,但后果严重的证据,也应作为重要证据。如贪污受贿等行为有些虽然金额不大,但如果不处理,后果会越来越严重,所以应将其作为重要证据。

**5. 排除伪证**

所谓伪证,是指审计证据的提供者出于某种动机而伪造的证据,或是有关方面基于主观或客观原因而提供的假证。在实际操作过程中,有可能出现收集的证据不能满足审计目标需要的情况,这些证据或因精心炮制而与真证据类似,或与被审计事实之间存在某种巧合,内审人员如不认真排除,往往就会鱼目混珠,给审计结论带来不正确的依据。

伪证的排除应考虑证据的关联性、矛盾性、实质性,以达到预期的目的。

**6. 判别真假**

收集到的某些审计证据所反映的内容可能只是一种假象,内审人员必须对其进行认真的分析研究,透过表象找出它所反映的事实的本质,而不要被事物表面的假象所迷惑。应找到事实的真相,以支持审计发现。

**7. 局部小结**

内审人员通过以上分类、计算和对照比较后,需对收集的审计证据进行小结,得出具有说服力的局部审计结论。

**8. 综合结论**

内审人员对收集的各类审计证据,以及其所形成的局部审计结论进行归纳、总结与评价,最终形成综合结论。

由于审计证据的重要性,我们既要考虑其正确性和可靠性,又要考虑其特殊性,对涉及人员责任的有关问题,除非有绝对把握,否则不要轻易写进审计报告里。

## 第五节　审计重点与目标确定技巧

审计重点与审计目标是审计的靶心所在,定位准确与否直接影响审计效果。只有精确定位,内审工作才能有的放矢,掌握审计方向,选择突破口,为审计服务,为管理服务。

不同的企业有不同的审计重点,不同的行业有不同的审计目标。因此,内审人员在确定审计重点与目标时,要分析研究本企业或行业的特点、管理层管理的目标、本企业所处时期的管理重点,并结合企业管理绩效考核标准,确定审计重点。

**1. 根据经验确定审计重点**

经验由内审人员的分析、研究、总结所形成,厚积而薄发。除了善于总结,内审人员应向长者学习,博览群书多归纳、多总结。第一,从横向上分析,应熟悉本企业组织的内部机构、治理结构、管理制度、工作流程、人文环境等,从而分析企业运营的整体情况;第二,从纵向上分析,应通晓企业发展历史、企业创业历程、改革经过,各部门、各公司、各流程出现的事件进行总结归纳。

**2. 经常进行企业风险评估**

风险评估是确定审计重点与审计目标的最重要的方法。内审人员进行风险分析以后,可结合实际情况,确定审计重点与目标。风险分析方法包括定性分析法、定量分析法、打分法、评分法、问题清单法。审计重点可通过一系列分析方法加以确定。

**3. 管理制度与工作流程分析**

流程分析是确定审计重点与审计目标最常用的方法。应对企业的管理制度与工作操作流程进行分析，确定流程的关键控制点、容易出现问题的环节。

从企业管理体制上分析，制度是规范公司运营、规范企业个人行为的一种手段，制度是否完善是管理层能否有效监督管理企业的关键。俗话说得好："没有规矩，不成方圆。"企业没有制度就无法规范管理，难成气候。

工作流程分析是确定管理存在问题的最简单、最便捷的方法。流程图分为水平式流程图或垂直式流程图，不管何种流程图，内审人员都要进行分析。首先，查找相应的流程图，从工作步骤及操作流程中分析可能存在的问题，找出流程中的关键控制点。其次，结合现场的控制制度与系统，分析关键控制点监控的力度与合理性，进行相应的排查。最后，经过分析与排除，对余下的控制点进行记录，目的是对流程控制关键点进行分析与评价，确定工作流程中的重点环节是否得到鉴证，确定控制是否达到预期效果。

**4. 保持应有的职业谨慎态度**

保持应有的怀疑谨慎态度，是内审职业必备的工作作风。

从第一天做内审起，我们就要有如履薄冰的心态，每做一件事情，都要保持高度警惕，多想想为什么这样？原因是什么？深层根源是什么？背后的阴谋是什么？解决方案是什么？还有其他更优的方案吗？这个问题的后果是什么？对公司有什么改变？

**5. 全方位多角度的分析性复核**

分析性复核一般可理解为分析性审计程序，可以被应用于审计的计划阶段、实施阶段和结束阶段。它是对财务和非财务信息资料中的一些关系进行的研究和比较，是内审人员分析审计重点和分析解释审计过程中收集到的证据的有效手段，其有助于内审人员确认是否需要进一步开展审计工作。

分析性审计程序包括回归及比较分析等,我们一般多采用比较分析法。

(1) 多期比较:包括将公司本年数据与上年数据比较,将本期数据与上期或上年同期数据比较。

注意:多期比较的前提是比较资料的编制口径及基础未变,确保比较的资料与信息具有可比性。

(2) 预算与实际比较:内审人员按实际发生的数据与预算数据相比较,对存在的差异进行分析,以决定是否作为审计重点,如果发现差异较大,则应作为审计重点或目标。

注意:比较的前提是所编制的预算是合理的、可比的。

(3) 账户内部关系比较:利用复式记账原理,对相关联的账户科目进行分析比较,以发现异常的一种比较方法。

(4) 与行业数据比较:借助外部标准(如行业杂志、报刊、年报等)来评价被审单位数据的合理性;收集的数据均可作为比较的依据,如发现差异较大,应作为审计重点及目标给予关注。

(5) 与经营数据比较:将来源于经营部门的数据与财务数据进行比较,这是内部信息资料核对的一种办法。差异较大可认为存在风险,并可作为审计重点。

(6) 与经济数据比较:将总体经营方面的数据与市场经济数据进行比较,这是内外资料比较的一种方法,能结合外部信息资料,评价本企业组织的实际运营情况。

(7) 与非财务数据比较:进行合理性测试,以发现经营中的异常情况,作为审计重点或审计目标。

内审人员通过以上分析性程序,将发现的不合常理、违法乱纪、得不到合理解释的事件作为审计重点与审计目标,进行重点抽查与测试,以确认其风险性。

### 6. 利用可疑点确定审计重点

该方法在确定舞弊问题时最有用。内审人员可以通过良好的询问技巧和敏锐的观察能力,对异常的内容进行归纳总结,确定审计重点与审计目标。异常包括行为异常、业务异常、内控缺陷等。

（1）行为异常。经办人经常在办公室外打工作电话,回答问题不齐全、神态不正常,推迟提交资料或推脱资料丢失,对提问或查证的事情过于敏感等,均是舞弊可能性较高的征兆。

（2）业务异常。业务异常包括原始凭证丢失、账目不全、多次更正凭证,过多冲销凭证,记账日期相差较远、对收入与费用不合理的分配与调整、频繁变更价格、销售价格没有达到行业平均数、电脑系统经常出现问题、交易额异常等。

（3）内控缺陷。制度没有健全,监督系统不完善,没有职责分工,没有独立审核,没有适当的授权制度,记录资料不齐全。

### 7. 利用投诉举报资料确定重点

任何违规与不符合事项,均可以通过企业内部员工的举报或内外部人员的投诉获得。企业可以公开举报电话、信箱或其他联系方法,广开言路,收集不同的企业管理信息,确定企业存在问题及管理建议。内部审计人员则可以通过对相关资料的归纳与总结,分析筛选对内审和管理有用的信息,结合当次审计内容,分析提炼内审的重点与目标。

如果舞弊事件可能性极大、情节严重,达到需要专项审计的标准,则应立即提请权限领导审批,成立专项审计小组,选择经验丰富的内审人员,确定专项审计工作方案,开展细致的审计工作。

## 第六节　审计程序编写技巧

审计程序是为实现审计目标而采取的一系列收集证据的工作顺序与步骤。它在整个内审过程中具有举足轻重的作用。审计程序的设计可直接影响到审计证据的收集、审计效率,从而对整个审计结果产生影响。

审计程序包括以下五方面的内容。

**1. 确定审计方法,使用规范用语**

我们在编写相应的审计程序时,要针对不同的审计重点或目标,确定不同的审计方法。规定内审人员的操作方法与作业方式,其核心就是阐述整个步骤的一个动词,如描述、浏览、分析等,其他内容如时间、数量均作为它的补充与限制。当然,也有些审计步骤会用到两三个核心词、两个以上的工作内容。在实际设计与书写审计步骤时,有时往往分不清其核心词的内容与具体用法,以下对常用的15个审计步骤核心词进行阐述与总结。

(1)描述是审计中最常用的一个步骤,其主要作业内容是概述各项业务的程序、过程及现象,多用于绘制图表、流程图等。例如,简明扼要地说明生产流程、各项业务的控制措施、现场存在的情况等,主要是对没有制度、没有形成文字的过程及表象进行文字说明。

(2)浏览的主要作业内容是快速翻阅文件、档案与相关资料,目的是快速查找可疑目标与迹象,方便集中主要精力深入查找相关内容。浏览主要适用于发现抽查、举例说明、不可能事项等审计范围,主要目的是证明存在一个事情、一种情况。例如浏览会议记录、各种单据资料、往来文件等。

(3)比较的主要作业内容是对不同的资料、数据、文件、程序、流程等进行比对与对照,找出其相同或不同之处,也是最常用的审计步骤之一。例如,将观察到的现象与制度规定的情况相比较、将实际操作流程与制定的工作流程进行比较、将公司现状与标杆公司的情况进行比较。

(4)复算也叫重算,主要作业内容是通过重新计算,将结果与原结果进行比较,证明其准确性。例如,复算成本表、复算利润表、复算结算单、复算发票等。

（5）审查的主要作业内容是检查文件、材料等，确定其真实性、准确性与存在性。例如审查其报告、检查签订的合同等。

（6）观察的主要作业内容是观察企业经营活动、过程及程序等。例如，查看仓库的验收过程、工段工艺的实际操作过程、财务收款付款过程等。

（7）重做也叫穿行测试，主要作业内容是按规定的步骤，从头到尾跟踪一项具体业务，确定其是否建立控制措施，或控制力度与结果是否达到效果，重做结果是否与原来结果一致。例如，在实际中对一组数据进行重新录入，跟踪检查其结果是否与原来一致。如果在实际生产运营过程中不便测试，则可以实地监督与记录经办人的录入业务，确认其录入正确后，再从服务器（后台）查询其正确性及时效性。

（8）盘点。实际工作中审计人员多以监盘为主。主要作业内容是实地监督、清查公司设备或材料等，确定其正确性与存在性。例如，盘点公司现金、盘点公司仓库、盘点固定资产等。

（9）总计又叫累加或合计，主要作业内容是对各明细数据或金额进行汇总，比较核对其一致性。例如，各明细账账户余额与总账的余额是否一致，各月份产量是否与年度生产总量相符等。

（10）追踪，即追溯其源头，有顺藤摸瓜之意，主要作业内容是从现有表象追查其相关的依据、产生的根源，也可以理解为追踪事件（物）产生的上一步骤（流程）。例如，会计分录的追查，从凭证到账户，从操作录入到后台服务器，从银行账户到客户资料等。

（11）评价的主要作业内容是对企业运营程序、制度及执行情况进行鉴定与判断。例如：评价企业现金内控程序是否妥当，评价某一运作过程是否存在问题，是否存在管理漏洞等。

（12）咨询，即提问、交谈，主要作业内容是对不理解的内容或事情进行了解。咨询是内审中最常用的方法之一，交流与沟通是内审工作的重要技能之一。例如，询问事情的发生经过、现行管理制度的利弊、员工心理动向等。

（13）审阅。审阅与查阅相近，主要作业内容是对相关的文件、资料进行详细的检查。例如，审阅年度财务报告、组织部门请示报告、公司经营情况分析、职员的年度鉴定等。

（14）查询一般是对外单位进行相关业务或资料的询证，主要作业内容是对需要证实的记录、发票资料的正确性对单位以外的组织进行函询，以确定其真实性或正确性。例如，查询往来账的明细余额、投资项目的余额等。

（15）分析是内部审计必需的技能。可以毫不夸张地说：没有分析就没有内部审计。其目的是将事物、现象、概念分门别类，离析出本质及其内在联系规律。其主要作业内容是对数据、现象及事物进行汇总分析，说明数字之间的关系及运行趋势。例如，按年度销量进行分析、对管理费用进行明细分析等。

**2. 明确抽查内容，确定抽查数量**

大多数被审计组织都业务繁忙、资料较多，内审人员要全部看完组织一两年甚至更长时间的工作内容，是不可能也是不现实的。因此，在对被审计单位进行审计时，往往采用抽查样本的方式进行。

（1）确定抽查的内容，亦即想查看的资料或实物。比如抽查该组织的审计时段的采购合同或订单，或者抽查工厂固定资产的数量等。

（2）确定抽查的时间。在全部审计的时段内，是抽查1月份还是2月份，是抽查单月还是双月等，都是值得考虑与分析的问题。这里要坚持一个原则，就是在抽样时要尽可能使样本量能代表总体。因此，在确定抽查的时间的过程中，要注意均匀地选择样本所占用的时间，应按一定的原则抽取相应的月份。

（3）确定抽查的数量。对于审计程序而言，知道抽查的内容、抽查的时间，剩下的就是要确定抽查的数量。多少数量才能代表总体，是内审人员一直在研究与探讨的内容。一般而言，样本量越大越能代表总体，但是这个与审计资源密切相关，关系到时间、人员、条件等多种因素。

根据国外审计资料显示,当抽查的数量超过 5 000 个时,超过的抽样没有意义。也就是说,最多抽查 5 000 个样本,就已经基本上能代表总体了。一般来说,在确定抽查的数量时,内审人员会根据被审组织业务发生的多少、样本的重要性、金额的大小、人员的分工、内控的松紧情况进行考虑,综合内审人员素质、时间、技能、业务进行分析,最后再确定抽查的数量。

**3. 确定步骤细节,说明工作内容**

确定抽查的数量后,主要的内容就是说明整个审计程序的操作细节。操作细节就是对现有的资源进行系统、高效的整合,用一个主线索来实施整个内审工作。在实操过程中,要说明工作的先后顺序。例如,从主管单位或体系部门收集公司采购部门所有的管理制度与操作流程,查阅审计时段采购部门的 30% 的合同资料等。

**4. 进行资料比较,寻找存在差异**

审计通常是做否定之否定的工作。怎么理解?我们一般假设被审组织是有风险、有问题的,然后通过抽取样本、资料比较、研究分析,最后得出的可能是否定的答案,也就是说被审单位没有问题、不存在风险。最理想的情况是这样,当然,也有可能是有问题的。

因此,在抽查相关的资料或实物后,应确定现有流程、管理体制、操作规程是否与规定的制度、法规、流程相符,目的是确定过程、寻找差异、确定风险。

**5. 差异比较分析,查找原因根源**

审计的最终目标是促进管理,使企业保值与增值。因此,内部审计人员在审计时发现差异、确定存在的风险是重点,但是查找问题产生的原因与过程、产生的根源才是重中之重。只有追溯到事情发生的源头,才能从根本上找到问题的根源,管理层才能针对问题的根本作出解决问题的决策,正确选择整改措施,从而有效控制风险,加强企业管理,增强企业预防体系。

**【例 7-2】 工程审计案件原因分析**

内审人员在抽查工程结算付款时发现,工程验收员没有严格按照公司规定进行验收,导致多验收了工程量,财务也支付了相应的款项。最后审计发现,表面现象是多付供应商的工程款,扣回多付工程款就结束了。

但是,我们还要查找分析造成这种表象的深层次的原因,是制度原因还是人员操作原因,追踪问题产生的根源,从根本上找出原因,并提出改进的建议。否则,每年每个公司那么多的工程,能全部审完吗?不可能的。

从结算付款流程上分析,只有现场验收人验收了,财务才能按合同付款,问题就出在验收人不按公司规定验收,这里面就可能大有文章。也就是说问题出在验收,更深一层意思是公司验收制度不严格,没有处罚制度。如果出错则要受罚,验收人员工作时就不会马虎了,就不会给施工单位和验收人空子可钻。那么,要想真正解决问题,就不单单是扣回工程款,主要是看我们公司制度是否完善、是否有操作细则、验收是否有操作流程、相应的处罚条款是否制定、合同是否制定有审计条款等。我们要从公司管理、验收制度本身上找问题、找原因,从而制定出严格的控制系统,做到验收有制度、实施有监督、付款有审计。

## 第七节 工作底稿编写技巧

内部审计工作底稿是内部审计人员在实施审计过程中形成的与审计事项有关的工作记录,具体反映审计人员的工作过程和工作成果,及审计人员执行审计方案的具体情况,是联系审计证据与审计结论的桥梁。

审计工作底稿对审计工作至关重要,工作底稿质量的高低决定了审计工作的成败。同时,审计工作底稿也能整体反映审计人员最基本的能力与综合素质,内审人员要从浩如烟海的资料中提炼出问题事实,并将确定时间、责任人员、主要证据、比较标准等都阐述清楚。这些既要扎实的基本功,同时也需要一定的技巧,唯此才能快、好、省地完成审计工作。

工作底稿由于审计环境、审计目标、审计资源不同而有所不同,可以说是千差万别,但是其要素与目的是一样的,只是外在表达的形式不同而已,其编写要素也是基本相同的。以下是内审人员在编写内部审计工作底稿时总结的一些技巧与方法:

**1. 设计规范适用的工作底稿**

针对公司存在的不同业务内容,分别设计规范、统一的工作底稿,并要求内审人员按规范填写,力争做到结构科学、书写内容完整、结构要素齐全、结论观点明确、审计重点突出、撰写条理清楚、内容繁简得当、格式美观、字迹清晰、记录真实、符合要求、手续完备。规范统一的工作底稿能规范审计工作,提高审计质量,防范审计风险。

**2. 采用现代化的技术工具**

先进的技术与工具是完成审计工作不可或缺的条件,内审人员可采用审计软件、Excel、VFP(Visual FoxPro)等工具。审计项目执行过程中涉及大量的数据运用、调整和重分类等,容易造成编制者书写时的笔误,同时也加大了外勤工作量。可以借助计算机编制分析性复核、累计折旧计算表、银行余额调节表、审计调整和重分类、试算平衡等审计工作底稿。

**3. 完整审计工作底稿**

不管审计过程是否发现缺陷,内审人员均要编制相应的工作底稿。审计工作底稿的完整性是指审计工作底稿要覆盖全部审计项目。编制完整的项目审计工作底稿,既是审计准则的要求,也是实际工作的需要。

一般来说,按审计工作底稿的要求操作,就能最大限度防范审计风险。但是在实际工作中,有些审计人员对此认识不足,只对重要项目或有问题的项目编制审计工作底稿,对不重要或没有问题的项目不编或者不按要求编制审计工作底稿。这样做往往会遗漏重大事项和问题,造成很大的审计风险。事实上,编制审计工作底稿的过程,也是重新核实、查证的过程。完整地实施了这一过程,就能弥补前阶段审计取证的不足,从而比较彻底地了解被审计事项的基本情况,做到成竹在胸,这正是审计所要达到的目标。坚持这点,审计工作质量就有了较好的保证。

**4. 合理适当地使用审计标识**

在审计工作底稿中,尽可能使用合理、恰当运用审计标识,会大大地提高审计工作效率。除充分运用内部约定俗成的审计标识外,对于被审计单位名称、审计程序、审计发现、审计结论以及编制者或复核者的姓名等,相关的要素均可采用适当的审计标识以尽量减少书写数量,同时又能加快编制与审核工作底稿的速度。

**5. 审计工作底稿编写要一事一稿**

工作底稿是审计过程的记录,要求表述简明清晰、定性准确、编写合理有序。实际工作中由于审计涉及面广、内容较多,取证的材料比较多,如果把多个问题的证据汇编成一个工作底稿,会使审计发现的问题模糊不清,不利于被审单位确认,也不利于主管审核工作底稿。这就要求每一个审计事项需单独编写工作底稿,以便弄清问题的来龙去脉。应对每个问题经过的时间、地点、责任人和有关金额等必要情节和内容都表述清楚,用以证实每项经济活动的过程及结果,从而客观、公正地反映事实真相。

**6. 汇总审计底稿编排要合理有序**

审计工作底稿编写完以后,要合理分类,并按同类事项进行合并汇总,然后按一定的秩序进行编排。工作底稿一般按审计发现问题性质的轻重决定顺序,将问题性质较为严重的工作底稿排列在前,将次要问题排列在后,以便突出重点、主次分明。同时又能为编写审计报告作好前期准备。

#### 7. 对审计底稿进行编号

针对不同的审计底稿,应按类别先编制索引号,以便快速查阅、交互引用,主要是防止汇总的工作底稿较多,交叉引用时造成编制困难;是为编写审计报告作好准备,以便于对报告顺序与工作底稿进行核查。此外,应对审计报告内容与要点顺序进行二次编号,以便审计领导审核。

#### 8. 多用表格式附表

一表抵万言,此话不但适用于审计报告,也适用于工作底稿的编写。在实际工作中,对于涉及大量数量、金额、单位、人员等问题,往往用大量语言来说明,或让读者花费大量时间进行总结与归纳。此时用一个二维表格就能起到事半功倍、一目了然的作用。因此,在编写审计工作底稿时,要尽可能地利用表格。

技巧是无穷尽的,作为内审人员,一定要多总结、多归纳,整理出一套适合本公司同时又能适合自己操作的实战技巧,更好、更快地完成审计工作。

## 第八节 审计报告大纲编写技巧

在撰写正式审计报告之前,往往需要编写报告大纲。因此,常规情况下,在书写审计报告前均建议先行编写报告大纲。报告提纲是写好审计报告的关键,是审计报告的主心骨。既然报告大纲这么重要,那么如何才能写好这个审计报告大纲呢?其中是否有技巧?以下是根据实际工作中总结的一些编写技巧。

#### 1. 确立报告主题,以结论为起点

审计师在编写审计报告之前,首先要在大脑中形成一个主题,确立所撰写的报告主要内容是什么、主要反映什么事情、审计结论是什么。以结论为起点的书写顺序,可让读者对审计报告一目了然。

### 2. 重要优先原则，依次编排顺序

根据审计发现，分析结果后再确定问题的重要顺序。一般情况下，金额比流程重要，系统比手工重要，高层比低层重要，常规比特例重要。按照重要优先原则，依次对审计发现进行阐述。如果在重要性相同，则按工作流程或系统运行顺序进行排列。

### 3. 同类合并原则，分点分层论述

编写审计报告大纲时，如果有同类、同系统、同业务、同流程、同项目的审计发现，应按一定原则进行编写，并分层次分小点进行论述。否则，整篇审计报告会非常杂乱无章，让读者毫无头绪。

### 4. 阐述高层意见，提出整改建议

对于企业运营中出现的问题，一般高层都有一定的了解或关注。在实际的内部审计中，内审人员一定要着重关注高层或管理层关注的存在的问题，并进行查证落实，提出内审意见。如有问题，则应提出合理化建议。

### 5. 精简证据资料，删除多余信息

审计证据与审计资料是审计结果的依据，但由于内审人员不同、人员素质参差不齐，在实际审计过程中不免产生证据重复、信息资料多余的情况。在编写时要注意对审计证据进行精简，对多余、重复的信息进行删除。

### 6. 分析问题原因，列举损失影响

对于审计发现，要按照审计发现的书写原则，比对公司规定的标准与依据，寻找差异，计算并分析差异产生的影响。其中，要重点分析损失的金额及产生的严重后果，追踪其产生的根源，确定产生不符事项或事实的最根本的原因，并做好解决问题及提出建议的准备。

### 7. 强调解决方案，措施效益可行

内部审计的目标就是为企业服务，通过确认经营存在的问题，分析产生的原因、提出改进的建议与措施，并关注整改方案的执行与实施情况，进一步评估解决方案是否可行、是否经济地执行、是否起到事

半功倍的效果。

## 第九节 审计报告编写技巧

一篇好的审计报告，读了犹如夏天里吃了冰棍，让人非常舒服。但是要写好一篇审计报告不容易，它关系到审计环境及写作的方方面面。但是不管怎么样，在书写审计报告的过程中，仍然会有一定的写作技巧。写作技巧是报告撰写者学习与总结的沉积，极大地帮助审计人员快速完满地编写审计报告。一般情况下，书写审计报告大纲后，可根据整理好的工作底稿，直接录入报告大纲，撰写审计报告。实际工作中常用的具体编写技巧有以下几点。

**1. 设立报告框架，按内容、逻辑和流程顺序列出审计报告写作提纲**

这个步骤如果在报告大纲里整理得很好，则不必过多关注。有些内审单位或机构没有做好审计报告编写大纲，则应按逻辑或流程先设立报告框架，决定报告顺序，分类书写审计内容。

**2. 简洁、通俗易懂地阐述报告内容**

曾经有个网友提到，他的一个普通的审计报告页码达到 60 多页。我们姑且不论报告内容怎样，试想，这么长的报告，哪个公司领导有时间看？又有哪个领导有耐心看完整篇报告？所以，一般情况下，应尽可能使用通俗易懂的文字来阐述报告内容，即让一个外行的人员也能读懂并理解审计报告内容。

**3. 对有迷惑的问题，应重新核实并重写报告，直至弄清楚为止**

审计人员对有迷惑的问题，应重新审核工作底稿，确定审计发现是否确凿、依据是否充分、过程是否清晰，并重新进行撰写报告，直至搞清关系、编写清楚为止。如有其他原因或条件无法核实相关的证据，宁可删减相关内容，也不能让无法确定的事项书写于审计报告之中。

**4. 分析报告阅读对象,确立报告写作风格**

审计报告的写作风格应根据审计报告的对象不同而有所差异。如果报告对象是内审方面的专家,则可以按专业术语的书写格式来撰写报告;如果报告对象是外国人,则可以按外国语种进行报告;如果报告对象为年纪较大的领导人员,则可以大一号的文字来书写审计报告。

**5. 总结一套文本写作手册,经常阅读并增补相关内容**

任何一个内审机构都要有一套业务执行文本,包括审计章程、审计制度、审计程序、执行细则、文本表格等,以指导、监督、核查内审人员的工作,不断完善内审制度。作为反映审计结果的审计报告,内审机构更应该予以重视。机构内应有一定的人员专门收集与整理一套适用文本,不断总结与更新,并增补相关的实务内容。

**6. 尽量早上撰写报告,因为早上是头脑最清醒的时期**

一般来说,人在早上精神状态特别好,头脑清醒、思维活跃,是撰写审计报告的绝佳时间。

**7. 编辑报告时,每个内容、证据、句子、词语必须推敲三遍以上**

由于审计报告十分重要,因此必须反复推敲。应十分注意写作文体、语法、用词、标点是否正确与适当。用语是否适当、是否存在更精准的措辞、是否需优化表述方式,这些问题在审计报告(尤其是涉及敏感事项的报告)中尤为重要。

**8. 提炼报告小标题,反映每个项目主题**

结论在前、事实在后,这是编制内部审计报告的基本结构规范。对于报告中的段落分布与标题罗列,也存在一定的写作习惯。一般而言,每一个审计事项或审计发现,书写报告时均需提炼一个主题,即书写一个小标题,让读者一目了然,达到看标题知段意之目的。小标题的写法应精简、简短而不冗长。如小标题可以写成:"选择供应商超出合格供应商名单",也可以是"实际使用材料的标准超过公司规定的标准",还可以是"现行操作规程与制定的工作流程不相符"等。

**9. 相信你的判断，根据审计结果反馈经营事实**

内部审计一定要反映经营实况，如同会计要反映利润一样，否则，它将失去意义。内审人员经过严格筛选、精心分析，应该确认审计结论，并对企业经营情况给予自信的判断。

**10. 归类审计发现，共提审计建议**

将同类审计结果合并在一起，能有效地对审计报告进行总结，从而提出管理建议，加强企业内部管理。

**11. 一事一议，一个审计事项只反映一个情况**

根据内部审计发现，可在报告中说明事情的现状、与标准不符的事实、产生的后果与严重程度，分析其产生的不良效果与效益，及如何提出合理化的经营管理建议。

**12. 报告必须审核三遍以上，谨慎、谨慎、再谨慎**

任何一次写成一篇十分完善的内审报告的奢望都是白日做梦。内部审计报告的精准度与严谨性是不可忽略的，在书写审计报告时，应以十分的谨慎对报告进行反复修改。只有不断总结与练习、坚持高标准高要求，才能写出高水平的审计报告。

## 第十节　审计资源整合技巧

审计资源整合是科学化、系统化的处理方法，能使有效的审计资料得到合理、充分地发挥，能加强审计质量控制、减少审计环节、节省审计时间、降低审计成本，快速达到审计整体目标。

**1. 整合审计人力资源**

企业管理就是对人的管与理，内审管理工作也是这样，主要是加强对人的管理，旨在以最少的资源取得最大的成绩。

首先，在审计内部，应针对每位审计人员的专业、特长与经验素质，根据审计工作任务的重要性与难易程度，给相应的审计人员分配不同的审计任务。如给财务专业的内审人员分配财务方面的审计任务,给工程专业的内审人员分配建设方面的审计任务,给经营管理专业的内审人员分配经营管理方面的审计任务。

其次,如果有可能,在条件允许的情况下还要安排新老审计人员相互配合,以进一步整合审计内部资源,达到最佳效果。

最后,对于内审人员不熟悉或不知悉的业务或流程,可以要求相关的人员(经办人、主管人)给予支持与配合,以最快的方式取得审计所需要的资料与证据。

注意:应考虑审计人员的独立性和审计回避方面的问题。

**2. 整合以前审计资料**

以前年度的审计资料包括以前年度所取得的审计成果,主要包括三年内的审计方案、审计报告、审计工作底稿、审计证据档案、当时的文件与政策文本等。通过对以前年度的内审资料的查阅,可以了解与发现总结审计单位的具体情况及基础内容,有利于丰富审计方案和关注重点,发现新的审计线索和审计重点,减少盲目工作内容,使审计切入点和执行点更精准。

通过查阅以前的审计发现,内审人员可掌握被审单位的重要控制缺陷、重大问题和关注的重点,并对其产生的背景和原因进行分析,从而使内审人员确定在新的审计项目中需要关注之处,这样可以极大地减少审计的重复工作,提高审计效率。

**3. 整合外部审计资料**

"他山之石,可以攻玉。"只要对内部审计有利的资料,都应该加以整合,为我所用。外部审计资料包括外部审计资料、外部专家的利用等。内部审计所涉及的业务既包括会计、管理、工程、预算,也包括经营活动、投资决策、工艺技术、信息技术、金融业务等,内审机构不能也不可能将所有人员全部包括在内,也不可能招聘到复合型人才。因此,人力资源不完整为审计外包、利用外部人员与资源提供了基础。

根据IIA的建议,内部审计部门应用外部服务(审计外包)提供者情况包括以下 9 种。

（1）所开展的审计业务需要信息技术、统计学、税收、语言翻译等专门技能和知识，或者需要实现审计工作方案所确定的目标。

（2）对土地、建筑物、艺术品、宝石、投资和复杂的金融工具进行资产评估。

（3）确定矿藏和原油储存等资产的数量或实际情况。

（4）衡量根据正在履行的合同而完成的和即将完成的工作（工程计量类）。

（5）开展舞弊和安全调查（信息系统审计师）。

（6）通过应用精算确定雇员福利欠款等专门方式来确定有关金额。

（7）解释法律、技术和管理要求（法律顾问）。

（8）根据《内部审计专业实务标准》第 1 300 条评估内部审计部门的质量改善项目。

（9）遇到了兼并和收购的情况。

审计人员应特别对企业管理非常有用的管理咨询报告、税务咨询报告、法律事务报告等给予重点关注。

**4. 整合外聘人员**

根据内部审计实务标准要求，首席审计执行官（CAE）应该与提供相关保证和咨询服务的其他内部或外部服务提供者分享信息、协调活动，以保证合适的工作范围并最大限度地减少重复工作。

在具体的实务工作中，外聘人员应作为内审机构的组成部分，接受内部审计机构的管理与协调。审计结果为内审机构所有，可以理解为一句话，即外聘人员是内审机构的临时员工，业务与成果归内审机构所有。

在工作中，内审人员会同专家人员工作时，要注意保持沟通，交流学习工作经验，讨论管理薄弱环节，明确审计工作措施，共同探讨工作程序和工作方法中的缺陷。

## 第十一节 审计效率提高技巧

由于集团公司业务及规模不断扩大,审计业务不断增加,如何提高内部审计效率、减少审计时间,从而更好更多地为企业服务,是审计经理(主管)需要考虑的一个不可或缺的问题。从审计的整个流程分析,结合审计实际工作中出现的问题,本书总结以下几个提高审计效率的方法。

**1. 设计并实行内部审计执行清单**

任何工作与项目的实施,如果离开执行明细与计划清单,都可以认为是存在缺陷的。内部审计工作为了更好地完成审计任务,满足审计需要,防止实施审计时出现漏洞,应由主管人员或项目组长或项目经理设计、编制内部审计执行清单,严格按照计划清单进行工作。这样做能严格工作流程、规范员工工作、防止出现错漏。以下是整理的审计执行清单样本。

【例7-3】 内部审计业务执行清单

为了便于开展审计业务,规范审计工作步骤,预防在执行审计业务时有所遗漏,特按相关工作程序,总结出审计业务执行清单表格,以规范、监督审计工作。以下清单内容结合外勤业务与审计业务,从审计过程的十个方面进行列示,审计员执行业务时在括号注明情况或打钩。

许多集团企业采用以下模式,结合审计部实施业务,制定出适合自己的审计操作宝典,非常实用。

一、相关部门、人员及联系电话

1. 汇报(上级领导)电话(　　)

2. 被审单位涉及的部门电话(　　)

3. 被审单位涉及的人员电话(　　)

二、订票、宾馆联系电话及有关线路图

1. 审计往返订票电话(　　)

2. 当地宾馆联系电话(　　)

3. 当地地图(　　)

三、收集被审计单位

1. 规章制度(　　)

2. 目标程序(　　)

3. 各项决议(　　)

4. 工作流程图(　　)

5. 上次审计报告(　　)

四、制订审计方案

1. 起草审计方案(　　)

2. 复核审计方案(　　)

3. 呈送审批方案(　　)

五、执行审计业务

1. 派车或订票、订宾馆(　　)

2. 召开被审计单位的进场会议(　　)

3. 实施审计内容与步骤每日监督

(1) 总结进度及审计发现(　　)

(2) 总结进度及审计发现(　　)

(3) 总结进度及审计发现(　　)

(4) 总结进度及审计发现(　　)

(5) 总结进度及审计发现(　　)

4. 内审人员草拟工作底稿(　　)

5. 项目负责人、督导复核(　　)

6. 召开审计沟通会议(　　)

7. 派车或订票回总部(　　)

六、撰写审计报告

1. 条理分明、归纳完整(　　)

2. 提炼标题、简单精确(　　)

3. 章法自然、语句通顺（    ）

4. 标点正确、符号恰当（    ）

5. 论点分清、论据齐全（    ）

6. 证据有效、结论确凿（    ）

7. 建议合理、措施可行（    ）

8. 字体区分、一目了然（    ）

七、征求意见书

1. 规定意见反馈时间（    ）

2. 收集整改意见（    ）

3. 写入审计报告（    ）

八、向上汇报审计结果

1. 问题较多要汇总报告（    ）

2. 汇报、抄送要齐全（    ）

3. 呈送报告要签收（    ）

九、后续跟踪审计安排

1. 跟踪审计的时间（    ）

2. 安排审计人员名单（    ）

十、整理报告归档

1. 整理底稿资料及相关附件（    ）

2. 编排归档目录表，归档主要原则及顺序

(1) 批复在前请示在后（    ）

(2) 批示在前报告在后（    ）

(3) 重要文件在前次要文件在后（    ）

(4) 汇总性文件在前原始性文件在后（    ）

(5) 证件在前附件在后（    ）

(6) 定稿在前修改在后（    ）

3. 装订并归档存放

(1) 注明存档时限（    ）

(2) 经办人签字盖章(    )

(3) 分类按时分档存放(    )

**2. 审计模式、表格与流程标准化**

审计规范化、制度化、流程化是内部审计发展的方向,也是内部自律与考核的需要。内审机构应规范审计模式,规范审计表格,严格执行审计流程,使内审在规范中提高效率,同时也便于审计业务的监督、实施、审核与汇总,提高内审业务过程的统一性与便捷性。

**3. 实行分析性复核**

内审工作是一件极具挑战性的工作,要从浩如烟海的资料中及时、准确、快速地找到有价值的审计证据,的确是一件困难的事情。为了让所有的资料得到合理的体现,方便快捷地寻找审计证,内审人员须严谨地分析现有资料,不断在工作中总结内部审计方法,以便最有效地披露异常、发现问题。在审计方法中,分析性复核是一个最常用的很好的审计方法,通常使用的领域有利息收入、折旧、工资、预付费用、应收应付款项等。

**4. 任务分工明确**

内部审计机构要想快速完成任务,须综合考虑各种因素,其中一条就是合理使用审计人力资源,了解各审计人员的能力及综合素质、工作方式及风格,合理地分配审计任务。此外,还要注意审计人员之间不能存在交叉(重复)审计事项,以免浪费审计时间,延误审计计划完成,而这点在审前准备阶段即可研究确定。

**5. 使用先进设备**

内审人员在实施审计的过程中,要彻底、充分地运用科技设备,提高审计效益。在实际工作中,内审人员要充分利用U盘、网络打印机、录音笔、扫描笔等工具,提高内审工作效率。

**6. 工作底稿附注相关备忘录**

工作底稿是重要的审计资料,应确保其准确性与便捷性。审计人员应及时跟进与追踪相关问题，做好相应的附注或备忘录，整理归纳打印，以便工作底稿使用者能快速有效地查到相关资料。

**7. 减少数据附件查找与复印时间**

在实施内部审计的过程中，除非是扩大审计范围，否则其他审计事项多为发现审计，也就是说能说明存在问题或者说明问题的严重性即可，对同一类问题不必过多地查找更多的证据。发现问题有足够证据说服与证明即可，不必再加以追究。对于内审而言，只要有问题，该组织单位就必须作出解释，实施内部整改。

**8. 多用系统软件**

在实际工作中，内审人员要充分利用各种软件，如审计软件、财务软件、进销存软件或 ERP 系统等，从而为管理层的监督与管理决策提供工具。

**9. 多问多想多咨询**

内审之父索耶曾经说过，要想做好内审工作，一是有专业的技术能力，二是要有良好的沟通能力。做好内审工作，的确不是一件容易的事情。在实际工作中，由于各种原因，企业的管理政策、流程、法规、规定、实际操作都有可能改变，审计人员不可能了解所有业务或政策，这时，审计人员应多问多思、多请教、多咨询。

**10. 加强内审工作沟通与总结**

有总结才有提高。由此，应及时召开内审沟通会，及时总结工作出现的问题、解决的方法、得到的经验等。只有不断总结与深入分析，才能归纳汇总审计存在的问题，查找高效的审计方法。

## 第十二节　审计质量控制技巧

管理就是监督与控制。不论是在集团公司的管理上，还是在内部审计管理部门的日常工作中，都必然要对常规工作进行控制与监督管理。在实施内部审计业务时,对审计业务质量进行控制,是完成审计目标、防范和控制审计风险的有效途径,也是提高审计效率的重要保证。因此,有必要对审计实施过程进行全程监督与管理,在控制好每一个审计项目质量的过程中,重点掌控审计过程的关键点。以下是掌握审计重点的10点技巧。

(1)审计负责人要做好表率。古人云:"其身不正,虽令不从",项目负责人在掌握时间进度、监督组员的工作进程等方面,要树立起严慎、进取、积极的态度,处处严于律己,做好表率作用,以更好地领导组员做好审计项目。

(2)审计方案要详尽。审计方案中的审计程序一定要详细、考虑周全,每个审计程序必须与对应的目标相符,且具有操作性,以便于审计人员在操作时能快速查找相关资料。

(3)审计工作要量化。在审计项目进驻前,各组员要列出工作内容清单或表格,包括抽查核对的数量、询问了解的相关人员及主要内容等。做好进驻前的充分准备,也有利于项目负责人对审计内容及进度进行审核及监督。

(4)审计过程要检查。此为全程审计项目监控中的重点,审计实施是否到位是检验一个审计项目质量的重要标尺。在现场实施审计时,主要检查是否按审计程序进行了必要程序,如盘点、核对等;是否从被审单位总体上分析,收集信息是否齐全;取证是否充分与严谨,是否签字盖章完备。特别是对确定为问题的审计证据更要如此。审计认定的事实在审计证据上一定要表述清楚,该复印的证据一定要复印,而且所有审计证据都必须要求被审计单位签字盖章,防止在审计报告征求意见时,与被审单位有意见分歧。

(5)事件描述要全面。对于发现事项的描述,一定要明了清楚。特别对于确定为不合规的事件,审计报告中用来证明审计定性的事实描述一定要清楚,对时间、背景、经过等来龙去脉一定要交代清楚,该说的话一定要说到位。要紧紧围绕定性的标题展开叙述,用清楚的事实来佐证定性。只有这样,被审计单位才能认可审计报告,对被审计单位的处理处罚才能实事求是、客观公正。

(6) 引用依据要精准。对审计报告中反映的问题,定性一定要准确。其中一条重要原则就是要严格按法律、法规来定性,所引用的法律、法规必须起到证明定性的作用。在审计中发现的问题,应经过分析后确定问题的性质,对于违反有关法律法规、公司制度等情况,一定要标出引用的依据,并精准到章节及条款,以增加报告的说服力。

(7) 事件评价要恰当。审计报告中的审计评价一定要恰当。要做到这一点,关键得把握两点要求:一要评得准。首先,审计评价中评价的事项一定是审计过的事项,未审计的事项不能去评价,超出审计范围的事项更不能去评价。审计评价必须与审计报告中反映的问题和情况结合起来,如果评价审计报告中未提及的问题,在取证材料中一定要有相关证明材料。其次,审计评价中的用词一定要准确,要仔细推敲。二要评得稳。审计评价一定要稳妥,如果要用被审计对象的材料,一定要经过核实,做好取舍工作,未经核实或经核实有出入的数字,在审计评价中千万不要反映。

(8) 措施建议要可行。对于在审计中发现的问题,内审人员一般都要对事件的经过、发展、原因了解清楚。经过充分的分析比较后,应为完善公司管理制度提出建议,建议要有详细步骤及流程,主要考虑成本可操作性。

(9) 复核制度要严谨。审计复核是提高审计质量、减少审计风险的关键。首先,审计组组长对审计工作底稿要进行复核。如果审计工作底稿及所附审计证据存在问题,审计组组长应当责成审计人员及时纠正。其次,要严格履行审计报告三级复核制度。对审计程序是否合规,审计定性是否准确,事实表述是否清楚,定性和处理处罚适用的法律、法规是否正确、审计评价是否恰当等内容的复核一定要到位,如存在问题一定要及时纠正。

(10) 报告收发要规范。对审计报告的起草、签发、打印、签章及分发使用作出具体规定,保证审计报告按规定的程序、格式对外出具,避免出现纰漏。审计档案是审计部门审计工作的重要历史资料,是审计部门的宝贵财富,应当妥善管理和保管,同时还可以充分利用这一宝贵资源为今后的审计业务服务。

## 本章精粹

(1) 事情的发生必有过程,有过程必有轨迹,有轨迹必有破绽。

(2) 访谈提问的能力与验证、比较及评价的能力同样重要。

(3) 审计线索查找路径总图。

(4) 查找审计线索常用的六种方法:①内部控制分析法;②异常分析法;③重点审查法;④回收站查找法;⑤举报调查法;⑥现场三多法。

(5) 访谈提问的12个技巧。

(6) 现金盘点的8个技巧。

(7) 审计证据分析的8个技巧。

(8) 确定审计重点的7个技巧。

(9) 编写审计程序15个核心词的用法与解释。

(10) 编写工作底稿8个技巧。

(11) 编写审计报告大纲7个技巧。

(12) 编写审计报告12个技巧。

(13) 审计资源整合的4个技巧。

(14) 提高审计效率的10个技巧。

(15) 控制审计质量的10个技巧。

# 附录 1　集团公司内部审计管理流程及操作细则

## 集团公司内部审计管理流程

| 项目 | 被审单位（总部/分公司） | 内审系统 | 总裁办（行政部） | 总裁/董事会 |
|---|---|---|---|---|
| 制订工作计划 | 接到审计通知，作好相关准备 | ① 制订审计计划 | ③ 下发审计通知 | ② 权限领导审批 |
| 实施审计计划 | ④ 配合审计工作<br>参与审计讨论确认初步结果 | ⑤ 按方案实施审计<br>⑥ 收集资料，记录检查过程<br>现场讨论/处理 | | |
| 提交审计报告 | ⑧ 提交反馈意见，整改计划 | 分析总结，编制审计报告<br>⑨ 汇总改进意见或建议，跟踪改进结果，编制最终报告<br>归类审计档案 | | ⑦ 审批<br>跟踪整改报告 |

390

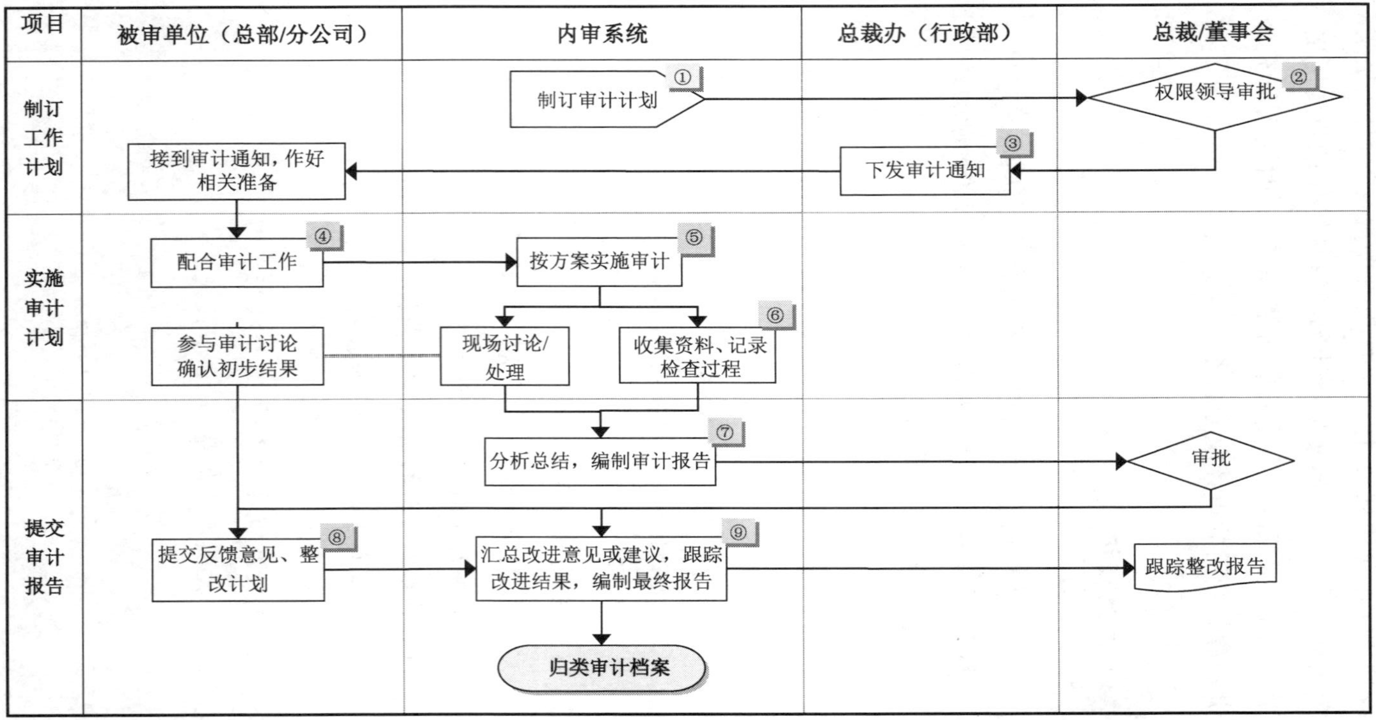

## 集团公司内部审计操作细则

| 项目 | 控制点 | 任务名称 | 工作程序及重点 | 文件或表单 |
|---|---|---|---|---|
| 制订内审计划 | ① | 确认风险制订计划 | 内审部经理组织内审人员找出公司运营过程中存在问题、需要改进和完善的环节进行风险分析,并制订出下一年度工作计划或项目审计方案,包括检查的项目、内容和每个项目检查所需要的时间、人员等。内审部经理对工作计划要进行初步审核,对计划的可行性负责 | 《年度审计计划》《项目审计方案》 |
| | ② | 审批计划权限充分 | 审计工作计划或审计方案呈送权限领导(董事会、总裁、总经理或财务总监)审批,未获上级主管领导批准的,则重新修改,直到获批实施 | 呈送批文及《年度审计计划》 |
| | ③ | 下发通知区分对待 | (1) 内审部根据工作计划向主管领导作实施计划请示,经主管领导批准后,交总裁办行文下发审计通知书<br>(2) 公司高层领导(总经理、总裁、董事会)指示对某个项目要专项检查的,内审部送达(舞弊专项)或将批文转交总经办下发审计通知,请被审单位给予协助与配合 | 经权限领导审批的《审计通知书》 |
| | ④ | 全面配合业审一体 | 被检查单位要认真执行内审工作制度,积极协助和配合审计检查,提供相关材料,材料务必真实、全面,不可缺少或有隐瞒,要随时回答审计人员的疑问,做好后勤服务 | 行政配合与业务协助 |
| 实施审计计划 | ⑤ | 实施审计按需执行 | 内审人员审计时查阅本公司有关规章制度、业务处理程序等文件资料,向有关人员了解、询问,比较实际业务活动的运行是否与相关的内部控制相符合,内部控制措施是否得到贯彻执行 | 访谈表、穿行测试记录表 |
| | ⑥ | 收集资料固化证据 | (1) 内审人员对存在风险和违反操作规程的现象,进行调查取证,复印有关文件、资料、凭证<br>(2) 列出审计中发现的不符合项,详细说明不合理项目或错误数据,由被审部门负责人签字确认,并当场分析、讨论如何避免和防范<br>(3) 如涉及舞弊事项则需专项汇报权限领导 | 原始材料(复印件、拍照或录音),工作摘录表 |
| 提交审计报告 | ⑦ | 分析总结编制报告 | (1) 内审人员对审计结果进行分析、总结,然后根据收集到的资料编写检查报告,内容包括:详细说明违反规章制度或工作流程的事项、原因和责任人;分析违反程序可能产生的风险;提出改进建议<br>(2) 审计报告经内审经理审核后报权限领导审批,必要时报董事会批阅<br>(3) 内审部将审计报告连同高层领导的批示转发给被审单位厂长或总经理,并要求在一定期限内将反馈意见和改进建议交给内审部 | 工作底稿,审计报告及相关附件 |

(续表)

| 项目 | 控制点 | 任务名称 | 工作程序及重点 | 文件或表单 |
|---|---|---|---|---|
| 提交审计报告 | ⑧ | 反馈意见落实整改 | (1) 被审单位在规定的期限内将反馈意见和改进建议送交内审部<br>(2) 被审单位采取措施改进工作 | 反馈意见表,改进措施方案 |
| | ⑨ | 汇报领导跟踪落实 | (1) 内审部收集、整理被审单位的反馈意见和改进建议,将审计报告和被审单位的反馈意见一起呈送给被审单位上级主管领导和高层领导<br>(2) 内审部将对审计报告列出的不符合项进行定期或不定期跟踪检查,并将检查结果反馈给主管领导 | 检查报告和被审单位的反馈意见 |

# 附录2　集团公司年度内部审计计划表

20××年

| 序号 | 审计项目 | 时间安排(月) | | | | | | | | | | | |
|---|---|---|---|---|---|---|---|---|---|---|---|---|---|
| | | 1 | 2 | 3 | 4 | 5 | 6 | 7 | 8 | 9 | 10 | 11 | 12 |
| s01 | 财会业务审计 | ■ | | | | | | | | | | | |
| s02 | 工程业务审计 | | ■ | | | | | | | | | | |
| s03 | 采购业务审计 | | | ■ | | | | | | | | | |
| s04 | 销售业务审计 | | | | ■ | | | | | | | | |
| s05 | 生产业务审计 | | | | | ■ | | | | | | | |
| s06 | IT业务审计 | | | | | | ■ | | | | | | |
| s07 | 人力资源业务审计 | | | | | | | ■ | | | | | |
| s08 | 物流业务审计 | | | | | | | | ■ | | | | |
| s09 | 固定资产业务审计 | | | | | | | | | ■ | | | |
| s10 | 专项业务审计 | | | | | | | | | | ■ | | |
| | 其他业务(培训、休假) | | | | | | | | | | | ■ | |
| | 节假日放假 | | | | | | | | | | | | ■ |
| | | | | | | | | | | | | | |

# 附录3  内部审计各级岗位职责表

| 审计阶段 | 审计总监或审计负责人 | 审计经理 | 项目经理或小组负责人 | 审计人员 |
|---|---|---|---|---|
| 审计计划阶段 | 1. 与经理讨论确定审计目标和范围<br>2. 审批审计计划<br>3. 签发项目组工作授权和项目编号<br>4. 审批时间控制预算和费用预算<br>5. 如需要，参加审计小组准备会议<br>6. 如需要，主持首次会议<br>7. 审批具体审计方案<br>8. 批准审计计划完成 | 1. 与项目经理讨论审计目标和范围<br>2. 审核审计计划<br>3. 审批时间控制预算和费用预算<br>4. 指派审计小组负责人<br>5. 主持审计小组准备会议，确定审计程序和方法<br>6. 主持与被审计单位的首次会议<br>7. 就被审计单位经营情况、工作流程进行初步评估<br>8. 确定审计报告格式<br>9. 制定具体审计方案 | 1. 参加审计目标和范围的讨论<br>2. 协助经理制定审计计划<br>3. 与经理一起选定审计小组成员，制定时间控制预算及费用预算<br>4. 参加审计小组准备会议，讨论初审审计方法和程序<br>5. 协调组织与被审计单位的首次会议<br>6. 收集资料，了解被审计单位经营情况、工作流程、控制环节，完成初步审阅<br>7. 向经理汇报内部控制初步评价结果<br>8. 建立审计底稿索引和审计结果汇总表<br>9. 起草审计报告格式<br>10. 协助经理制定具体审计方案 | 1. 参加审计小组相关会议<br>2. 参加被审计单位资料收集工作<br>3. 讨论审计方法和程序<br>4. 参加审计首次会议<br>5. 根据工作分工执行内部控制初步评估 |

(续表)

| 审计阶段 | 审计总监或审计负责人 | 审计经理 | 项目经理或小组负责人 | 审计人员 |
|---|---|---|---|---|
| 审计实施阶段 | 1. 批准更改的审计计划<br>2. 复核审计结果汇总<br>3. 就重大审计发现给予指导和关注<br>4. 如需要,参加与被审计单位的审计结果沟通会议 | 1. 对审计过程进行监督,确保审计质量<br>2. 复核审计工作底稿和审计结果汇总<br>3. 与审计小组负责人讨论审计发现<br>4. 主持与被审计单位的审计结果沟通会议 | 1. 根据项目分工完成审计程序<br>2. 复核审计工作底稿<br>3. 与项目经理就审计发现进行沟通<br>4. 修改审计计划<br>5. 汇总审计结果汇总表<br>6. 协调、参加与被审计单位的审计结果沟通会议 | 1. 实施执行审计程序<br>2. 汇报审计结果 |
| 审计报告阶段 | 1. 审核审计报告,汇报审委会<br>2. 参加审计结束会议<br>3. 签发审计报告<br>4. 确定后续审计的必要性<br>5. 如需要,参加审计小组总结会议<br>6. 批准审计项目完成 | 1. 审核审计报告<br>2. 与管理层就审计发现进行沟通和跟进<br>3. 修订审计报告<br>4. 致送审计报告<br>5. 与项目总负责人讨论后续审计的必要性<br>6. 评价审计小组成员项目业绩表现<br>7. 组织审计小组总结会议 | 1. 组织项目组会议,商讨审计发现和审计建议<br>2. 拟定审计报告初稿<br>3. 与管理层就审计发现进行沟通和跟进<br>4. 修改审计报告并上报<br>5. 工作底稿存档<br>6. 完成项目业绩评价,评价小组成员表现<br>7. 参加审计小组总结会议 | 1. 补充完善工作底稿<br>2. 参加项目组会议<br>3. 拟定、修改部分审计报告初稿<br>4. 完成项目业绩评价<br>5. 参加审计小组总结会议 |
| 后续审计阶段 | 1. 讨论并决定后续审计计划<br>2. 复核后续审计结果汇总<br>3. 复核并签发后续审计报告,汇报审计结果 | 1. 制定后续审计计划<br>2. 复核后续审计工作底稿和审计结果汇总<br>3. 起草后续审计报告 | 1. 拟定后续审计计划<br>2. 复核后续审计工作底稿和审计结果汇总<br>3. 起草后续审计报告 | 1. 实施后续审计程序<br>2. 汇报审计结果 |

# 附录4　集团公司内部审计章程

## 第一章　总　则

**第一条**　为了加强集团公司及所属子公司的管理和监督,维护集团公司合法权益,保障公司经营活动稳定、健康发展,维护财经法纪,改善经营管理,提高经济效益,根据国家有关内部审计工作的规定和集团公司的实际情况,制定本制度。

**第二条**　集团公司本部及所属子公司依照本规定接受审计监督。

## 第二章　机构设置及职责

**第三条**　集团公司内部审计工作,在总裁的直接领导下,对集团公司本部及子公司的预(决)算、财务收支和经济效益等进行监督,独立行使审计职权,对总裁负责并报告工作,并接受上级审计部门的指导监督。

**第四条**　集团公司内部审计常设机构在审计部,代表集团实行审计监督。其职责主要有以下几点。

1. 按照有关法律、法规和集团公司的要求,起草内部审计法规制度等。
2. 制定年度和季度审计实施计划。
3. 负责组织实施内部审计监督,并向总裁报告审计结果。
4. 完成总裁交办的其他审计事项。

## 第三章　审计范围和权限

**第五条**　审计部对集团公司及所属子公司的下列事项进行审计。

1. 对预(决)算,财务收支计划进行监督审计。
2. 对会计报表进行审计。
3. 对内部控制制度的健全、有效及执行情况进行监督检查。
4. 对经济合同的执行及经济效益进行审计监督。
5. 对基建工程的概(预)算的执行,建设成本的真实性进行审计。
6. 对主要领导人的经济责任进行审计。
7. 对严重违反公司制度,侵占公司资产,严重损失浪费等损害公司利益的行为进行专案审计。
8. 贯彻执行审计法规,制定或参与研究本公司及所属公司有关的规章制度。
9. 其他审计事项。

**第六条**　审计部的主要权限如下。

1. 根据内部审计工作的需要,要求有关单位、部门按时报送计划、预算、决算、报表等有关文件、资料等。
2. 审核凭证、账表、决算,检查资金和财产,查阅有关文件和资料。
3. 参加有关会议。
4. 对审计所涉及的有关事项进行调查,并读取有关文件资料等证明材料。
5. 对正在进行的严重违反财纪法规,将会造成损失或浪费的行为,经总裁同意,作出临时制止决定。
6. 对阻挠、妨碍审计工作及拒绝提供有关资料的情况,报总裁批准,可以采取必要的临时措施,并提出追究有关人员责任的建议。
7. 提出改进管理,提高效益的建议和纠正、处理违反财经法规的行为的意见。
8. 对严重违反财经法规和造成严重损失或浪费的直接责任人员,

可建议总裁给予行政处分并予以通报。情节严重的可建议移送司法机关依法追究刑事责任。

9. 监督被审计单位严格执行审计决定。

## 第四章 内部审计的内容

**第七条** 内部审计的内容主要包括以下几个方面。

1. 会计报表的审计。审核报表相关数据的合理性和真实性,对有关数据进行询问、调查,以了解和评价各单位的基本情况。

2. 财务制度审计。根据国家的财务法规和公司的财务制度审核分公司部门的执行情况,并提出完善财务制度建议。

3. 生产经营审计。审核各单位的物资、财产的流动、使用、管理控制制度是否健全,有无失控或管理不到位的环节。审计和评价生产经营业务流程设置是否合理、运作是否有效,并对此提出改进建议。

4. 特殊项目的审计。根据某些特定要求,进行某些特定项目的审计,包括工程预决算审计、离任(岗)审计及其他重要经营活动的审计。在实际审计工作中将根据不同分公司和不同的时间进行不同侧重点的审计。

## 第五章 审计程序

**第八条** 审计部在年初根据公司的具体情况,确定年度审计工作计划,报总裁批准后实施。

**第九条** 在实施审计计划时应拟订审计方案、审计范围、内容、方式和时间,并通知被审计单位,要求提供必要的工作条件。

**第十条** 审计人员进驻审计时,检查被审计单位的会计凭证、账簿、报表、业务档案以及其他有关的资料和资产,被审计单位必须如实提供,不得拒绝。

**第十一条** 审计人员进驻审计时,在正常的工作时间内可以根据需要就审计事项的问题向有关单位、个人进行调查及取证(如函证、外调),有关单位和个人应当支持和协助,如实向审计人员反映情况,提供有关证明材料。

**第十二条** 在审计中必须做好审计工作底稿,记录审计过程。各种旁证材料齐全。做好调查记录并应有相关人员的签名盖章。

**第十三条** 审计人员发现的问题,可随时向有关单位和人员提出改进建议。如有争议,应如实反映给总裁,必须依法有据,实事求是地提出解决办法。

**第十四条** 每项审计工作结束最迟不得超过一个星期提出审计报告。审计报告必须事实清楚,数据确实,依法有据、建议恰当。

**第十五条** 审计报告在征求、补充被审计单位意见后,报送总裁审定批示,作出审计结论和处理决定,通知被审计单位执行。

**第十六条** 被审计单位在听取审计部审计报告草稿后有不同意见时,首先对事实和数据是否确切可提出补充意见,经审计部查明后修改或补充。对审计报告的法规依据,处理及建议的内容也可以提出不同的看法,审计部可以采纳或维护报告。

**第十七条** 被审计单位对总裁指示的审计报告必须执行。审计部必须在一定时期内向总裁报告执行结果。

**第十八条** 审计报告后由于情况变化和有新的重要事实查明后,被审计单位应向审计部报告的同时向总裁报告,由总裁决定原审计报告修改或继续执行。

**第十九条** 每个审计报告以及工作底稿附件必须在一个月内整理、装订成册归档备查。

## 第六章 业务程序

**第二十条** 审计业务程序如下。

1. 根据审计部门的工作安排和本公司的具体情况,拟订审计项目计划,报公司经理批准后实施。

2. 实施审计前,书面通知被审计单位。

3. 在审计过程中,首先与被审计单位签订对提供的会计资料真实完整承诺书,审计人员检查被审计单位的会计报表、账簿、凭证等资料,对有关审计事项调查取证,有关单位和人员必须密切配合。

4. 对审计中发现的问题,审计人员应随时向被审计单位及其他有关单位和有关人员提出改进的建议。

5. 审计终结后,审计人员应及时提出审计报告,征求被审计单位的意见,报送公司经理审批。经批准的审计报告和审计处理决定,送达被审计单位,被审计单位必须严格执行。

6. 一定的比例对所进行的审计项目进行追踪审计,检查被审计单位采纳审计意见和执行审计决定的情况。

7. 对审计项目进行延伸审计。

8. 被审计单位对审计报告及处理决定如有异议,应及时向公司经理提出书面说明,由公司经理处理。

## 第七章 作业标准

**第二十一条** 审计作业标准如下。

1. 在编制审计计划前,应了解被审单位以下情况,据以确定可能影响会计报表的重要事项:

(1) 合同、协议、章程、营业执照;

(2) 相关内部控制制度;

(3) 厂房、设备及办公场所;

(4) 财务会计机构及工作组织;

(5) 其他与编制审计计划相关的重要情况。

2. 编制审计计划前,应当查阅以往审计档案,关注以下事项:

(1) 以往的审计计划及审计总结;

(2) 以往的重要审计调整事项;

(3) 以往的管理建议要点;

（4）以往的其他有关重要事项。

3. 在编制审计计划时，应特别考虑以下因素。

（1）审计目的、审计范围；

（2）被审单位的经营规模及其业务复杂程度；

（3）被审计单位以前年度的审计情况；

（4）被审计单位在审计年度内经营环境、内部管理的变化及其对审计的影响；

（5）经济形势及公司政策的变化对被审计单位的影响；

（6）关联者及其交易。

4. 总体审计计划的基本内容如下。

（1）被审计单位基本情况；

（2）审计目的、审计范围及审计策略；

（3）重要会计问题及重点审计领域；

（4）审计小组组成及人员分工；

（5）审计重要性的确定及审计风险的评估。

5. 具体审计计划应当包括各具体审计项目的以下基本内容。

（1）审计目标；

（2）审计程序；

（3）执行人及执行日期；

（4）审计工作底稿的索引号；

（5）其他有关内容。

6. 审计计划由审计小组负责人编制，经主管审核后实施。

7. 审计计划的繁简程度取决于被审计单位的经营规模和预定审计工作的复杂程度。

## 第八章　审计人员

**第二十二条**　内部审计人员应当具备必要的专业知识，熟悉本公司的经营活动和内部控制，并不断通过后续教育来保持和提高专业胜任能力。

**第二十三条** 内审人员应当依法审计，忠于职守，坚持原则，客观公正，廉洁奉公，保守秘密，不得滥用职权，徇私舞弊，泄露秘密，玩忽职守。

**第二十四条** 内审人员依法行使职权受法律保护，任何单位和个人不得打击报复。

**第二十五条** 对审计工作成绩显著的工作人员以及在揭发、检举中的有功人员给予表扬和奖励。

**第二十六条** 审计人员泄露机密，有以权谋私，舞弊行为者应给予行政处分，情节严重而构成犯罪的提请司法机关依法追究其刑事责任。

**第二十七条** 对打击、报复审计人员和检举、揭发的人员，不论其职位高低，在公司内部由总裁根据情节严重情况，给予行政、经济处分，情节特别严重的报有关机关处理直到依法追究法律责任。

**第二十八条** 对审计业务有特殊关系、利益冲突的审计人员，为确保独立、公开、公平性，涉及内审人员应该实行回避制度。

## 第九章 附 则

**第二十九条** 本制度的修订、补充由审计部报总裁批准后执行。本制度由审计部负责解释。

# 附录5　现场监督岗位操作手册

所有企业都涉及产品生产（采购）、"收发存"等业务，现场管理具有不可或缺的作用。关键岗位没有可靠的管理或监督人员，企业可能存在重大风险与漏洞。无数的案例及经验告诉我们：监察精细化，管理出效益。

一、门卫岗位

门卫岗位主要工作职责包括：对本公司所有的产品、物资、车辆、人员等进出进行监督、检查、核对和记录，严格按公司进出厂制度开展门卫现场监督，确保公司的物资产品和资产安全。

**主要工作内容**

1. 对所有进出公司的车辆进行登记和检查。检查出入的车辆手续是否齐全，空车是否运载有公司的财物；特别是运输产品车辆装运手续的完整性及真实性，这两点尤为重要。

2. 对所有进出公司的外来人员及员工进行登记和检查。检查出入人员是否携带有公司的财物。

3. 对公司物资及外单位物资出入，检查手续是否齐全，按照放行条和清单上所记录的品种、数量和进厂时的记录进行核对和检查，确认相符后在放行条上签名盖章放行。

4. 对公司外出维修或外借的物资返厂情况进行检查，并与出厂清单核对，检查物资的完整与正确性。

5. 产品出厂时须核对仓库保管员所开具的《产品调拨单》《放行

条》和司磅员开具的过磅单,查看是否有监督员签名。确认以上单据的数量相符后进行记录,然后给司机确认签名,最后盖章放行。

6. 对承运产品的车辆进厂后,因其他原因未能装车而出厂时必须重新空车过磅核对,前后重量一致或符合相关要求后才能空车放行。

7. 每班正确填写有关记录及汇总,按时提交领导审核登记保存。

8. 其他与物资出进厂监督有关的事项。

## 二、产品岗位

产品岗位主要职责包括:对公司生产的全部产品出入库进行现场监督,确保所生产的产品如实登记入报表;确保公司产品收发存的真实、完整和安全。

**主要工作内容**

1. 对产品交接验收进行监督。由交、接、监督员三方共同核对,确认无误后签字,三方作为交库原始单据保存;当班工作即将结束时,在下班前由监督员、交接双方确认等级、编号、总吨数无误后由成品保管员办理入库手续。每天、每期做好产品产量统计报表与生产(采购)报表核对。

2. 对产成品调拨出库进行监督,司机在成品保管员开具含有数量、等级的《产品调拨单》或《产品出(入)库单》上确认无误后填写车号并签名,监督员签名确认无误后方允许车辆离开成品仓。

3. 对不合格产品数量进行监督,当班生产的不合格品由成品保管员开具一式四联的《不合格品交库验收单》,再由车间、装卸方、仓库方、监督员共同核实签字确认。每天、每期做好不合格品统计核对报表。

4. 对不合格品处理数量进行监督,由车间、装卸方、仓库方、监督员共同确认并在一式四联的《不合格处理领取单》上签名。每天、每期做好不合格品处理数量统计核对报表。

5. 产品车辆过磅数量不符时,必须返回成品仓重新点数,按多还少补的原则,在保证所装车数量和保管员所开具单据的数量、级别一致的前提下,由监督员核对准确无误后签名,重新过磅。

6. 每班正确填写有关记录及汇总;跟踪每天生产的成品,确保与生产报表相符;将生产报表按时提交上级领导审核保存。

7. 其他与成品仓库保管监督有关的事项。

### 三、巡查岗位

巡查岗位主要职责包括:对生产运营现场进行定期不定期的巡逻,及早发现问题,及时作出整改措施。加强企业一线的管理,降低经营风险,防范管理过失。

**主要岗位工作内容**

1. 定期对整个公司全方位进行巡逻,及时了解公司整体的情况,及时汇报发生的事件或变化情况。定期或不定期对生产过程进行巡回检查,包括整体运行情况及公司发生的生产事件或事故。

2. 检查公司生产物料的收存、采购材料的堆放是否按公司规定,是否存在验收不按流程、产品乱堆放、收发不及时等情况;报废或更换的物料是否统一堆放,是否存在以好充次的现象。

3. 监督公司员工生产、操作运行情况,了解员工思想动态。通过观察员工作业过程,确定是否按规范操作,是否认真工作,是否存在离岗、串岗等情况;通过平时交流,了解员工思想动态,工作建议及不合规事项,及时上报主管领导。

4. 通过对设备、生产过程、工作状态等外部表象进行评估,确认公司在比较安全的情况下进行运作。如有异常,应及时汇报权限领导进行整改,防患于未然。

5. 通过对物流、信息流、操作流程进行观察,分析整个过程的合理性,是否有更好更快更省的操作模式,是否可以对现有流程进行调整,操作过程是否存在存患。如有较好的建议,应上报主管领导,通过分析比较后向相关部门进行沟通,以完善公司的相关运作流程,提高公司效率。

6. 通过平时认真细致的观察、缜密的分析比较,如发现异常事件则应及时反馈与汇报。对包括异常人员、设备、车辆、材料、流程等进行汇报,第一时间对不正常业务进行分析汇报,达到快速处理与汇报的目的。

# 附录6　企业风险点及审计证据来源速查手册

企业风险千千万,审计证据万万千。

审计证据决定审计成果,成果决定业绩,业绩决定地位,位置决定效益。所以对于审计而言,发现风险、确认风险固然重要,但查到确凿证据更为重要,查找证据是一切审计工作的核心。对于审计工作者而言,如何快速分析事项原因、追溯事项的源头,从而找到最原始的证据是非常重要的。三王祭川,先河后海,说明源头是非常重要的。解决问题的根本是什么?追本溯源,才能找到源头,才能找到证据,才能给出解决方案。

为学之实,贵在践履,审计人员只有通过实践总结,才能不断提升技巧。庖丁解牛,娴技在巧,只有通过实践摸索,才能系统提炼经验。提炼经验和技巧的目的在于让更多的审计人员可以借鉴运用,快速达到审计目标,同时对改进审计方法、提高审计效率和提高效果都大有裨益。这是整理总结《企业风险点及审计证据来源速查手册》的初衷。

本手册按采购和验收、工程与结算、生产环节、市场和销售、往来账管理、人力资源事务管理、固定资产管理、存货管理、财务与会计九大模块进行归纳总结,归集出整个企业运营过程中常见风险,并分析风险可能产生的地点、线索与证据来源,让广大内审人员、风险人员、财务人员及管理人员能快速找到问题所在,及时解决问题,提高效率与效益。由于时间紧迫、水平有限,手册难免会有诸多欠妥之处,希望广大审计同仁、专家、读者不吝赐教,及时提出建议,以便后续补漏完善,以飨读者。

## 第一节　采购和验收

| 企业风险点 | 审计证据来源 |
| --- | --- |
| 1. 采购管理策略不符合公司要求 | (1) 没有制定公司采购战略<br>(2) 没有细化公司采购管理策略<br>(3) 采购管理没有专门机构或人员管理<br>(4) 采购制度与流程不规范<br>(5) 采购没有设立第三方的管理机制<br>(6) 审计监察没有制定详细的监督方案 |
| 2. 没有设立采购委员会（小组）或委员会人员不独立 | (1) 公司的采购管理制度与程序<br>(2) 没有第三方人员监督与参与<br>(3) 小组人员技能、技术欠缺<br>(4) 小组人员名单及背景 |
| 3. 采购部制度不完善 | (1) 部门制度与程序<br>(2) 采购领导小组管理制度<br>(3) 供应商管理制度，包括供应商准入、供应商考察、供应商年审、不合格供应商处理流程<br>(4) 招投标管理制度<br>(5) 采购部内部制度。员工轮岗、业绩考核、利益冲突管理 |
| 4. 供应商没有考核，存在资质不合格的情况 | (1) 供应商考察记录及资料<br>(2) 现场图片<br>(3) 技术、资质文件<br>(4) 财务税务报表<br>(5) 股东结构与比例 |
| 5. 供应商存在围标串标行为 | (1) 报价单比较与分析<br>(2) 是否几家供应经常一起报价<br>(3) 是否存在轮流中标的现象<br>(4) 报价内容是否有规律<br>(5) 报价人员或经办人是否同一人<br>(6) 笔迹是否存在相似或雷同<br>(7) 传真是否有同号现象 |
| 6. 与供应商很亲密 | (1) 经常中标<br>(2) 经常帮其催要货款<br>(3) 密切联系<br>(4) 经常在一起吃喝玩乐<br>(5) 合同条款让步，包括付款比例、验收或处理建议等 |

(续表)

| 企业风险点 | 审计证据来源 |
| --- | --- |
| 7. 采购员与供应商合谋 | (1) 经常以微小差价中标<br>(2) 谈判时常进行手机操作<br>(3) 合同条款让步<br>(4) 不用公司电话接业务<br>(5) 在隐蔽处打电话，如房间角落、步行梯内 |
| 8. 没有公开对外部进行招标公告 | (1) 招标制度与流程<br>(2) 招标公告<br>(3) 邀标范围与内容<br>(4) 相关网络的查询核对 |
| 9. 对技术文件或标书设置障碍 | (1) 指定品牌与型号<br>(2) 指定供应商或厂家<br>(3) 设定参数与指标<br>(4) 限定不可能完成的投标时间<br>(5) 设定不可能的完工时期<br>(6) 排他性条款 |
| 10. 采购员拆标 | (1) 关注金额的拆分，如将100万元分两次招标<br>(2) 关注不同公司分别招标<br>(3) 合同比对<br>(4) 管理权限表<br>(5) 关注异常金额，如靠近限额等 |
| 11. 采购议标存漏洞 | (1) 采购小组人员不遵循有关规定和要求<br>(2) 议标会议室没有屏蔽手机信号<br>(3) 议标人员发送信息<br>(4) 议标人员引导性语言<br>(5) 议标人员存在不正常的动作，包括动手指，及不合常规的其他动作<br>(6) 议标人员带手机上洗手间 |
| 12. 大额采购没有通过招标方式选择供应商 | (1) 招标的政策和程序<br>(2) 查核邀标内容及公布的范围<br>(3) 经核准的供应商名单一览表<br>(4) 供应商的报价单副本 |
| 13. 物资采购请示没有经过权限领导审批 | (1) 采购流程制度与流程<br>(2) 公司规定的《管理权限表》<br>(3) 采购请购单<br>(4) 审核人员的签章 |

(续表)

| 企业风险点 | 审计证据来源 |
| --- | --- |
| 14. 物资采购未经过采购部门办理 | (1) 组织机构图<br>(2) 请购单使用政策和请购业务处理程序<br>(3) 验收单<br>(4) 请购单 |
| 15. 采购部门没有专人审批核准购货价格 | (1) 部门岗位设置及机构图<br>(2) 购货订单或合同审批人的签章<br>(3) 谈判议价表或磋商记录表<br>(4) 合同与议价表 |
| 16. 合同或订单没有经过权限领导审批或没有经过合同会审程序 | (1) 合同审批流程与制度<br>(2) 购货合同或订单<br>(3) 合同或订单审批表<br>(4) 购货合同或订单上审批人签章 |
| 17. 购货合同或订单没有连续编号,没有妥善保管 | (1) 购货合同或订单的保管政策<br>(2) 空白的购货订单样本<br>(3) 购货合同或订单的保管设施<br>(4) 购货订单的处理程序<br>(5) 保证只有经授权的人员才能接触 |
| 18. 采购物资的验收制度与流程不完善 | (1) 物资验收制度与流程、组织机构图<br>(2) 没有设立专门的验收小组<br>(3) 验收小组权限或人员不专业<br>(4) 验收单查验 |
| 19. 物资采购验收不规范,填写不完整 | (1) 货物验收的处理程序和制度<br>(2) 验收报告填写项目：数量与质量<br>(3) 验收报告 |
| 20. 验收报告管理不规范:没有连续编号,保管不规范 | (1) 空白的验收报告<br>(2) 已归档的验收报告<br>(3) 验收报告的保管制度设施<br>(4) 验收报告没有分发给各有关部门 |
| 21. 已到未到的物资没有正确记录,没有对在途货物进行监督和控制 | (1) 接收货物的政策和程序<br>(2) 部分到货的有关记录<br>(3) 未全部到货的购货订单 |
| 22. 验收不合格的处理程序不完善 | (1) 不合格品验收单<br>(2) 退货<br>(3) 退货业务的有关会计记录<br>(4) 退货业务的程序<br>(5) 货运单 |

(续表)

| 企业风险点 | 审计证据来源 |
| --- | --- |
| 23. 不合格品让步接收存在瑕疵 | (1) 不合格品让步接收流程和制度<br>(2) 让步接收单条件<br>(3) 购货合同相关条款<br>(4) 权限领导审批 |
| 24. 收到供应商的发票没有做好记录,并与购货订单、验收报告归类 | (1) 已付款和未付款的供应商的发票<br>(2) 发票登记簿<br>(3) 购货订单<br>(4) 验收报告<br>(5) 对供应商发票进行处理的有关程序<br>(6) 交接清单 |
| 25. 采购部门、仓储、会计、验收和运输部门职责不分离 | (1) 组织机构图<br>(2) 物资验收流程与制度<br>(3) 运输单据或人员查验<br>(4) 验收单及会计凭证 |
| 26. 采购部门与会计部门的业务(发票)核对不及时、不完整;没有将发票和购货订单、验收报告进行核对 | (1) 对供应商发票进行处理的制度与程序<br>(2) 供应商发票<br>(3) 发票审核人的签章<br>(4) 购货订单<br>(5) 验收报告 |

## 第二节　工程与结算

| 企业风险点 | 审计证据来源 |
| --- | --- |
| 1. 挂靠施工单位中标 | (1) 施工方资质及管理模式<br>(2) 项目经理名称、证号<br>(3) 为项目经理缴纳社保的单位<br>(4) 其他施工方的报价表 |
| 2. 设计单位虚增设计项目,多计算设计费用 | (1) 原设计需求表<br>(2) 项目内容明细表<br>(3) 增加项目设计审批或联系单<br>(4) 新增设计项目完工内容 |

（续表）

| 企业风险点 | 审计证据来源 |
|---|---|
| 3. 监理单位管理不规范，现场人员不够 | (1) 监理合同<br>(2) 监理人员级别与数量<br>(3) 抽查施工现场验收照片<br>(4) 监理工作内容完整性和独立性 |
| 4. 工程承包商存在围标串标行为 | (1) 了解工程招标制度与流程<br>(2) 查看投标公司的背景和关联性<br>(3) 各家公司的报价单及报价资料<br>(4) 各家公司的报价开标资料<br>(5) 市场内部调查各公司的操作模式<br>(6) 项目经理、电话、邮箱、报价单是否有相同或类似之处 |
| 5. 工程施工过程监督管理不到位，存在管理漏洞 | (1) 施工现场进行全程管控模式<br>(2) 物资进出必须有过磅记录<br>(3) 每个签证要有第三方人员旁站见证<br>(4) 每个工程控制点要有图片或视频为证<br>(5) 每个变更要有相关人员确定签字<br>(6) 施工材料不按合同或定额标准<br>(7) 施工单位违规领用公司物资<br>(8) 施工设备不按型号和规格安装<br>(9) 施工过程不遵循施工规范<br>(10) 完工工程存在质量问题 |
| 6. 虚增现场签证、虚假隐蔽工程增加工程量、工程款 | (1) 工程签证单<br>(2) 隐藏工程签证过程<br>(3) 现场图片和视频<br>(4) 项目变更联系单<br>(5) 签证单一般不包括价格，即签量不签价 |
| 7. 违规合同变更和工程联系单 | (1) 变更后的合同是否与原合同作业内容重复<br>(2) 工程联系单<br>(3) 变更审批手续与签章<br>(4) 明确原件或复印件 |
| 8. 工程结算细项舞弊手法 | (1) 工程结算取费就高不就低，查看取费标准<br>(2) 工程项目变更调增不调减，查原结算依据<br>(3) 工程结算定额套高不套低，查看当地标准<br>(4) 工程结算不按合同价，按高结算不合规<br>(5) 工程重复结算杂税费，不按规定不合理<br>(6) 工程软件高深莫测，数据移位造价高 |

(续表)

| 企业风险点 | 审计证据来源 |
| --- | --- |
| 9.工程造价项目重复结算 | (1) 结算资料,重点是分批分项结算资料<br>(2) 结算整体图纸和分项图纸<br>(3) 以往工程结算明细表<br>(4) 工程款支付凭证 |
| 10. 工程造价外包方存在管理控制漏洞 | (1) 第三方造价承包合同<br>(2) 核对工程款三方人员在场,外包方与承包商私底下不能联系<br>(3) 抽查第三方造价审核结果 |

## 第三节 生产环节

| 企业风险点 | 审计证据来源 |
| --- | --- |
| 1. 生产各类考核目标没有细分 | (1) 计划生产目标<br>(2) 车间各项生产KPI目标,包括工艺指标、效能指标、安全率指标等<br>(3) 成本耗能目标<br>(4) 生产长远规划与数字化转型目标 |
| 2. 生产计划、生产预算和生产日程安排与销售管理、存货管理不协调 | (1) 生产政策和程序<br>(2) 生产计划、生产预算和生产日程安排的文档资料<br>(3) 销售和存货的计划、预算和日程安排的文档资料<br>(4) 实际成本与预算成本的差别表<br>(5) 高层管理人员及其他职能部门的管理人员会议纪要 |
| 3. 产品质量控制部门不独立 | (1) 组织机构图<br>(2) 质量控制报告<br>(3) 质控部门的汇报路径 |
| 4. 生产设备、设施没有及时全面进行维护和修理 | (1) 维护和修理的时间安排和记录<br>(2) 设备制造商/供应商提供的设备维护修理手册和指南<br>(3) 生产管理人员和设备操作人员访谈表<br>(4) 设备和采购部门有关人员访谈记录表<br>(5) 查看全年生产的设备安全率 |

（续表）

| 企业风险点 | 审计证据来源 |
| --- | --- |
| 5. 系统数据的输入、处理和输出各环节没有采取适当的控制措施 | （1）输入、处理和输出的程序<br>（2）实地观察数据的输入、处理和输出<br>（3）与输入数据的来源、数据的处理和输出的结果有关的文档资料<br>（4）与系统管理部门访谈资料 |
| 6. 公司没有采用先进技术来保证产能的合理利用 | （1）生产设备使用规程<br>（2）生产部门管理人员和设备管理人员面谈资料<br>（3）生产的日程安排和记录<br>（4）特殊订单的历史销售记录<br>（5）向顾客提供服务的记录<br>（6）存货安排和销售预测<br>（7）竞争对手和行业的可比信息<br>（8）产品不合格率的变化趋势表 |
| 7. 公司的设备、设施没有进行适当的布局，不能满足生产经营流程的需要 | （1）实地观察设备、设施的布局和生产经营活动<br>（2）设备、设施布局图和生产经营流程图<br>（3）查阅生产经营流程、生产技术方面的专业书籍，并与有关专家面谈<br>（4）与生产部门的管理人员及其他员工面谈<br>（5）流程、内控、生产与内审专家分析生产设备布局的合理性，流程的高效节能<br>（6）检查输入、关键处理过程、输出及存货等方的生产记录 |
| 8. 没有编制适当的文档来记录生产活动，相关的文档资料的保管不全 | （1）与编制文档资料来记录生产活动有关的政策和程序<br>（2）生产记录<br>（3）工艺流程记录<br>（4）班组交接记录簿<br>（5）查看资料档案室 |
| 9. 没有定期、准确和及时地向管理层提供繁简适度的生产和成本报告 | （1）编制内部报告的政策和程序<br>（2）生产报告<br>（3）生产部门管理人员和高层管理人员面谈内容<br>（4）编制报告的软件<br>（5）编制报告的日期安排<br>（6）生产预算和安全汇报 |
| 10. 生产报告和成本报告的编制和审核不规范，生产部门和会计部门分工不明确 | （1）生产和会计的政策和程序<br>（2）生产报告和成本报告<br>（3）报告编制人和审核人的签章<br>（4）周报、例会和高管会的内容 |

(续表)

| 企业风险点 | 审计证据来源 |
|---|---|
| 11. 生产通知单没有按顺序编号,没有妥善保管并定期与有关文件核对调整 | (1) 生产的政策和程序<br>(2) 空白的生产通知单<br>(3) 生产通知单的保管设施<br>(4) 已归档的生产通知单<br>(5) 核对调整表 |
| 12. 编制和审核生产通知单不严谨,存在没有授权的人编制的情况 | (1) 生产的政策和程序<br>(2) 已归档的生产通知单<br>(3) 被授权编制和审核生产通知单的人员签章 |
| 13. 物料和人工耗费单编制与管理不规范 | (1) 生产的政策和程序<br>(2) 物料和人工耗费单<br>(3) 物料和人工耗费单的编制人和审核人的签章<br>(4) 物料和人工耗费单的保管设施 |
| 14. 领料单和工时卡由车间班组长编制,没有经过生产监管人员审核 | (1) 生产的政策和程序<br>(2) 领料单和工时卡<br>(3) 车间班组组长和生产监管人员的签章 |
| 15. 辅助材料申领与使用手续不完善,存在超标准使用的现象 | (1) 生产的政策和程序<br>(2) 领料单签领是否齐全<br>(3) 定期的核对调整记录<br>(4) 各种辅助材料使用与标准比较表 |
| 16. 生产部门没有将领料汇总表与会计人员的物料耗费记录进行核对,没有汇报重大差异 | (1) 成本会计的政策和程序<br>(2) 领料单<br>(3) 生产报告<br>(4) 领料单与生产报告的核对调整记录<br>(5) 报送给管理层的会计报告中的例外事项说明 |
| 17. 生产设备及现场没有巡检制度 | (1) 生产政策和程序<br>(2) 生产设备和作业现场的巡检要求<br>(3) 生产设备巡检表<br>(4) 生产现场巡检表 |
| 18. 生产部门没有将产成品产量与会计报表上的产量进行核对 | (1) 会计政策和程序<br>(2) 核对会计报表调整记录<br>(3) 报送给管理层的会计报告中的例外事项说明<br>(4) 管理层汇报关于产量的资料 |

## 第四节　市场和销售

| 企业风险点 | 审计证据来源 |
|---|---|
| 1. 没有制定与组织目标战略一致的营销目标和营销策略 | (1) 营销目标和营销战略的书面文件<br>(2) 组织目标<br>(3) 董事会对营销目标和与营销战略进行审批的会议记录<br>(4) 销售部门的经理和有关的高层管理人员进行访谈内容 |
| 2. 销售部门内部没有进行职责分离（审批价格与销售人员分离；销售人员与信用额度管理人员分离；信用管理和收款部门作业分离；发货单开具与发货人要分离等） | (1) 组织结构图<br>(2) 职责说明书<br>(3) 每一活动的相关文件和记录<br>(4) 销售单<br>(5) 物流单或发货单 |
| 3. 制定营销的政策和程序，形成书面文件后未经权限领导审批 | (1) 营销的政策目标<br>(2) 营销程序流程<br>(3) 文件呈批中审批人的签章 |
| 4. 销售部门没有编制销售预算 | (1) 营销的政策和程序<br>(2) 编制预算的政策和程序<br>(3) 组织的预算<br>(4) 与销售部门人员、高层管理人员和编制预算的主要负责人面谈 |
| 5. 销售部门没有定期向管理层报告销售的实际情况以及实际和预算相比较的有关信息。报告内容的分类和详略程序不能满足高层管理部门的需要 | (1) 销售的政策和程序<br>(2) 销售报告材料<br>(3) 财务管理报告（其内容应包含实际和预算相比较的信息）<br>(4) 销售部门人员和高层管理人员进行面谈材料 |
| 6. 销售部门产品价格没有经过管理层、董事会或权限领导审批 | (1) 产品价目表<br>(2) 价格审批表<br>(3) 邮件回复<br>(4) 会议纪要<br>(5) 价格审批表或资料的保存 |
| 7. 产品定价变动没有经过一定层次的管理人员的审批 | (1) 产品定价的政策和程序<br>(2) 产品定价变动的有关记录<br>(3) 对产品定价变动进行审批的有关人员的签章 |

(续表)

| 企业风险点 | 审计证据来源 |
|---|---|
| 8. 产品调价超过定价幅度没有经过管理层（权限领导）的书面批准 | (1) 定价的政策和程序<br>(2) 价格调整业务的文件记录<br>(3) 批准调价超过定价幅度的人员签章 |
| 9. 没有设立销售信用委员会，信用额度管理不规范 | (1) 信用额度管理政策和程序<br>(2) 销售信用委员会名单<br>(3) 信用额度的年度审批表<br>(4) 额度调整与审批人员的签章 |
| 10. 物流或运输部门没有规划货物的发运方式，没有各种运输方式进行成本核算，没有对发运线路进行规划 | (1) 销售和运输的政策和程序<br>(2) 运输成本核算表。含水运、陆运、海运、空运的各种因素的考量<br>(3) 运输线路、交货时间与运输成本综合分析表<br>(4) 销售业务有关的凭证（经审核的顾客订单和销售发票）和发运文件（发货业务日志和发货单） |
| 11. 发运货物前没有专人检查凭证的真实性和准确性 | (1) 销售和运输的政策和程序<br>(2) 发运货物相关的凭证，特别是销售发票和货物数量<br>(3) 批准发货人签章 |
| 12. 销售数量超过管理人员权限，存在拆单销售产品的现象 | (1) 销售人员销售权限表<br>(2) 销售发票或销售清单<br>(3) 销售明细表，分析是否存在拆单销售产品的情况，如为了避免超过销售数量权限，而分开两张销售单的情况<br>(4) 销售客户的访谈表 |
| 13. 销售价格不按审批文件，存在低价销售产品的现象 | (1) 销售价格的确定与审批程序<br>(2) 审批的销售价格清单<br>(3) 销售产品价格明细表<br>(4) 产品折让与处理销售请示文<br>(5) 管理人员对低价销售产品的说明资料 |
| 14. 签发销售发票前，没有对发票的内容进行审核（包括品名、销售单位名称、单价、延期付款条件、总金额和过账的标志等），审核人应在发票上签章并注明审核日期 | (1) 开单的政策和程序<br>(2) 经审核的发票<br>(3) 审核人的签章 |

(续表)

| 企业风险点 | 审计证据来源 |
|---|---|
| 15. 验收部门没有对客户退回的货物进行检查，并出具验收报告 | (1) 产品退回或处理制度与流程<br>(2) 不合格品的验收报告<br>(3) 验收人员签章<br>(4) 将因售后退回而编制的贷项通知单或类似的记账凭证与相应的验收报告进行核对 |
| 16. 非常规性的销售没有经过经管理层的审批，并做成书面记录。（例如，销售使用过的办公室家具、车辆、计算机或其他设备） | (1) 销售的政策和程序<br>(2) 销售审批表<br>(3) 有关的文件和凭证<br>(4) 有关的记账分录<br>(5) 实物资产盘点表(可将本次盘点表与上次比较，以便查明资产的处置和其他变动情况。) |
| 17. 销售量的会计账面记录定期与盘点记录进行核对和调整 | (1) 会计政策和程序<br>(2) 销售量的会计账面记录<br>(3) 盘点记录 |
| 18. 选择运输单位没有通过招标方式，也没有经过双方的协商和谈判签订货运合同(若由内部的运输部门发运货物，其内部控制措施可参照其他职能部门制定) | (1) 运输的政策和程序<br>(2) 各运输单位的报价单和比价单<br>(3) 货运合同<br>(4) 运货单和有关会计记录(用来与货运合同进行比较) |
| 19. 销售部没有对废品、废料的销售做好记录 | (1) 销售的政策和程序<br>(2) 废品、废料的盘点记录<br>(3) 销售废品、废料的审批文件<br>(4) 销售废品、废料的销售发票<br>(5) 相对应的收款凭证 |
| 20. 销售部门内部没有建立客户服务部 | (1) 组织结构图和职责说明书<br>(2) 客服部的名单<br>(3) 客服部工作内容及表格<br>(4) 客户服务部管理人员和销售部门的其他管理人员面谈材料 |
| 21. 产品计划和产品发展应配合销售、市场和产品研究、广告、财务以及生产等活动 | (1) 产品计划和产品发展的政策和程序<br>(2) 产品发展和市场导入的记录<br>(3) 与产品计划和发展、销售、市场研究、广告、财务以及生产等部门的经理面谈 |

(续表)

| 企业风险点 | 审计证据来源 |
|---|---|
| 22. 定期审查由组织外部的广告和促销代理机构提供的广告和促销服务。注意查明三点：<br>(1) 合同的适当性<br>(2) 向外部的广告和促销代理机构支付的费用的正确性<br>(3) 与代理机构联系的密切性 | (1) 销售的政策和程序<br>(2) 与代理机构签订的合同<br>(3) 从代理机构取得的账单<br>(4) 与销售部门的管理人员和广告、促销代理机构的有关人员面谈 |
| 23. 对销售部门职员进行适当的定向培训并对其提供多种职业发展机会 | (1) 销售部门的政策和程序<br>(2) 人员培训和职业发展的措施以及人力、物力条件<br>(3) 与销售部门的主管、其他高层管理人员、培训人员及其他职员面谈<br>(4) 按区域和产品品种分类统计的销售记录 |
| 24. 期货销售或远期交货没有制定策略 | (1) 公司期货业务的政策与策略<br>(2) 期货交易制度与操作流程<br>(3) 期货交易的监督与管理<br>(4) 期货账户的检查与监管 |
| 25. 期货交易监管不到位，存在各种漏洞 | (1) 期货公司的开户选择没有经过审批<br>(2) 开户的优惠条件没有经过公开商谈<br>(3) 账户的结算及利息没有记录在案<br>(4) 手续费的标准没有经过磋商环节<br>(5) 期货合同的签订没有经过审核<br>(6) 期货交易没有独立的会计与风险管理人员参与监督 |

## 第五节　往来账管理

| 企业风险点 | 审计证据来源 |
|---|---|
| 1. 往来账（应收应付、预收预付）没有建立管理制度 | (1) 财会部门机构设置图<br>(2) 往来账的管理政策和程序<br>(3) 岗位职责的分工表 |
| 2. 出纳员与往来账记账员职责要分离，出纳员不能记往来账明细账 | (1) 会计部门机构设置图<br>(2) 应收账款和应收票据有关的政策和程序<br>(3) 往来账明细账的记账员和会计部门主管人员面谈<br>(4) 明细账表的签章 |

(续表)

| 企业风险点 | 审计证据来源 |
|---|---|
| 3. 往来账明细账没有定期与总分类账进行核对和调整 | (1) 会计政策和程序<br>(2) 核对和调整记录<br>(3) 账目核对表 |
| 4. 往来账中存在大量逾期或未达账项 | (1) 财会部门管理政策和程序<br>(2) 往来账账期明细表<br>(3) 未达账项的跟踪表<br>(4) 是否存在同个单位应收应付同时挂账的混乱行为<br>(5) 其他与管理政策不符的事项 |
| 5. 独立于应收账款记账员和开单员以外的人员向欠款客户寄发对账单 | (1) 职责说明书和组织结构图<br>(2) 应收账款明细账<br>(3) 月份对账单<br>(4) 对账单登记簿 |
| 6. 应收账款部门没有每月寄发对账单,没有及时进行梳理与控制 | (1) 开单的政策和程序<br>(2) 实地观察对账单的寄发<br>(3) 会计主管和应收账款记账员面谈<br>(4) 回收对账单的处理过程 |
| 7. 对于欠款客户回函上的金额和对账单上的金额之间的差异,信用和收账部门没有及时处理和详细记录 | (1) 往来账期管理政策和程序<br>(2) 职责说明书和组织结构图<br>(3) 对账单的差额明细表<br>(4) 对客户回函处理的记录 |
| 8. 会计部门与信用管理部门没有定期对应收账款进行账龄分析;呆账没有清晰列示并报告管理层,由管理层进行审查 | (1) 会计政策和程序<br>(2) 应收账款账龄分析表<br>(3) 呆账清单<br>(4) 处理呆账的有关记录<br>(5) 处理呆账的有关批文 |
| 9. 注销的坏账没有记录于备查登记簿或贷项报告文件,以备参考 | (1) 会计政策和程序<br>(2) 应收账款明细账<br>(3) 备查坏账登记簿<br>(4) 贷项报告文件 |
| 10. 售后退回和按折扣政策给予客户折扣的应收账款贷项,需经管理层或权限审批 | (1) 销售和会计政策及程序<br>(2) 有关的业务记录<br>(3) 折扣明细及审批表<br>(4) 审批人的签章 |

(续表)

| 企业风险点 | 审计证据来源 |
| --- | --- |
| 11. 售后产品退回或折让销售没有验收部门进行检验，没有查明原因 | (1) 验收的政策和程序<br>(2) 会计政策和程序<br>(3) 售后退回货物的验收报告<br>(4) 对退回货物所做的记账凭证和会计分录<br>(5) 应收账款明细账 |
| 12. 没有定期向应收账款和应收票据的单位发出询证。询证函可由会计部门负责寄发，但回函必须由独立的第三方(如内审计部门或外部审计人员)收取 | (1) 会计政策和程序<br>(2) 询证函<br>(3) 应收账款和应收票据明细账 |
| 13. 员工或有关当事人提供的大额借款或预付款没有经过权限领导签字 | (1) 财务的政策和程序<br>(2) 借条或债务合同<br>(3) 借款人、权限领导或董事会在合同上的签章 |
| 14. 对于附有抵押物的应收票据，其抵押物应由出纳员和会计员以外的人员保管 | (1) 组织结构图、职责说明书以及财务的政策和程序<br>(2) 抵押物的所有权证明和其他有关的原始凭证<br>(3) 实地观察和检查抵押物的取得、入账、保管和处置<br>(4) 抵押物的取得、保管和处置的有关记录 |

## 第六节 人力资源事务管理

| 企业风险点 | 审计证据来源 |
| --- | --- |
| 1. 公司没有制定或完善人事管理战略与政策 | (1) 组织机构图<br>(2) 人力资源战略与政策<br>(3) 具体每个部门的制度与流程<br>(4) 制度归档资料 |
| 2. 人力资源管理职能集权化，计划的制定与组织政策活动不协调 | (1) 制定人力资源计划的政策和程序<br>(2) 人力资源工作计划表<br>(3) 计划协调性的定量分析<br>(4) 管理职能划分与计划，是否有独揽大权的现象存在<br>(5) 访谈员工记录表 |

(续表)

| 企业风险点 | 审计证据来源 |
|---|---|
| 3. 没有制定人事部门和薪酬的预算 | (1) 制定预算的政策和程序<br>(2) 人事行政部门的预算<br>(3) 职工薪酬的预算<br>(4) 员工培训等福利预算 |
| 4. 人员招聘不能满足不同部门的实际需要 | (1) 人员招聘的政策和程序<br>(2) 与人事部门及其他部门的经理面谈<br>(3) 人事部门和其他部门联系沟通的备忘录<br>(4) 人事部门关于职位空缺和职能填补的记录 |
| 5. 没有对重要的职位进行工作业绩的分析、考核和评价 | (1) 人事管理的政策和程序<br>(2) 负责工作业绩的分析、考核和评价的工作小组成员<br>(3) 对工作业绩进行分析和评价的文档资料 |
| 6. 不能为员工提供适当的培训和发展机会 | (1) 人事管理工作的政策和程序<br>(2) 与有关管理人员和其他职员面谈<br>(3) 员工培训的记录<br>(4) 员工培训费用历史比较表 |
| 7. 不能为员工提供适当的福利待遇 | (1) 组织的福利政策<br>(2) 员工个人享受鼓励待遇的有关记录<br>(3) 经审批的奖金和福利方案<br>(4) 与员工报酬有关的可供比较的经济和行业数据。有关的政府部门和私营机构能够提供这方面的数据 |
| 8. 管理层没有对员工的业绩进行定期的考核与评价，并将考核结果记录于员工个人的人事档案 | (1) 人事管理的政策和程序<br>(2) 业绩考核评价表<br>(3) 与管理人员和其他员工的面谈资料 |
| 9. 职员的提升、职务调整和解聘没有经过人事小组或权限领导审批 | (1) 人事管理的政策和程序<br>(2) 员工个人的人事档案<br>(3) 部门的人事档案<br>(4) 人事任免公示文 |
| 10. 人事档案没有进行妥善保管，存在损坏、遗失和非法接触的情况 | (1) 人事档案的记录、归档和保管有关的政策与措施<br>(2) 处理和保管人事档案的政策和程序<br>(3) 进行人事和工资业务处理的计算机软件<br>(4) 人事文件<br>(5) 档案资料的保管现场 |

(续表)

| 企业风险点 | 审计证据来源 |
|---|---|
| 11. 公司没有按国家法律交缴养老保险及相关费用 | (1) 人事和工资的政策和程序<br>(2) 劳工法律和法规的有关规定<br>(3) 与金融机构、保险公司等签订的合同和协议<br>(4) 法律顾问、管理层和外部审计人员面谈资料<br>(5) 对组织进行合规性审查的文档资料 |
| 12. 管理层和法律顾问没有定期对劳工合同进行审查，以保证组织政策得到有效的遵循和灵活的调整 | (1) 与法律顾问和管理层面谈<br>(2) 劳工合同<br>(3) 有关的会议记录<br>(4) 人事政策和程序 |
| 13. 人力资源部门没有制定适当的政策和程序，及时了解员工的意见和要求，并采取有效的措施予以解决 | (1) 人事管理的政策和程序<br>(2) 有关的会议记录<br>(3) 记录员工意见和要求的有关文件和资料<br>(4) 相关事件工会的建议及处理方案 |
| 14. 员工薪酬调整方案没有经过领导小组和权限领导审批 | (1) 人事和工资部门的政策和程序<br>(2) 记录工资变动的有关人事工资文件<br>(3) 小组的审批文件<br>(4) 审核人的签章 |
| 15. 人事和薪酬部门没有定期抽查工资和相应的审核文件进行核对 | (1) 人事和薪酬部门的政策和程序<br>(2) 与人事和薪酬部门的管理人员面谈<br>(3) 证实薪酬文件和人事文件已经核对的有关人员的签章<br>(4) 薪酬审批文件<br>(5) 人事文件 |
| 16. 员工的工资发放计算不准确，扣除项目计缴错误 | (1) 人事的政策和程序<br>(2) 劳工合同或协议<br>(3) 工资审批文件<br>(4) 工资发放表格<br>(5) 扣除项目计算方式及表格 |
| 17. 职工薪酬的扣除项目和扣除标准，没有相关的法律依据和员工个人确认签章 | (1) 人事的政策和程序<br>(2) 相关法律依据文件<br>(3) 经员工签章的确认文件<br>(4) 职工薪酬明细表 |
| 18. 人事部门没有采用系统结算职工薪酬；没有独立人员审核工资的发放 | (1) 工资发放的政策和程序<br>(2) 工资核算和管理软件<br>(3) 工资输入文件<br>(4) 员工工资单<br>(5) 员工个人的人事档案<br>(6) 工资审批文件 |

(续表)

| 企业风险点 | 审计证据来源 |
|---|---|
| 19. 职工薪酬发放不准确,存在现金发放等不规范的情况 | (1) 工资发放的政策和程序<br>(2) 实地观察工资的发放<br>(3) 现金支出日记账<br>(4) 银行存款调节表<br>(5) 用以支付工资的空白支票的保管设施 |
| 20. 若工资以现金支付,应由独立的代理机构负责现金的发放 | (1) 工资发放的政策和程序<br>(2) 与独立代理机构签订的合同<br>(3) 实地观察工资发放的程序 |
| 21. 未领的工资及年终奖没有存入专门的银行账户,或者指派独立于工资部门以外的专门机构或人员负责保管 | (1) 工资发放的政策和程序<br>(2) 实地观察工资的发放<br>(3) 未领工资和奖金的调整记录<br>(4) 对未领的工资和奖金进行短期保管的措施。后续发放表格的抽查<br>(5) 与在工资发放日后领取工资的员工面谈,了解原因及经过 |
| 22. 考勤部门与职工薪酬部门没有职务分离 | (1) 组织机构图<br>(2) 考勤部门人员名单<br>(3) 职工薪酬部门工作职责<br>(4) 职工薪酬表 |
| 23. 考勤记录与成本核算中的人工成本记录应定期与工资部门的工资核算进行核对和调整 | (1) 工资发放的政策和程序<br>(2) 考勤记录<br>(3) 成本会计报告中的人工成本计算资料<br>(4) 工资单<br>(5) 核对调整表 |
| 24. 员工个人填写加班工时卡和工作量统计单,没有专人进行审核 | (1) 工资发放的政策和程序<br>(2) 加班工时卡<br>(3) 工作量统计表<br>(4) 员工个人和审核人的签章 |
| 25. 工资管理部门员工没有定期进行职务轮岗 | (1) 工资管理部门的政策和程序<br>(2) 工资管理部门的有关文件<br>(3) 员工个人的工作委派记录<br>(4) 员工轮岗方案及实施记录<br>(5) 员工休假记录 |

## 第七节　固定资产管理

| 企业风险点 | 审计证据来源 |
| --- | --- |
| 1. 固定资产的管理政策不完善。对房屋、建筑物、设备、设施等固定资产没有详尽地做好登记 | (1) 固定资产管理的政策和程序<br>(2) 固定资产记录<br>(3) 固定资产其他管理文件<br>(4) 固定资产盘点表 |
| 2. 大额的资本性支出和租赁费支出没有经过权限领导审批 | (1) 固定资产购置和租赁的政策和程序<br>(2) 董事会的会议记录<br>(3) 管理层审批的请示文<br>(4) 合同审批人的签章 |
| 3. 固定资产购置和租赁存在超额浪费的现象 | (1) 固定资产购置和租赁的政策和程序<br>(2) 附有审批人签章的固定资产支出的批文<br>(3) 仓库盘点表<br>(4) 闲置资产或积压物资清单<br>(5) 报废资产请示文 |
| 4. 没有对设施、设备进行适当的维护和及时的修理 | (1) 维护、维修的政策和程序<br>(2) 预防性维护的方案<br>(3) 维护和维修的日志<br>(4) 供应商提供的设备维护和维修的手册和指南<br>(5) 有关管理人员和设备操作人员面谈<br>(6) 车间设备安全率 |
| 5. 没有独立(经董事会批准或其他被授权)的人员负责审查严重超出预算的资本性支出 | (1) 固定资产购置和租赁的政策和程序<br>(2) 有关的批文<br>(3) 支票登记簿<br>(4) 作废的支票<br>(5) 审计报告 |
| 6. 没有定期检查和盘点固定资产 | (1) 固定资产的检查和盘点政策<br>(2) 有关的文档资料(如日记账、盘点表等)<br>(3) 资产定期检查记录<br>(4) 固定资产盘点表 |
| 7. 没有对固定资产进行适当的保险,并定期评估投保险种和投保金额 | (1) 保险的政策和程序<br>(2) 有关的评估资料<br>(3) 保险单 |
| 8. 制定划分资本性支出和费用性支出的会计政策 | (1) 符合会计法的会计政策<br>(2) 记账凭证<br>(3) 过入总分类账的会计分录<br>(4) 总账科目的试算平衡表 |

(续表)

| 企业风险点 | 审计证据来源 |
|---|---|
| 9. 没有严格区分融资租赁和经营租赁的会计处理 | (1) 会计政策<br>(2) 财务会计准则委员会制定的有关规定<br>(3) 记账凭证<br>(4) 过入总分类账的会计分录<br>(5) 经营租赁的备查记录<br>(6) 总账科目试算平衡表 |
| 10. 固定资产的处置和租约的终止没有经过授权的管理人员进行审批 | (1) 固定资产管理的政策和程序<br>(2) 固定资产的处置有关的文件<br>(3) 相关的请示文记录<br>(4) 审批人的签章 |
| 11. 技改维修与新增固定资产界定及账务处理不明确 | (1) 会计政策和程序<br>(2) 有关的会计分录<br>(3) 技改维修计划<br>(4) 技改转固明细表 |
| 12. 固定资产账实不符,处置固定资产没有进行正确的账务处理 | (1) 固定资产处置的会计政策和程序<br>(2) 处置固定资产的文档记录<br>(3) 固定资产的账实核对<br>(4) 固定资产盘点<br>(5) 处置固定资产的账务处理 |
| 13. 没有制定固定资产折旧的会计政策和程序,未正确地进行折旧计算和账务处理 | (1) 固定资产折旧的政策和程序<br>(2) 折旧年限<br>(3) 记账凭证<br>(4) 过入总分类账的会计分录<br>(5) 总账科目试算平衡表 |

## 第八节 存货管理

| 企业风险点 | 审计证据来源 |
|---|---|
| 1. 存货管理没有与生产、销售的计划和预算相一致 | (1) 存货管理政策与程序<br>(2) 销售、生产和存货的预算<br>(3) 销售、生产和永续盘存的记录<br>(4) 销售、生产和存货管理等部门的职员面谈资料 |

(续表)

| 企业风险点 | 审计证据来源 |
|---|---|
| 2. 没有对存货库存水平进行计划和管理,以使存货的订购成本、持有成本和缺货成本达到最理想的水平 | (1) 计算经济订货量,以便与实际订货量进行比较<br>(2) 存货管理政策<br>(3) 与负责存货管理的职员和有关的高层管理人员面谈<br>(4) 成本会计记录<br>(5) 存货系统的建设与运用 |
| 3. 存货管理员没有采购、生产、运输等业务的职员职责分离 | (1) 组织结构图<br>(2) 存货管理政策与程序<br>(3) 存货单据的签名资料 |
| 4. 没有对所有存货采取永续盘存制,并及时与总分类账进行核对和调整 | (1) 存货管理的政策和程序<br>(2) 盘存记录<br>(3) 存货的总账记录 |
| 5. 存货记录没用计算机进行处理,不能反映最新动态 | (1) 计算机硬件、软件<br>(2) 存货系统的文档资料<br>(3) 永续盘存记录<br>(4) 购货订单、验收报告、记账凭证和发出记录 |
| 6. 永续盘存记录要由存货保管人员以外的人员签章确认 | (1) 存货管理的政策和程序<br>(2) 组织结构图<br>(3) 保管存货永续盘存记录的地点和设施<br>(4) 负责存货盘存记录人员的签章 |
| 7. 没有合理设计存货的存放地点和保管方案,保证存货免受自然和人为的损失 | (1) 存货的存放地点和保管设施<br>(2) 存货管理人员和有关高层管理人员进行面谈的资料<br>(3) 存货清单<br>(4) 现场摆放图片<br>(5) 地理位置危险程度分析 |
| 8. 存货的收发存发生意外情况没有及时通知相关部门 | (1) 存货会计的政策和程序<br>(2) 会计的永续盘存记录<br>(3) 存货意外情况汇报资料<br>(4) 存货保管人向会计部门发出的通知 |
| 9. 存货保管人发货不规范,不按规定审查领料单、销售发票、发货单和提货单等单据后发货 | (1) 存货保管人向会计部门发出的通知<br>(2) 永续盘存记录<br>(3) 领料单、销售发票<br>(4) 发货单和提货单等单据 |

(续表)

| 企业风险点 | 审计证据来源 |
|---|---|
| 10. 没有领料单、销售发票、发货单和提货单等单据保管政策，管理不严 | (1) 领料单、销售发票、发货单和提货单等单据<br>(2) 各种单据的保管设施和控制程序<br>(3) 对各种单据的定期核对与调整的记录<br>(4) 相关单据保管政策<br>(5) 档案的保管 |
| 11. 没有定期检查存货，以便及时发现存货的短缺、损毁和呆滞等情况，并及时做好有关的记录和处理工作 | (1) 存货管理的政策和程序<br>(2) 对存货进行定期检查的有关记录<br>(3) 对存货的短缺、损毁和呆滞等情况进行处理的有关记录 |
| 12. 对存货因变质、过时等原因造成的存货价值变化没有进行合理估计，并正确记录 | (1) 定期检查、评价存货价值形成的有关记录<br>(2) 对存货价值变动进行会计处理的有关记录凭证<br>(3) 权限领导审批资料<br>(4) 有关会计分录 |
| 13. 没有定期对存货进行盘点，没有第三方人员参与 | (1) 实地观察存货的盘点<br>(2) 存货盘点表<br>(3) 存货盘点表的审核人员签章<br>(4) 存货管理的政策和程序 |
| 14. 对存货盘存记录差异没有及时进行记录、审核与处理 | (1) 存货盘点表<br>(2) 权限领导的审批资料<br>(3) 为处理差异而编制的会计凭证<br>(4) 与存货计价方法有关的会计政策 |

## 第九节　财务与会计

| 企业风险点 | 审计证据来源 |
|---|---|
| 1. 资金账实不符 | (1) 银行对账单，核对收支数量<br>(2) 银行日记账<br>(3) 现金日记账<br>(4) 现金盘存表，突击检查 |
| 2. 收入不入账，存在小金库情况 | (1) 现金日记账<br>(2) 收据存根联<br>(3) 项目收入交款人访谈<br>(4) 额外发放物资、礼品明细表<br>(5) 资产、物资、废旧变卖请示文 |

(续表)

| 企业风险点 | 审计证据来源 |
| --- | --- |
| 3. 假冒认领 | (1) 签领人笔迹识别<br>(2) 审批人员字迹对比<br>(3) 手续完整性检查<br>(4) 资料齐全真实性检查 |
| 4. 虚假报账 | (1) 发票真实性,是否连号<br>(2) 业务审批是否完全<br>(3) 复印件的鉴定<br>(4) 微信截图和领导指示的真伪 |
| 5. 挪用公款 | (1) 支付控制,是否设置 AB 组审批<br>(2) 突击检查现金,银行对账单<br>(3) 奢侈消费与大额支出<br>(4) 经办或当事人从不休假<br>(5) 核定是否存在白条抵库现象<br>(6) 个人往来账项的清查 |
| 6. 资金支付依据不齐全,手续不完备 | (1) 公司资金管理制度与程序<br>(2) 支付凭证与依据的完整性<br>(3) 支付手续签章是否齐全<br>(4) 是否按公司规定核查付款原因<br>(5) 大额支付是否按 AB 组签批要求 |
| 7. 融资业务与理财方案未经审批,存在不合规情况 | (1) 融资合同未经律师审核<br>(2) 理财合同<br>(3) 理财方案未经审批<br>(4) 理财存在不合理现象<br>(5) 大额资金的增值与调配不合理 |
| 8. 现金存在假存或不存的情况 | (1) 现金日记账<br>(2) 银行日记账<br>(3) 收入资料及会计凭证<br>(4) 各种罚没收入是否存入公司账户<br>(5) 费用支出明细表,会计科目对比。确定是否有以借代报、以领代报的情况 |
| 9. 没有制定行业内部会计政策 | (1) 会计政策、制度与流程<br>(2) 行业规则与制度细分<br>(3) 会计凭证<br>(4) 凭证依据与材料 |

(续表)

| 企业风险点 | 审计证据来源 |
|---|---|
| 10. 会计岗位分工不合理，轮岗不充分 | (1) 部门员工分工表<br>(2) 会计与出纳工作内容<br>(3) 岗位分工是否符合不相容职务分离原则<br>(4) 现场工作分析 |
| 11. 会计往来账管理不严谨 | (1) 会计政策与程序<br>(2) 往来账账龄分析表<br>(3) 往来账对账表<br>(4) 催收资料与表格 |
| 12. 税务会计没有工作规程和依法办税 | (1) 税务会计岗位职责<br>(2) 纳税申报表<br>(3) 税务稽查报告 |
| 13. 会计系统（SAP）权限与风险管理 | (1) 会计系统的选择与使用<br>(2) 系统权限管理制度<br>(3) 数据库的管理控制<br>(4) 定期第三方的评估与检查 |
| 14. 账证、账账不相符 | (1) 凭证汇总表<br>(2) 各科目明细账<br>(3) 总账 |
| 15. 收据、发票的领用保管不规范 | (1) 票据领用簿<br>(2) 票据管理制度<br>(3) 票证销毁审批表<br>(4) 发票支票存根 |

# 参 考 文 献

[1] 索耶,等. 索耶内部审计：上、下册[M]. 5 版. 邰先宇,周瑞平,译. 北京：中国财政经济出版社,2005.

[2] 莱特里夫 R L,等. 内部审计原理与技术：上、下册[M]. 北京：中国审计出版社,1999.

[3] PICKETT K H S. 内部审计业务纲要[M]. 孙庆红,译. 北京：经济科学出版社,2007.

[4] 陈新环. 企业内部审计项目管理规范操作[M]. 北京：中国时代经济出版社,2009.

[5] 尹维劼. 现代企业内部审计精要[M]. 3 版. 北京：中信出版社,2001.

[6] 瓦莱布哈内尼. 实施内部审计业务[M]. 3 版. 刘霄仑,等译. 北京：电子工业出版社,2010.

[7] 陈锦烽,苏淑美. 内部审计新纪元[M]. 大连：大连出版社,2006.

[8] O'REILLY V M,等. 蒙哥马利审计学[M]. 刘霄仑,陈关亭,译. 北京：中信出版社,2007.

[9] 陈思维,王会金,王晓震. 经济效益审计[M]. 北京：中国时代经济出版社,2002.

[10] 李三喜,高雅青,吴强. 经济责任审计评估精要与案例[M]. 北京：中国大百科全书出版社,2005.

[11] 李丰凡. 财务运作与预防管理[M]. 广州：广东经济出版社,2004.

[12] 陈洁玉. 怎样查账与调账[M]. 北京：经济科学出版社,2003.

[13] 企业内部控制编审委员会. 企业内部控制主要风险点、关键控制点与案例解析[M]. 上海：立信会计出版社，2012.

[14] 朱荣恩. 审计学[M]. 2版. 北京：高等教育出版社，2000.

[15] 叶陈刚，郑君彦. 企业风险评估与控制[M]. 北京：机械工业出版社，2013.

[16] 赵勤. 社会调查方法[M]. 北京：电子工业出版社，2012.

[17] COSO. 企业风险管理：整合框架[M]. 方红星，王宏，译. 大连：东北财经大学出版社，2005.

# 后　记

我虽已过不惑之年，但仍对很多事情存在疑惑。比如这本书，我前前后后改了不下十次，还是不好意思发给出版社，为什么？疑惑啊！《师说》有言："师者，所以传道受业解惑也。"自己都还有那么多的疑惑，何以传道解惑呢？还好有很多朋友给我信心，说好东西要分享，好经验要传播，不要等到时过境迁，价值已不同往日，又有何用呢？倒不如立足现状，马上行动，只争朝夕。帮助广大内审人员一开始就少走弯路，快速使组织踏上一条高效增值之路，也算是对行业有些助益之举吧？我顿时有豁然开朗的感觉。

自2008年创建博客"增值"并发表文章以来，我收到了很多朋友的来信，从信中我深切感受到内审工作的无助与艰辛。"内审"很年轻，还有许多的领域等待我们开拓。虽然困难重重，但我相信"星星之火，可以燎原"。中国有五千年的历史，作为集评价、鉴定与咨询于一身的内审行业，必将引进、改良和创新国外先进经验，融合中国特有国情，不断进化。我很荣幸能加入内审这个战队。同时，我也有个心愿，只要还在内审这个行业，我一定要编写、整理和完成与内部审计相关的书籍，计划用最快的时间呈献给各位朋友。

我深感个人的力量有限，故希望结识天下内审精英，谱写内审实用篇章，推动内审事业发展进程。愿有志于从事内审工作研究和推广的单位及个人，以本书为桥梁，通过多种合作方式，共同完成以上目标，为中国的内审事业出一份力，共同构筑内审的美好未来。

本书之所以顺利出版,得益于给予我平台的公司,以及我的妻子、家人及领导同事的大力支持。

由于水平有限,本书错漏之处在所难免,希望来函批评斧正,谢谢!